논쟁으로서의
민주주의

논쟁으로서의 민주주의   민주주의를 이해하는 문제에 관하여

1판1쇄 펴냄 2013년 4월 22일
1판2쇄 펴냄 2013년 6월 1일

지은이 | 최장집, 박찬표, 박상훈, 서복경, 박수형

펴낸이 | 박상훈
주간 | 정민용
편집장 | 안중철
편집 | 최미정, 윤상훈, 이진실, 장윤미(영업 담당)
업무 지원 | 김재선

펴낸 곳 | 후마니타스(주)
등록 | 2002년 2월 19일 제300-2003-108호
주소 | 서울 마포구 합정동 413-7번지 1층(121-883)
편집 | 02-739-9929, 9930 제작·영업 | 02-722-9960 팩스 | 02-733-9910
홈페이지 | www.humanitasbook.co.kr

인쇄 | 천일 031-955-8083   제본 | 일진제책 031-908-1407

값 18,000원

ⓒ 최장집, 박찬표, 박상훈, 서복경, 박수형 2013
ISBN 978-89-6437-178-7 93300

이 도서의 국립중앙도서관 출판시도서목록(CIP)은 e-CIP홈페이지(http://www.nl.go.kr/ecip)와 국가자료공동목록시스템(http://www.nl.go.kr/kolisnet)에서 이용하실 수 있습니다(CIP제어번호: CIP2013002031).

논쟁으로서의 민주주의

최장집
박찬표
박상훈
서복경
박수형
지음

민주주의를 이해하는 문제에 관하여

후마니타스

차
례

서문 ...7

1부 한국 민주주의의 기원과 특징
1장 한국 민주주의, 어디서 와서 어디로 가고 있나 ─최장집 ...17
2장 우리에게 민주주의란 무엇인가 ─최장집 ...65

2부 민주주의를 둘러싼 갈등들
3장 민주주의에 대한 잘못된 이해를 넘어서 ─최장집 ...95
4장 진보적 지식인의 변형 ─최장집 ...129
5장 제도적 실천으로서의 민주주의 ─최장집 ...169

3부 우리는 한국 정치의 문제를 어떻게 보나
6장 민주 개혁파의 정당 개혁론 비판 : 열린우리당 사례를 중심으로 ─박찬표 ...205
7장 국민 경선제는 왜 민주주의 정치에 기여하지 못하는가 ─박수형 ...255
8장 제한적 경쟁의 제도화 : 1958년 선거법 체제 ─서복경 ...287
9장 정당이 아니라 정당 체제가 개방적이어야 하는 이유 ─박상훈 ...319

4부 한국 민주주의, 어디로 가야 하나
10장 책임 있는 정당정부를 위해 ─최장집 ...345

● 참고문헌 359   ● 찾아보기 371

서문

1

처음 이 책은 한국 정치를 이해하는 공통의 시각을 단행본으로 묶어 보자는 데서 시작되었다. 우리의 공통된 시각은 이렇게 집약할 수 있다.

자본주의 시장경제가 만들어 내는 불평등과 사회 해체 효과를 제어하고 좀 더 자유롭고 평등하고 인간다운 공동체를 만드는 데 있어서, 민주주의가 길을 열어 준 정치의 방법이 결정적으로 중요하고, 현대 민주정치에서 그 핵심은 좋은 정당을 만드는 데 달려 있다.

이런 관점에서 우리는 민주화 이후 사반세기가 지나는 동안 정치와 정당의 역할이 계속해서 축소되고 나빠져 온 현실을 매우 심각하게 생각해 왔다. 그러나 정치와 정당의 역할이 축소된 것을 뭔가 잘못된 현상으로 본다는 것은, 이견을 동반하는 논쟁적인 주제가 아닐 수 없다. 우리의 생각과는 달리, 한국 사회에서 정치의 역할을 부정적으로 보는 태도나 경향은 매우 강하고, 정당에 대한 부정적 태도는 더하다. 따라서 정치가 중요하며 정당이 제 역할을 할 수 있어야 한다고 말하는 이 책은, 여전히 논쟁적이다.

2

민주주의란 정치적 평등의 원리에 기초를 둔 체제라고 정의할 수 있다. 시민들이 번갈아 가며 통치에 참여했던 고대 민주주의와 달리 현대 민주주의에서 정치의 중심은 정당이다. 어제의 피치자가 오늘의 통치자가 되고 오늘의 통치자가 내일의 피치자가 되는 것이 고대 민주주의의 정치 원리였다면, 현대 민주주의는 어제의 야당이 오늘의 여당이 되고 오늘의 여당이 내일의 야당이 되는 체제라고 할 수 있다. 고대 민주주의에서는 선거 이외에도 추첨으로 통치자를 선발했지만, 현대 민주주의에서는 선거가 통치자를 선출하는 "우리 동네의 유일한 게임"이 되었다.

오늘날의 기준으로 보면 시군구 단위의 지방자치체 규모도 안 되는 소규모 인구를 가진 작은 도시에서 실천된 고대 민주주의와 달리, 현대 민주주의는 그때와는 비교도 할 수 없는 대규모 영토 국가를 기반으로 이루어진다. 또한 생산을 담당하는 노동자(노예)와 재생산을 담당하는 여성 그리고 이주민을 제외한 본토 출신 성인 남성만이 시민이 될 수 있었던 고대 민주주의와 달리, 현대 민주주의에서는 그런 차이가 시민이 되는 것을 가로막지 못한다. 인간의 역사에서 출신·인종·계층·성별·종교·지역 등의 차이에도 불구하고 보편적 시민권이 부여된 것은 현대 민주주의에서가 처음이며, 시민권의 보편성을 기준으로 말한다면 고대 민주주의는 민주주의라고 할 수 없기도 하다.

기껏해야 몇 만에 불과한 데다 경제적 격차 역시 크지 않은, 매우 동질적인 시민 구성을 가진 고대 민주주의에 비해, 현대 민주주의가 직면하게 된 어려움은 여러 가지 차원에서 이해될 수 있다. 우선은 시민 크기의 대규모성과 시민 구성의 복합성 내지 이질성의 조건 위에서 공적 결정을 이끌어 가야 한다는 어려움이 있다. 또한 어마어마한 규모의 관료제에 의해 뒷받침되는 국가와 계층 갈등을 동반하는 자본주의 경제체제가 만들어 낸 권력 효과 속에서 민주주의를 실천하지 않으면 안 되는 문제도 안게 되었다. 이런 새로운 조건 때문에 현대 민주주의에서는 고대 민주주의에는 없었던 관료제와 국가의 문제, 그리고 집단 대표성과 정당의 문제가 중심을 차지하게 되었다.

수직적 위계제를 기본 원리로 하는 관료제 국가와 1원 1표의 불평등 원리에 기초를 둔 자본주의 시장경제 위에서, 민주주의를 그 가치에 상응하게 실천하는 일은 결코 간단치 않다. 제아무리 자유로운 개인이라 할지라도 조직되어 있지 않고, 집단으로 투표할 수 있는 조건을 갖지 못한다면 평등한 시민권은 공허한 말에 불과한 것이 된다. 따라서 자율적 결사체를 조직할 권리는 현대 민주주의의 핵심 가운데 핵심이다. 조직과 집단을 통한 참여의 기반을 개선하지 않고, '국민의 뜻'을 여론조사나 국민 경선, SNS 등으로 직접 대표하겠다는 것은 망상이자 허구다.

자율적 결사체 가운데 민주정치의 핵심은 역시 정당이다. 복수의 정당으로 조직된 시민의 의지가 단단할수록 행정 권력이나 경제 권력을 갖지 못한 가난한 보통 사람들의 주권은 평등하게 발휘될 수 있다. 그렇지 않을 경우 그간의 우리 현실이 잘 보여 주듯, 국가 관료제와 재벌 중심 체제는 더 강해지는 반면, 사회는 불평등과 분열, 해체로 흔들리게 된다.

조직을 싫어하는 것, 정당을 싫어하는 것은 민주주의의 권능이 사회 다수를 차지하는 중하층 시민들에게 평등하게 배분되는 것을 싫어하는 사람들에게서 볼 수 있는 전형적인 태도일 때가 많다. 정치 역시 권력 다툼과 이기적 계산에 의해 지배되는 일이 많고 그 가운데 정당이 존재하고 기능하고 있지만, 그럼에도 불구하고 정당이 중심이 되는 정치를 좋게 만드는 일 없이 이 사회 속의 인간들의 삶을 개선할 다른 방법은 별로 없다.

물론 하나의 단위로서 개별 정당이 좋아지는 것만으로 충분치 않다. 민주주의는 정당들의 체계로 이루어져 있고 그 속에서 작동한다. 복수의 정당들이 사회에 존재하는 다양한 이념적·계층적 갈등을 넓게 대표할 수 있어야 하고, 그들이 사회 전체에 영향을 미치는 중대 사안을 둘러싸고 책임 있는 경쟁을 할 수 있어야 한다. 그래야 정치가 좋아지고 민주주의가 제 가치를 발휘할 수 있다.

요컨대 이 책을 통해 우리는, 정당들로 이루어진 대표와 경쟁의 체제를 어떻게 좋게 만들고, 그것을 통해 통치자들이 자신들을 선출해 준 시민들에게 어떻게 책임을 다하게 할 수 있을까를 고민하는 것이야말로 현대 민주주의의 요체 가운데 요체라는 사실을 강조하고 또 강조할 것이다.

3

이 책에 들어 있는 글들은 모두 민주주의와 한국 정치를 이해하는 문제를 둘러싼 논쟁의 장에서 발표된 것들이다. 다시 말해 단지 각자의 지적·학문적 관심에서 비롯된 글들이라기보다는 우리 밖으로부터 제기된 주제와 질문에 대해 각자의 생각을 밝히는 방식으로 발표된 글들이다. 그 과정에서 우리는 동일한 문제의식을 계속해서 발전시킬 수 있었고, 그 결과를 이 한 권의 책으로 묶어 낼 수 있게 된 것을 큰 보람으로 생각한다.

1장 "한국 민주주의, 어디서 와서 어디로 가고 있는가"는 2009년 12월 7

일 연세대 국가관리연구원이 주관해 장기원기념관에서 열린 초청 강연의 내용을 수정한 것이다. 이 글에서 최장집은 우리 사회에서 민주주의를 이해하는 특정의 관념이 어떻게 형성되었는지를 살핀다.

2장 "우리에게 민주주의란 무엇인가"는 2010년 4월 14일 한겨레신문사와 성공회대 민주주의연구소가 공동 주관한 '4·19혁명 50돌, 광주항쟁 30돌 기념 심포지엄'에서 기조 강연한 내용이다. 이 글에서 최장집은 민주주의에 대한 이른바 '운동권식' 이해 방법을 '중산층 급진주의'로 비판하면서 그런 특징이 어디에서 기인하는가를 추적하고 있다.

3장 "민주주의에 대한 잘못된 이해를 넘어서"는 『경제와 사회』, 2010년 봄호(통권 85호)에 "한국 민주주의를 이해하는 방법에 관한 하나의 논평"이라는 제목으로 실었던 글이다. 이 글에서 최장집은 이른바 야권 내지 진보파 사이에서 민주적 경쟁의 개념이 제대로 이해되지 못하고 적대적 양극화로 치닫는 경향이 강해지는 문제를 다루고 있다.

4장 "진보적 지식인의 변형"은 2009년 10월 31일 중앙대학교 문과대학 서라벌 홀에서 있었던 '제12회 비판사회학대회' 기조 강연 내용을 수정한 것이다. 이 글에서 최장집은 국가가 주도하는 교육 및 연구 프로그램이 오늘날의 대학 사회와 지식인 사회에 얼마나 부정적인 영향을 미쳤는지를 비판적으로 스케치하고 있다.

5장 "제도적 실천으로서의 민주주의"는 2006년 10월 민주화운동기념사업회가 주최한 심포지엄 '6월 민주 항쟁과 한국 민주주의의 현주소'에서 했던 기조 강연의 내용이다. 이 글에서 최장집은 운동론적 민주주의론으로는 왜 부족한지, 통치론 내지 정치적 실천론으로서의 민주주의가 왜 중요한지를 이야기한다.

6장 "민주 개혁파의 정당 개혁론 비판"은 2011년 6월 8일 민주화운동기념사업회 주최 '6월 항쟁 25주년 학술토론회'에서 발표되었던 "87년 이후 한국 민주주의의 과제와 정당정치"와 『기억과 전망』 27호(2012년 겨울호)에 게재된 "열린우리당의 정당 개혁과 그 결과에 대한 연구"를 수정·보완한 것이다. 이 글에서 박찬표는 열린우리당의 정당 개혁 시도가 정당 리더십의 훼손 및 당의 조직적·이념적 정체성의 해체라는 치명적 결과를 초래하게 된 과정을 추적하고 있다. 나아가 민주 개혁파의 정당정치론은 정당정부party government를 부정하는 근본적 문제점을 안고 있다고 비판하면서, 정치적 민주주의에 내재된 사회경제적 민주화의 가능성을 최대화할 수 있는 대의 민주주의 모델로서 정당정부의 중요성을 강조하고 있다.

7장 "국민 경선제는 왜 민주주의 정치에 기여하지 못하는가"는 2012년 8월 3일 『프레시안』에 게재된 글을 수정·보완한 것이다. 이 글에서 박수형은 정치 개혁의 대표적 성과로 인식되곤 하는 국민 경선제가 일반의 통념과 달리 민주주의와 정당 발전에 부정적 효과를 미치고 있음을 보여 준다. 그리고 국민 경선제와 다른 종류의 후보 선출 제도를 구성하는 데 있어 중요한 몇 가지 고려 사항을 제안한다.

8장 "제한적 경쟁의 제도화: 1958년 선거법 체제"는 2012년 6월 27일, 경향시민대학과 민주화운동기념사업회, 한림국제대학원대 정치경영연구소 SSK 대안거버넌스연구사업단, 연세대 SSK 동아시아시민사회연구사업단이 주최한 제5회 대안담론포럼 "제2의 민주화 운동: 합의제 민주주의를 향하여"에서 발표되었던 서복경의 원고를 수정한 것이다. 이 글에서 서복경은 한국의 선거법이 일본 군국주의 시절의 선거법에 기원을 두고 있으며 제정 과정에서부터 민주주의를 제한하려는 의도를 가졌다는 사실을 분석하고 있다. 나아가 다른 민주주의국가들의 선거법에 비해 우리의 선거법이 지나치게 자유로운 정치 활동을 억제하는 기능을 하고 있음을 보여 준다.

9장 "정당이 아니라 정당 체제가 개방적이어야 하는 이유"는 『황해문화』 2012년 봄호에 실린 박상훈의 글을 수정한 것이다. 여기서 박상훈은 사회의 갈등 구조와 조응하지 않는 기존 정당 체제를 그대로 둔 채 개별 정당 차원에서 인물과 세력을 교체하려는 접근의 한계를 지적하고, 기존 정당들과는 종류가 다른 외생 정당의 충격 없이 한국 정치가 좋아지기 어렵다고 주장하면서, 결국 개방적이어야 할 것은 정당이 아니라 정당 체제라는 점을 강조하고 있다.

10장 "책임 있는 정당정부를 위해"는 2012년 6월부터 9월 사이에 『경향신문』에 실린 최장집의 칼럼 가운데, 한국 정치의 문제를 비판적으로 지적하면서 대안을 말한 내용을 모았다. 사인화된 캠프와 대통령 개인의 정부가 아닌, 정당이 중심이 되는 정부 운영이 가능할 때 책임정치가 가능하다는 주장을 담았다.

4

이 책의 필자들은 사제 관계로 처음 만나 학위를 마친 뒤에도 한국 정치의 현실 문제에 대해 의견을 나누고 각자의 글을 읽어 주고 비평해 주는 관계를 유지해 왔다. 그러는 사이 이 책에 가장 많은 글을 실은 최장집은 칠순의 나이가 되었다. 시간이 흘러감에 따라 이 책의 소용도 줄어들겠지만 필자들 사이의 인간적 관계만은 시간의 풍화 작용을 오래도록 견디는 것이 되었으면 좋겠다.

2013년 4월
필자들을 대신해 박상훈 씀

기원과 특징

최장집

1장

한국 민주주의,
어디서 와서 어디로 가고 있나?*
_____최장집

1. 한국 민주주의에 접근하는 방법론

한국 민주주의를 학문적·객관적으로 다루는 문제는 쉽지 않다. 그것은 정치학 자체가 권력과 갈등을 중심으로 한 인간 행위를 다루며, 그 행위의 사실적 측면과 그것을 유발하는 도덕적 판단의 문제를 포괄해야 하는 복합적 성격을 가지고 있기 때문이다. 그러나 문제의 어려움은, 이론적일 뿐만 아니라 실천적인 문제를 회피할 수 없는 정치학이라는 학문의 성격에서만 비롯되는 것은 아니다. 한국 사회에서 민주화 이후 사반세기가 지나고 있지만, 민주화를 만들었던 운동의 경험은 여전히 생생하고, 민주주의를 둘러싼 열정 또한

* 이 글은 2009년 12월 7일 연세대 국가관리연구원이 주관해 장기원기념관에서 열린 초청 강연의 내용을 수정한 것이다.

강력하다. 민주주의를 이해하는 방법을 둘러싸고 보수와 진보 간의 갈등은 첨예하며, 그것은 자주 이데올로기 갈등을 불러일으키고 있기도 하다.

민주주의를 다루기 어려운 이유는 민주주의의 성격 그 자체와도 무관하지 않다. 왜냐하면 민주주의는 하나의 정치과정일 뿐만 아니라, 인간의 가장 보편적 권리인 자유와 평등이라는 이상을 추구하는, 가치의 측면을 포함하고 있기 때문이다. 그 자체가 제도의 실천이면서도 가치 함축적인 복합성을 갖는다는 것이다. 이런 요소들이 합쳐져 한국 민주주의에 대한 객관적 서술을 어렵게 하는데, 그 결과 한국 민주주의에 대한 이해는 이념적·실천적·전략적 열정과 관심에 의해 쉽사리 가치 평가적 이슈가 되거나 이데올로기적 논쟁에 휘말리는 일이 잦다.

따라서 민주주의라는 주제를 제아무리 학문적으로 다룬다 해도, 그는 대화 상대자나 청중으로부터 당장 당신의 입장이 뭐냐, 또는 이념이 뭐냐라는 다그침을 받게 되는 경우가 많다. 무슨 무슨 "론자" 내지 무슨 무슨 "주의자"로 규정되는 경우도 자주 만나게 된다. 이런 담론 환경은 한국 민주주의에 대한 지적 탐구를 어렵게 하고, 민주주의에 대한 지식의 발전을 제약하는 결과를 낳는다.

이처럼 민주주의와 관련한 문제에 있어 성급한 가치판단을 추구하게 되면, 우리가 경험한 현실에 대해 알아야 할 것을 알지 못하거나 실제로 무슨 일이 벌어지고 있는가에 대한 지식을 갖기 어렵다. 또 이는 민주화 이후 한국 사회는 어떻게 변했는지, 다른 나라와 비교할 때 한국 민주주의는 어떤 특징을 갖는지, 민주화는 우리의 삶의 조건을 어떻게 변화시켰고, 우리를 어떤 환경에 놓이게 만들었는지 등의 문제에 대한 관심을 가로막기도 한다.

나는 있는 사실 내지 경험된 현실에 대한 지식을 갖는 것이 우선시되고, 그 지식의 기초 위에서 사태에 대한 평가나 가치판단이 진실된 내용을 갖게 된다는 점을 강조하고 싶다. 무엇이 옳고, 무엇이 정당한 것이냐에 대한 판단은 사실에 대한 지식의 기초 위에서 이루어질 수 있으며, 그럴 때만이 한국 사회의 변화 방향에 대한 현실적 전망 또한 가능하다. 그러나 우리의 지적 풍토는 있는 그대로의 현실을 탐구하는 것에 대한 관심에 비해, 결론을 먼저 전제하고 이래야 된다 저래야 된다 라는 식의 주장을 성급하게 말하려는 경향이 지나치게 강하다. 그것은 분명 사실과 가치판단의 관계가 전도된 것이 아닐 수 없다. 이를 다시 사실성에 대한 기반을 튼튼히 하는 방향으로 전도시키는 것이 절실하게 필요하다.

이 점과 관련해 막스 베버의 사회과학 방법론을 다시 생각해 보는 것은 유익한 일이다. 그는 사실 탐구와 가치판단을 구분하고, 학문의 역할은 가치중립적 사실 인식에 있어야 한다는 점을 강조했다(Weber 1949/1918, 1장). 그의 방법론은 권력을 매개로 한 목적의식적 행위와 그 결과 간의 인과관계가 극히 불안정하고 예측 불가능하다는 점을 특징으로 하는 정치학에서 더 큰 적실성을 갖는다.

정치학은 엄밀한 인과관계를 따지기가 극히 어려운 사회과학의 한 분야이다. 그래서 우리는 "개념" 내지 "이념형"을 사용하는 비교의 방법을 통해 한정된 경험의 세계를 넘어 일반적인 지식을 획득하려 한다. 이때의 지식은 사실의 축적Fachbildung 위에 구축되어야 하며, 그것이 사회과학이 할 수 있는 최대의 목표이기도 하다. 왜냐하면 베버는 인간의 내면적 신념과 관련된 문제, 즉 도덕적이고 목적 윤리적이거나 이상주의적인 가치의 세계는 과학의 영역에서 다룰 수 없다고 보았기 때문이다. 그것은 과학이 할 수 있는 한계 내지 자기 절제의 범위이기도 하다.

이런 한계에도 불구하고 과학적 방법론을 사회적 행위의 차원에 적용해 보는 것은 유용하다. 한편으로 그것은 이데올로기와 가치 편향에서 벗어날 수 있게 하고, 다른 한편 국지적으로 경험된 현실 세계의 범위를 넘어 보다 더 넓은 세계를 보편적인 비교의 맥락에서 이해할 수 있도록 해주기 때문이다. 바꾸어 말해, 과학이 현실과 경험 세계에서의 정치적 실천에 도움을 주는 것은, 그것이 가치판단에 몰두할 때가 아니라 사실 탐구에 충실할 때라는 것이다.

이에 해당하는 좋은 사례로는 사실주의적 사회과학을 개척한 "시카고학파"를 들 수 있을 것이다. 이들은 모두 "현장으로"라는 모토 아래 사회 최하위층에서 발생하는 시카고의 도시 정치, 정당 내 리더십으로서 정치인들의 행태, 흑인 게토 지역 문제에 주목했다. 즉, 현실 상황 그 자체를 연구의 실험실로 생각하고 그 속으로 들어갔다. 이런 현장에서의 참여 관찰적 방법론은 많은 성과를 남겼는데, 대표적으로 시카고 남부 흑인 지역에 대한 연구인 윌슨의 『흑인 정치』 Negro Politics(Wilson 1960)와 『아마추어 민주당 정치인』 The Amateur Democrat(Wilson 1962), 그리고 밴필드와 윌슨의 공저인 『도시 정치』 City Politics(Banfield and Wilson 1963) 등의 고전을 들 수 있다.

이들의 연구는 사실적으로 풍부한 지식을 제공하는 데 그치지 않았다. 그 연구 결과는 풍부한 비교연구를 가능케 하는 중요한 이론들을 창출했기 때문이다. 그것은 이론이 관념이나 가치판단에 의해 추상적으로 도출되는 것이 아니라, 현장에 대한 면밀한 경험적 연구로부터 창출된다는 사실을 말해 주는 것이기도 하다.

이런 문제의식을 가지고 이하에서는 한국 민주주의의 기원과 민주주의가 공고화되는 패턴, 그리고 그 변화를 살펴보고, 이를 토대로 한국 민주주의의 질적 수준을 높이기 위한 가능(성)의 공간을 생각해 보고자 한다.

2. 한국 민주화의 조건과 제약

1980년대 한국의 민주화는, 냉전 반공주의가 만든 국내적 조건과 국가 주도 산업화가 만든 효과가 중첩적으로 작용한 결과라 할 수 있다. 분단국가의 정치적 안정화 효과와 권위주의적 산업화의 성공에도 불구하고, 구질서가 그 체제 내부로부터 도전 세력과 대규모 운동을 배태했다는 사실은 그 체제가 중대한 결함을 내장했다는 것을 의미한다.

이 문제를 여기에서 상세히 언급할 필요는 없지만, 두 가지는 지적할 필요가 있다. 첫째, 구체제는 민주주의를 실천하지 못함으로써 정치적 정당성에 있어서 중요한 결함을 가졌다. 그것은 한국 국가에 부여되었던 조건, 즉 분단국가이면서 동시에 민주주의국가여야 한다는 필요조건을 만족시키는 데 있어서 중대한 결함을 갖게 되었음을 의미하는 것이다. 둘째, 권위주의적 산업화는 개발도상국가의 발전 모델이 될 만큼 괄목할 만한 성과를 만들어 냈지만, 가장 중요한 생산자 집단인 노동자들을 사회경제적으로 충분히 통합하지 못했다. 다시 말해 구체제는 그 체제가 만들어 낸 두 사회집단, 즉 대학생과 지식인을 중심으로 하는 도시의 교육받은 중산층과 노동자를 도전 세력으로 만들었다.

그렇다면 한국의 민주화가 상대적으로 낮은 비용을 치르고 성취된 것은 어떻게 가능했나? 분단국가 건설 이후 도입된 보통교육은 민주주의의 이념과 가치를 학습할 기회를 제공했다. 이는 냉전이라는 진영 간 대립 구조 위에 서있는 분단국가가, 반공의 보루이면서 동시에 자유민주주의적인 체제여야 하는 존재이유를 가졌기 때문에 가능한 것이었다.

이와 같은 분단국가를 정착시키는 데 있어 군의 역할은 결정적이었다. 국가와 사회가 제대로 자리 잡지 못한 상황에서 군에 대응할 만한 정치적·

사회적 세력은 존재하지 않았다. 이런 상황에서 군부 엘리트들이 정치의 중심에 서고, 군부 권위주의가 장기간 존속했던 것은 필연적이다. 만약 군부가 강권력을 자유롭게 행사할 수 있었다면 군부 권위주의는 더 장기화될 수 있었을 것이고, 민주화 운동은 더 많은 희생을 치러야 했을 것이다. 광주항쟁은 이런 상황을 잘 보여 준다.

그렇다면 무엇이 이를 제약할 수 있었나? 미국의 역할이다. 한국 민주화에서 미국의 역할은 한편으로는 부정적이고, 다른 한편으로는 긍정적이다. 앞서 언급했듯이 한국 국가의 존재이유는 두 가지인데, 하나는 강고한 반공의 보루여야 한다는 것과, 다른 하나는 자유주의적이고 민주주의적이어야 한다는 것이다. 물론 전자가 더 우선적이다. 반공의 보루로서 정치·사회적 안정은, 정치체제가 민주적이어야 한다는 것보다 더 중요한 목표이기 때문이다. 그러나 동시에 민주화와 관련해 미국의 역할이 부정적인 것만은 아니다. 1987년 민주화가 무혈로 가능할 수 있었던 것, 즉 두 번째 광주항쟁이 허용되지 않았던 것은 미국이 군의 동원을 통제했기 때문이다.

한국의 민주화에서 미국의 역할은, 1989년 동유럽의 민주화에서 러시아의 역할과 비교 가능하다.[1] 동독에서 대규모 시위를 진압하는 데 소련 군대의 동원을 허용하지 않은 고르바초프의 결정이 동독과 동구에서 무혈의 체제 붕괴를 가능케 했던 것처럼, 한국의 군대가 미국의 지휘 아래 있었다는 점은, 군의 힘이 정치적으로 사용되는 것을 억지하는 역설적 효과를 가졌다.

역설적 효과는 박정희 권위주의 체제의 경우에도 마찬가지였다. 한국의

---

1 1987년 6월 민주화 투쟁 당시 미국 레이건 대통령은 전두환 대통령에게 군대를 동원하지 말 것을 강력하게 요구했다. 당시 주한 미국 대사 제임스 릴리의 증언은 Lilley(2004, 274-280)를 참조할 것.

민주화는 권위주의적 산업화의 실패의 결과가 아니라 성공의 결과라고 할 수 있다. 산업화는 경제 발전을 통해 교육받은 도시 중산층과 노동자 집단을 확대하고, 경제의 일반적 수준을 향상시킴으로써 민주화를 위한 구조적 토대를 마련했기 때문이다. 체제가 실현하고자 했던 산업화와 그것이 만들어 낸 사회적 조건은, 경제가 발전할수록 권위주의적 정치체제와의 모순을 확대하는 효과를 낳는다.

또한 권위주의 체제의 성격 자체도 중요하다. 라틴아메리카의 군부 권위주의가 훨씬 더 폭압적이고, 군부의 구조도 훨씬 더 사병적인 특성을 가졌던 데 비해, 한국의 군부 권위주의는 훨씬 더 체계적이고 현대적으로 잘 제도화되어 있었다. 따라서 한국의 군부 권위주의는 라틴아메리카의 군부 권위주의에 비교되기보다, 전전 일본의 군부 권위주의 체제와 비교되어야 한다. 한국 사회에서 군사주의와 발전주의가 결합해 '박정희 모델'로 알려진 발전 국가 모델이 만들어졌던 반면, 라틴아메리카는 그러지 못했다. 구체제였던 군부 권위주의 성격이 그러했기 때문에 한국은 민주주의로의 이행 자체가 훨씬 덜 급진적이었다. 전후 일본의 민주주의 체제와 마찬가지로, 한국에서 민주화는 구체제와 신체제 간의 구분을 더욱 불분명하게 만들었고, 단절보다 연속성을 더 크게 만들었다.

민주화 운동이 강력했다 하더라도, 민주화 과정에서 노동자·농민이 주축이 된 생산자 집단의 역할은 학생·중산층 집단의 역할에 비해 부차적이었다. 이들 두 운동은 결합되었지만 그렇다고 혁명적인 사태를 유발하지는 않았다. 6월 항쟁과 7, 8월 노동자 대투쟁은 시간상으로 동시적이 아니라, 순차적이고 계기적으로 나타났다. 더욱 중요한 것은, 민주화 운동의 급진파가 표면적으로 운동을 주도하는 것처럼 보였다 하더라도 중산층의 태도는 운동이 급진화되는 것을 억제하는 효과를 가졌다는 데 있다.

민주화 운동 과정에서 야당 정치인들의 역할 또한 결코 적지 않았다. 구체제의 제도 내에서 발전한 보수적인 야당 정치인들은 정당 체제의 연속성을 유지하는 역할을 했고, 운동의 급진화를 제어하는 데 크게 기여했다. 또한 이는 집권 온건파와 민주화 운동의 온건파가 조우할 수 있는 좋은 조건을 형성했다. 이들 사이의 암묵적 타협이 6·29 선언과 10월 헌법 개정으로 나타났다.

구체제는 냉전 반공주의 이데올로기를 구현하는 강력한 국가와 강력한 군부, 이들에 의해 창출된 재벌 그룹, 사회의 보수적 기득 세력 등 표면적으로 민주화를 허용하지 않을 조건을 두루 갖추고 있었다. 그럼에도 불구하고 표출된 운동의 힘은 민주주의로의 전환을 만들어 내는 데 결정적인 역할을 했다. 구체제의 힘과 민주화 운동 사이의 힘의 충돌이 대규모 폭력 사태를 유발하지 않고, 분명한 체제 전환을 이룬 것은 한국 민주주의 이행의 성공적 측면이라 하지 않을 수 없다.

하지만 민주화 이행의 성공과 민주주의의 공고화, 즉 실제 민주주의가 사회적·경제적·문화적 영역에서 의미 있는 결과를 창출하는 것은 다른 문제이다. 두 과정이 직접적인 상관관계를 갖는다고 할 수는 없는 것이다. 민주화를 가능케 했던 구체제의 조건들이 민주주의를 제도화하고 발전시키는 과정에서 커다란 제약으로 작용했기 때문이다.

민주화 이행 이후 한국 민주주의의 진행 경로에 영향을 미치고, 제도화의 방향에 영향을 미친 중요 조건들을 생각해 보면, 첫째, 강력하고 잘 발달된 국가가 제도화되었다. 둘째, 권위주의적 산업화는 나름대로 하나의 성공 모델을 만들었고, 성장주의·발전주의는 국가 목표로 자리 잡았다. 셋째, 재벌이 경제 영역에서 압도적 영향력을 행사하면서 성장의 견인차 역할을 했다. 넷째, 지배적 이데올로기로서 냉전 반공주의가 위력을 떨치며 보수 언론들이 여론 시장을 압도했다. 이를 보수적 기득 구조라고 볼 수 있는데, 그것은 민주적 변화에 대한 제약 조건을 총칭하는 것이다. 그렇다면 이런 조건들은 민주주의를 공고화하는 데 얼마나, 어떻게 영향을 미쳤는가?

3. 한국 민주주의의 공고화 패턴

정당 체제: 노동 없는 정당 체제의 지속

어떤 민주주의를 제도화하고 실천하는가를 살펴보는 데 있어 정당 체제의 변화만큼 중요한 것은 없다. 민주주의 작동의 중심에는 정당이 존재하기 때문이다. 정당은 선거 경쟁을 조직하고, 선거에서 승리했을 때 정부가 되며, 패배해 야당일 때 대안 정부로서 차기 선거를 준비하는 인적 집단이다. 정당은 사회적 의사를 결집·대표하고, 사회집단들 사이에서 사회경제적 이익과 가치, 비전과 열정을 조직하는 중심적 정치 결사체이다.

정당은 국가와 사회 사이에 위치하면서 사회의 이익과 요구를 국가에 매개하는 정치적 대표 체계의 중심 행위자이다. 민주주의에서 정당은 선거에서 승리해 통치를 위임받고 국가를 관리하기 때문에 그 어떤 사회집단보다 우선한다. 또 사회에서의 다양한 의사와 이익을 표출·집약·조직·대표하는, 사회에서 가장 중요한 공적 역할을 수행하는 결사체이자, 시민사회의 정치적 표상이 곧 정당이다.

정당 체제는 사회 세력 간 힘의 배열을 정치 영역에서 대표하고, 선거에서 경쟁의 구도를 형성한다. 요컨대 정당 체제의 내용과 수준은 곧 민주주의의 실질적 내용을 결정하는 가장 중요한 요소이고, 가장 중요한 지표이다.

샤츠슈나이더의 말대로, 정당이 사회적 의사를 어떻게 정의하고 조직하느냐에 따라, 다시 말해 갈등의 축을 어떻게 정의하고 획정하느냐에 따라, 정치의 질적 내용이 결정되는 것이다(샤츠슈나이더 2008). 즉, 한국 민주화의 질과 내용을 측정해 보는 가늠자가 곧 정당 체제라고 할 수 있는 것이다. 따라서 우리는 한국 민주주의 공고화의 특징을 정당 체제를 통해 알아볼 수 있다.

여러 정치학자들은, 민주화 이후 한국의 정당 체제를 "87년 체제"나 "지역 정당 체제"와 같은 말을 통해 특징화하려고 한다. 나는 이 개념어들의 내용에 동의하지 않는 점이 많아, 이런 말을 제한적으로 사용하고자 한다. 그러나 그 개념어의 한계가 어떠하든 그것은 일정하게 한국 정당 체제의 특성을 반영한다. 그 요소들을 간략히 짚어 보면 다음과 같다.

① 정당 간 이념적 거리의 측면에서, 냉전 반공주의의 유산인 이념적 보수성은 그대로 유지되고 있다. 남북한 관계와 민족문제를 접근하는 데 있어서는 보수와 진보의 분화가 어느 정도 분명해졌다 하더라도, 경제 이념과 사회경제정책에서 보수적 헤게모니는 여전히 강력하다. 이념적 지평이 협애하다는 말은, 정당으로 대표되는 사회집단과 세력, 즉 사회적 기반이 협애하다는 의미다. 그 지평이 구체제에 비해 크게 넓어졌다 하더라도 이념적 스케일에서 중도 좌파를 대표하는 정당이 정치제도 내에서 영향력 있는 행위자로 역할을 하지도 또 그렇게 성장하지도 못하고 있다.

그러므로 정당정치에서 두 중심적 정당은 모두 보수적이며, 이들 간의 이념적 거리는 매우 좁다. 이 경우를 자주 "포괄 정당"이라는 말로 표현하지만, 그 표현이 정확한 것은 아니다. 이 개념은, 일단 모든 사회적 이익과 요구가 정당으로 제도화된 다음, 그 위에서 정당들의 정책 내용이 모든 사회계층을 동시적으로 포괄하는 방향으로 변화되는 것을 의미하기 때문이다.[2] 그에 반해 한국에서는 사회적 약자, 소외 세력들의 이익이 대표되지 못한다. 이것이 의미하는 바는, 중산층 이상 사회계층은 두 주요 정당들에 의해 중첩적으로 대표됨으로써 과다 대표되고, 중하층 이하는 과소 대표된다는 것이다.

② 정당 리더십이 인물 내지 엘리트 간 갈등을 중심으로 위로부터 수직적으로 조직되었다는 특징을 갖는다. 정당의 리더십과 그 정당의 지지 기반인 투표자와의 관계는 수평적이기보다는 후원-수혜적 특성이 강하다. 이는 사회의 대중적 이익과 요구를 반영할 사회적 기반이 존재하지 않는다는 뜻이기도 하다. 즉, 수평적 연대를 통한 힘의 결집과 그에 기초를 둔 대중정당으로의 전환의 계기를 갖지 못했다.

③ 정당은 사회경제적 이익의 차이를 대표하지 않고, 사회경제정책은 국가의 집행부가 전유한다. 그것은 정치과정에서 국가 관료 기구가 정당과 의회에 대해 갖는 힘의 우위를 반영한다. 또 이슈를 제기하고 의제를 설정하는 데 있어서 정당은 주도권과 통제력을 갖지 못한다. 정당은, 특히 야당이나 진보 정당의 경우, 여론 시장에 미치는 영향력과 의제 설정 능력에서 주류 언론에 비해 비교할 수 없이 약하다.

④ 사회 세력과 사회경제적 이익을 대표하는 데 있어 정당 제도화의 범위는 좁다. 이는 제도권 내의 정당과 제도권 밖의 사회에서 제기되는 요구 사이에 거리

---

2 포괄 정당이란 말은, 오토 키르히하이머가 개념화한 'catch-all party'의 번역어인데, 이에 대해서는 그의 논문 Kirchheimer(1969, 346-382)를 참조할 것.

가 크다는 것을 의미한다. 제도화되지 않은 영역에서 보수와 진보가 존재하는 양식은 상이하다. 보수의 측면에서 헤게모니적 이데올로기를 대변하고, 보수를 조직하는 역할을 하는 주류 언론은 보수적 정당 밖에 위치한다. 진보의 측면에서 시민운동이나 민중운동은 제도적으로 정당 안으로 들어와 있지 않으며, 노동자 등 중하층 서민을 포함하는 사회적 약자들은 정당으로 대표되지 않는다. 전자의 보수는 사회 속에서 강하기 때문에 제도화의 밖에 위치하고, 진보가 대변하고자 하는 사회적 약자들은 사회 속에서 약하기 때문에 제도 안으로 초청받지 못하고 있다.

이상에서 말한 바의 핵심은, 노동자들이나 사회적 약자들이 정당으로 대표되지 못하고 있다는 점이다. 진보적 정당의 경우, 그들이 노동자 이익을 대표하는 역할을 해왔고 또 그렇다고 상정된다. 그러나 그들의 실제 지지기반은 노동자들보다는 도시의 교육받은 중산층 화이트칼라 계층이 주를 이룬다. 무엇보다 중요한 것은, 진보 정당의 활동가들과 지지자들의 성격이 어떠하든, 그들은 정치과정에서 주요 행위자가 아니라는 데 있다. 결국 민주화 이후 정당 체제(이를 잠정적으로 "87년 체제"라고 부를 때)와 구체제하의 정당 체제(48년 체제나 58년 체제나 등 논란은 있지만, 뭐라고 부르든) 간에는 차이보다는 유사성이 크고, 따라서 민주화는 단절보다 연속성을 더 크게 유지했다고 할 수 있다.

그렇다면 지역 정당 체제라는 말은 무엇을 의미하나? 이 문제는 정당 체제의 외양과 내용을 구분함으로써 설명할 수 있을지 모른다. 일반적으로 지역 정당 체제는 특정 정당에 배타적인 지지를 보이는 지역감정에 기초한 지역적 일체감의 결과물로 이해된다. 달리 말하면 특정 지역(출신) 투표자들의 배타적인 지지에 의존하는, 지역적 투표 패턴을 기반으로 한 정당들의 경쟁

체제이다.

그러나 이런 이해 방법은, 『만들어진 현실』의 저자 박상훈의 지적대로, 인과관계를 전도시킨 것이기 때문에 오류가 아닐 수 없다. 그것은 사회경제적 이익과 요구가 대표되지 못하고 억압되는 조건, 즉 한국의 특수한 조건에서 발생한 한국적 정당 체제를 특징짓는 것에 불과한 것이다. 즉, 지역감정이 유발하는 지역적 일체감이 지역적 투표 패턴을 만드는 것이 아니라, 정당들이 사회경제적 차이를 대표하지 못한 결과가 투표자로 하여금 지역적 일체감을 그 대안적 결정 요인으로 택하게 만든 것이라고 할 수 있다. 따라서 선거에서 정당 간 경쟁의 내용이 좀 더 사회경제적 차이를 갖게 됨에 따라 지역적 투표 패턴은 완화될 수 있음을 함축한다.

"87년 체제"가 구체제의 정당 체제로부터 변화된 어떤 것임은 분명하다. 그러나 그것은 어디까지나 외양적으로 그러할 뿐, 내용적으로는 높은 연속성을 유지하고 있는 것이었다. 그 핵심은 노동과 소외 세력의 배제에 있다. 다시 말해 서구 선진 국가들에서 보듯, 정당 체제가 사회경제적 문제를 광범하게 대표 혹은 제도화하는 방향으로 변화하지 못했다는 것을 의미한다. 사회경제적인 문제가 정치적으로 다루어지지 못하고, 투표 결정에 있어 선호 형성의 요인이 되지 못한 한국적 조건에서 변형된 형태로 나타난 것이 지역 정당 체제라고 할 수 있다.

정당 체제가 사회경제적 이익의 차이를 폭넓게 대표하고, 그로부터 발생하는 갈등을 정치과정에서 다룰 수 있을 때, 정당 체제는 안정화되고 민주주의 역시 잘 작동할 수 있다. 정치학자 디 팔마는, 경쟁의 게임에 심지어 극우, 극좌를 포함해 정당들이 최대한 들어올 때 민주주의에 대한 저항을 극복할 수 있으며, 따라서 비례대표제에 기반을 둔 다당 연합 정치가 조숙한 다수결주의를 창출하려는 노력보다 우월하다고 말한다.[3]

민주화 이후에도 한국 정치는 넓은 이념적 지평을 갖지 못했고, 주요 사회 세력들이 정당의 제도권 내로 들어오지 못했으며, 그로 인해 정당 체제는 끊임없이 불안정했다. 민주화 이후 여야가 순환적으로 교차 집권함으로써 민주주의는 권위주의로의 퇴행 가능성 없이 공고화되었다고 할 수 있지만, 정당 체제 수준에서의 제도화는 전혀 안정되었다고 말할 수 없다. 한편으로 정당들의 잦은 이합집산과 재편성, 사회경제적 이익과 가치를 폭넓게 대표하지 못하는 무능력 등이 존재하고, 다른 한편으로는 운동에 의한 요구의 분출이나 주류 언론의 강력한 보수화 등 정당 밖의 사회적 힘들이 정당을 압도하는 현상이 존재한다. 이 모두 정당 체제의 낮은 제도화 내지 정당의 허약함을 특징적으로 보여 준다.

물론 넓은 의미로 볼 때 정치 영역에서 보수·진보의 투표 블록이 구분되는 것처럼 보이는 것은 사실이다. 그러나 보수와 진보 사이의 경계는 유동적이고 분명하지도 않다. 기존의 양대 정당이 그 두 블록을 대표하는 것도 아니다. 여야가 서로 나뉘어 극렬하게 갈등하고 적대하지만, 정작 그 내용은 그에 상응하지 않는 것이 좀 더 현실에 가깝다고 할 수 있다.

많은 사람들이 민주화 이후 정당 체제를 "87년 체제"로 명명할 때, 그들은 87년 대통령 선거를 "정초 선거"founding election[4]라고 상정하고 그 체제가 상당한 안정성을 유지하면서 "결빙"freezing된 것처럼 생각하는 듯하다. 그러나 그것이 사실에 부합하는지는 지극히 의문이다. 왜냐하면 립셋·로칸이 결빙이라는 말을 썼을 때는, 정당 체제라는 정치적 형식과 노동문제를 포함

---

3 디 팔마의 말은, O'Donnell and Schmitter(1986, 60)에서 재인용.
4 정초 선거에 대해서는 O'Donnell and Schmitter(1986, 61-64)을 참조할 것.

한 사회적 갈등 사이의 높은 수준의 상응성이 장기간에 걸쳐 특정 정당 체제의 지속성과 안정성을 만들어 낸다는 의미였기 때문이다.

노동 없는 정당 체제, 주요 사회 세력들이 제도화된 정당의 틀 안으로 들어오지 않은 정당 체제가 그런 지속성을 가져올 수 있을 것인가 하는 문제는 정치학적으로 관심을 가질 만한 주제다. 한국 사회에서 지금처럼 정당 체제의 낮은 제도화와 그로 인한 불안정이 지속되느냐 아니면 정당 체제의 제도화 확대가 안정화되고 더 확대되느냐 하는 것은, 노동이 제도 내로 통합되어 중요한 행위자가 되느냐 아니냐가 가장 중요한 변수라고 생각한다. 노동이 제도 밖에 존재할 경우, 그들의 이익과 요구, 열정과 가치를 투입하기 위한 제도 밖으로부터의 간헐적이고 지속적인 항의와 투쟁이 있겠지만 그로 인해 정치권은 불안정해질 것이며, 이들의 요구와 의사를 억압하는 권위주의적 통제가 나타나고, 이는 경제적으로도 부정적인 효과를 낳을 것이다.

민주화라는 강력한 변화의 압력에도 불구하고 왜 한국의 정당 체제는 구체제와 본질적 요소를 공유하게 되었나? 1987~98년 사이, 민주화와 더불어 노동운동이 팽창기에 있었을 때 왜 정치 세력화는 가능하지 않았나? IMF 외환 위기는 노동자들의 경제적 조건에 대한 공격이었음에도 불구하고, 왜 그것은 노동자 보호를 위한 정치적 세력화를 가져오지 않았나?

앞에서 민주화가 가져온 변화에 대한 도전에 대응하고 그 힘을 억제할 수 있는 제약 조건들을 지적했다. 그것은 변화를 억제하고 통제하는 객관적 조건, 내지는 외부 환경을 말한다. 여기에서 중요한 것은 객관적 조건이 아니라, 변화와 개혁을 추구하는 세력들의 내적 조건이라 할 수 있다. 로버트 달의 방식으로 말하면, 억압을 지속하는 것과 관용적이 되는 것 사이의 상대적 비용의 문제이다.

변화를 추구하는 세력들은 체제가 그대로 있기를 바라는 세력들에 대해 억압의 비용을 얼마나 높일 수 있는가? 이 점에서 도전 세력들은 성공적이지 못했다. 먼저 운동의 중심 세력들은 민주화 이후 정치의 중심이 운동에서 선거를 중심으로 한 제도화된 정치 영역으로 이동하자 구체제하에서 제도화를 경험했던 야당(들)과 야당 정치인들에 비해 결정적으로 무력해졌다. 운동 세력들은 대학생들이었고, 젊은 세대들이었기 때문에 직접적으로 정치 행위자가 되기 어려웠다. 또한 현대 대의제 민주주의를 이해하고 받아들이기에 그들의 정치적 이념과 비전, 가치와 행동 정향들은 비현실적일 정도로 이상적이고 급진적이었다. 그 결과 그들은 정당의 중요성을 이해하지 못했다.

또한 중요한 것은 노동운동과 중산층적 시민운동의 분리이다. 그것은 노동운동을 결정적으로 약화시켰다. 이미 사회의 두 주요 계층의 분리는 6월 항쟁을 통해 예시된 바 있었다. 6월 항쟁이 대학생을 필두로 교육받은 도시 중산층에 의해 주도되었다고 할 때, 7, 8월 노동자 투쟁은 노동자들 스스로에 의해 주도되었다. 두 세력은 모두 체제에 도전했던 민주화 운동 세력이었지만, 그 성격과 지향, 가치와 신념은 다른 것이었다. 중산층은 민주화라는 대의를 위해 봉기했지만, 크게 보면 그들은 구체제 산업화의 산물이자 수혜자들이었다. 결과적으로 이들은 낮은 수준의 정치·사회적 개혁과 변화를 지지할 가능성이 컸다. 그리고 권위주의에 반대하는 것을 제외하고는 노동자들에 비해 체제 순응적이며 헤게모니적인 이데올로기와 가치를 흡수하게 될 사회계층이었다.

민주화 이후 상층과 중산층의 이익은 제도권 정당들에 의해 경쟁적으로 대표되는 동안, 노동자들의 이익은 대표되지 못했다. 중산층의 이익이 국가 내지 사회 전체의 이익과 병행하는 동안, 사회적 약자와 노동자들의 이익을 조직하는 일은 용산 참사의 사례를 통해 볼 수 있듯, 억압의 대상이 되었다.

중산층과 분리된 노동운동은 모든 사회집단과 계층의 이익과 병행하는 국가 이익, 또는 공익에 반해 자신들만의 이익을 추구하는 이기적 집단으로, 나아가서는 국가 발전, 경제 발전에 반하는 반사회적·반성장적 집단으로 고립되기 쉬웠다. "집단 이기주의"라는 말에서 볼 수 있듯이, 개별 사회 집단이 추구하는 특수 이익은 언제나 사회 전체의 이익과 충돌하는 것으로 비난 받았다. 실제로 노동운동은 김대중, 노무현 정부에서도 경제 위기 극복 정책과 경제 성장 정책을 저해하는 대표적인 집단 운동으로 이해되고 공격 받았다.

이런 체제하에서 특정의 사회집단, 특히 노동자나 사회적 약자의 경우, 스스로 권익을 보호하고 실현하기 위해 자신들의 표를 결집하고 선거에 영향을 미치는 것이 중요하다. 정치적 평등의 원리 위에서 작동하는 민주주의는 선거 경쟁에서 수의 힘을 통해 권력을 획득하거나 그것을 제약하는 것을 통해 작동한다. 스스로 조직하고 대표하지 못하는 한 누구든 스스로의 권익을 보호하고 실현할 수 없고, 또 선출된 정부로 하여금 그 자신의 권력과 권한의 행사에 대해 책임지게 만들거나 권력의 오만을 견제할 수도 없다.

국가의 부활

한국에서 국가는 전후 냉전 시기 분단국가가 건설된 이래, 즉 민주화 훨씬 이전부터 강고하게 제도화되어 조기에 산업화를 주도할 수 있는 하부 기반을 갖췄다. 라틴아메리카와 아시아의 개발도상국가들도 시민사회에 대해 강한 국가를 가졌다고 할 수 있고, 그들 나라의 경제 발전에서도 국가의 역할은 중심적이었다. 그러나 학자들이 한국의 산업화 시기 국가를 "강한 국가", "중상주의적 국가", "과대 성장 국가", "발전 국가" 등으로 그 특징을 개념화하고자 한 것에서 볼 수 있듯, 한국의 국가가 특별히 강력하다는 인식을 갖게 하는 요소들은 많다.

한국은 1960~70년대 국가가 주도했던 산업화를 통해, 한 세대 이전 "발전 국가"의 모델이었던 일본의 후계자처럼 세계에 널리 알려졌다. 발전 국가라는 명칭이 국가의 경제적 역할에 붙여진 이름이라고 할 때, 그것의 정치적 성격은 권위주의 국가였다.

민주화는 이와 같이 강력한 국가에 어떤 영향을 미쳤으며, 어떤 변화를 가져왔나? 결론부터 말하면, 한국에서 민주화는 국가의 구조나 작동 방식은 물론 국민의 국가에 대한 인식이나 태도에서도 큰 변화를 가져오지 않은 것으로 보인다. 국가의 성격과 관련해서는 고도의 연속성이 유지된 것이다. 민주화 이후에도 강력한 국가 중심적 태도와 가치, 그리고 국가주의-민족주의가 여전히 지배적인 이념으로 유지되어 왔으며, 그 결과 잘 발달된 행정 관료 체제를 통해 사회에 광범한 영향력을 행사하는 국가는 민주주의하에서도 그대로 유지되고 있다.

일찍이 정치학자 J. P. 네틀은 "국가성"stateness이라는 개념을 통해 역사적·문화적·지적 수준에서 시민들이 국가가 가진 가치와 정당성을 어느 정도로 인식하는지를 측정하려고 시도한 바 있다(Nettl 1968). 그에 따르면 영국, 미국은 약하고, 독일은 강한 국가로 분류되었다. 자유주의 이념의 강도와 국가성에 대한 강도는 반비례함을 보여 준 것이다. 자유주의의 시각에서 국가는 인간의 시민적 생활을 위해 필수 불가결한 정치기구이지만 그럼에도 불구하고 시민의 자유와 권리를 위해 제한되지 않으면 안 되는 것이었다. 권리 중심의 최소 국가의 가치가 그 핵심인 것이다. 자유주의 전통에 기반을 둔 시민사회 이론 역시 국가권력을 어떻게 제한할 것인가의 문제에 관심의 초점을 두었다.

이와 같은 자유주의 이념의 핵심 주장, 즉 국가권력은 견제되지 않으면 안 된다는 문제의식이 한국의 민주화 과정에서 시민의 의식 속으로 들어왔다고는 보기 어렵다. 특히 강한 국가주의적-민족주의적 이념과 가치를 갖는 개혁파의 사고 속에서나 민중 담론에서 국가를 장악한다는 생각은 있었으나, 누가 집권하든 국가권력을 견제하거나 제한해야 한다는 생각이 자리 잡지 못했다. 이 점에서 한국의 민주화는 자유주의적 전환의 계기를 갖지 못했다.

권위주의 산업화를 추진하면서 사회적 이념으로 자리 잡은 성장주의·발전주의 역시 국가주의-민족주의의 문화적·지적 전통과 매우 잘 조화될 수 있었다는 점을 강조할 수 있다. 민주화 이후, 특히 IMF 금융 위기 이후 집권한 정부들이 신자유주의적 세계화의 강력하고도 급진적인 추진자로서 한국의 정치와 경제를 다루었던 방법 역시 그런 전통과 잘 어울리는 것이었다.

한국에서 신자유주의는 표명된 주장 및 이미지와 실제 추진된 방법 사이에 커다란 괴리가 있다. 신자유주의는 경제에 대한 국가 개입의 결과를 "국가의 실패"로 규정하면서, 그 자리를 자율적 시장, 시장 경쟁에 의한 효율성의 극대화를 실현할 수 있는 작은 국가론으로 대체한다. 그러나 현실에서 신자유주의적 경제 운영은 사실 국가의 개입을 통해 이루어졌다. 그것은 보수 혁명이라고 할 만큼 급격한 변화를 수반하는 것이었기 때문에 국가의 광범한 정책 조치들과 공권력을 통한 뒷받침 없이 시장의 자율성이란 구호만으로는 애당초 실현 불가능한 것이었다.

신자유주의적 금융 세계화와 경제의 높은 통합에 의한 국가 간 상호 의존이 증대된 오늘의 세계경제에서 국가가 실행할 수 있는 경제정책의 범위와 정도는 구조적으로 제약받고 있다. 그럼에도 불구하고 여전히 시장의 힘은 국가의 경제정책을 통해 이루어진다. 실제로 민주화 이후 국가의 역할은 그들이 신자유주의적 성장 정책을 급진적이고 과격하게 추진해 오는 동안 결코 축소되거나 약화된 적이 없다. 여기에서 중요한 질문이 제기될 수 있다.

그렇다면 왜 민주주의하에서도 국가가 중심이 된 성장 최우선의 정책은 변하지 않았나? 민주 정부들은 민주주의의 절차를 통해 통치의 정당성을 확보했음에도 불구하고, 왜 권위주의 정부에 못지않게 고도성장 달성을 자신들의 중심 과업으로 설정했나? 어떤 제도적 메커니즘을 통해 이와 같은 정책이 유지되어 왔나?

한국에서 민주화 운동의 최대 목표는 권위주의에서 민주주의로 체제를 바꾸는 것이었다. 그러나 그들은 기존의 "강력하고 확장된 국가"over-extended state의 권한 및 권력과 범위를 축소하거나 이를 민주적 통제하에 둠으로써 국가와 시민사회 간의 관계 구조를 변화시키는 문제들에는 큰 관심을 갖지 않았다. 대개는 국가권력을 의인화擬人化된 실체로서 대통령의 권한·성격으로 치환해 보는 것이 지배적이었다.

한국의 강력한 국가는 제도적으로나 역사적·문화적 측면에서 강력한 대통령제와 밀접하게 결합되어 있다. 강력한 국가는 강력한 대통령을 만들어 내며, 그 역逆도 마찬가지로 상호간의 상승작용을 일으킨다. 민주화 이후에도 이와 같은 강력한 대통령의 존재에는 별다른 변화가 없었다. 그 요인을 짧게 말하면 이런 것이다. 먼저 민주화 이후 개정 헌법(1987년 10월) 역시 대통령제에 관한 한 권위주의 때와 마찬가지로 강력한 대통령제, 나아가 한국 헌법의 모델이라 할 미국 헌법보다도 훨씬 더 강한 대통령제를 유지했다. 한국의 민주화 운동이 국가의 권한 및 성격과 관련된 문제를 직접적으로 다루지 못한 한계로 인해, 권위주의 시대로부터 물려받은 강력한 대통령을 뒷받침하는 물적·이념적 토대는 그대로 유지되었다.

민주화가 이루어졌을 때 과거의 권위주의 국가는 어떻게 민주적으로 관리될 수 있나 하는 문제는 민주화 과정에서 간과했던 가장 중요한 문제였다. 한국의 민주화는 절차적 수준에서만 볼 때, 권위주의적 대통령을 시민들의 직접선거를 통한 민주적 대통령으로 바꾸는 것을 핵심으로 했을 뿐이다. 이것은 민주화와 관련해 중요한 의미를 갖는다.

정치철학자 레이먼드 고이스가 말하듯이, 현대의 대의제 민주주의는 통치자, 관료적 기능집단, 피치자로서의 시민이라는 삼중 구조tripartite structure, 삼각관계에 기초한다. 고대 아테네의 직접민주주의와 비교할 때 그 차이는 분명하다. 현대 대의제 민주주의와 그 작동 메커니즘은 고대의 직접민주주의와 근본적인 차이를 갖지만, 인민주권과 정치적 평등, 권력에 대한 견제와 통치자가 시민에 대해 갖는 책임성의 원리에 있어서는 동일하다. 그러나 고대 민주주의는 이중구조, 즉 통치자와 피치자 간의 이자 관계 위에서 작동했다(Geuss 2001).

현대 민주주의의 복합적인 성격은 통치 체제가 선출된 정치권력과 시민사회에 대해 일정한 자율성을 갖는 행정 관료 체계를 갖는다는 사실에 기인한다. 그것은 선출된 치자와 시민 피치자 사이에 위치하는 제3의 권력이다. 흥미로운 점은 선출된 공직자와 시민 간의 관계에 대해서는 많은 이론적 논의와 제도적 장치들이 발전돼 왔음에도 불구하고, 국가 관료제를 민주적인 통제 아래 두면서 시민에 대해 책임성을 갖도록 만드는 제도나 이를 뒷받침하는 이론은 거의 공백 상태로 남아 있다는 것이다.

한국 민주주의의 조건에서 민주적으로 통제되지 않는 국가는 인민주권에 반하는 것이 아닐 수 없다. 더욱 중요한 문제는 강력한 국가가 최고 공직인 강력한 대통령의 권력과 중첩될 때 만들어지는 문제이다. 즉, 제도화된 공직으로서의 대통령과 권위의 개인적 담지자로서의 대통령이 결합하기 쉽다는 것이다. 그 결과, 민주주의임에도 불구하고 대통령 권력의 사인화私人化 현상이 나타나고, 그런 대통령이 정당이나 의회를 우회해 관료를 중심으로 정책을 운용할 수 있게 되는 것이다.

시민사회의 구조와 변화

만약 시민적 덕과 민주적 가치가 헤게모니를 갖는다면, 혹은 사회의 권력 중심이 다원화된 환경을 갖게 되고 그 속에서 시민 개인과 자율적 결사체들이 시민적 덕목을 내면화하고 적극적 시민으로서 그것을 실천한다면, 한국 민주주의는 강력한 사회적·문화적·이념적 기반과 더불어 질적으로 높은 수준에 도달할 수 있고, 이미 도달해 있을 것이다.

1980년대 민주화 운동이 강력하게 전개되고 민주화 이행이 이루어졌을 때, 시민사회는 권위주의 국가를 해체했던 민주화 투쟁의 완강한 보루로 인식되었다. 그리하여 권위주의 시기에는 국가의 역할을 둘러싼 지적 관심이 지배적이었다면 민주화는 그 관심을 곧바로 시민사회로 이동시켰다. 그렇다면 시민사회는 과연 민주주의라는 새로운 시대를 여는 사람들이 헤게모니를 가질 수 있는 사회적 장場인가?

사회학자 제프리 알렉산더는 동구 민주화 이후, 시민사회에 대한 동구 지식인들의 실망을 다음과 같이 이야기한다.

> 동구 지식인들이 실제로 권력을 획득했을 때, 그들은 자신들이 계몽주의, 자본주의 그리고 민주주의 그 자체를 포함한 모든 것을 가질 수 있다고 생각했다. 그러나 사회 재건의 실제적 과업은 지식인들이 이런 사회적 이상을 지탱하기 어렵게 만들었다. …… 반체제 지식인들은 현실 속에서의 사회주의가 어떻게 꿈으로부터 멀어져 갔는가 하는 것을 극화하기 위해 '현실적으로 존재하는 사회주의'라는 말을 창안해 냈는데, 지금은 '현실적으로 존재하는 시민사회'에 대해 말하기 시작할 때이다(Alexander 1998, 2).

한국의 현실에서 민주주의 공고화와 운동의 탈동원화는 정확하게 일치했다. 1980년대 반독재 최대 연합을 구성했던 민주화 운동은, 탈동원화 과정에서 몇 가지 방향으로 분화되었다. 민주화 운동의 중심축 가운데 하나였던 노동운동은 전체 운동의 분화와 함께 독자적인 운동으로 발전해 갔다. 공고화 과정에서 나타난 운동의 중요한 특징은 정치적인 문제나 사회경제적 문제에서 중산층적 관심사에 초점을 둔 지식인·전문가 중심의 시민운동과 노동자, 농민 같은 생산자 집단 중심의 민중운동이 분화되었다는 점이다. 이 과정에서 환경, 민족-평화, 여성 등의 이슈를 중심으로 한 많은 새로운 운동들이 발전하기도 했다.

그러나 민주화 이후 최초로 당 대 당 정권 교체가 이루어진 이래, 특히 노무현 정부 기간 동안 시민운동과 민중운동은 공히 대중적 기반을 상실하면서 그 영향력이 크게 축소되었다. 그것은 민주화 이후 정치 공간이 완전히 개방되면서 운동이 과거와 같은 중심적인 역할을 수행할 수 없게 된 상황 변화의 산물이며, 운동권 인사들이 정부에 광범위하게 참여함으로써 적어도 정치적으로는 집권 세력화했다는 사실 때문이기도 하다.

이 시기 중요한 특징 가운데 하나는 민주화 운동의 중심 세력이 주도하는 운동은 탈동원화되었던 반면, 보수적인 사회운동이 뚜렷하게 활성화되었다는 점이다. 이 과정에서 거대 교회 집단은 민주화 운동 시기 진보적 교회가 보여 주었던 영향력을 밀어내며 보수적 운동의 중심 역할을 수행했다. 그러면서 운동의 양상은, 진보 편향에서 좌우 균형을 이루는 정도로 변화되었다. 필자가 시민사회의 특성이 "권위주의 국가에 반反하는 시민사회"로부터 "시민사회 대對 시민사회"로 변했다고 말했던 것은 이런 정황을 두고 한 말이다.

그러나 김대중, 노무현 정부에 이어 다시금 보수적 정당과 대통령이 집권한 이명박 정부 시기에 들어와, 시민사회는 또 다른 양상을 나타냈다. 즉,

민주주의의 공고화, 운동의 탈동원화에 이어 시민사회는 보수적 헤게모니가 지배하는 사회적 장場으로서의 그 성격을 분명히 드러낸 것이다.

이 대목에서, 1980년대 후반 한국과 대만 민주화를 비교하기 위해 한국을 방문했던 영국 사회학자 존 홀 교수와 나눴던 대화의 한 대목이 떠오른다. 그는 "한국의 재벌이 과연 민주화를 허용할 것인가? 재벌이 없는 대만보다 한국의 민주화가 더 어렵지 않겠느냐"라고 내게 물었다. 그때 나는 "한국의 재벌이 민주화 이행에서 반대 역할을 하지는 않았지만 앞으로 한국 민주화는 대만보다 발전 수준이 떨어질지도 모르겠다"라고 대답했던 것으로 기억한다. 현재의 시점에서 이 문제를 생각할 때, 그의 질문은 중요한 의미를 갖는 것이었고, 그것은 여전히 생각해 봐야 할 가치가 있는 것이다.

민주화 이행 과정에서 재벌은 직접적으로 부정적인 역할을 수행하진 않았다. 앞서 이야기했듯이 정치학자 디 팔마는, 민주화가 가능한 것은, 기득 이익들이 민주화가 그들의 이익을 침해하지 않는다는 믿음을 갖기 때문에 허용된다고 말했다. 이 말은 한국 현실에도 적용될 수 있을 것 같다. 한국에서 재벌을 비롯한 대기업 집단의 역할은, 민주주의 이행 과정에서보다 공고화 과정에서, 나아가 그 이후 민주주의가 일상적으로 시행되는 과정에서 더 뚜렷한 제약적 효과를 발휘한다고 볼 수 있다.

이 문제를 대만과 비교해 보면, 노무현 정부 시기 시민사회 내 보수와 진보의 힘이 균형을 이룬 것처럼 보였던 것은 실제 시민사회에서의 힘이 균형적이었기 때문이 아니라, 그들이 국가를 운영하는 집권 세력이었기 때문이라는 해석이 가능하다. 이명박 정부 초기, '촛불 시위', '조문 정국'을 통해 강력하고도 대규모적으로 분출했던 운동은 무엇인가? 필자의 관점에서 그것은 운동의 강함의 결과가 아니라, 약함의 결과이다.

정치 영역에서 과거 운동 세력의 지지를 받았던 열린우리당-민주당은

2007년과 2008년, 대선과 총선을 거치면서 존립이 위협받을 정도로 허약해졌다. 시민사회에서 운동은 대개 존립의 벼랑에 섰고, 과거와 같은 운동의 에너지는 거의 소멸되었다. 권위주의적 성격의 보수 정부를 견제하고 그에 저항하는 수단은 반대 중심의 운동밖에 없었던 것이다.

과거 권위주의하에서 국가와 사적 이익집단 간의 관계는, '국가 코포라티즘'이라는 개념으로 특징지을 수 있다. 노동조합(한국노총), 농민 단체(농협), 교원 단체(교총) 등이 대표적이다. 민주화는 권위주의 국가를 해체했을 뿐만 아니라, 당연히 시민사회 자율적 결사체에 대한 국가의 통제 메커니즘 또한 해체했다.

그러나 국가 코포라티즘적 통제를 해체했다고 해서 그것이 바로 다원주의적 이익대표 체계, 즉 자유롭게 경쟁하는 이익집단들의 체제로 변화했다고 할 수는 없다. 왜냐하면 기존의 기능적 범주에서 독점적인 대표성을 갖는 이익집단이 조직되어 있었기에 그 틀을 깨면서 자유 경쟁적 구조를 형성한다는 것은 개별 집단들에게는 너무 많은 비용을 감당해야 하는 일이기 때문이다. 이는 노동운동이나 교원 단체 사례에서 쉽게 확인할 수 있다.

민주화 이후 민주노총과 전교조는 기존의 한국노총과 교총으로부터 분립해 독자적인 대표성을 확보하기까지 상당한 투쟁과 희생을 치러야 했다. 그리고 자율적 이익 결사체가 중심이 되는 이익대표 체계는 그 정치적·사회적·정책적 영향력 면에서 여전히 약세를 면치 못하고 있다. 그와 동시에 대부분의 이익 범주에서 이익 결사체들의 활동은 권위주의로부터 물려받은 독점적 대표성을 유지하고 있지만, 정부의 정책 결정 과정이나 권력 작용에서 그들이 행사하는 압력과 로비는 거의 드러나지 않고 있다.

경제 관료 기구의 권한 영역은 대개 강력한 거대 이익집단들이 활동하는 곳이다. 재경부와 금감원의 권한은 재벌과 금융 산업에 걸쳐 있고, 건교

부의 권한은 토지, 주택, 도로 등 다양한 개발 공사와 건설 산업에 걸쳐 있다. 이들 영역 모두 국민 다수의 경제생활에 직접적인 영향을 미침에도 불구하고, 실제 이 영역을 지배하는 것은 독점적으로 조직화된 특수 이익들이다. 이들과 관료와의 관계는 여전히 민주적 통제의 한계 밖에 있다.

다른 나라와 달리, 한국에서 재벌로 통칭되는 거대 기업집단의 산업 집중도는 높다. 따라서 각각의 산업부문은 거기에 속한 기업들의 이익을 포괄하는 기업 단체나 특정 산업부문의 전국 조직을 통해서가 아니라, 단일한 거대 재벌 기업집단에 의해 대표되는 경우가 더 많다. 반면, 이들과 갈등 관계에 있는 노동운동은 정부의 세계화 및 신자유주의적 노동정책을 통해 억압되거나 통제되어 왔다. 역대 모든 정권들은 노동운동에 적대적이었다.

김대중 정부는 외환 위기 이후 2·6 협약을 통해 노동시장을 유연화하고 기업·사용자와 노동자 간의 힘의 균형을 결정적으로 전자에 유리한 방향으로 고착화했다. 노무현 정부는 "노동자들에 빚진 것이 없다"라고 공언했고, 비정규직 법안에 반대하는 노조의 저항을 탄압했다. 보수적인 이명박 정부에서는, 대통령이 직접 나서 공무원노조가 민노총에 가입한 사실에 대해 "대통령으로서 자괴감을 느낀다"(『중앙일보』 2009/11/25)라고 말하는가 하면, 철도노조 파업에 대해 "전 국민을 대표"해 파업을 규탄하면서 노조와 타협하지 말 것을 독려했다(『한겨레』 2009/11/30).

시민사회의 구조와 그 변화를 관찰하면서, 한국에서의 민주화는 정치체제 수준에서 선거를 통해 정부를 선출하고 교체하는 데 머물렀을 뿐, 시민사회 수준에서는 민주화의 최소 요건들, 즉 자율적 결사체를 조직하고, 이를 통해 정치과정에 참여하는 것 자체가 현실화되고 있지 못하다는 사실을 알게 된다. 오히려 시민사회에서는 보수의 헤게모니가 완강하게 작동하고 있다고도 할 수 있다. 특히 헌법에 보장된 기본권으로서 노동자들이 노조를 조직할 최소한의 권리조차 허용되지 않고 있다. 노동자, 농민은 물론, 사회적 약자가 결사의 자유와 권리를 통해 그들 스스로를 대표하고 보호할 수 없다면, 그것은 민주주의 원리와 규범에 충돌하는 것이 아닐 수 없다. 정치적으로는 민주화되었지만, 그 체제하에서 시민사회 영역은 여전히 권위주의적 관행이 지배하고 있다고 할 수 있다.

사회학자 김동노 교수는 에드워드 밴필드의 이탈리아 남부 몬테네그라 지방의 현장 경험에서 끌어낸 "무도덕적 가족주의"amoral familism 개념을 전통적 가족 관계가 해체된 산업화 이후 한국 사회에 적용한 바 있다(Kim 1990). 그 연장선상에서 필자는 이 개념을 민주화 이후 한국 사회에도 확대해서 적용할 수 있다고 생각한다. 이는 정부의 개발 정책을 통해 수혜를 얻고자 하는 사람들이 공적 연대보다 가족과 같은 소집단의 이익을 추구하는 현상을 가리킨다. 그러나 우리의 경우 무도덕적 가족주의 현상은, 밴필드가 말하는 문화적 요소의 결과물이 아니라, 국가권력 내지 정책에 의해 억압된 정치적·정책적 요소의 결과물이기에, 강요된 무도덕적 가족주의라고 말할 수 있을 것이다. 왜냐하면 그들이 직접적인 목전의 경제 이익 추구에 몰두하면서 가족의 범위를 넘어서는 집합 행위를 할 수 없는 것은, 한 공동체의 공동이익을 협력을 통해 만들지 못해서가 아니라, 그것이 정치적으로 억압되기 때문이다. 한국 사람들이 문화적 이유 때문에 2차 집단을 형성하지 않는다고 주장한다면, 그것이 얼마나 사실에 근거해 설득력을 가질 수 있을지 의문이다.

용산 참사를 불러온 서울시 재개발 정책 및 자율적 결사체에 대한 정부의 태도와 거주자 내지 피해자의 대응 사이의 관계는 이런 문제를 잘 보여 준다. 전국철거민연합 또는 해당 지역의 대책위 조직이 없는 것은 아니지만, 검찰·경찰 같은 국가기구나 개발업자들이 주도하는 재개발조합업체에 의해 그 활동이 제한되기 때문에 세입자 이익을 위한 자율적 결사체 구실을 하기는 어렵다. 이런 조건에서 여러 조직이나 단체의 간부들은, 세입자의 이익을 대변하는 역할을 하기보다 재건축조합 측의 부당 거래 유혹에 넘어갈 가능성이 높다.

시민사회에서의 자율적 결사체가 허용될 때, 그것이 어떤 정치적 결과를 가져오는가 하는 것은 1950년대에서 1970년대 사이에 성장한 미국의 지역공동체 조직 운동이 잘 보여 준다. 이 지역공동체 운동은 오바마를 대통령으로 탄생시켰던 운동의 배경이 되었기 때문에 관심의 대상이 된 바 있다. 미국에서 이 운동은, 학자들이 "거대한 부정의"great injustice라고 비판했던 것으로, 한국과 비슷한 연방 정부의 도시재개발 프로젝트와 전국 고속도로 건설 프로젝트에 대항했던 주민 중심의 자발적인 지역 운동을 불러왔다.[5]

---

[5] 연방정부정책으로 추진된 도시재개발은, 이주가 강제되는 거주자들에 대한 보상비를 둘러싼 분쟁(20~30퍼센트 정도의 손해)을 야기하고, 여기에 흑인-저소득층이 저항하면서 조직화된 운동을 말한다. 이른바 알린스키형 지역공동체 조직 운동은 결국 연방 정부의 중앙 정치와 민주당 정당 조직들이 흑인 공동체의 요구들을 무시해 온 것에 대한 대응으로 발전했다. 그리하여 운동은 정당 조직을 우회해 직접 정부에 대해 그들의 요구를 처리할 수 있는 채널을 발전시키는 것이 가능했다. 그러나 운동의 방법을 통한 이 항의 운동은 대결적 방법으로 인해 더 이상 지속되기 어려운 한계를 드러냈고, 그것은 자연스럽게 투표자등록운동-투표하기운동으로 전환하는 계기를 만들었다. 지역 운동이 만들어 낸 풀뿌리 운동과 지방의 정당 기간 조직이 종류가 다르고 경쟁 관계에 있다 하더라도, 전자는 결국 민주당의 하부 기반으로 기능했다. 1980년대에 들어와 시카고의 워싱턴, 뉴욕의 딘킨, LA의 브래들리를 포함해 미국의 5대 도시에서는 흑인 유권자들이 비록 소수라 하더라도 조직적 투표를 통해 흑인 시장을 배출하는 데 결정적으로 기여했다. 요컨대 흑인들의 정치적 진출은 거주 지역 조직 운동에 힘입은 바 크다. 1965년의 투표권법은 짐 크로우법에 의해 정치적 시민권을 갖지 못했던 흑인들에게 정치 참여의 권리를 부여한 바 있다. 그러나 이 제도적 법적 전환이 곧바로 흑인들의 정치 세력화를 가져왔던 것은 아니다. 지역공동체 조직 운동은 흑인들을 하나의 투표 집단으로서 정치적으로 조직하는 데 결정적인 매개 역할을 했다(Judd and Swanstrom 2006, 394-399).

그리고 이 운동은, 흑인 투표자들을 조직하기 시작하면서 민주당의 하부 기반을 크게 변화시켰고, 1980년대 미국 5대 도시에서 흑인 시장을 만들어 내는 결과를 가져왔다. 오바마의 등장은 지역 주민 운동이 아니고서는 가능하지 않았을 것이다. 두 나라에서의 도시 개발 정책이 가져온 각각의 결과는, 도시 개발의 피해 당사자들이 스스로의 권익을 보호하기 위해 결사체를 조직할 수 있는, 결사의 자유가 있느냐 없느냐에 달려 있는 것으로, 그 차이가 민주정치에 미치는 영향은 실로 크다고 할 수 있다.

4. 공고화의 패턴이 가져온 결과들

즉응의 정치

약한 시민사회와 강한 국가, 그리고 제도적으로 강력한 대통령이 결합한 조건에서는 어떤 정치적 현상이 나타나는가? 시민사회에서 발생하는 사회적 힘의 균형, 공론장에서의 이성적 토론, 정당 간 경쟁을 통한 정치적 견제가 작동하지 않는 상황에서 대통령과 국가권력이 결합한다면, 많은 경우 사태는 다음 세 가지 중 어느 하나의 방향으로 전개될 것이다.

첫째, 대통령의 의지와 의사, 정책 목표가 결정되고, 이후 그것을 달성하기 위해 위로부터 시민사회의 지배적 여론이 동원되어 사회적 합의 형성을 도모하는 경우가 있을 것이다. 둘째, 시민사회에서의 거대 이익들이 여론을 조성하고, 그것이 지배적인 여론으로 자리 잡으면서 사회적 합의 형성을 도모하는 경우이다. 셋째, 공론장에서 여과되지 않고 합리적 논쟁도 거치지 않은 특정 이슈가 일시적으로 부상하면서, 지역 이익이나 특정 사회집단 또는 다수의 이익과 결합해 중대 이슈로 발전하고, 이것이 정책화되는 경우이다.

이런 식으로 정책이 결정되는 것은 때로는 그것이 대통령의 비전에 부응하고 그 자신의 업적을 만드는 데 기여하기 때문이다. 아니면 대통령 개인의 숨은 사적 이익 때문일 수도 있고, 다른 경우는 지지 기반 확대나 지지도 증대를 위한 포퓰리즘적 요구에 부응하고자 하기 때문이기도 하다. 따라서 이런 현상은 거의 구조적인 것으로 나타나고 있는 것이다. 위의 경우들의 공통적인 특징은, 공론장에서의 이성적 논의가 존재하지 않고, 모두 엄청난 예산과 경제적 자원이 투여되고, 국민의 경제생활에 큰 영향을 미치는데도, 정책 시행 결과에 대해 국민에 책임지지 않는다는 점이다. 나아가 더 위험한 것은, 정치와 정책 결정 과정이 권위주의적이 되거나, 심한 경우 위로부터의 여론 동원이 유사 파시즘적 경향을 동반할 수 있다는 점이다.

이를 구조적이라고 말하는 까닭은, 그것이 강력한 국가와 강력한 대통령, 그리고 다원적이며 자율적 구조를 발전시키지 못한 채 국가의 헤게모니에 선별적으로 흡수되고 통합된 허약한 시민사회라는 정치사회적 조건에서 민주주의가 작동하는 경우에 나타나는 특징적인 현상이기 때문이다. 그러므로 그것은 항시적으로 나타나는 구조적 현상일 수 있다. 필자는 한국 정치의 이런 현상을 "즉응卽應의 정치"instant(instantaneous) politics라는 말로 특징지을 수 있다고 생각한다.[6]

시민사회가 국가를 견제하지 못함으로써 강력한 국가를 관장하는 대통

---

[6] 정치학자들은 정당이 약하게 제도화되거나 헌법에 의해 만들어진 제도들이 제대로 작동하지 않는 정치 상황을 표현하기 위해 이런 말을 사용한다. Elster(1988, 9)와 Nino(1996, 183)를 참조하라.

령의 권한 내지 권력이 제어되지 않은 채로 발현되는 현상은, 민주주의의 가치와 원리가 제대로 실현되지 못한 결과인 동시에 한국 민주주의의 안정적인 작동을 위협하는 요소이다. 이 즉응의 정치는 민주주의의 핵심 원리인 대표-책임의 연계에 있어, 대표만 있고 책임이 따르지 않는 무책임의 정치를 그 중심 요소로 한다.

학자들은 시민사회에 의한 견제를 "수직적 책임성"이라고 말하고, 국가기구에 의한 견제, 즉 삼권분립과 그들 간 상호 견제와 균형을 "수평적 책임성"이라고 부른다. 수평적 책임성과 관련해, 문제의 핵심은 민주화 이후 사법부의 무기력함이라 하겠다. 과거 권위주의 시기 사람들은 입법부를 통법부 또는 거수기라고 비하하고 조롱했다. 사법부가 크게 비판의 대상이 되지 않았던 것은, 사법부가 제 기능을 했기 때문이 아니라, 의례히 권력의 시녀라고 생각했기 때문이다. 그러나 민주주의에서 상황은 다르다.

현행 헌법은 헌법재판소를 신설하는 등 사법부의 역할을 증대함으로써 다른 두 부서, 특히 대통령을 정점으로 한 집행부 권력을 견제하는 역할을 부여했다. 미국 헌법 체제에 훨씬 더 가까이 다가갔다고도 할 수 있겠다. 그러나 사법부에 기대됐던 역할과 실제의 평결을 통한 역할 사이에는 너무나 큰 괴리가 존재한다. 사법부는 두 가지 점에서 문제를 드러낸다.

하나는, 견제와 균형의 차원에서 무엇보다 정부의 집행부 권력으로부터 자립적이지 못하다는 점이다. 불행하게도 민주화 이후에도 사법부는 권력에 종속적인 모습을 보임으로써 과거 권위주의 시기의 유습에서 크게 벗어나지 못하고 있는 것으로 보인다. 다른 하나는 사법부 판사들이나 법률 공직자의 다수가 보수적 편향성을 보인다는 점이다. 이는 보수 그 자체의 문제를 말하는 것이 아니라, 사회의 의사를 폭넓게 대변함으로써 보수·진보가 어느 정도 균형을 이루어야 한다는 의미이다. 미국 법원 판사들의 구성은 이를 잘 보여 준다.

일찍이 마키아벨리는 피렌체 시정부의 판사 수를 소수에서 다수로 늘릴 것을 제안했다. 이는 소수 판사들의 사회적 배경이 귀족 엘리트층과 동질적이고, 그들의 가치관을 공유하면서 그 의사와 이익을 대변하는 경향이 있었기 때문이다. 그래서 사법행정이 보다 폭넓은 대표성을 가지면서 다수의 의사와 권익이 재판에 반영되도록 하기 위해 판사의 숫자를 크게 늘려야 한다고 주장했던 것이다.[7] 이와 같은 르네상스 시기 피렌체의 상황은 오늘의 한국 사법부에도 그대로 적용될 수 있다. 과거 권위주의 시기 판사들이 가치 및 이념 정향에 있어서 대체로 보수적이었기 때문에, 지금의 고위 법관들 역시 그렇다고 볼 수 있다. 또 젊은 세대의 법관들은 점점 더 고위층의 사회적 배경을 지니고 엘리트 교육을 받은 사람들로 충원되고 있다. 상층 법관은 상층대로, 신참은 신참대로 모두 보수적인 가치 정향을 갖기 때문에 판사들의 구성은 압도적으로 보수적인 것이다.

우리는 지금의 한국 사회에서 법의 지배가 이루어지고 있는가를 물을 수 있다(최장집 2008). 민주주의에서 법의 지배는 다수 지배 원리로부터 크게 벗어나지 않는 범위에서 법이 사회를 구성하는 사회적 집단들을 평등하게 다루고 있다는 인식이 성립할 때 실현된다. 법이 공정하다는 것, 판사들의 판결이 공정하다는 것은, 절차적 공정성과 형평성뿐만 아니라 법의 실질적 내용이 공정하다는 인식을 동반할 때 수용될 수 있는 것이다. 만약 그렇지

---

[7] 마키아벨리는 『로마사논고』에서 "한 공화국에서 여덟 명의 판사(Otto di guardia e di balià)[8인 사법위원회]가 사회적 강자를 판결하기에는 충분하지 않기 때문에 판사 수를 훨씬 더 늘려야 한다. 소수 엘리트는 언제나 소수의 방식으로 행위하기 때문에 일반 시민들이 강자가 나쁘게 행위할 때 그를 고발할 수 있어야 한다"라고 말하고 있다(Machiavelli and Guicciardini 2002, 45-46, n8).

않고 법이 한 사회집단이 다른 집단을 지배하거나 공격하는 무기로 사용된다는 인식이 광범하게 퍼져 있다면, 그것은 "법의 지배"가 아니라, "법에 의한 지배", 즉 법을 수단으로 한 지배라는 인식을 갖도록 한다.[8] 오늘날 한국 사회에서 이와 같은 법의 지배의 원리가 시행되고 있지 못하고 법에 의한 지배가 더 많아지고 있다는 인식은 점점 커지고 있다.

여기에 새로운 종류의 현상을 한국 정치의 한 특징으로 추가할 수 있다. 그것은 여당과 야당 간의 경쟁과는 다른 성격을 갖는 전임 대통령과 현직 대통령 간의 경쟁이다. 5년 단임의 주기는 그 나름의 정치 세력과 사회적 기반을 보유한 여러 명의 퇴임 대통령을 만들어 낸다. 임기를 시작하는 대통령은 앞선 정부, 대통령들과 비교해 누가 더 많은 업적을 남겼는가, 누가 더 국가 발전에 기여하면서 쉽게 지워지지 않는 역사적 자취를 남겼는가 하는 경쟁의식을 갖게 된다. 이는 대통령직을 맡은 정치인의 개인적인 야망과 관련된 문제이기도 하다. 그들은 "나는 역사에 무엇을 남겼는가?" 혹은 "나는 다른 대통령에 비해 얼마나 위대한 대통령인가?"를 끊임없이 자문하는 것이다.

이는 대통령직에 대한 사회적 인식이나 실제 그 직위가 가진 정치적 권한의 크기로 인해 개별 대통령들이 갖게 되는 심리적 반응이라 할 수 있는데, 한마디로 그것은 역사에 의해서만 평가받을 수 있는 "위대함"을 향한 경쟁이다. 이 과정에서 인민(시민)은 동원 대상으로만 취급된다는 점에서, 시민의 역할은 미미하기 짝이 없다. 전·현직 대통령들 간의 경쟁은 그들이 기획하는 개혁 규모의 방대함과 급진성을 중요한 특징으로 한다. 그리고 대통령

---

[8] '법의 지배'와 '법에 의한 지배'의 차이에 대해서는 셰보르스키·마라발(2008) 참조.

은 온 나라를 자신의 이미지에 맞도록 개조하려는 욕망에 사로잡히게 된다. 심지어 지방자치 단체장들조차 자신이 대표하는 지역사회를 그런 식으로 개조하려는 과도한 욕망을 드러낸다. 구체적으로 이 모든 것은 거대 프로젝트들 간의 경쟁으로 나타난다.

이런 경쟁의 결과는 시민의 경제적·문화적·정신적 생활의 근간인 사회에서 인간적인 연대를 가능하게 할 수 없는 구조를 만든다. 노무현 정부의 세종시 행정 복합 도시 건설, 산업 클러스터와 혁신 도시 건설, 한미 자유무역협정(이하 한미 FTA) 추진, 이명박 정부의 세종시 교육과학 도시 건설, 4대강 개발 프로젝트 등은 이에 해당하는 대표적인 사례들이다.

끝으로 즉응의 정치를 만들어 내는 다른 원인이자 결과로서 정당정치의 낮은 제도화 수준에 대해 언급할 필요가 있다. 이와 관련해 강력한 국가, 강력한 대통령이라는 제도적 특징이 말 그대로 대통령의 권력을 보장하고 그 리더십의 유능함을 창출하는 것이 아니라는 점을 유념할 필요가 있다. 대통령이 강하다는 것과 유능하다는 것은 동일한 것이 아니다. 강한 국가를 관장하는, 제도적으로 강한 대통령 권력이라 할지라도 정당 제도화가 낮은 상황에서라면 일반의 상식과는 정반대로 극히 허약할 수도 있다.

실제로 민주화 이후 모든 대통령은, 임기 후반에 이르러 허약해졌고, "식물 대통령"이라는 말처럼 완전히 무력해진 상태로 임기 말을 맞이했다. 이런 사태는 집권당조차 인기 없는 대통령과 거리를 두고자 하면서 더욱 심화된다. 이는 대통령 권력의 사인화의 필연적인 결과처럼 보인다. 한국의 대통령은 제도화된 정당과 안정된 지지 기반 없이 다만 사적 이익집단들과의 특수주의적 관계를 통해, 그리고 사적 인간관계의 네트워크에 기반해서 통치한다. 이는 대통령의 권력 운용을 뒷받침하는 지지 연합이 정치적으로나 사회적으로 제도화되지도 안정적이지도 못함을 뜻한다.

즉응의 정치는 대통령직을 갖는 통치자가 견제되지 않고, 그가 책임지도록 구속되지 않는 상황에서 통치할 수 있는 자의성의 범위를 크게 넓힌다. 그로 인해 그는 선거와 선거 사이 평상시 정치에서 민주주의와 권위주의 간의 경계를 쉽게 넘나들면서 쉽게 통치할 수 있는 넓은 자율의 공간을 갖는다. 그러나 그것은 그에게 조만간 엄청난 비용을 지불토록 한다. 이 과정에서 민주주의가 얼마나 훼손되고, 그 원리가 침해되었든, 임기 말에 급작스레 나타나는 대통령 권력의 무력화는 민주주의의 힘이라고 볼 수 있다.

참여의 위기

오늘날 한국 민주주의의 중요한 특징으로 참여의 위기를 말한다면, 쉽게 동의하지 않을 사람들이 많을지도 모른다. 앞선 노무현 정부는 자신의 정부 이름을 "참여정부"라고 명명하면서 참여의 가치를 강조했다. 그것은 민주주의의 핵심 원리를 강조했다는 점에서 긍정적이다. 그에 대응해 보수파는 지나친 정치 참여가 정치를 혼란에 빠트린다고 생각할지 모른다.

민주화 이후 가장 큰 변화 가운데 하나는, 정치과정, 특히 정책 결정 과정에서 지식인·전문가들의 참여가 획기적으로 확대되었다는 점이다. 이 측면에서 정부의 성격이 보수적이냐, 개혁적이냐 하는 구분은 의미가 없다. 어느 정부든 "위원회 정부"라는 말이 나올 정도로 수많은 위원회, 자문 그룹들이 형성되고 또 제도화되었다. 이 점에서 정책 결정 과정에 대한 참여의 확대는 실로 괄목할 만하다.

그러나 정책 결정 과정에서 이런 성격의 참여는, 사회의 특정 지식인 엘리트 집단에 한정되는 것이고, 그것은 정책의 '투입' 측면을 확대하는 것이라기보다, '산출' 측면의 효과와 생산성을 증대하는 데 더 부응하는 참여라고 할 수 있다. 권위주의와 민주주의의 차이는 전자가 정책 산출의 효과와 가치를 중시한다면, 후자는 투입 측면에 더 큰 무게 중심을 두고, 그 가치를 중시하는 것이라 할 수 있다.

정책 산출의 효과는 행정적·경영 합리적 가치를 중시하는 기술 합리적 결정을 통해 실현된다. 그러는 동안, 투입 측면의 가치, 즉 한 사회의 시민들이 얼마나 정치적 평등의 원리에 입각해 정치 참여를 실현하는가, 나아가 어떻게 정치 참여를 효과적이게 하는가에 대한 문제의식은 약화되었다. 실제로 그런 문제는 현실로 나타나고 있다.

그동안 국가의 집행 기구를 관장하는 대통령으로의 권력 집중은, 산출 측면의 기능을 확대하고 효율화하는 데 기여했을지는 몰라도, 사회적 이익과 요구들이 투입되는 측면으로서 다양한 직업·직능 집단이나 노동자·농민을 중심으로 한 생산자 집단 등의 조직화한 이익들이 정치에 참여하는 것을 약화시키는 결과를 가져왔다.

민주주의에서 정치 참여를 매개하는 중심 메커니즘은 정당이고, 중심적인 참여의 장은 투표를 통한 선거이다. 한 사회의 민주주의 제도가 얼마나 잘 작동하는가를 측정하는 가장 간단하고도 확실한 지표는 투표율이다. 왜냐하면 그것은 시민-투표자들의 선택의 대상이 되는 정당에 대한, 나아가 정치제도 전반의 효능에 대한 신뢰와 기대감을 반영하기 때문이다. 그런 느낌을 주지 못할 때, 그들은 정치제도권에 대한 불신과 그로 인한 무관심 때문에 투표해야 할 아무런 인센티브를 갖지 못한다.

선거 외에 보통 시민들이 정치과정에 참여할 수 있는 채널과 장場이 무척 제한돼 있다는 것 또한 앞선 시민사회 부문에 대한 논의에서 이미 지적한 바와 같다. 운동의 전통이 강한 한국 사회에서 일반적인 인식은, 운동이 진보적이라는 것에 있다. 운동이 정당이나 자율적 결사체들이 할 수 없는 사회의 진보적인 목소리를 대변하고, 노동자, 중하층-서민을 포함한 사회적 약자의 권익을 대표하고, 이들의 이익과 의사를 대표하기 위해 정치과정에 참여한다고 생각한다. 물론 그것이 틀린 말은 아니다.

한국 사회에서 운동은, 제도권 정당이 노동자, 사회적 약자를 대변할 수 없고, 시민사회에서 일정하게 조직화된 이익 결사체들이 형성되었거나 성장하지 못한 조건에서, 사실상 유일하게 그들의 의사와 열정, 이익과 가치를 대변하는 역할을 한다고 할 수 있다. 그러므로 진보적인 인사들 가운데는 정당보다 운동의 역할을 강조하고, 운동이 "진정한" 민주주의를 구현할 수 있는 통로라고 생각하는 사람들이 많다. 그러나 운동이 이런 역할을 떠맡는다는 말은, 정당과 시민사회의 하부 기반을 강화하는 좀 더 넓고, 항시적인 참여의 채널을 발전시키는 문제에 대한 중요성과 관심을 흐리게 만드는 효과를 갖는다.

정당의 활성화와 그것을 매개로 한 선거 참여가 중요한 이유는, 노동자, 서민 대중들이 가장 쉽게, 가장 적은 비용으로 정치에 참여할 수 있는 제도적 채널이 되기 때문이다. 미국인의 정치 참여를 경험적 사례로 한 연구들은 투표, 정치조직, 이익집단과 같은 자율적 결사체, 공익 단체, 헌금 행위, 교회, 청원이나 정치적 항의 운동 등 여러 종류의 참여 채널 가운데, 시간과 돈의 측면에서 비용이 가장 적게 드는 것이 투표라는 점, 다른 방법을 통한 참여는 비용이 더 많이 들고, 그럴수록 사회적 약자의 참여율이 떨어진다는 사실을 보여 준다(Verba, Schlozman and Brady 1995).

적극적 시민으로서의 의무와 덕목에 대한 강조는, 시간과 돈이 적은 사회적 약자에게 커다란 부담이 아닐 수 없다. 상위 소득자와 하위 소득자의 투표율 비교를 통해 알 수 있듯이, 투표 참여 또한 소득수준에 정비례해 나타난다는 것을 보여 준다(Rosenstone and Hansen 2003). 참여에 대한 위의 경험적 연구들이 비록 미국의 경우라고는 하지만, 한국에서도 그와 유사한 현상을 발견하기란 어렵지 않다. 과거 한국의 투표율은 권위주의 시기 행정조직이나 선거운동원들에 의해 동원되는 투표가 많았기 때문에, 저소득층이나 사회적 약자들의 투표율은 다른 사회계층과 차이가 없었다. 그러나 최근에 이르러, 낮은 소득 계층과 사회적 약자들의 투표율은 상위층과 중산층에 비해 낮은 것으로 나타나고 있다.

과거 민주화 운동은, 대학생을 중심으로 한 도시의 교육받은 중산층 지식인들에 의해 주도되었다. 민주주의 공고화 이후 노동운동, 민중운동 등 민주화 운동을 그 연원으로 하는 모든 운동은, 여전히 그런 전통을 유지하고 있다. 그들의 대의와 활동 목표가 아무리 진보적이고, 민중적인 성격을 띤다 하더라도 운동가들은 여전히 그런 사회적·교육적 배경을 갖는다. 여기에서 우리는 운동의 대의와 목표, 그 활동가들이 대표하는 것으로 상정되고 자임하는 사회집단과 활동가들의 사회적 배경이 반드시 동일한 것은 아니란 점을 유념할 필요가 있다. 이것은 대표의 직접성과 관련된 문제이다. 여기에는 두 가지 문제가 고려의 대상이 된다. 하나는 운동의 활동가들이 그들이 대표한다고 상정되는 특정의 사회적 인구 집단에서 나온 것이냐 하는 것이고, 다른 하나는 그들이 대표하는 것으로 상정하는 사회적 인구 집단 가운데서 보다 수동적이고 자기 소리를 내지 않는 집단의 성원을 얼마나 닮았느냐 하는 것이다.[9]

여기에서 제기되는 문제는 참여의 평등과 대표의 직접성이다. 그것은 또한 한 시민이 공적 결정에서 영향을 행사할 수 있는 자원 배분의 문제와

---

9 이에 대해서는 Verba, Schlozman and Brady(1995, 172-173)를 참조할 것.

관련된 것이기도 하다. 민주주의의 이상과 가치가 정치적 평등의 실현에 있다 하더라도, 현실 사회에서 정치 참여의 평등을 구현하는 문제가 곧바로 가능한 것은 아니다. 그렇기 때문에 대행적 대표proxy representation의 문제는 현대 민주주의에서 피할 수 없는 것으로, 그것은 특정 사회집단은 과다 대표되고, 특정 사회집단은 과소 대표되는 양태로 나타난다.

한국의 민주화 과정에서 참여의 평등은, 그들 스스로의 권익을 보호하는 문제가 더 절실한 사회적 약자를 위해 확대되었다고는 결코 말할 수 없다. 오늘날 한국 민주주의하에서 사회적 약자는 다른 사회계층에 비해 결정적으로 과소 대표되고 있다.

사회경제적 결과

민주주의는 그 체제적 성격 내지 장점으로 인해, 권위주의나 여러 형태의 다른 체제에 비해 사회경제적 영역에서 더 좋은 분배 효과를 창출할 수 있는가? 반드시 그런 것은 아니다. 더 좋을 수도 더 좋지 않을 수도 있다. 그러나 민주주의가 그럴 가능성을 체제에 내장하고 있는 것은 분명하다.

민주주의가 더 좋은 분배 효과를 만들어 낼 수 있는 것은, 자본주의 시장경제의 소득 및 부의 분배 구조에서 그 하위 범주에 속하는 인구 집단들이 정치적 평등을 기초로 그들 스스로의 사회경제적 이익과 요구를 보호하고 추구할 수 있는 자율적 결사체, 특히 정당을 조직할 수 있다는 사실에 기반을 둔다. 정당으로 조직된 선거 경쟁이라는 민주주의의 제도적 메커니즘을 통해 그 목적을 일정하게 달성할 수 있기 때문이다. 즉, 그것을 가능케 하는 것은 민주주의 그 자체가 아니라, 그것이 허용하는 제도적 메커니즘으로서의 정당이라는 말이다.

이 문제와 관련해 두 권의 책을 언급할 수 있다. 하나는 정치학자 래리 바텔스의 『불평등 민주주의』*Unequal Democracy*(Bartels 2008)이고, 다른 하나는 사회학자 모니카 프라사드의 『자유 시장의 정치학』*Politics Of Free Markets* (Prasad 2006)이다. 바텔스는 미국을 사례로 제2차 세계대전 이후 공화당 정부와 민주당 정부의 업적을 100분위 소득분배 구조에서 상위 20퍼센트와 하위 20퍼센트 간의 소득 분배율로 비교 분석한다. 여섯 차례 집권한 공화당 정부 모두에서 소득 분배상의 불평등 비율은 증가했다. 다섯 차례 집권한 민주당의 경우 그 가운데 네 차례의 민주당 정부에서 (오일쇼크 시기인 카터 정부는 예외) 불평등 비율은 하락했다. 특히 하층 소득자의 실질소득은 민주당 집권 시기 평균 5.7퍼센트 증가함으로써 노동자들의 생활수준이 뚜렷하게 향상된 반면, 공화당 집권 시기에는 1.3퍼센트 증가에 그쳤다.

프라사드의 연구는 미국, 영국, 독일, 프랑스 네 나라 사례에 대한 비교 연구를 통해 신자유주의 경제정책이 어떻게 만들어지고 실행되었는가를 분석한다. 프라사드의 주장은, 흔히 신자유주의라고 말하는 정책 프로그램은 어떤 정연하게 체계화된 경제 이론이나 원리에서 비롯된 것이 아니라, 각 나라가 처한 정치경제적 현실에서 경쟁하는 정치 세력들이 선거 승리를 위해 유권자들에게 제시했던, 임의적으로 만들어진 일련의 정책 대안들의 집합이라는 것이다. 그리고 또한 1970년대 중후반 경제 위기 이전에 이들 네 나라가 처해 있던 정치적 조건이 달랐던 만큼 그 후 이들이 선택한 정책 대안들 또한 상이했고, 그에 따라 신자유주의 경제정책의 실행 정도와 결과 역시 달랐다는 것이다. 위의 두 연구의 요지는 "문제는 정치"라는 것, 특히 정당 간 경쟁의 내용과 정당 체제의 성격이 중요하다는 것이다.

이 문제를 그대로 한국 상황에 적용해 보자. 민주화 이후 진보파 지식인들은 한국의 민주주의 발전이 기대했던 대로 이루어지지 않는 문제에 대해 논쟁했다. 한편에서는 정치가 잘못되었기 때문이라고 하고, 다른 한편에서는 신자유주의적 헤게모니가 민주정치 발전에 결정적 제약 요인이라고 주장했다. 하지만 만약 그것이 경제적 교리와 효과 때문이라면, 굳이 정치 제제가 민주주의여야 할 이유가 없을지 모른다.

필자가 여기서 말하고자 하는 것은, 경제와 시장의 힘이 민주주의에 미치는 영향 못지않게, 민주주의의 힘이 또한 정책적 조치들을 통해 시장구조와 생산 및 분배를 일정하게 변화시키는 결과를 가져온다는 것이다. 경제와 정치는, 경제가 정치를 결정하는 것도, 그 반대도 아닌 쌍방향적 관계를 맺고 있다. 이런 점에서 한국에서 민주화 이후 사회경제적 결과가 나빠졌다는 말은, 신자유주의적 시장경제의 효과 못지않게, 아니 그보다 더 정당정치를 중심으로 민주주의가 강하게 발전하지 못한 결과임을 의미한다.

위의 두 연구가 보여 주듯 정당과 정책의 차이가 서로 다른 분배 효과를 만들고, 국가별 시장체제의 차이를 만들어 낸다. 민주화 이후 크게 성장했던 노동운동이 결정적으로 허약하게 된 틀을 만든 1998년 2·6 협약은, 신자유주의적 교리에 입각한 IMF 개혁 패키지의 결과물이라기보다는, 그 내용을 한국적으로 재구성하는 것의 중요성을 간과한 정치적 행위자들의 정치적 결정의 산물인 것이다.

이후 지속되는 경제성장에도 불구하고 소득과 부의 분배는 개선되기는커녕 더 악화되는 방향으로 전개됐고, 비정규직 노동자 증가와 더불어 고용의 질과 조건 역시 악화되어 왔으며, 그에 따라 사회적 계층화는 비정규직 노동자, 불완전 취업자, 일일 고용자, 실업자, 영세 자영업자 등 중하층을 구성하는 사회집단을 양극화하며 더욱 심화되고 있다. 그들이 어느 때보다 자신들의 권익을 보호하고 대변하기 위해 스스로를 조직하는 것이 필요한 시점에 역으로 정치사회적 조건은 더 어려워진 것이다. 그들이 스스로를 조직하는 것이 절실하게 필요한 조건과 실제로 나타난 조직화의 성과 사이의 관계는 반비례적으로 나타났다. 이런 현상을 대표적으로 잘 보여 줄 수 있는 것은 노조 조직률로서, 1987~90년까지 민주화의 효과가 그대로 표출된 시기에, 그것은 정점을 이루며 20퍼센트 가까이까지 상승했으나 그 뒤 계속해서 하락해 금융 위기 이후인 현재는 10퍼센트 안팎의 수준으로까지 떨어졌다.

그것은 신자유주의의 효과가 아니라, 국가-재벌 연합을 견인차로 하고 노동을 배제한 박정희 성장 모델을 시발로 삼으면서 민주화 이후에도 보수·진보 정부를 막론하고 면면히 유지되어 온 성장주의 경제정책의 산물이었다. 경제적으로 소외된 사회계층과 집단들의 요구를 대변하고 그들의 권익을 보호할 정당이 없는 경우, 기존의 성장 정책을 견제하기는 어렵다.

성장 지상주의는 추상화된 총량적 숫자로 표시된 경제성장률로 표현된다. 그것은 경제성장이 인간의 삶의 조건을 개선하는 중요한 자원이자 수단으로서가 아니라, 역으로 인간이 숫자로 총합된 성장률을 증가시키기 위해 동원되거나 억압되는, 인간 부재의 성장을 말한다.

나는 정부가 성장을 말하면서 어떤 경제정책이 어떻게 고용 확대와 연결되어 있고, 성장 회복세가 어떤 부문에서 얼마나 고용을 실현했는가 하는 문제에 대한 구체적인 통계 지표를 말하는 것을 들어본 적이 없다. 같은 경제 불황이라 하더라도, 미국이나 서구 유럽, 일본 등 선진국에서는 산업부문별, 기능별, 직업·직종별 고용의 증감을 기초로 상세한 정책을 만들고, 그 결과를 추적하고, 언론은 그것을 매일같이 보도한다. 그러나 우리의 경우 보통 사람들은 신문만 보고는 경제성장과 경제정책이 고용, 소득, 조세와 관련해 보통 사람들의 경제생활에 어떻게 연결되고, 어떤 효과를 갖는가 하는 문제에 대해 알 수 있는 것이 별로 없다.

지금 한국의 실업률은 IMF 위기 때 6.8퍼센트로 정점을 찍었고, 2002년 이후에는 3퍼센트 안팎의 수치를 유지해 왔다. 이는 OECD 국가들 사이에서 가장 좋은 수치의 하나이다. 그러나 이 수치는 한국의 실업률 계산 방법이 지나치게 실업의 범위를 좁게 잡기 때문에 나타난 것일 뿐, 현실은 그와 크게 다르다. 우리는 최근에 이르러 대졸자들의 실업률이 크게 높아져, 그들의 노동시장 신규 진입이 엄청나게 어려워지고 있음을 본다.

사회경제적 조건이 그러하다면 거대 국가 프로젝트들은 이런 비대칭적 노동시장 구조를 얼마나 개선할 수 있을까? 이명박 정부가 4대강 살리기를 위해 국회에 제출한 예산안은 총액이 8조 5천억이었다. 그밖에도 막대한 국가 예산이 들어가는 거대 프로젝트를 둘러싼 정치적 대립과 논쟁은 계속되었다. 정책의 우선순위, 인간적 가치의 우선순위에 대해 고려할 필요가 절실하다. 왜 막대한 공적 비용이 토목 건설 산업과 연관된 거대 프로젝트에 우선적으로 투자되어야 하고, 국가의 많은 경제적·사회적 자원이 거기에 투자되어야 하나?

경제 자원을 수직적이고 지역적으로 분산하는 방법을 통해 사회적 자원의 중앙 집중화를 분산시킬 수 있다는 주장은 사실인가? 그것은 어떤 근거에서 기대되는 분산 효과를 창출할 수 있나? 국가 예산, 사회적 부와 자원을 수평적·계층적·기능적으로 배분하는 정책 방향에 대해서는 왜 생각하지 않나? 그것이 과도하고 과밀한 서울 집중을 더 효과적으로 완화시킨다는 생각은 왜 하지 않나?

좁은 이념적 스펙트럼에서의 정당의 제도화와 정당 간 경쟁으로 인해, 한국 정당들은 어떤 방법을 통해서든 다른 대안적 가치를 상상하고 사고할 지적 능력을 상실한 것처럼 보인다. 이 점에서 현재 갈등하는 여당과 야당은 사실상 동일하다.

정치 영역에서 소외된 사회 세력들이 스스로를 정치적으로 대표하고 조직하지 못함으로써 정치과정에서 행위자가 되지 못할 경우, 사회는 어떤 형태로든 비용을 치르게 마련이다. 최저 출산율, 최고 이혼율, 최고 자살률, 생활고로 인한 범죄율의 급증 등이 말해 주고 있듯이 공동체로서의 한국 사회는 해체되고 있다.

5. 한국 민주주의의 출로

한국 사회는 냉전하에서의 분단국가 건설과 권위주의적 산업화를 통해 보수적이며 권위주의적인 정치적 사회적 질서가 구축되었고, 그로 인해 민주화가 어려울 수 있는 여러 가지 조건을 가지고 있었다. 그럼에도 불구하고 대학생, 도시의 교육받은 중산층과 노동운동을 중심으로 한 강력한 운동이 민주화를 위한 공간을 열었다.

　이미 앞에서도 지적했듯이 민주화는 앞선 시기 산업화의 실패가 아니라 성공의 결과가 가져온 사회 변화에 힘입은 바 크다. 또한 냉전 시기 국제적·국내적 조건들은, 상대적으로 낮은 비용으로 민주화를 성취할 수 있는 조건을 만들었다. 그러나 민주화 이행에서 긍정적으로 작용했던 조건들이 이후 민주주의가 발전하는 데에서도 긍정적 요소로 작용했던 것은 아니다. 무엇보다 구질서가 구축한 바 있었던 정치적·이념적·사회경제적 제약 조건은 변하지 않았다. 한국의 민주화가 냉전 해체와 시기적으로 맞물려 있었음에도 불구하고 구체제에서 구축된 구조나 조건이 해체되지 않은 것은, 민주주의 발전을 구속하는 장애 요인으로 작용했다. 강력한 국가와 민주적으로 선출된 대통령이 결합하면서 국가 중심성은 복원되었고, 냉전 시기의 완강한 보수주의, 성장 지상주의 가치는 여전히 헤게모니를 잃지 않았으며, 시민사회는 국가로부터의 자율성과 사회적 다원화가 진전되지 못함으로써 민주주의 발전의 기반으로 성장하지 못했다.

완강한 보수적 사회질서와 변화를 추구하는 운동의 힘이 충돌하면서 한국 정치의 역동성을 만들어 냈으나, 실제로 그것이 제도의 틀을 통해 사회경제적 갈등과 요구들을 다룰 수 있는 정치적 능력을 창출하는 데 기여하지는 못했다. 그리고 이런 역동성은 필자가 "즉응의 정치"라고 불렀던 현상 ― 정치의 불안정, 내용 없는 대립의 격화, 이성적 논의의 부재, 책임정치의 소멸, 견제되지 않는 대통령의 권력, 엄청난 국가 재정의 투입이 요구되는 대통령의 거대 기획들 ― 을 제어하기보다 오히려 서로를 강화하는 관계를 재생산해 왔다. 또 이는 정치과정에서 진지한 공적 토론과 논의가 확대되고 강화되는 데도 기여하지 못했다. 선출된 권력이 책임성을 갖도록 하는 정치적 변화를 가져오지도 못했다.

문제의 핵심은 사회경제적 문제와 그로부터 발생하는 갈등을 다룰 수 있는 정당 체제가 발전하지 못하고 있다는 점이다. 정당은 사회의 부분 이익들이 정당성을 가지고 자유롭게 표출되고 대표될 수 있는 조건에서 발전할 수 있다. 하지만 국가-재벌이 주도하는 성장주의의 가치로 인해 사회의 다양성과 다원주의적 발전은 제약되고 있고, 이념 및 문화 또한 획일화되고 있다. 이런 사회적·문화적·이념적 조건을 만들어 내는 가장 중요한 요인은 노동이 정치적으로 대표되지 못한다는 데 있다.

그로 인해 한국의 민주주의는 신자유주의의 충격에 정치적으로 대응하지 못하게 되었고, 사회 저변층의 사회경제적 삶의 문제를 개선하는 데도 기여하지 못하는 결과를 가져왔다. 사회의 중심적인 생산자 집단으로서 노동이 정치 영역에서 행위자가 되지 못하는 한, 이념적 스펙트럼을 달리하는 사회의 다양한 이익들이 정당 체제로 제도화되기는 어렵다.

디 팔마가 말하듯이 여러 사회 세력들이 배제된 상태에서 정당 체제와 정치가 안정되기는 어렵다. 신자유주의적 세계화가 만들어 내고 있는 사회경제적 내용을 한편으로 하고, 제도화에 실패하고 있는 정당정치의 문제를 다른 한편으로 할 때, 이 양자 사이에서 괴리는 커지고 있다. 그것은 곧 사회 해체와 정치적 불안정의 원천이다. 사회의 중심적인 생산자 집단인 노동자들이 제도화된 정치 영역에 들어오지 못함으로써, 사회 세력의 비제도권 영역이 제도화된 영역보다 더 넓어지게 된 것이다. 요컨대 정치적 대표 체계의 허약함이 한국 사회의 양극화와 사회 해체적 상황을 만들어 내고 있는 것이다.

필자는, 한국 민주주의의 변화와 특징을 구조적 변수와 그 조건하에서 움직이는 주요 행위자들 사이의 관계를 통해 개관했다. 오늘날 한국 민주주의가 곤경에 처해 있다면 그 출로는 무엇인가. 그동안 필자는 여러 기회를 통해 민주주의 발전을 위해 진보가 개척할 수 있는 경로에 대해 말해 왔다. 1980년대 민주화 운동에 뿌리를 갖는 한국 사회의 진보에게 주어진 과제는, 민주주의가 허용하는 제도적 틀, 즉 정당을 중심으로 실제 사회경제적 문제를 해결할 수 있는 방향으로 에너지를 집중하는 데 있다. 이 말은 진보의 가치를 추구하는 운동가나 정치인들이 저항 세력에 머물지 않고 통치 엘리트가 될 수 있어야 한다는 것, 그리고 이를 위해서는 현실적이고 실현 가능한 대안을 통해 현실을 부분적으로 개혁하는 일에 열정을 쏟는 일이 무엇보다 중요하다는 것을 뜻한다.

그러나 한국 민주주의 발전에 있어 진보의 경로가 열려 있다면 보수의 경로 또한 열려 있을 수 있다. 필자는 한국의 보수가 도덕적 헤게모니를 갖는다고 생각지는 않는다. 왜냐하면 그들의 사회문화적 지배가, 그들 밖의 사회 세력과 그들의 가치를 공유하지 않는 사회 세력까지 수용할 수 있는 절차적·법적 규범을 존중하고 실천하는 내용을 갖고 있지 못하기 때문이다. 보수파의 지배가 도덕적 지도력을 갖는 것은, 그들이 민주주의의 가치와 자유주의의 가치를 존중하고 실천하는 모습을 보여 줄 때이다.

민주주의의 가치는 무엇보다도 정치적 평등의 가치와 원리에 입각한 참여의 평등이다. 한 사회의 모든 시민과 자율적으로 조직된 집단들에게는 제도화된 정치과정에 참여할 수 있는 자유와 권리가 주어져야 한다. 자유주의는, 성장 최우선의 경제적 가치만이 아닌 다원적 가치를 수용하고, 다른 가치들과 공존하고, 그에 대해 관용할 수 있는 이념이자 가치이다. 그것은, 재벌이 중심이 된 기업 엘리트들이 국가의 강권력을 빌리지 않고 노동자를 파트너로 수용할 수 있어야 하고, 정부 정책 내지 특혜를 통해서가 아니라 시장 경쟁에서의 능력을 통해 그리고 법의 지배를 존중하면서 기업 행위를 할 수 있어야 함을 의미한다.

한국의 기업 엘리트들이 박정희 성장 모델에 힘입어 세계적 기업으로 성장하는 데는 성공했지만, 그들이 성취한 것은 사실 쉬운 성장이었다는 점을 이해하는 것이 필요하다. 그들은 노동을 다루는 문제를 국가에 일임하면서 온실 속에서 국가의 비호 아래 성장한 것이나 다름없기 때문이다.

현재 한국의 보수파는, 민주주의의 제도적 틀 안에서 행위하지만 민주주의의 가치를 내면화하기보다, 그들이 경제적·사회적으로 지배적이 되었던 권위주의 체제 시기의 가치와 이념에 지나치게 천착하고 있다는 비판을 면하기 어렵다. 한국의 보수파나 진보파는 모두 정당으로 조직화된 틀 안으로 들어오는 것이 바람직하다. 민주주의의 제도화된 틀 안에서, 그들의 이익과 가치를 정치적으로 추구할 수 있어야 하기 때문이다.

이것이 중요한 이유는 지금까지 사회경제적 엘리트, 거대 이익들이 실제로 추구해 왔던 것은 그들의 사적 이익이었지만, 그런 사익 추구와 기업 성장을 국가와 사회 전체를 위한 경제 성장이라는 추상적 상징화로 정당화하면서 사회에 대해 아무런 책임을 지지 않았기 때문이다. 국가 전체의 이익은 사회를 구성하는 집단들의 부분 이익들의 총합이다. 각자의 집단들은 정치과정에서 자신의 이익과 가치, 열정과 비전을 대표할 수 있어야 하고, 그에 대해 공적으로 책임질 수 있어야 한다. 그것이 민주주의다.

2장

우리에게 민주주의란 무엇인가•

_____최장집

1. 한국 민주화 운동의 원형으로서의 4·19

한국의 민주화는 제도 정치권 밖에서 운동의 힘을 통해 이루어졌다고 할 수 있다. 4·19는 '운동에 의한 민주화'의 원형을 만들었는데, 그런 점에서 지금으로부터 반세기 전에 있었던 4·19를 되돌아보면서 한국 민주주의가 어느 지점에 위치하고, 어떤 특징을 갖는가를 성찰해 보는 것은 의미 있는 일이다. 이 글에서는 '우리에게 민주주의는 무엇인가'라는 질문을 중심에 놓고 이 문제를 살펴보도록 한다.

이승만 자유당 독재를 타도하고 민주주의를 건설하고자 했던 투쟁을

• 이 글은 2010년 4월 14일 한겨레신문사와 성공회대 민주주의연구소가 공동 주관한 '4·19혁명 50돌, 광주항쟁 30돌 기념 심포지엄'에서 기조 강연한 내용이다.

'4·19 학생 혁명'이라고 부르는 데서도 알 수 있듯이, 한국의 민주화 운동은 대학생이 그 주역이었다. 물론 대학생만은 아니었다. 언론인, 문인, 교수 등을 비롯한 교육받은 도시 중산층이 그 지원 세력이었다고 할 수 있는데, 넓은 범위에서 이들 역시 대학을 졸업한 지식인이라고 할 수 있다. 노동운동과 재야 사회운동을 포함한다 해도 이 영역 역시 '학출'學出이라고 불리는 대학생 출신 활동가가 중심이었다.

학생운동이 중심이 되었다는 사실, 이것이야말로 한국 민주화의 가장 큰 특징이 아닐 수 없다. 이는 서구 사회와 같은 선발 민주주의국가나 라틴 아메리카와 같은 후발 민주주의국가에서 볼 수 있듯, 민주주의를 위한 투쟁이나 운동이 그 사회의 중하층이나 노동자와 같은 소외 세력이 중심이었던 것과는 뚜렷하게 구별된다. 운동의 중심이 대학생과 도시 중산층 지식인들이었다는 사실은 4·19의 성격을 이해하는 데, 나아가 한국의 민주화를 이해하는 데 열쇠가 된다.

우리가 1960년의 4·19를 보면서 놀랍게 생각하는 것은, 1948년에 분단국가가 수립된 지 불과 십여 년 남짓한 시점에서, 어떻게 대학생들이 민주주의의 가치를 지키고 실현하겠다는 목적으로 광범하게 봉기했는가 하는 점이다. 해방 이후부터 분단국가가 수립되기까지의 짧은 시기는 냉전이 확대일로에 있었던 격변기였다. 내전이나 다를 바 없는 상황에서 폭력과 극도의 혼란, 그리고 좌우 이념 대립이 소용돌이쳤던 시기이기도 했다. 한국 근대사에서 이 시대를 살았던 사람들만큼 희생이 컸던 세대는 없다. 당시에 4·19혁명의 주역인 대학생들은 서구식 교육제도하에서 교육받고 성장한 신세대들이었다. 앞선 세대와 비교할 때, 경험과 교육, 가치관에 있어 차이는 컸다. 나아가 그들이 교육을 통해 습득한 민주주의의 가치와 원리의 기준에서 봤을 때 정권 말기의 이승만 체제는 수용될 수 없었다. 이 점에서 4·

19는 민주주의의 가치를 이해하고 준봉했던 진짜 신세대들에 의한 운동의 산물이었다고 할 수 있다.

동시에 그것은 분단국가 건설의 결과물이기도 했다. 왜냐하면 국가 건설 과정에서 노동자, 농민과 같은 해방 정국에서 정치적으로 활성화되었던 사회집단들이 완벽하게 탈동원화되고 해체되었기에, 대학생들만이 민주주의에 대한 가치관을 공유하는 하나의 동질적인 집단으로 남겨지게 되었기 때문이다.

4·19는 정치 수준에서 민주화를 실현하고자 했던 정치혁명이다. 그러나 그것은 처음부터 정치혁명을 의도한 것은 아니었다. 한국 사회의 제약 조건적 상황이 그렇게 작용한 결과이기 때문이다. 이 문제를 보기 위해 4·19의 진행 과정을 살펴보는 것이 필요하다.

4·19는 중요한 이슈들이 단계적으로 제기되면서 진행되었다. 처음 4·19는 이승만 독재에 항거하는 민주화 혁명으로 나타났다. 대통령 하야와 더불어 자유당 정부가 무너지고, 그 이후 사태가 전개되면서 노동문제가 대구의 교원 노조를 중심으로 제기되었다. 이 이슈는 1950년대 동안 잔존하고 있었던 사회주의 내지 사민주의를 수용했던 군소 진보 정당들에 의해 뒷받침되었다. 4·19의 최대 목표였던 독재 정권 타도가 해결된 다음, 노동과 빈곤, 발전과 분배의 가치를 중심으로 한 사회경제적 이슈가 제기된 것이다.

그와 동시에 학생운동은 이념적으로 분화되고 급진화되었다. 민족통일연맹 같은 급진적 학생운동 단체는 판문점에서 남북학생회담 개최를 제안하는 등 민족주의의 가치와 이념을 통해 냉전이 가져온 분단과 그로 인한 민족문제를 해결하고자 하는 운동을 제기하고 나섰다. 이렇게 해서 4·19는 그 이후의 진행 과정을 거치면서 한국 사회의 중심 문제들을 모두 제기하게 되었다. 즉, 민주화라는 정치적 문제, 사회경제적 문제, 그리고 민족문제가 그것이다.

그러나 독재 타도라는 정치적 이슈를 넘어 운동이 사회경제적 문제와 민족문제로 확대되자, 한국 사회의 기성 질서와 더불어 미국에 의해 직접 관리되는 냉전 질서의 강력한 힘이 작동하기 시작했다. 즉, 냉전하에서 진영 간 대립의 최전방에 위치한 한국의 조건은, 현상 유지를 변화시킬 수 있는 그 어떤 도전도 용인할 수 없다는 제약적 힘으로 작용했다.

이상을 통해 알 수 있듯이, 4·19는 단지 이승만 정부의 권위주의화라는 정치적 상황이 만들어 낸 결과로만 이해하기 어렵다. 해방 정국에서 제기된 이슈들과 당시 동원되었던 사회집단들이 완전히 해체되고 소멸되었다 하더라도, 그때의 문제들이 이후 세대의 운동을 통해 다시 제기되었기 때문이다. 이 점에서 4·19는 순전히 신세대들에 의한 운동이라고만 볼 수는 없다.

이 과정에서 표출된 민주주의에 대한 이해와 비전이 어떤 것이었는가를 보는 것은, 오늘의 민주주의를 이해하고 그 발전을 위한 전망을 모색하는 데 있어 의미 있는 일이다. 4·19를 만들었던 대학생들의 민주주의에 대한 이해와 가치는 "독재 타도"라는 말 속에 잘 집약되어 있다. 그들은 이승만 정부가 민주주의의 가치를 존중하지 않고 그 제도와 원리를 무시하면서 ― 대통령의 권력 남용, 이데올로기적 억압, 권력 유지를 위한 헌법개정, 야당 탄압, 반대와 비판의 자유 억압, 부정선거, 삼권분립 무시, 인권 탄압, 정치적 목표 달성을 위한 깡패 동원 등등 ― 독재로 치달았기 때문에 정권을 타도하고자 했다. 학생들의 다수가 생각했던 민주주의는 이렇게 매우 소박한 것이었다. 대통령 권력의 도구였던 자유당이 독재정치를 상징했을 때, 야당인 민주당은 민주주의를 대표하게 되었다. 이 점에서 4·19의 가장 최소 수준에서의 목표는 자유당 정부의 붕괴와 민주당 정부의 수립이었다고 할 수 있다. 즉, 그들은 온건과 최소주의자minimalist였다.

물론 그보다 급진적인 관점도 존재했다. 그들은 냉전 체제와 분단, 우파 독점적 현실 모두를 넘어서는 민주주의관을 가졌다고 할 수 있다. 민주주의에 대한 그런 급진적 관점은, 일제 식민지하 독립 투쟁의 연장선상에서 해방 후 통일된 민족 독립국가를 세우고, 민주주의 체제를 만들고자 했던 열망들을 분출시켰다. 이들은 4·19를 통해 최대 목표를 추구한 급진파maximalist라 할 수 있다. 이들은 냉전과 분단의 상황에서 경험해야 했던 모든 좌절을 극복하고자 했는데, 그것은 민주주의를 반외세, 민족 자주 실현과 이를 통한 민족 통일, 인민주권과 민중 중심의 평등과 자유 구현, 정치적 억압과 독재로부터의 해방, 민족 자립 경제 건설 등 관념적으로 좋은 것들을 실현할 수 있는 사회체제로 이해하는 것이다. 분단을 초월해 시대의 모든 중요한 문제와 그것을 실현할 수 있는 대안들을 포괄하는 민주주의의 의미가 그것이다. 이 관점에서 민주주의는 민족주의의 가치를 포함한 민주주의를 의미한다.

사실 해방 이전 조선조 말에 근대화를 지향했던 독립협회로부터 시작해 상해 임시정부, 해방 후 정국에 이르기까지 근대적인 독립국가는 민주주의를 해야 한다는 생각이 존재했다. 민주주의는 민족주의와 더불어 식민 통치 시기 그리고 분단국가 건설에 이르는 전 과정에서 가장 강력한 정치 이념이자 가치로 수용되었고, 해방 이후 제도 건설자로서 미국의 개혁 프로그램에 따르는 보통교육 제도를 통해 이식되었다. 체제의 정당성이라는 관점에서 볼 때, 비민주적인 정치 이념이나 체제는 민주주의의 라이벌이 될 수 없었다. 그러므로 4·19는 조선조 말 이후 하나의 컨센서스를 형성해 왔던 민주주의의 이념이 전 사회적으로 폭발적으로 분출했던 대사건이라고도 할 수 있다.

그 내용에 있어 당시의 민주주의는, 모든 실패한 것에 대한 대안, 민족 공동체의 이상과 그것을 구현할 정치체제 등 모든 이상적인 것을 담고 있었다. 말하자면, 대안적 정치체제, 어떤 이상적인 가치, 이념의 모든 것을 포괄하는 것이었는데, 이 점에서 당시의 민주주의는 과부하過負荷된 의미를 안게 되었다고 할 수 있다. 이렇게 이해되는 민주주의를 우리는 '최대 정의적 민주주의' 혹은 그에 가까운 것으로 정의할 수 있다.

이렇게 이상화된 민주주의에 대한 이해는, 현실에서 작동하는 민주주의, 즉 하나의 통치 체제로서 민주주의가 갖는 제도적 특성과 그 작동 원리, 절차들에 대해 관심을 갖거나 가치를 부여하지 못하게 만드는 효과를 갖는다. 그 결과는 4·19로부터 3개월 뒤에 치러진 7·29 총선에서 혁신 세력의 패배로 나타났고, 그 이후엔 "가자 북으로, 오라 남으로!" 등의 슬로건을 앞세운 운동의 급진화로 이어졌다.

두루 알다시피 자유당 정부를 대체하는 민주당 정부를 남긴 것 이외에, 4·19 학생 혁명이 담고 있던 민주주의의 이념과 가치는 현실에서 구현되지 못한 채 5·16 쿠데타에 의해 때 이르게 중단되었다. 그렇다면 4·19 세력과 이념, 가치는 그 이후 어떤 변화를 겪었고 무엇을 남겼나?

4·19는 산업화의 시대를 여는 계기를 만들었고, 이를 추동할 군부 엘리트 집단을 정치의 중심 무대에 등장시키는 아이러니한 결과로 이어졌다. 그와 더불어 그동안 한국 사회의 전통과 사회적 위계 구조에서 하위에 위치하고 있던 군부 엘리트들을 상층으로 상향 이동시키는 효과를 가져왔다.

4·19세대가 젊은 세대였던 만큼 정치 영역에서 독자적인 사회 세력으로 등장하지 못한 것은 당연했다. 그러나 그들이 직접적인 정치 행위자로 나서지 못했다 하더라도 다른 차원의 전통을 만들 수는 있었을 것이다. 하지만 그들은 정신적·이념적 차원에서 냉전 반공주의와 권위주의적 산업화에 대응해 민주주의를 뒷받침할 자원들을 발전시키지 못했다. 개인의 도덕적 자율성을 중시하는 자유주의적 전통이나 이를 기초로 한 시민의 탄생을

가져온 것도 아니다.

4·19를 주도한 지식인 엘리트 집단의 집단적 정체성은, 그 일부가 1960, 70년대를 거쳐 박정희 정부가 주도한 산업화 과정에서 국가 중심의 발전주의 헤게모니를 적극적으로 수용하면서 개발주의의 역군으로 통합되었고, 또 다른 일부가 보수적인 기성 정치에 참여하면서 해체되기에 이르렀다. 따라서 그들이 극적으로 민주주의의 가치와 이상을 한국 사회의 중대 이슈로서 제기하고 그 중요성을 사회에 각인시켰다 하더라도, 실제로 이를 주도했던 하나의 사회적 집단으로서 민주주의 발전을 위한 어떤 정치적 역할을 정립했다거나 민주주의 가치를 다양하게 뒷받침할 어떤 다른 가치와 이념을 통해 뚜렷한 전통을 남겼다고 하기는 어렵다고 할 수 있다.

2. 1980년대 민주화 운동과 4·19의 내적 연관성

한국 사회에서 오늘의 민주주의를 만든 1980년대의 민주화 운동과 그 한 세대 이전의 4·19 학생운동이 커다란 차이를 가질 수밖에 없는 것은 당연하다. 그 사이에 한국 사회는 사회경제적으로나 정치적으로 일찍이 경험하지 못했던 큰 변화를 겪었기 때문이다. 농업 사회로부터 산업사회로 변화했고, 잘 발달된 관료 체제 및 억압적 국가기구에 의해 뒷받침된 현대적인 관료적 권위주의 체제의 통치를 경험했다. 1980년대 민주화 운동은 이처럼 사회경제적 수준과 정치적 수준에서의 변화를 배경으로 했던 만큼 그 규모와 격렬함 또한 과거와 비교할 수 없을 정도로 크고 강했다.

하지만 4·19와 1980년대 사이의 이런 차이에도 불구하고 운동의 중심

동력이 대학생이었다는 사실만큼은 변하지 않았다. 물론 이 말은 1980년대 민주화 운동이 대학생들에 의해서만 이루어졌다는 것은 결코 아니다. 그러나 운동을 주도했던 사회 세력이 대학생들과 교육받은 도시 중산층이라는 점은 분명한 사실이다.

1980년대 운동에서 노동자, 농민, 특히 노동자를 중심으로 한 생산자 집단의 역할이 컸다는 것은 사실이다. 4·19의 시점이 산업화 이전, 즉 한국 사회에 노동자들이 하나의 중요한 사회집단으로 성장하기 이전이었기 때문에 그 차이는 필연적이고 또 당연했다. 이에 반해 1980년대 민주화 운동에서 노동자들은 대학생들과 더불어 민주화 운동을 주도했던 중심축의 하나였다. 이 시기에 만들어졌던 "노학 연대"라는 신조어는 학생운동과 노동운동 사이의 연대를 뜻하는 것으로, 1980년대 민주화 운동의 가장 본질적인 측면을 집약하는 말이다.

그러나 노학 연대의 실제 내용은 두 운동을 수평적으로 연결하는 데 있지 않았다. 그보다는 학생운동 활동가들이 노동운동에 대거 참여함으로써 학생운동이 노동 현장과 노동운동 속으로 확대 연장되는 결과, 즉 노동운동의 학생운동화를 가져왔다. 민주화 운동과 그 이후 운동의 분화 과정은 학생운동이 여전히 중심적 지위를 갖고 노동운동은 부차적인 역할을 갖는 궤적을 보여 준다.

이 문제는 87년 민주화 운동 과정에서 학생들이 먼저 6월 항쟁을 통해 집권 세력으로부터 민주적 전환의 계기를 쟁취한 다음, 7, 8월 노동자 대투쟁이 뒤따랐던 현상을 통해 잘 드러난다. 만약 이 두 운동의 힘이 동시에 폭발하면서 사회경제적 힘의 관계까지 변화시키는 운동으로 전개되었다면, 한국 사회의 기존 질서가 쉽게 수용하기 어려운 큰 충격이 만들어졌을지 모른다.

이 점은 4·19의 전통이 6월 항쟁에서도 반복된다. 동시에 두 커다란 민주화 투쟁 사이에 가로놓여 있는 산업화라고 하는 엄청난 사회 변화에도 불구하고, 왜 여전히 학생운동이 중심적인 역할을 갖게 되었는가를 이해할 수 있게 해준다. 앞에서 말했듯이 4·19의 정치 변화에서 학생이 중심이 되었던 것은, 해방 이후 진 사회적으로 동원된 바 있었던 거의 모든 사회 세력들이 분단과 전쟁을 거치면서 탈동원되거나 새로운 국가 체제 안으로 통합된 결과였다. 6월 항쟁에서 다시 학생이 중심이 된 것은 그와 유사한 요인 때문이다. 산업화의 결과로 노동운동이 폭발적으로 성장했다고는 하나, 이를 제어할 수 있는 국가권력은 자유당 정부 시기와는 비교할 수 없이 더욱 강해졌다. 덧붙여 산업화는 노동자 집단 못지않게 중산층과 산업 엘리트들을 사회의 중심 계층으로 성장시키기에 이르렀다.

냉전 반공주의의 물적 기반 역시 강화되었다는 것을 지적할 수 있다. 1950년대 냉전 반공주의가 정치적 억압 기제로서의 역할만을 담당했다면, 1980년대 그것은 경제성장과 산업 발전 과정에서 만들어졌던 발전주의 내지는 성장주의적 가치 및 이념과 접맥되면서 사회 안정에 기여하는 보수적 이념으로서 적극적 기능을 담당했다. 그리고 이에 대응하면서 민주화를 뒷받침했던 학생운동의 진보적 이념은 혁명적 민족주의 내지 마르크스주의 같은 급진 이론에서 그 자원을 찾았다.

그러나 이런 혁명적 이념들은 어떤 대안적 정치 이념이나 이론으로 기능한다거나, 개인적 삶을 의미 있게 하는 어떤 철학이 되기에는 현실로부터 너무 괴리되어 있는 추상적인 것이었다. 민주화와 더불어 운동이 탈동원화되면서 과거의 학생운동 참여자와 활동가들은 대부분 중산층 엘리트라는 그들 스스로의 위치로 되돌아왔다. 그와 동시에 이들의 가치관이나 행동 정향은 일정한 효과를 갖기에 이르렀는데, 그것은 보수적인 방향과 진보적인 방향 각각 두 방향에서 발견될 수 있는 것이었다.

보수적인 방향과 관련해, 민주화 이후 중산층과 노동운동이 분리되고, 나아가 중산층이 노동운동에 대해 적대적이 되는 현상이 나타났다. 반대로 진보적인 방향에서는 학생운동과 지식인 엘리트들 사이에서 중산층적 급진주의라고 부를 수 있는 경향이 나타났다. 그것은 실제 보통 사람들의 삶의 문제, 사회적 문제를 민주주의의 중심 이슈로 생각하고 민주주의를 보통 사람들의 생활에서 발생하는 사회경제적 문제를 해결하는 정치체제이자 정치과정으로 이해하기보다, 민중적 변혁과 통일된 민족 공동체를 통해 인민주권이 총체적으로 실현되는 정치체제로 이해하는 경향을 갖게 되었다.

4·19 참여자들은 동시대 동료 집단을 4·19세대라고 부르면서, 스스로 이를 자랑스럽게 여긴다. 6·3세대, 유신 반대 세대, 민청학련 세대, 386세대, 최근에 이르러서는 촛불 세대 등 한국 사회에서 중요한 정치적 변화를 뚜렷이 구분해 주는 이들 젊은 세대들은 권위주의에 맞서 투쟁했던 공통의 경험을 갖는 동일한 연령집단을 일컫는다. 그러므로 4·19세대라는 말은 그 뒤의 큰 정치적 사건과 운동을 형상화하는 데 사용되는 무슨 무슨 "세대"라는 말의 원형을 이룬다.

세대라는 말이 지역 갈등이라는 말과 유사하게, 한국 사회에서 실재하는 중심적인 갈등을 말하기보다 피상적인 측면에만 주목하는 것임에도 불구하고 일정한 설명력을 갖는 것임은 분명하다. 그것은 권위주의에 도전하고 민주화를 구현하는 데 있어 운동의 중요성과 그 운동의 주역인 학생 집단을 전제로 한 말이기 때문이다.

무엇보다 세대라는 말은 민주화와 그 이후의 사회 변화가 대학 교육을 받은 도시 중산층 집단의 이념과 가치 정향, 그리고 정치적·사회적 공동 관심사에 의해 주도되는 현상을 나타내는 말이다. 또한 그것은 한국 사회의 구조가 기능적·계급적 집단들 간의 갈등을 중심으로 구성되기보다는, 대학과 언론 및 대기업과 같이 사회 주류를 이루는 거대 조직들 내부 혹은 그 주변의 인간관계를 중심으로 이루어지고 있음을 반영하는 것이기도 하다. 그리하여 결국 세대라는 말은, 대학이라는 교육 배경과 중산층의 사회 문화적 배경을 공유하면서, 기존 질서와 기득 이익을 옹호하는 엘리트와 그에 도전했던 제도권 밖 엘리트들이 사적으로나 문화적으로 서로 연결될 수밖에 없는 양상을 설명할 수 있는 개념이 되었다.

정치사회학자 립셋이 말하듯이 이런 특성은 갈등의 상호 교차cross-cutting를 가능하게 함으로써 사회 갈등의 심화와 증폭을 완화하는 효과를 가짐은 물론 민주주의 발전에 기여하는 긍정적 효과를 가질 수 있다. 동시대의 경험을 공유하는 같은 세대의 동질적 엘리트 집단 내에서 정치적 역할은 분화된다. 즉, 보수적 엘리트들은 제도화된 영역을 관장하면서 기존 질서를 유지하고, 진보적 분파는 제도권 밖에서 체제에 도전하는 역할을 한다.

여기서 중요한 것은, 체제에 도전하는 비주류 엘리트 분파가, 민주화 투쟁이 끝난 이후 경계를 넘어 스스로 제도권으로 통합되는 쪽을 쉽게 선택하게 된다는 것이다. 즉, "변형주의"trasformismo적 현상이 일상화된다는 점이다.[1] 한국 사회에서 이는 대립적 관계에 있었던 이들 대부분이 결국은 체제 내로 통합되어 제도 안으로 들어오게 되는 결과를 가져왔다.

그렇다면 그것으로 제도권과 비제도권이 통합되었나? 그건 아니다. 변혁 운동을 통해 사회를 변화시키고자 했던 정조와 민중적 대의가 제도권 밖

---

1 근현대 이탈리아 정치의 특징 가운데 하나인 "변형주의"를 민주화 이후 한국 정치에 적용한 것으로는 최장집(1996)을 참조할 것.

에 그대로 남겨진 상태는 달라지지 않았다. 결국 변형주의적 상황은 한국 사회에 존재하는 제도권 대 비제도권 간의 괴리를 좁힐 수 있는 변화를 가져온 것도 아니다.

이 점에서 세대라는 말은, 시차를 두고 단계적으로 사회 내로 통합되는 연령집단을 말하는 것 이상이 될 수 없다. 이렇게 해서 현상 유지를 방어하는 그룹과 도전하는 그룹 간의 갈등은 모두 지식인 엘리트들의 관심사가 되고, 비엘리트층이 그들 스스로의 권익을 대변하기 위해 조직하고 이를 통해 정치에 참여하고 사회에 통합될 수 있는 통로는 거의 열려 있지 않은 구조가 재생산되는 것이다.

3. 4·19와 이승만 정부

해방 이후 현대사를 볼 때 우리는 두 가지 의문을 갖게 된다. 첫째, 처음에는 이승만 정부, 다음에는 그보다 더 강력했던 군부 권위주의 정부가 어떻게 학생들이 주도했던 민주화 투쟁에 의해 붕괴되었나 하는 것이다. 둘째, 혁명이라는 말에 걸맞게 민주화라는 엄청난 정치적 변화에도 불구하고, 그것이 이루어 낸 실제 변화는 왜 미미한 수준에 그치고 말았는가, 바꿔 말해 현상 유지는 왜 크게 도전받지 않았는가 하는 것이다. 두 번째 문제는 다음 절에서 다루기로 하고, 첫 번째 의문에 대해 먼저 생각해 보자.

이 문제를 다루기 위해서는 먼저 국가와 정부를 구분해서 보는 것이 필요하다. 최근 한 외국인 논평자는 위험스럽게 양극화된 한국 민주주의에 대해 이야기하면서 반정부 비판자들이 "국가를 〈괴물〉(영화 제목)로 본다"라고 특징화했다(*Financial Times* 2010/04/01). 이 외국인 논평자가 놓치고 있는 점은, 국가와 정부를 구분해 보지 않았다는 것이다.

괴물로 보이는 것은 국가가 아니라 정부 내지 정권으로 불리는 특정의 인적 집단이다. 보수든 진보든 자신들이 지지하지 않는 정권에 대해서는 강하게 반대하고 비판하는 것이 한국 정치의 특징이다. 4·19나 6월 항쟁에서도, 타도 대상은 국가가 아니라 국가를 관장하는 권위주의 정부 내지 더 좁혀서 말한다면 그 내부를 관장하고 있는 인적 집단이었다.

국가란 통치자와 피통치자 모두로부터 분리되어 있는 공적 권력이자 제도적 실체라 할 수 있다. 국제정치의 맥락에서도 국가는 어떤 정권이냐와 상관없이 특정 영토 내에서 기능하고 호명되는 정치적 결사체를 뜻한다. 나아가 국가는 국민에게 정당성·정통성을 주장하면서 반체제 내지 반국가 행위를 처벌하고 의무를 부과할 수 있는 힘을 갖고 있으며, 이는 중앙집권적으로 강력하게 관료화된 기구와 그것이 안정적으로 작동할 수 있도록 하는 법률에 의해 뒷받침된다. 이렇게 정의될 수 있는 국가에 대한 애국심과 헌신은 한국민 사이에서 여전히 크고 강하다.

한국 사회에서 국가와 민족주의는, 서로를 강화하는 요소로서 끈끈히 결합되어 있다. 식민 지배의 경험을 포함하는 자립적 근대화의 실패와 그로 인한 국민의 정신적 외상, 분단과 전쟁으로 인한 통일된 국민국가 수립의 실패, 국제 경쟁력 강화와 경제 발전에 대한 강박적인 집착과 같은 요소들은 모두 국가 중심성을 강하게 하는 요소들이다. 국가와 정부·정권을 구별해 보지 않는 한, 분단국가를 건설하고 반공의 보루로서 굳건한 체제를 갖고 있던 이승만 정부가 학생들에 의해 쉽게 붕괴되었던 이유를 이해하기는 어려울 것이다. 요컨대 어떤 정부가 권위주의적으로 강력한 국가를 관장한다고 해서 그 정부가 강하고 안정적인 것은 아니다. 1980년대 군부 정권의 붕괴도 마찬가지다. 특히 정부가 권위주의 체제이거나 정권이 권위주의화할 때 그것은 무척 허약할 수 있다.

이 문제는 4·19와 6월 항쟁을 통해 사실로 입증되었다고 할 수 있다. 4·19라는 최초의 혁명이 이승만 정부에서 발생했다는 점은 특기할 만하다. 왜냐하면 당시 정부가 해방 후 혼란 속에서 분단국가를 건설하고 이후 북한 공산주의의 선공을 방어하는 6·25전쟁을 치렀고, 전후 복구를 수행했던 정부였기 때문이다. 분단국가는 그 존재이유로 한반도에서 두 가지 역할을 부여받았다. 하나는 세계 냉전의 최전방에서 안정적이고 강력한 반공의 보루를 건설하는 것이고, 다른 하나는 북한 체제에 대해 이념적 정당성을 주장할 수 있는 자유민주주의를 하는 것이다.

해방 후 한국의 정치 현실에서 위의 두 역할은 상보적이기보다 상충하는 측면이 더 강했고, 그래서 이 두 가지 목표를 동시에 달성하기란 쉬운 일이 아니었다. 크게 보면 분단국가를 안정화하는 데는 성공했으나, 자유민주주의를 실천하는 데는 실패했다고 할 수 있다. 4·19의 역사적 의미는 권위주의를 통해 분단국가를 안정화했던 것에 대한 반대에 근거했다기보다는, 민주주의의 절차와 이념을 훼손했다는 것에 대한 항의의 의미가 더 컸다.

왜 강력한 것처럼 보였던 권위주의 정부가 무장도 하지 않은 학생들의 민주화 투쟁에 의해 쉽게 무너졌는가. 그 이유는, 국제정치체제 내에서 분단국가의 존재이유와 더불어 국내 정치 질서의 제도화로서 국가는 강화되고 있었지만, 그 때문에 정부의 권위주의적 통치가 정당화될 수 없었다는 데 있다. 오늘날 우리는 반세기라는 시간적 거리의 이점을 통해 보다 넓은 역사의 지평에서 이승만 정부를 되돌아 볼 수 있다. 먼저 그 앞에 놓여 있었던 두 가지 선택의 경로를 생각해 보자. 첫 번째 선택은 이런 것이다.

이승만 대통령이 진정으로 민주주의 가치를 준봉하고 이를 구현코자 했던 의지를 가졌다면 민주주의를 반석 위에 올려놓았을 것이다. 그리고 주도권을 가지고, 남북한 관계를 능동적으로 평화 공존적 관계로 변화시키면서 평화통일의 기반을 닦을 수 있었을 것이다. 이 경로는 동아시아 냉전을 관장했던 미국의 대 한반도 정책과 충돌하지 않는 범위에서도 가능할 수 있었다. 이 경로에 대한 성공 사례로서 우리는 종전 후 미군정하에서 민주주의를 건설하고 민족문제와 대외적인 문제를 풀어 나간 서독의 아데나워와 일본의 요시다 시게루의 리더십을 그 준거로 제시할 수 있다.

두 번째 선택은 권위주의를 통해 문제에 접근했던 이승만 정부가 했던 방식이다. 분단국가 수립은 민족문제를 둘러싼 내전적 상황에서 이루어진 것이고, 냉전의 최전방에 위치한 지정학적 위치로 인해 진영 간 대립은 독일이나 일본과는 달리 좀 더 직접적이었다. 북한의 위협은 가상이 아니라 현실이었다. 실제로 북한의 공산 정권은 전쟁을 준비하고 있는 위협적인 존재라는 사실이 한국전쟁으로 입증되었다. 따라서 전쟁과 그 이후 전후 복구라는 과제를 해결해야 하는 상황에서 국가의 모든 자원이 이 문제에 동원되고 집중되지 않을 수 없었고, 이를 위해 필요할 경우에는 정치적 반대와 비판을 억압해야 했다.

식민지 상황에서 벗어난 지 얼마 되지 않은 상태이기도 해서 민주주의에 대한 이해와 경험은 사실상 존재하지 않았다. 사회경제적 조건은 산업화 이전 단계였고, 국민 다수는 민주주의의 가치보다 가부장적 권위주의와 가산제적 전통에 더 침윤돼 있었다. 이런 조건에서 민주주의가 한꺼번에 가능하다고 생각하는 것은 비현실적일 수 있다. 냉전의 보루를 건설하는 것이 더 우선적 목표였던 미국으로서도 이승만 정부가 권위주의화하는 것을 받아들일 수 있었다.

첫 번째 경로가 좀 더 이상주의적이라면, 두 번째 것은 좀 더 현실적인 것이다. 4·19의 참여자들이 지녔던 대의와 이상은 분명 두 번째보다는 첫 번째 경로에 더 가까운 어떤 것이었다는 해석이 가능하다. 그러나 당시 4·19 참여자들의 민주주의에 대한 관념이 반드시 첫 번째 선택과 같은 것이었다고 하기는 어렵다. 여전히 민주주의에 대한 관념은 무척 추상적인 것이었으며, 실제 민주주의가 제도적으로 어떻게 운영될 수 있는지에 대한 이해를 갖기는 어려운 조건이었기 때문이다.

민족문제에 대한 이해 역시 낭만적이었는데, 그렇기에 평화적인 방법으로 접근해야 하고 장기적인 과정이 필요하다는 생각을 가질 수 없었다. 4·19 참여자들이 냉전이라는 국제정치적 제약 조건을 얼마나 고려했는지는 의문이다. 아마도 그런 고려는 거의 없었다고 보는 것이 사실에 가까운 것이었다.

우리가 민주화를 생각할 때, 얼마나 비용을 치르고 이루었나 하는 관점에서 문제를 보는 것이 중요하다. 6월 항쟁은 유신 체제와 5공이라는 강력하고 현대적인 군부·관료 권위주의 체제와 직접적인 힘의 대결을 통해 이루어졌던, 혁명에 가까운 커다란 정치 변화였다. 1970년대 중반 이후 1980년대에 이르는 십여 년 이상의 시기는 사실상 민주화 투쟁의 시기였다고 할 수 있고, 광주항쟁을 포함해 6월 항쟁은 많은 희생자를 만들었으며, 수많은 학생들이 투쟁의 전선에 투신했다. 대학생이 중심이 된 한 세대 전체가 크든 작든 민주화 운동에 영향 받았던, 한 시대와 전 사회를 뒤흔들었던 혁명적 사건이 곧 1980년대의 민주화 운동이다. 그에 비하면 4·19는 매우 작은 혁명이 아닐 수 없다.

4·19든 6월 항쟁이든 정권을 퇴진시키고 민주화하는 과정에서 대규모 참사가 제한될 수 있었던 요인으로 냉전과 미국의 역할을 생각해 보는 것은 의미 있는 일이다. 특히 6월 항쟁의 경우 그에 앞선 광주항쟁의 경험이 갖는 교훈적 효과가 컸다. 여기서 우리는 냉전의 패러독스를 보게 된다. 현실

에서 냉전이 권위주의라는 정치 환경을 구성했던 요인 가운데 하나였음은 분명하다. 그러나 그에 반해 민주화 투쟁이 전개될 때, 냉전과 미국은 국가 폭력이 대규모로 사용되는 것을 허용하지 않는 힘으로도 작용했다. 이 점은 한국의 민주화를 라틴아메리카나 최근 중동의 민주화 과정과 차이를 갖게 하는 요소이기도 하다.

4. 우리에게 민주주의는 무엇인가?: 중산층 급진주의에 대한 비판적 성찰

4·19에서 시작되고 1980년대 민주화 운동으로 이어진 운동에 의한 민주화는 6월 항쟁으로 그 결실을 맺게 되었다. 4·19세대들은 스스로 4·19를 "미완의 혁명"이라고 말한다. 다음해 5·16 쿠데타로 민주화 운동이 종결되었기 때문에 미완임은 분명하다. 그러나 1980년대 민주화 세대는 그들 스스로가 운동의 주역이었을 뿐만 아니라 민주 정부를 수립하는 과정에서나 이들 정부 내에서 집권 엘리트로서 실제로 정부를 운영하는 지위와 역할을 가질 수 있었다.

흥미롭게도 민주화가 이루어지고, 운동에 참여했던 사람들이 정부에 참여하고 집권 엘리트가 되었음에도 불구하고, 민주주의에 대한 기대는 채워지지 않았다. 여전히 "한국 민주주의는 위기"라는 평가가 지배적이고, "제2의 민주화 운동"을 말하는 사람도 많다. 왜 이렇게 되었을까? 만약 4·19세대들이 그들의 혁명을 완성시킬 수 있는 기회를 가졌다면 어떤 민주주의를 만들려고 했을까? 그것은 6월 항쟁 이후의 모습을 실현하는 것이었을까? 그들이었다면 달랐을까?

그렇지 않았을 것이다. 민주화 운동을 통해 정권 담당 세력을 바꾸고 자신들도 집권 정부에 참여할 수 있게 되었지만, 그것으로 끝이 아니다. 정부를 유능하게 운영해야 하고, 그것을 통해 그 근간이라 할 국가의 구조와 성격을 점진적으로 변화시켜야 하는 더 큰 과제와 대면해야 하는데, 그간 운동권 엘리트들이 보여 준 것은 정부를 운영하는 문제 그 자체에서부터 실패했다는 사실이다.

운동을 통해 민주화를 만드는 것과 그 성공의 결과로 민주화가 된 이후 민주주의를 실천하고 정부를 운영하면서 사회를 바람직한 방향으로 변화시켜 나가는 것은 질적으로 다른 문제라는 것을 다시 한 번 강조할 필요가 있겠다. 민주화 과정에서의 많은 희생과 투쟁이 민주주의를 학습하고, 그 원리와 제도를 통해 정치에 참여하고, 정부를 운영하고, 그것을 통해 어떤 좋은 결과를 만들어 내는 데 직접적으로 도움이 되지 않은 것은 안타까운 일이다.

사실 시행착오를 통하지 않고 민주주의를 통해 무언가 좋은 변화를 기대하기란 어렵다. 시행착오 그 자체가 민주주의라 해도 과언이 아니다. 사회의 다양한 이해관계를 조정하는 과정을 포함하기 때문에 결정은 느리고, 사회 변화 역시 느리고 비합리적인 것처럼 보이는 경우가 많지만, 어찌되었든 절차와 절차적 정당성이 체제를 작동시키는 중심에 있는 것이 민주주의이다.

그에 비해 민주화를 만들었던 운동의 정조와 이론은 혁명적이고 총체적이고 도덕적인 것이었다. 역사를 도덕적으로 정의하고 사회를 한꺼번에 바꾸려는 행동 양식과 가치 정향은, 급진적이고 전체주의적인 사고와 친화성을 갖도록 한다. 추상적이고 도식적인 이론과 관념을 통해 민주주의를 이해했던 운동의 주역들은 중산층 급진주의라 부를 만한 이념적 정향, 태도 그리고 행동 양식을 갖게 되기에 이르렀는데, 이런 특징은 민주화 이후 민주주의의 원리 및 가치와 자주 충돌하고, 민주주의 발전에 순기능적으로 기여하지 못하는 역설을 만들어 내고 있다.

민주화 이후 민주주의의 건강한 작동을 저해하고 그 기반을 심각하게 침식하는 위기적 조건들은 정치적·사회경제적 영역에서 지속적으로 누적돼 왔다. 오늘의 위기 극복의 실마리는 무엇보다도 먼저, 민주화 이후 현재에 이르기까지 그런 위기적 상황을 만든 중심적 문제를 포착하는 데서부터 시작할 수 있다. 그 다음은 어떻게 민주주의의 제도와 규범, 그리고 그 작동 원리에 잘 조응하면서 이들 문제를 풀어 나갈 수 있는가 하는 방법을 탐색하는 일일 것이다.

이를 위해 ① 시민사회의 성장을 압도하는 강력한 국가를 어떻게 제어할지, ② 계층적으로 불평등하게 나타나고 있는 참여의 위기를 어떻게 완화할지, ③ 사회경제적 문제를 다루지 못하는 정당의 허약함이라는 문제를 어떻게 해결할지 깊이 생각해 보는 것이 필요하다.

① 강력한 국가의 부활과 견제되지 않는 대통령의 문제

과거 권위주의 시기를 통해 한국 국가는 강력한 국가, 이른바 "박정희 발전 모델"로 상징되는 발전 국가로 국제적으로도 명성을 날렸다. 강력한 발전 국가는 산업화와 경제성장을 위한 거시적 경제 운용, 시장의 창출 및 조직, 그에 대한 광범한 개입, 국가-재벌 연합, 노동 억압과 배제 등을 구성 요소로 한다. 권위주의 시기 급속도로 성장했던 국가와 그것이 동반했던 권위주의적 성격은 민주화로 인해 잠시 배면으로 사라진 바 있었다.

그러나 이는 IMF 국제 금융 위기를 거치면서 다시 표면으로 부상했다. 국가는 위기 극복의 중심적인 역할을 수행하면서, 민주주의하에서 국가의 부활을 실현했다. 여기서 핵심은 국가-재벌 연합의 부활이다. 국가-재벌 연합은 금융 위기 극복과 이후 더 강화된 모습으로 경제성장의 견인차가 되었고, 그 결과 재벌은 전에 없이 급성장하면서 생산이 소수 재벌 대기업에 집중되는 결과를 가져왔다. 동시에 동전의 다른 면으로 노동의 억압과 배제는 권위주의 시기에서와 같이 지속되었고, 정규직-비정규직 노동시장의 분화, 빈부 격차 증가, 취약 계층의 증가를 포함하는 양극화 현상이 급속히 진행되었다.

진보적 학계 일각에서는 이를 신자유주의 때문에 일어난 일로 설명하지만, 신자유주의가 가져오는 부정적 효과를 정치적으로 어떻게 매개하느냐에 따라 그 결과가 달라진다는 점에서 문제의 정확한 진단이라고 말하기는 어렵다. 많은 사람들이 오늘날 세계 금융 위기의 결과로 신자유주의 시대는 사실상 끝이 났고 신자유주의 이후 시대가 열리고 있다고 말한다. 하지만 이런 세계경제의 변화가 곧바로 다른 형태의 정치적·사회경제적 효과를 가져왔다고 말할 수는 없다.

발전주의 국가와 신자유주의가 결합하면서 신자유주의를 통해 성장 지상주의 정책을 추진했고, 그 부정적 효과를 제어하는 정책을 소홀히 했던 것은 민주 정부들이었다. 형용모순이라 할 "신자유주의적 발전 국가"의 특성은 이른바 개혁 정부에 의해 시작되었고, 그 연장선상에서 보수적 이명박 정부를 통해 더욱 가속화되었다. 이 과정에서 사회를 결속했던 관계와 유대의 구조, 그물망들은 해체되고 파편화되었으며, 사회는 점점 더 폭력적인 모습을 드러내고 있다.

권위주의 시기와 큰 차이를 갖지 않는 강력한 대통령의 문제 역시 이런 맥락에서 다시 생각해 볼 수 있다. 그것은 민주적으로 선출되지만 견제하기 어려운 대통령의 문제이다. 라틴아메리카 정치학자들이 이를 "위임 민주주의" 또는 "초超대통령(제)"이라고 말하는 것과 유사한 현상을 한국 사회도 직면하게 된 것이다.

견제란 선출된 대통령으로 하여금 그의 권력 행사를 법을 통해 제약하고 그에 대해 책임지도록 강제한다는 의미로서, 대표의 기능과 더불어 민주주의의 핵심 원리이다. 한국의 현실에서 볼 때, 두 수준에서 그 책임성은 극히 제약된다. 첫째는 사법부의 허약함에서 비롯되는 문제로, 수평적인 권력 관계에 있는 정부 기구들 간의 삼권분립이 제대로 실현되지 않는다는 점이다. 법의 지배의 실패는 정치의 기능일 뿐만 아니라 사법부의 역할과 밀접한 상관관계를 갖는다.

둘째는 사회가 대통령 권력을 견제하지 못하는 허약함이다. 그것은 세 가지 원천으로부터 발생한다. 하나는 정당의 정부가 아니라 대통령의 정부가 됨으로써, 책임정치를 실현하지 못하고 있는 문제이다. 다른 하나는 시민사회의 공적 영역에서 이성적 논의가 허약한 것에 있다. 마지막으로는 사회적 견제와 균형이 이루어져야 하는 조건, 즉 사회 세력의 힘의 중심들이 다원화되어야 하나, 거대 기업을 비롯한 사회의 거대 기구들이 독점적으로 경제적·사회적 자원을 소유하는 것으로 인해 이들에 대해 사회에 의한 권력의 견제가 허약하다는 데 있다.

이런 대통령이 정당이 아니라 자신의 사적 인맥 집단에 의존해 정부를 운영함으로써 만들어지는 책임성 결여는, 거대한 자원의 투자와 동원을 요구하는 세종시 문제, 4대강 개발, 신도시, 뉴타운 건설 등과 같은 거대 프로젝트들이 양산되는 현상을 만들어 내고 있는 것이다. 책임정치의 구조가 튼튼했더라면, 그런 거대 프로젝트를 위해 정부 예산이 자의적으로 배정되고, 그로 인한 예산 낭비와 더불어 국민 부담이 증가하고, 오도된 정책 방향으로 인해 사회적·경제적 자원이 낭비되고, 부동산 자산 소득 중심의 사회 계층화 문제가 심화되고, 부의 대기업으로의 편중 현상이 심화되는 등의 부정적 결과가 그렇게 쉽게 허용되지는 않았을 것이다.

② **참여의 위기**

평등에 기초한 정치 참여는 민주주의의 핵심 요소이다. 인민주권의 원리와 그것이 도출되는 천부인권으로서의 인간의 자유와 평등은 정치 참여의 평등을 통해서만 구현될 수 있기 때문이다. 그런 까닭에, 민주주의는 어떤 다른 가치나 목적을 실현하는 수단적 가치가 아니라, 그 자체로서 인간됨을 구현하는 독립적인 가치이다. 현대의 대의제 민주주의의 작동은 전적으로 이 참여의 원리에 의존하고, 그것이 얼마나 잘 작동하는가 하는 것은, 참여의 평등이 얼마나 효과적으로 이루어지는가 하는 것의 함수이다.

오늘날 한국 정치의 위기 징후는 무엇보다 참여의 위기에서 발견된다. 그것은 낮은 투표율의 문제와 함께 투표율 하락의 계층적 편차의 문제로 나타났다. 부동산 자산의 크기, 주거 공간의 크기, 주거 형태 등을 기준으로 할 때 부자 동네의 투표율은 높은 반면 그렇지 못한 가난한 동네의 투표율은 훨씬 더 낮다(손낙구 2010). 바꿔 말해, 사회적으로 더 큰 보호를 필요로 하는 사회적 약자, 소외 계층이 그들의 의사와 이익을 정치적으로 대표되도록 하지 못하고, 그럼으로써 한국 민주주의는 심각한 참여의 위기를 맞고 있다.

이것만큼 민주화 이후 한국 민주주의의 문제점을 잘 보여 주는 것은 없다. 참여라는 관점에서 볼 때, 오늘날 한국 정치의 갈등 구조는 대표된 영역과 대표되지 않은 영역, 즉 사회경제적으로 안정적이고, 제도 내로 통합된 중산층 이상의 사회계층과 서민으로 통칭되는 제도에 통합되지 못한 노동자, 사회적 약자, 소외 세력 간의 갈등을 중심으로 한다. 그것은 한국 사회에서 참여의 불평등이 현실화된 것을 말한다. 이와 같은 정치 영역의 불평등이 문제가 되는 것은, 그것이 경제 시장에서의 불평등에 상응하는 구조를 갖기 때문이다. 그것은 시장에서 발생하는 불평등 효과와 그로 인해 발생하는 사회적 불평등, 그리고 사회적 해체 효과를 제어하거나 완화하기는커녕 거꾸로 이를 조장하는 양상을 드러낸다.

그동안 참여의 위기는 두 가지 현상에 의해 그 모습이 감추어져 있었던 것으로 보인다. 첫째는 민주화 이후 정책 형성·심의·결정 과정의 투입 수준에서의 참여가 비약적으로 확대되었다는 사실이다. 이 수준에서 참여 확대는 민주화 이후 가장 중요한 특징의 하나이다. 그러나 참여는 어디까지나 대학교수, 연구원 등 지식인 전문가들의 영역이었다. 달리 말해, 사회적 수준에서 사회집단들 간에 상충하는 이익과 가치, 그것이 빚어내는 갈등을 대표하는 사회적 투입으로서의 참여는 아니었다. 그것은 분명 대학생이 중심이 되는 지식인 주도의 민주화가 만들어 낸 산물이다.

민주화와 더불어 지식인 전문가 집단은 국가영역과 시민사회에서 엘리트로서 광범한 활동 영역을 갖게 되었다. 이들은 직업 정치인으로, 정책 자문관으로, 집권 엘리트로, 행정 관료로, 정책 결정 과정에 관여하는 지식인 전문가 집단으로 광범하게 정치과정에 참여했다. 또한 그들은 투표자로서, 선출된 대표로서, 사회의 엘리트 집단으로서 그 참여 범위는 비약적으로 확대되기에 이르렀다.

둘째는, 시민운동이 민주화의 대의를 대변할 뿐만 아니라, 정당이 하지 못하는 사회적 약자들의 의사를 대변하는 것으로 이해되었다는 점이다. 운동의 채널을 통해 사회적 약자들을 대표하는 데는 근본적인 한계가 있다. 무엇보다 운동은 투표에 참여하는 것보다 상대적으로 더 높은 비용을 치르지 않으면 안 되는 것이고, 다룰 수 있는 이슈의 성격 또한 무척 제한적이다. 대개의 경우 시민운동은 그 참여의 비용을 감수할 수 있는 중산층적 관심

사항을 이슈로 선택하기 쉽고, 개별 운동마다 집중하는 사안의 내용도 천차만별이기 때문이다.

③ 허약한 정당(체제)

정치 현실에서 참여의 문제는 정당의 문제로, 참여의 위기는 정당의 위기로 수렴된다고 할 수 있다. 한국의 조건에서 정당 및 정당 체제를 허약하게 만드는 것은 정치가 보통 사람들의 생활 문제, 사회경제적 문제를 다루지 못하는 데에서 비롯된다. 그것은 정치적 갈등과 경쟁이 전개되는 대립축의 성격 문제와 관계된다. 다시 말하면, 사회경제적 문제와 이슈를 정의하고, 그 문제를 해결하는 대안의 차이를 둘러싼 대립축을 형성하지 못한 것의 결과라고 할 수 있다.

민주화 이후 한국 정치를 움직이는 갈등 축은 대개 민주 대 반민주라는 대립 담론이었다. 하지만 민주화와 더불어 경쟁하는 세력들 모두가 민주적 절차에 따라 교차 집권했기 때문에 민주 대 반민주라는 구도는 이제 공허한 담론이 아닐 수 없다. 그럼에도 불구하고 그런 담론이 지속될 수 있었던 것은 그 내용을 채우는 중심적인 이념이 민족문제로부터 도출되었기 때문이다.

이른바 운동권적 정서에서 민주라는 말은, 해방 이후 국가의 정당성을 민족 독립운동에 두는 것, 그 이후에는 민족 중심의 자주적 통일관에 두는 것과 중첩된다. 반면 반민주라는 말에는 분단국가를 추동했던 "친일 냉전 반공 수구 세력"이라는 의미가 중첩된다. 당연히 반민주로 범주화되는 세력들은 반대편을 "체제 전복 용공 친북 세력"으로 대응한다. 이처럼 민주 대 반민주의 대립 담론은, 민족문제를 둘러싼 갈등을 불러들이는 것과 맞닿게 되고, 결과적으로 해방 직후의 이데올로기적 양극화와 좌우 대결 구도를 오늘의 현실에 대입하면서, 일체의 정치적 갈등과 경쟁 관계를 극단적으로 단순하고 도식화된 양극화로 재생산하는 효과를 갖는다.

　이는 한국 정치에서 좌·우 또는 진보·보수의 대립이 이데올로기적으로 양극화되면서 사생결단적 투쟁처럼 나타나게 되는 이유를 설명해 준다. 그러나 문제는 민주화 이후 정치체제를 서술하는 개념으로 '민주 대 반민주'는 더 이상 효력을 갖기 어렵거니와, 해방 이후 60여 년에 걸친 사회경제적인 변화를 대변할 수 있는 정치 언어로서 기능할 수 없는 퇴영성을 갖는다는 데 있다.

　무엇보다 그것은 민주주의 정치의 작동에 있어 파괴적 효과를 갖는다. 스페인 민주화 당시 프랑코 독재와 싸웠던 원로 정치인이자 공산당 당수인 산티아고 카리요 Santiago Carrillo가 "과거 문제를 파헤치지 말자"고 호소하면서 모든 주요 정파가 참여하는 회의를 제안했던 것은 현재 우리에게도 하나의 교훈적 사례가 될 수 있다(O'Donnell and Schmitter 1986, 29). 민족문제와 중첩되어 있는 민주-반민주의 대립 구도는, 정치가 정작 중심적으로 다루어야 할 사회경제적 문제를 부차적인 것으로 만들거나 사회경제적인 문제가 정치적 대립 축을 형성하는 것을 억제하는 효과를 갖는데, 이 점에서도 4·19는 하나의 원형적 패턴을 보여 준다.

　4·19 학생 혁명이 가져왔던 직접적인 결과는 자유당 정부의 붕괴와 거대 민주당에 의한 일당 지배의 출현이었다. 그것의 사회경제적 결과는, 민주당이 지주의 이익과 열정에 기반을 둔 정당으로서 자유당보다 더 보수적이었다는 점에서, 결코 진보적일 수 없었다. 정치적 민주화라는 점에서는 진보이나 사회경제 측면에서는 보수적 결과를 가져오게 된다는 것은 무척이나 역설적 결과가 아닐 수 없다.

　1980년대 이후의 현상도 그와 크게 다르지 않다. 민주화 이후 개혁적 정부들의 경제·사회정책은, 전통적인 좌·우 내지 진보·보수의 기준으로 본다면, 앞선 권위주의 정부들에 비해 별다른 차이를 갖지 않는다. 민주화 이후에도 경제정책을 만들었던 것은 선출된 대표가 아니라, 국가의 경제 관료들이었다. 그것은 예나 지금이나 같다. 적어도 사회경제정책에 관한 한 정당 간 체계적인 차이가 만들어지는 것을 우리는 경험하지 못했다.

현재 경쟁하는 정당들은 모두 사회적 기반과 유리된, 국가의 파생물과 같은 성격을 갖는다. 여야가 교차 집권하면서 전임 정부의 집권 엘리트들은 정당의 옷을 입고 정치의 무대로 돌아온다. 그들을 지배하는 열정은 어떻게 권력을 탈환할 것이냐에 몰려 있다. 그것은 우리 사회에서 국가가 정치·경제·사회의 모든 차원에서 얼마나 방대한 권력 자원을 통제하고 있는가를 보여 준다. 결국 정치에서의 갈등은 사회적 내용과 유리된 권력 투쟁 내지 공직 획득 투쟁의 성격을 강화하고 있는 바, 그 점에서 현재의 정당 체제는 현 정부와 전임 정부 혹은 현 정부와 다음 정부가 될 정파들 간의 사생 결단적 투쟁 이상의 다른 것이 아니라고 할 수도 있겠다.

한국 정치는 점점 더 엘리트 간 공직 추구를 위한 각축장으로 협소화되고 있다. 공직 획득의 기회와 가능성에 따라 지식인 엘리트들 역시 이합집산을 거듭하고 있다. 이 점에서 볼 때, 그간의 격렬한 정치적 수사와 언어들이란 결국 사회 전체의 갈등을 반영하는 것이 아니라, 공직 추구를 둘러싼 엘리트 간 갈등을 정당화하는 슬로건 내지 무기 이상의 의미를 갖기 어려워 보인다. 한 마디로 말해 오늘의 정당 체제는 사회적 갈등이 발생하는 가장 중심적인 사회경제적 이슈를 다루지 못하고, 그로부터 괴리되어 있는 상태를 지속하고 있는 것이다.

5. 한국 민주주의가 나아갈 길

민주주의는, 인간의 자유와 평등의 권리를 기반으로 도출되는 정치 참여의 평등을 통해 보통 사람들이 그들의 인간적 가치를 실현하고, 그들의 의사와 요구, 이익과 가치를 실현할 수 있는 정치적 공간을 열어 준다는 점에서 다른 체제에 비해 우월하다. 그러나 이런 체제의 우월함이 민주화에 의해 그대로 발현되어, 보통 시민들, 사회경제적 약자들에게 혜택이 부여되는 사회경제적 결과를 가져오는 것은 아니다. 때로는 그 결과는 권위주의보다 더 나쁠 수도 있다.

한국 민주주의의 가장 중요한 문제는, 사회경제적 약자들에 의한 정치 참여가 제대로 이루어지지 못한다는 점이다. 정치 참여의 평등과 이를 통해 민주주의의 잠재력과 장점을 실현하는 문제는, 대의제 민주주의의 중심 메커니즘인 정당을 활성화하는 방법을 통해서 이루어진다. 그런 관점에서 보면, 계속해서 민주 대 반민주의 대립 담론이 지배하는 상황으로부터 벗어나 사회경제적인 삶의 문제를 둘러싼 차이를 중심으로 새로운 대립 축이 만들어지는 것이 필요하다. 이를 위해서는 기존의 정당들이 각자의 사회적 기반을 갖도록 노력하면서 일관된 정책적 비전과 프로그램을 갖는 방향으로 발전되어야 할 것이다. 그것이 어렵다면 새로운 정당의 충격으로 그런 방향의 분화가 시작되어야 할 것이다.

2부
민주주의를 둘러싼 갈등들

최장집

3장

민주주의에 대한
잘못된 이해를 넘어서●

_____최장집

민주주의는 시민 주권과 정치 참여를 그 핵심 내용으로 하며, 이를 어떻게 이해하느냐의 문제는 민주주의 발전에 지대한 영향을 미친다. 또 민주주의가 어떤 사회경제적 결과를 가져올 것인가에 있어서도 민주주의를 이해하는 문제는 커다란 중요성을 갖는다. 그러나 민주주의는 특정의 고정된 교범을 따라 작동하는 것이 아니기에 '무엇이 민주주의냐'를 이해하는 데는 어려움과 혼란이 따르기 마련이다. 민주주의의 이런 성격은 민주주의에 대한 오해를 만들며, 민주주의와 민주주의가 아닌 것을 혼동하게 하는 요인이 된다.

민주주의의 이름으로 이루어진 정치적 실천조차 전혀 의도하지 않은 역설 내지 아이러니를 자주 만들어 내고, 스스로 옳다고 믿었던 논리와 이론

● 이 글은 『경제와 사회』, 2010년 봄호(통권 85호)에 "한국 민주주의를 이해하는 방법에 관한 하나의 논평"이라는 제목으로 실었던 글이다.

들이 예상치 못한 나쁜 결과로 이어지는 경우도 허다하다. 이런 점에서 정치학과 민주주의 이론은 사회에서 당연시되어 온 기성의 상식에 반하는 위험한 학문의 성격을 감수해야 할 때가 많다. 반대로 바로 그런 이유 때문에 제대로 된 정치학과 민주주의 이론은 잘못된 이해 방법과 잘못된 실천으로 인해 지불하게 되는 정치적 비용을 줄이고 시민의 정치 생활과 사회적 복리를 증진하는 데 기여하는 바가 적지 않다.

이명박 정부에서 민주주의와 정치 현실을 이해하는 방법과 언어의 사용은 그 어느 때보다 혼란스러웠다. 그것은 이명박 정부와 그 반대 세력들 간의 격화된 정치적 갈등과 대립의 양상을 반영하는 것이었다. 이런 상황을 만들어 낸 여러 요인들 가운데 좀 더 직접적인 요인으로는 두 가지를 생각해 볼 수 있다.

하나는 촛불 시위와 전직 대통령의 죽음이 만들어 낸 효과이다. 이명박 정부의 집권 전반부를 강타한 이 두 사건은 정부에 대한 비판과 반대를 격화시키는 계기로 작용했다. 또한 그것은 급진적 정서를 강화하는 동시에 과거 반독재 민주화 운동 시기의 논리와 정서를 다시 불러 일으켰다.

다른 하나는 이명박 정부의 통치 방식 내지 정책 결정 과정, 나아가 그렇게 만들어지고 집행된 정책이 한국 사회의 최상층에 대한 편향성과 사회적 취약층에 대한 배제의 성격을 갖는다는 점이다. 그 원인이 어떠하든, 격렬한 정치 언어를 동반하는 극단적 대결이 제도적 실천을 통해 창출되는 사회적 분배 효과를 향상시킬 것이라 기대하긴 어렵다. 극단적 정치 언어를 동반한 격렬함은 한국 민주주의가 건강함을 갖지 못한 결과인 동시에 그 반영이며, 거기에 동반된 민주주의에 대한 잘못된 이해 방식은 한국 사회가 직면하고 있는 중심적인 문제들을 보지 못하게 하고 그 문제들을 해결할 정치적 능력을 약화시킨다.

이런 문제의식을 가지고 필자는 우리의 정치 현실에서 중요하다고 생각하는 민주주의와 관련된 주제를 열 가지 선정해 각각에 대한 나름의 생각을 개진해 보고자 한다. 한국 민주주의에 대한 특정의 이해 방식에 대한 비판적 이해 내지 논평을 내용으로 하는 열 개의 삽화로 봐줘도 좋겠다.

1. '민주 대 반민주'에 기초한 진영 간 대립 논리의 문제

이명박 정부에 반대했던 진보적 운동가, 야권 정치인들, 진보적 지식인들을 포함하는 사람들 사이에서 민주 대연합 또는 선거 연합이라는 말만큼 지배적인 정치 언어나 담론은 없었던 것 같다. 이른바 "반反MB 전선"이라는 말이 나타내듯이 그것은 이명박 정부에 반대하는 광의의 세력을 한데 묶어 위력적인 세력화를 도모하자는 슬로건이자, 이명박 정부에 대응하는 특정의 전략적 언어라 할 수 있다. 그러나 전략적 언어로서 민주 대연합과 선거 연합을 같은 의미처럼 혼용해서 쓰는 경우도 많은데, 두 말의 뜻은 완전히 다르기 때문에 구분하는 것이 필요하다.

어느 나라든 하나의 지배적인 거대 정당에 대응하기 위해서 작고 약한 정당들이 이념적 거리에 따라 서로 연대하는 것은 일반적인 현상이고 또한 필요한 것이기에 이를 특별히 비판적으로 말할 필요는 없다. 더욱이 한국과 같은 대통령 중심제와 단순 다수제 선거제도가 양당제적 효과를 갖는다는 점을 고려할 때 선거 연합은 필요한 전략이라고도 할 수 있다.

하지만 여기에서 필자가 비판적으로 다루려는 대상은, "반MB 전선" 혹은 "민주 대 반민주"에 기초한 대연합론이다. 그것은 이명박 정부를 반민주로 규정함과 동시에 그에 반대하는 세력을 민주로 양분해 정치 경쟁과 갈등의 축을 단순화하는 일종의 진영 논리를 내용으로 한다. 그것은 1980년대 민주화 운동 시기를 주도했던 슬로건과 정조를 다시 불러들이는 것이라 할 수 있는데, 문제는 무엇보다도 오늘의 정치 현실이 민주화 운동 시기와 본질적으로 다르다는 점을 보지 못하게 한다는 데 있다.

제도화된 체제로서의 민주주의는 운동으로서의 민주주의와 그 성격, 규범, 원리가 근본적으로 다르다. 민주주의의 실천을 진영으로 나누어진 대결 구도로 접근하는 것은 무엇보다 민주화 이후의 민주주의가 갖는 본질적 성격과 충돌한다. 반독재 운동 시기에 민주주의에 대한 이해는, 기존 체제를 전면적으로 부정하고 이를 새로운 체제로 대체하고자 하는 총체적 부정의 이념이자 변혁의 언어를 그 특징으로 했다.

그와 달리 민주주의가 체제의 원리로서 실천되는 단계에서는 특정 정부와 리더십이 권위주의적 요소를 포함하고 있다 하더라도 그 점 때문에 민주주의가 아니라고 규정할 수는 없다. 민주주의 정치체제에서라면 정부나 집권 세력에 대한 반대는 궁극적으로 민주주의 체제가 허용하는 실천, 즉 선거와 같은 정치 경쟁의 틀을 통해 이루어지고 결실을 맺어야 하기 때문이다. 한마디로 민주주의는 정치 참여의 평등이라는 원리와 더불어 그것이 제공하는 여러 제도적 기회와 과정을 통해 경쟁하는 세력들이 각자의 요구를 실현하는 체제인 것이다.

진영 간 대립의 논리가 파생시키는 문제점은 많다. 그것은 아와 피아, 적과 우군과 같이 양극화한 상황 설정을 동반하고 적과 상대하기 위한 힘의 최대 결집을 요구한다. 때문에 진영 내부의 통합과 통일성의 가치를 극대화하는 동안 견해 차이와 내부 비판을 억압하는 효과를 가져오기 쉽다. 이견과 반대의 목소리가 위축되는 것은 물론이거니와 그 가운데에서도 소수 세력의 의사 표현이 심대하게 제약된다.

나아가 상대 진영을 감정적으로 적대하는 분위기가 만들어지면서 그들을 객관적으로 평가할 수 있는 조건을 약화시킨다. 상대에 대한 객관적 이해는 적대 의식을 필요로 하는 진영 내부를 분열시키고 약화시키는 것으로 해석되기 때문이다. 상대를 악의 세력으로 공격하는 대열에 동참하도록 압박하고 강제하는 상황에서 안으로부터의 비판적 목소리는 "연대에 찬물을 끼얹는" 행위로 이해되기도 한다.

진영 내부에서 자기비판이 허용되지 않는 것만큼 위험하고 비민주적인 것은 없다. 우리는 냉전 시기 남북한 대결 구조에서 이런 유형의 억압 논리, 즉 외부의 적과 대결한다는 명목으로 내부의 결속과 규율을 강화하는 논리를 이미 경험한 바 있다. 남한 내에서 군부 권위주의나 체제의 문제에 대한 비판이 친북적이고 반국가적 행위로 억압과 제재의 대상이 되었던 시기를 살았기 때문이다.

남한 사회의 권위주의를 비판하고 빈부 격차를 낳는 경제체제를 비판하는 문제와 남북한의 진영 대립에서 어느 편을 드는 문제가 완전히 다른 차원이듯이, 진보 내부의 비판과 자유로운 이견이 보수 진영을 편들거나 긍정하는 것으로 이해되는 억압적 문화가 지속될 수는 없다.

민주 대연합론은 그 자체가 헤게모니적 권력 효과를 갖기도 한다. 근본적으로 그것은 민주주의의 사회경제적 내용과 가치를 약화시키는 작용을 한다. 김대중·노무현 정부와 민주당의 정책을 특징지었던 엘리트 중심적이고 중산층 편향적인 성격이 지속되었던 동안, 노동자나 농민을 중심으로 한 생산자 집단의 참여와 사회경제적 불평등 완화 그리고 분배적 가치를 대변하는 소리는 쉽게 억압될 수 있었다.

대연합이 지향하는 정책적 내용을 따지기보다 이명박 정부에 대한 저주와 혐오의 동원에만 과도하게 집중하는 현상은, 연합 그 자체를 무리하게 강박하는 것의 필연적 결과이자 권력을 상실한 야권 엘리트들의 조급성을 반영하는 것이기도 하다. 지난날 우리는 그 반대 방향에서 유사한 경험을 했다. 김대중·노무현 정부 당시 권력을 상실한 보수파가 정권에 대해 이데올로기 색칠과 감정적 혐오를 동원하고 탄핵의 방법까지 써가면서 현직 대통령을 밀어내려 했던 것은 유사한 사회심리적 현상이었다고 할 수 있다.

권력에 대한 진보파의 욕망과 열정이 호소력을 갖기 위해서는 통치 능력을 갖춘 정당으로의 변화 노력과 개혁적인 인적 집단을 형성하려는 노력이 필요하다. 그렇지 않고 민주 대 반민주와 같은 낡은 진영 논리만을 강조하게 될 때 정치를 선악의 문제로 환원시키게 되는 도덕(주의)적 민주주의관을 불러들이지 않을 수 없다. 그것은 정치를 종교적 근본주의와 닮은 것으로 추동하는 힘이다. 이런 분위기에서 내용도 없이 증오의 동원만을 반복하는 한국 정치의 악순환은 끊어지기 어려울 것이다.

2. "이명박 정부는 민주주의가 아니다"라는 인식에 대해

진보적 지식인들 사이에서 "이명박 정부는 민주주의가 아니다"라고 생각하는 사람이 적지 않았다. 혹자는 이명박 정부를 5공이나 3공 심지어 1공보다도 더 반민주적인 정권이라 주장하기도 했다. 그들이 즐겨 사용하는 "재권위주의화"라는 말은 단순히 이명박 정부의 보수성을 비판하는 정도에 그치는 것이 아니라, 실제로 민주주의 체제가 권위주의로 역진적으로 이행했거나 그럴 위기에 있다는 절박함을 나타내는 것이다.

이런 관점에서는, 김대중·노무현 정부와 이명박 정부를 같은 기준에서 비교하는 것은 허용될 수 없다. 왜냐하면 김대중·노무현 정부와 이명박 정부는 동일한 민주주의 체제하의 다른 정부가 아니라, 하나는 민주 정부이고 다른 하나는 독재 정부이기에 양자 사이에서 상대적인 비교는 가능하지도 또 그렇게 해서도 안 되는 것으로 여겨지기 때문이다. 김대중·노무현 정부는 민주주의이기에 절대적으로 좋은 체제이며, 이명박 정부는 권위주의이기에 절대 악이고, 그렇기에 윤리적으로도 동등한 비교는 불가능하다는 주장도 있었다.

그러나 이런 관점은 민주주의의 가장 기초적인 정의와 충돌한다. 간단히 정의할 때 민주주의는, 정치적으로 조직된 집단들 간의 선거 경쟁에서 다수를 획득한 집단이 시민으로부터 주권을 위임받아 통치하는 체제이다. 셰보르스키의 간명한 정의에 따르면, 민주주의란 집권당이 선거에서 패배할 수 있는 체제인 것이다(Przeworski 1991, 10). 만약 집권당이 선거에서 패배하지 않고 만년 집권한다면 그건 민주주의가 아닐 것이다. 선거가 주기적이지 않고 공정하지 않을 때, 또는 결과를 다른 방법으로 뒤집을 수 있고 그래야 한다고 말한다면 그건 명백히 민주주의가 아닐 것이다.

선거에서의 패자가 그 결과에 승복하지 않을 때, 다시 말해 이명박 정부의 집권을 민주주의의 결과로 받아들이지 않을 때, 가장 민주적인 가치를 실천한다고 자임하는 진보파가 민주주의의 기본 원리를 파괴하는 역설적 현상이 만들어진다. 진보파가 선거에서 승리하게 되었을 때 보수파가 동일한 태도로 도전한다면 어떻게 대응할 것인가. 그런 주장과 논리적 전제들이 갖는 자기모순과 일방주의적 편향 때문에 진보는 대중적 설득력을 상실했고 더욱 왜소화되었다.

이명박 정부에 대해 비판할 때에도 생각해야 할 점이 많다. 여러 절차적 문제와 아울러, 우리 사회의 최상층과 대기업의 이익을 우선적으로 보장하는 정책, 이 과정에서 법의 지배 원리를 부정 혹은 왜곡하는 행위, 시민사회의 자율적 결사체나 사회경제적 약자들에 대한 억압적 권력 행사, 노조에 대한 공공연한 공격 등 우리가 비판적으로 볼 수 있는 문제들은 많다. 그런데 비판의 대상이 되는 여러 요소들은 크게 두 가지 차원으로 분리될 수 있다. 하나는 리더십과 통치 스타일 내지 정책 결정 과정에서의 권위주의적 요소이다. 다른 하나는 정책의 내용과 성격에서 우리 사회 상층에 편향적인 보수성이다.

우리가 민주주의냐 아니냐 라고 말할 때, 일반적으로 그것은 정치체제 내지는 통치 체제의 한 유형을 가리킨다. 예컨대 왕정이나 귀족정, 군부 권위주의 체제에 대응하는 개념으로서 민주정을 의미한다는 말이다. 민주주의 정치체제에서도 통치자들이나 시민들의 행태나 의식이 권위주의적 가치 규범이나 행동 양식을 나타낼 수 있지만, 그것 때문에 특정의 정부나 정치체제를 민주주의냐 아니냐로 유형화하지는 않는다. 요컨대 민주주의는 우선 특정의 통치 체제를 가리키는 말이기 때문에 그 차원의 작동 원리 내지 기본 요건을 중심으로 정의되고 판단되어야 할 것이다.

둘째로, 정부 정책의 내용이나 성격을 놓고 권위주의 또는 독재라고 말하는 것은 정부의 이념적 보수성과 혼동한 결과이다. 민주주의를 실질적 정책 내용, 즉 평등한 부의 분배, 사회적 약자의 보호와 같은 기준으로 정의한다면 자유 시장 경제정책이나 신자유주의적 독트린을 추구하는 나라, 예컨대 대처 정부하의 영국이나 레이건·부시 정부하의 미국, 고이즈미 정부하의 일본 등은 모두 민주주의로 분류될 수 없을 것이다. 정책의 내용이나 성격을 기준으로 본다면 이들을 보수 정부로 유형화하는 것이 옳고, 실제로 누구나 그렇게 정의한다. 따라서 이명박 정부 역시 한국적 조건에서 우리가 생각할 수 있는 보수 정부의 하나로 보는 것이 훨씬 사실에 가깝고 합리적이다.

물론 이명박 정부에 대해 다음과 같은 비판과 항변은 가능하고 타당하다. 즉, 선거에서의 승리, 국회에서의 과반수 다수당이라는 조건만으로 독단적이고 자의적인 국정 운영이 정당화되지는 않는다. 제아무리 민주적으로 선출된 정부라 하더라도 지난 선거와 다음 선거 사이에 통치행위나 정책 내용 그리고 그 결과 등 정부의 공적 행위 전반에 대해 시민에게 책임지지 않으면 안 된다. 따라서 이명박 정부가 이런 책임(성)accountability의 규범을 잘 지키지 않는다고 말하는 것이 더 정확하다.

민주주의는 대표의 선출 못지않게 대통령과 정부의 권력 행사나 통치행위, 정책 결정을 광범위한 공적 심의의 대상으로 삼아야 하고, 이 과정에서 공적 이성을 통한 사회적 의사 형성이 가능할 수 있어야 하며, 이런 심의의 결과가 다시 정부의 정책 결정 과정에 투입되어야 한다는 것을 의미한다. 이를 통해 집권 정부와 권력자를 견제하지 못한다면 민주적 책임성의 규범을 부과하는 문제는 지극히 실현하기 어려운 일이 된다.

실제로 민주주의의 이론과 실제에서 가장 어려운 문제는 선출된 권력이 어떻게 책임성을 갖게 만들 것인가 하는 데 있다. 필자가 보기에, 책임의 부과가 현실적으로 매우 어렵다는 사실이야말로 하나의 통치 체제로서 민주주의가 갖는 핵심적 약점이 아닐 수 없다. 그리고 이 문제는 비단 이명박 정부뿐만 아니라 앞선 김대중·노무현 정부에서도 유사하게 나타났으며, 대통령과 정부의 일방주의적 권력 행사, 독선적 정부 운영, 폐쇄 회로적 정책 결정 등의 요소들은 정도의 차이는 있으나 공통적인 특징이었다고 말할 수 있다.

3. 민주주의를 제도적·절차적 수준에서만 정의하는 것은 부족하다는 오해

과거 반독재 투쟁 과정에서 형성되었던 우리 사회의 민주주의관은 민주화 이후에도 계속해서 영향을 미쳤다. 그것은 일종의 최대 정의적 민주주의관이라 부를 수 있는 것으로서 일종의 해방의 철학 내지 변혁의 정치학으로 나타났다. 한마디로 말해 모든 정치적 권위와 권력으로부터 벗어나 누구에 의해서도 대표되지 않는 직접적 인민주권을 실현하고, 자본주의가 아닌 새로운 생산 체제의 건설을 지향하는 이상을 담는, 그야말로 완전히 새로운 어떤 공동체를 상념하는 것이었다.

그러나 실제 현실에서 우리가 성취한 민주화는 최소 정의적 민주주의에도 미치지 못하는 낮은 단계일 뿐이었다. 그 결과 민주주의에 대한 과도한 기대와 현실에서의 미미한 결과가 만들어 내는, 열망과 실망의 주기적 교차 현상이 나타났다. 동시에 민주주의를 상호 배타적인 두 가지 수준으로 구분하는 접근도 강해졌다. 즉, 형식적(혹은 제도적·절차적) 민주주의와 실질적(혹은 내용적) 민주주의의 구분이 그것이다. 그러나 이 구분은 민주주의에 대한 잘못된 이해를 가져올 뿐만 아니라, 실천적 수준에서도 혼란을 야기하기 쉬운 부정적 효과를 갖기 쉽다. 이 말은 민주주의의 가치와 이상이 중요하지 않다는 말이 전혀 아니다.

자유와 평등이라는 인간의 근원적 가치와 그로부터 도출되는 인민주권과 정치적 평등은 모두 민주주의를 추동하는 힘이다. 그러나 현실에서 이런 요구들이 정치나 이익 갈등, 권력관계 속으로 직접 들어온다면 그 경우 정의감이나 도덕적 가치가 강조되는 것 이외에 별다른 힘을 발휘하지 못한다. 중요한 것은 얼마나 민주적 가치와 규범을 강조해 말하느냐가 아니라, 이를 어떻게 현실적으로 구현할 수 있는가의 차원에 있다.

민주주의는 제도적으로 구현된 원리나 요건들을 활용하고 그 효능을 확대함으로써 좀 더 이상적인 민주주의를 향해 발전해 갈 수 있는 잠재력을 그 내부에 담고 있는 체제이다. 그런 잠재력이 어떻게 발현되느냐에 따라 민주주의는 발전할 수 있고, 물론 잘못할 때는 퇴보할 수 있다. 슘페터의 최소 징의적 민주주의론에 따르면 민주주의는 권력을 잡으려는 엘리트들 사이에서 팀으로 조직된 선거 경쟁의 체제이다. 이 단순한 듯 보이는 제도적 체제에서 선거가 거듭됨에 따라 엄청난 에너지와 다이내믹스가 창출된다. 그리고 그 과정에서 해당 사회의 집단적 갈등과 이익, 열정, 가치가 어떻게 대표되고 조직되느냐에 따라 민주주의의 실질적 결과는 크게 달라진다.

민주주의의 제도 속에서 정당은 이런 역할을 수행하는 자율적 정치 결사체이자 대규모 대중 동원의 기제로 작동한다. 즉, 민주주의가 실질적 결과를 만들어 내는 것은, 실질적 민주주의의 과정이나 단계가 따로 있어서가 아니라, 민주주의의 제도와 절차들이 부여하는 공간에서 어떤 정치적 대안이 조직되고, 어떤 정당 체제가 발전하고, 그런 정당 체제가 얼마나 넓게 사회를 대표하고 경쟁하고 통합하는가에 달려 있는 것이다.

오늘날 한국 민주주의는 그 체제가 내포하고 있는 제도적 잠재력을 발휘하지 못함으로써 인간 배제적인 성장 지상주의만이 경제 발전인 양 추구되고 그로 인해 보통 사람들의 삶의 조건이 개선되지 못하는 결과를 낳고 있다. 그러나 그것은 실질적 민주주의가 이루어지지 않아서가 아니라, 민주주의의 제도(또는 절차)가 제대로 기능하지 못한 결과이다. 현대 민주주의 이론의 대가인 로버트 달은, 현실에서 실제로 실천되는 민주주의를 비판적으로 분석하기 위해 이념형으로서 이상적 민주주의를 개념화했다. 그리고 그 이상적 민주주의의 요건을 다섯 영역, 즉 효과적 참여, 투표의 평등, 이슈에 대한 계몽된 이해의 획득, 의제에 대한 시민의 최종적 통제권, 시민 범위의 포괄성으로 제시한다(Dahl 1998). 이는 민주주의의 실질적 내용을 말하는 것이 아니라, 민주주의의 제도 또는 절차와 관련된 것이다. 우리는 절차적 민주주의는 이미 실현된 듯 간주하면서 뭔가 실질적 민주주의가 이루어지지 않아서 문제라고 말하지만, 실제로는 이런 절차적 요건들이 좀 더 이상적 기준에 가까이 갈 때 민주주의의 제도적 효과가 실질적인 것으로 나타나는 것이다.

4. 민주주의의 주체로서 "깨어 있는 시민"을 상정하는 것의 문제

시민을 두 가지 범주로 나누었던 것은 프랑스혁명 시기가 최초가 아닌가 한다. 인민주권과 정치적 평등의 원리에 기초한 선거권이 현실 제도로서 구현되었을 때 그것은 "적극적 시민"에게 한정해 부여되었다. 일정한 금액의 납세를 한 성인 남성이 그들이었고 여성, 가난한 사람들, 하인 등은 배제되었다. 그러나 그 후 정치 참여의 평등 원리에 따른 보통선거권이 일반화되면서 현대 민주주의에서 이런 시민 범주의 구분은 가능하지 않게 되었다.

한국 사회의 진보적 지식인 일각에서 민주주의를 실천하는 주체로서 "깨어 있는 시민"을 상정하는 것은 설명을 필요로 한다. 그것은 민주주의에 대한 특정의 이해 방법, 즉 민주주의를 사회정의의 실현을 위한 도덕 운동으로 이해했던 방식과 관계되어 있다. 그러므로 민주 시민은 민주주의를 올바로 이해하고 이를 실현하기 위해 행동하는 존재 내지 의식적으로 각성된 존재로 이해된다. 민주주의를 이렇게 인식할 때, 민주주의 세력이 아니라고 간주되는 사람들, 즉 집권 정당에 투표하거나, 민주주의가 위협받고 있다는 현실 인식을 공유하지 않거나, 집권 정부를 규탄하지 않거나, 투표에 무관심한 사람들은 깨어 있는 시민의 범주에 속하기 어렵다. 민주 대 반민주의 구분과 마찬가지로 이런 인식은 자의적이고 주관적이다.

여기에서 말하는 깨어 있는 시민이라는 말은, 앞서 로버트 달이 말했던 것과 같이 시민들이 이슈에 대한 계몽적 이해를 가질 수 있어야 한다는 기준과는 전혀 다르다. 로버트 달은 올바른 판단을 위해 관련 이슈에 대해 충분한 정보와 지식을 획득할 수 있는 평등한 기회를 향유해야 함을 말할 뿐, 시민의 이해 수준이나 인식 수준을 기준으로 민주주의와 비민주주의를 구분하지 않는다. 반면 '깨어 있는 시민론'은 민주주의를 도덕화하는 정형화된 이해 방식에 따라, 민주 시민이라면 현실을 독해할 능력을 보여 주는 시민이 되어야 한다는 점을 강조한다.

민주 대연합을 촉구하는 사람들의 표현을 빌리자면, "민주주의의 후퇴, 민생 파탄, 평화 위기"라는 정세관을 공유한 기초 위에서 "민주주의 위기 극복"을 위해 "행동하는 양심"으로 나서야 한다는 절박한 주장에 반응할 때 그 시민은 깨어 있는 존재가 된다. 그것은 진보적 운동의 전통을 앞세운 엘리트주의적이고 도덕주의적인 민주주의관의 한 형태로 이해될 수 있다. 왜냐하면 누군가가 먼저 민주주의를 도덕적인 요소를 중심으로 정의했을 때 그 해석자는 보통 시민들에 대해 일정한 도덕적 우위를 갖는 위치에 서게 되기 때문이다.

반면 사람들이 그렇게 정의된 민주주의를 수용하지 않을 때 그들 시민은 "깨어 있는 시민"이 되지 못한다. 그러므로 시민은 민주주의가 무엇인지를 아는 도덕적 지도자의 가르침의 대상이 된다. 이제 한 시민이 민주주의자가 되고, "깨어 있는 시민"이 되는 것은, 누군가가 그에게 부여한 도덕적 규범을 행동으로 옮기고 시민된 책무를 수행할 때이다. 이런 내용의 민주주의관은 시민에게 과도한 도덕적 의무를 부과한다. 그런 논리에 따르자면, 보통 시민들은 투사가 되기 전까지 민주주의를 실천할 수 없는 존재가 될 것이다.

민주주의의 본질은 누군가가 민주주의는 이런 것이다, 이런 것이어야 한다라고 정의해 주고 가르쳐 주기 이전에 시민들이 일상적으로 실천할 수 있는 것들 속에서 발견되고 진화하는 것으로 이해되어야 한다. 이 점을 가장 날카롭게 지적한 이론가 가운데 한 사람이 바로 미국 정치학자 샤츠슈나이더였다. 그의 간결한 표현을 빌리면 "인민을 위해 민주주의가 만들어졌지, 민주주의를 위해 인민이 만들어진 것은 아니다"(샤츠슈나이더 2008, 215).

그의 관점에 따르면, 현실 속에서 인민은 온전한 주권자가 아니라 다만 절반의 주권자일 뿐이다. 민주주의하에서 인민이 투표를 통해 자기 의사를 표출하고 자신의 이익과 가치를 구현할 수 있으려면 정당의 역할이 결정적으로 중요하다. 정치적 리더십과 조직, 대중과 전문가의 협력 체제, 정치적 이슈의 올바른 정의, 투표자의 이익을 최대화할 수 있는 갈등 축의 설정 등 민주정치의 대부분은 정당의 기능과 관련된 사항들이다.

따라서 민주주의를 잘 실천하는 것의 책임은, 도덕적 책무를 부과 받는 시민에게 있는 것이 아니라, 시민의 의사와 요구를 잘 대표해야 할 정당에 있다. 지식인과 정치인들이 유념해야 할 문제는, 민주주의에서는 그 누구도 시민들을 도덕적으로 압박할 특권을 갖지 못한다는 사실이다.

5. 국가의 파생 권력으로서의 정당과 참여의 위기

오늘날 한국 정치가 위기 상황에 있다는 것은, 앞서도 지적했듯 낮은 투표율에 의해 단적으로 표현된다. 특히 2007년과 2008년 대선과 총선에서 나타난 63퍼센트와 46퍼센트라는 낮은 투표율은 유럽은 물론 일본과도 비교될 수 없고, 선진국 가운데 가장 투표율이 낮은 것으로 악명 높은 미국에 육박하는 수치이다.[1] 요컨대 오늘날 한국 정치의 최대 문제는 민주주의의 위기를 집약하는, 극도로 낮은 투표율이 아닐 수 없다. 한국 민주주의의 문제를 진단하고 이를 해결하기 위해 우리는, 한국 사람들은 왜 투표하지 않는가, 민주화가 된 지 20년 남짓한 신생 민주주의국가임에도 불구하고 왜 한국은 투표율이 낮은가 등의 질문에 답하지 않으면 안 된다. 이 문제를 탐구하는 것이야말로 한국 정치학자들의 최대 과제이다.

이와 관련해 손낙구의 『대한민국 정치사회지도』(2010)는 위의 질문들에 대한 해답의 윤곽을 제시할 수 있는, 지금까지의 조사 연구 가운데서 가장 의미 있는 성과가 아닐 수 없다. 이 책에서 손낙구는 2005년 인구센서스와 2004년 총선, 2006년 지방선거에 대한 선관위 자료를 토대로 서울·경기도·인천을 포함한 수도권 총 1,186동에서 주거 형태(주택 소유 유무, 아파트나 아니냐 하는 주거 형태, 건축 연령, 주거 공간의 크기 등등), 학력, 종교 등의 사회적 변수들과 주민의 투표 행태 간의 상관관계를 밝힌다. 그는 자산 소득이 크고, 학력이 높고, 종교 인구가 많을수록 투표율이 높고, 그 역은 투표율이 낮다는 사

---

[1] 1945~98년 사이 주요 국가들의 평균 투표율은, 이탈리아 92퍼센트, 네덜란드 84.8퍼센트, 스웨덴 83.3퍼센트 독일 80.6퍼센트, 영국 74.9퍼센트, 일본 69퍼센트, 프랑스 67.3퍼센트, 미국 48.3퍼센트였다(Manza 2009, 840).

실과 더불어 투표율이 높은 주거지역일수록 한나라당 지지가 높고, 낮은 주거지역일수록 민주당 지지가 높다는 사실을 발견했다.

이로써 우리는, 한국의 투표자들이 계급·계층적으로 구분되는 투표 행태를 갖는다는 사실을 훨씬 구체적으로 서술할 수 있게 되었다. 기존 정당 체제에 대한 불신 또한 지속적으로 높아져 왔고, 그 결과 기권자가 유효 유권자의 절반에 이르게 된 저간의 사정도 이 연구는 잘 보여 준다. 사회경제적 취약 계층, 노동자, 서민의 세계를 대표하는 강력한 정당은 없는 반면, 그 반대의 사회계층은 매우 분명한 정당 대안을 갖고 있음도 잘 볼 수 있다.

이런 문제를 이해하기 위해서는 한국 정당의 구조적 특성을 일별할 필요가 있다. 한국에서의 정당은 사회 속에서 만들어지지 못하고 권력에 의해 위로부터 창출되었다는 특징을 갖는다. 정당은 국가권력의 파생물로서 만들어졌고, 현재까지 그런 식으로 나타나고 재편되고 있다. 오늘날 정치 세력화의 토대는 점점 더 특정의 정부에 참여하고 지지했던 경력 내지 그로부터 만들어진 공통의 경험이 되어 가고 있다. 특정 정부나 국가권력의 수혜 범위에 포함되었던 경험이 엘리트 집단의 정치적 정체성을 규정하는 강력한 요인으로 작용하고 있다는 말이다.

이로 인해 경제 관료 의존의 문제, 발전 국가적 성장 지상주의의 문제, 국가-재벌 연합에 의한 성장 주도의 문제, 도시재개발과 대규모 건설 프로젝트들의 문제, 노사 관계나 서민 경제의 문제 등에 대해 새로운 비전과 대안을 제시하는 일은 점점 더 어려워지고 있다. 요컨대 정당들은 그들 사이의 차이를 여·야, 보수·진보, 좌·우 등 무엇이라 부르든, 집단적 갈등을 만들어 내는 가장 중심적인 사회경제적 이슈를 다루지 못하는 엘리트 중심의 취약한 구조를 갖기에 이르렀다.

이런 환경에서 정치적으로 대표되지 못하는 제도권 밖의 사회 규모가 커지는 것은 피할 수 없는 일이다. 그것은 정당으로 이루어진 정치적 대표의 체계와 실제 사회경제적 이익 갈등 사이의 커다란 괴리를 의미하는 것으로, 오늘날 한국 정치의 최대 균열은 제도권과 비제도권 사이의 분열과 괴리로 나타나고 있다.

한국 정치에서 제1당을 한나라당(현재는 새누리당)이라고 말한다면, 그것은 한국 정치의 절반을 말하는 것일 수는 있어도 그 이상은 되지 못한다. 오히려 "한국에서의 제1당은 투표하지 않는 무당파"라고 말하는 것이 더 사실에 가까울 수 있다. 유권자의 절반이 민주주의의 핵심 제도에 대해 기대를 갖지 않게 된 것, 이것이야말로 한국 민주주의의 문제를 가장 잘 집약하는 것이 아닐 수 없다.

미국의 선거 및 투표 행태 연구의 개척자인 V. O. 키의 주장에 따르면, "너무나 단순한 진실은 정치인들이 투표하지 않는 계급 내지 시민 집단의 소리를 경청하도록 압박받지 않는다는 데 있다"(Key 1949, 527). 이 점에서 한국 정치 역시 문제가 아닐 수 없다. 오늘날 제도권 내에서 벌어지는 여당과 야당 간의 사생결단식 싸움이 그 어떤 중대한 사회적 내용을 갖고 있는 것인지, 필자로서는 늘 의심스럽다. 크게 봐줘도 그것은 사회와 유리된 정치계급들 간의 싸움으로 보이기 때문이다.

한국 정치에서 좀 더 본질적이고 중요한 갈등은 여당과 야당 간의 차이가 아니라 투표자와 비투표자 사이의 균열이고, 제도권에 의해 대표되고 통합된 안정된 중상층을 한편으로 하고 제도권 밖의 사회집단인 서민 내지 사회적 약자들을 다른 한편으로 하는 정치적 괴리라 할 수 있다. 이 문제에서 변화가 없는 한 한국 민주주의는 사회를 넓게 대표하고 통합하는 역할을 할 수 없을 것이다.

6. 운동과 정치 참여

앞서 노무현 정부는 스스로를 참여정부라고 명명하면서까지 참여의 가치를 강조했다. 그러나 그때의 참여는 민주주의의 핵심 원리로 강조되는 시민 개개인들의 평등한 참여의 확대보다는, 정책 결정 과정에 지식인과 전문가들의 참여가 비약적으로 확대되는 것으로 나타났다. 이른바 정책 엘리트의 광범한 출현이야말로 한국 민주화가 가져온 가장 큰 변화의 하나이다.

기존의 행정 관료 라인과 그 외곽에서 정책 자문과 평가의 기능을 담당한 전문가 참여의 확대는 괄목할 만하다. 그러나 정책 결정 과정에서 이런 성격의 참여는 사회의 특정 지식인 엘리트 집단에 한정되는 현상이었고, 정책의 사회적 투입 측면을 확대하는 것이라기보다 산출 측면에서 생산성을 증진하고자 하는 목적을 가진 참여였다. 이 부분에서의 참여가 중요하지 않다는 말이 아니다. 그러나 민주주의의 가치는 사회의 다양한 의사와 요구, 이익과 가치들이 광범하게 표출되고 집약되어 제도화된 정치과정과 정책 결정 과정에 투입되는 측면의 확대에 더 큰 비중을 둔다.

민주주의의 중심적인 관심사는, 지식인·전문가들의 정책 결정 과정에의 참여라기보다는, 일반 시민들의 정치 참여에 관한 것이다. 앞 절에서 주로 정당을 매개로 하는 투표 참여를 말했지만, 여기서는 운동이 얼마나 시민의 정치 참여에 기여하는가에 초점을 맞추어 보도록 하겠다. 운동의 전통이 강한 한국 사회에서 운동권의 일반적인 인식은, 운동이야말로 진보적이며 정당이 할 수 없는 사회의 진보적인 목소리를 대변하고 노동자와 중하층 서민을 포함한 사회적 약자의 권익을 조직화한다는 것이다.

물론 그것이 틀린 말은 아니다. 한국 사회에서 운동은, 제도권 정당이 노동자나 사회적 약자를 대변하지 못하고, 시민사회에서 광범위하게 조직화된 이익 결사체들이 형성되었거나 성장하지 못한 조건에서, 사실상 유일하게 그들의 의사와 열정, 이익과 가치를 대변하는 역할을 했다. 그러나 일부 진보파 지식인들의 주장처럼, 운동이 민주주의 발전의 대안이자 희망이고 나아가서 대의제 민주주의가 아닌 직접 민주주의가 진정한 민주주의라고 보는 것은 지나치게 낭만적인 관점이 아닐 수 없다.

필자는 그것이 현대 민주주의의 의미와 성격을 제대로 이해하지 못한 결과라고 생각한다. 운동은 그것이 동원되는 열정의 강도와 비용에 비해 효과가 미약하고 지속되기 어렵다는 약점을 갖는다. 강력한 집단적 에너지와 열정의 분출은 계속하기 어렵고 한 번 분산된 뒤에는 다시 결집하기도 어렵다. 운동은 쉽게 열망과 실망의 주기적 반복을 만들어 낸다. 말하자면 운동은 일상적인 정치에 합당한 행동 양식이 되지 못한다.

민주화 운동 시기에 볼 수 있었듯이 운동의 중심 세력은 사회경제적 삶의 책임과 무게로부터 일정하게 벗어나 있던 대학생을 필두로 한 교육받은 도시 중산층이었다. 따라서 운동이 엘리트주의적·중산층적 급진주의를 그 내용으로 갖게 되는 것은 역사적으로 볼 때 거의 필연적이었다. 운동이 효과적이고 중요한 것은 반독재 민주화를 향한 체제 변화를 만들어 내거나, 권위주의 체제로의 퇴행과 같은 비상한 정치 변화에 대응하거나 기존 체제가 경직되어 해결하지 못하는 새로운 이슈를 제기할 때이다.

운동은 갈등의 강도가 비상하게 높은 조건에서 발생하기 때문에 혁명적 열정이나 급진적 정서를 동반하게 된다. 또한 사회 전체의 일반 의사를 지향하는 도덕적이고 집단주의적 가치와 담론을 동반하기 때문에 사적 이익을 부정하는 경향을 만들어 낸다. 이런 사고 정향, 행동 양식 및 전략들은 일상 속에서 보통 사람들이 실천하는 민주주의, 점진적으로 개선되는 보통 사람들의 사회경제적 문제를 다루는 데 있어서 효과적이지 못하다. 정당의 활성화와 그것을 매개로 한 선거 참여가 중요한 이유는, 그 방법이 제대로 될 때만이 서민 대중들, 사회적 약자들이 가장 쉽고 가장 적은 비용으로 정치적 영향력을 가질 수 있기 때문이다.

한국 사회에서 선거, 시민운동, 이익집단, 교회 활동, 집회 및 데모 등 여러 형태의 참여 방법과 그것의 효과에 대한 경험적 연구들은 거의 없다시피 하다. 이 주제에 대한 미국의 연구 결과를 보더라도, 여러 종류의 참여 양식 가운데서 시간과 돈에 있어 비용이 가장 적게 드는 것이 투표 참여이고, 다른 방법을 통한 참여는 비용이 더 많이 들고, 그럴수록 사회적 약자의 참여율이 떨어지는 현상이 나타난다(Verba, Schlozman and Brady 1995). 이런 문제를 고려하지 않은 채, 의식화되고 깨어 있고 행동하는 양심이 되라며 시민으로서의 덕목을 강조하는 것은 시간과 돈이 없는 사회적 약자에게 커다란 부담이 아닐 수 없다.

7. 공포의 동원

민주화 이후 처음으로 당 대 당 정권 교체를 통해 김대중 정부가 등장했을 때, 보수파는 커다란 두려움을 가졌다. 그것은 진보적 정부로 인해 자신들의 기득 이익을 상실할지 모른다는 데 대한 두려움이었다고 할 수 있다. 상대적으로 진보적인 정부의 10년 집권을 거친 후 민주적 선거를 통해 보수적인 이명박 정부가 집권했을 때 진보파 역시 두려움을 가졌다. 대선·총선에서의 일방적 승리의 결과는 거대 여당을 창출했다. 야당이 된 과거의 집권 세력은 한나라당 내 박근혜 계파보다도 약화되어 의회 내 견제력을 발휘하지 못할 정도로 줄어들었다. 일찍이 마키아벨리는, 자유란 사회 세력의 견제와 균형에서 만들어진다고 주장했다.[2] 이 점에서 볼 때 촛불 시위는 이명박 정부가 제도 내의 견제로부터 자유로웠던 상황에서 제도 밖으로부터 중대한 견제력이 부과된 사건이라고 해석할 수 있다.

흥미롭게도 제도 안으로부터 가장 강력한 견제력은 야당으로부터가 아닌 한나라당 내의 박근혜 계파에서 나왔다. 제아무리 가치가 중요하다 해도 민주주의는 결국 사회 세력 사이의 견제와 균형 그리고 국가 제도 내부로부터의 견제와 균형에 의해 유지된다. 한국 민주주의의 운명은 이명박 대통령이 갖고 있는 태도나 신념, 리더십 스타일에 의해서만 결정되는 것이 아니라, 제도 안팎에서 정부의 권력 행사를 일방적일 수 없게 견제하는 조건이 어떠냐에 의해 더 많이 좌우된다.

2007년 대통령 선거운동 시기 진보파 일각에서는 민주 대연합론이 제기되었다. 이유는 이명박 후보의 당선은 보수의 장기 집권으로 이어질 가능성이 클 것이라는 데 있었다. 그 뒤에도 야당이나 운동권, 지식인 서클을 포함해 비판 세력 사이에서 방송법 개혁, 온라인 의사소통 통제, 시민 단체 활동에 대한 통제 등을 두고 절박한 대응을 주문하면서 제시한 논리 역시 보수 세력의 장기 집권 음모였다. 그것은 또한 민주 대연합의 필요성을 주장하는 근거의 하나로도 제시되었다.

그렇다면 보수의 안정적 장기 집권 가능성은 얼마나 될까? 그럴 수도 그렇지 않을 수도 있겠지만, 최소한 필자는 이 문제의 구조를 말할 수는 있다. 그것은 보수 세력들이 헤게모니, 즉 사회 다수의 지지를 안정적으로 끌어낼

---

[2] 이는 마키아벨리의 『로마사논고』(Machiavelli 1970), Book 1의 1-10장까지의 중심 테마이다.

수 있을 정도의 도덕적 지도력을 장기적으로 유지하고, 그와 아울러 효과적인 통치 능력을 가질 수 있느냐 없느냐의 문제로 축약될 수 있다. 그리고 도덕적 지도력은 사회의 다수 성원들에게 안정된 삶의 조건을 제공할 수 있느냐 없느냐 하는 능력을 말하는 것이기도 하다. 필자가 보기에도 일본의 자민당 장기 집권 사례는 한국에서 보수 장기 집권론의 설득력을 가늠해 볼 수 있는 좋은 준거로 사용될 수 있다.

전후 일본의 정치적 구조는 분단된 한국에 비해 상당히 단순했다. 전전의 질서는 적절하게 개혁되었으면서도 완전히 파괴되지 않았고, 그 결과 보수 헤게모니를 유지하는 것이 가능했다. 군부-재벌의 유착 구조가 해체됨으로써 민주화를 위한 토대가 마련되었는데, 그러면서도 기존의 관료 체제가 유지되어 전후 질서의 재건을 관리하는 중심적 역할을 수행했다. 그 결과, 관료를 중심으로 재벌과 보수 정치인을 연결하는 3자 연합에 의해 자민당 체제가 구축되었는데, 대외적으로 이 체제는 미국 주도의 냉전 질서를 관리하는 역할을 수행하는 미-일 동맹에 의해 뒷받침됐다.

그 뒤 재계 이익이 분화되면서 그것은 자민당 내 파벌들과 적절한 상호 관계를 유지하게 되었는데, 흥미로운 것은 자민당이라고 하는 거대 포괄 정당 내에서 파벌은 당을 구성하는 단순한 파벌이 아니라, 당 내부에서 협력적 경쟁과 유연성을 창출하는 다당제적 기능을 수행했다는 점이다. 자민당은 재계 이익뿐만 아니라 도시 중산층과 노동자, 농민, 그리고 자영업자들을 포괄했다. 다시 말해 전통적인 농촌 이익과 경제성장에 의한 도시적 이익을 동시에 포괄할 수 있었다는 말이다.

자민당이 대표할 수 없는 사회적 이익과 갈등은 사회당, 공산당, 공명당, 민사당 등 다른 정당들을 통해 대표될 수 있었다. 일본 정치체제가 안정성을 유지할 수 있었던 원인은 이처럼 이데올로기적 스펙트럼이 완전히 개방됨으로써 모든 사회적 갈등들이 제도 내로 들어왔다는 데 있다. 요컨대 일본 정치는 정치의 대표 체계와 사회경제적 갈등 및 균열 사이에 단절이나 괴리가 존재하지 않았다. 세계사적으로 볼 때 자민당에 비교될 수 있는 포괄 정당은 아마도 독일의 기민-기사연합 정도일 것이다.

여기에 비해 한국 정치의 지형은 다층적이다. 무엇보다도 민족문제가 해결되지 않은 채 권위주의적 압축 성장이 가져온 모든 복합적인 갈등 구조는 민주화 이후에도 저발전된 상태를 유지했던 정당 체제의 협애함으로 인해 제도 내에서 해소되지 못하고 있다. 그것의 필연적 결과는 강력한 운동의 간헐적인 폭발로 나타났다. 민족문제는 분단 조건에서 여전히 상존하고, 노동문제는 재벌 기업에 개별적으로 통합되거나 국가의 억압적 정책을 통해 강압적으로 제어되고 있다.

그러나 무엇보다도 국가-재벌 연합이 주도하는 경제성장과 관치 경제는 부의 분배 구조를 압도적으로 상층 편향적으로 만들면서 중산층 이하의 사회계층에 성장의 혜택이 돌아가지 않는 양극화를 확대시키고 있다. 재벌 중심 성장의 아킬레스건은 고용을 확대하지 못하는 것, 특히 대졸자-청년 실업률을 위험 수준으로 높이고 있다는 사실이다. 이런 조건에서 대통령은 강력한 국가권력을 관장하면서도 그에 대한 견제와 균형은 미비한 탓에 자주 권위주의적 성향을 드러내고 있다.

이처럼 권력과 부의 승자 독식 구조, 정치적 대표 체제의 낮은 제도화, 저발전된 정당, 재벌의 비대화, 분배 구조의 양극화, 리더십의 행태와 스타일에서 일상적으로 내장돼 있는 권위주의, 중산층 엘리트 중심의 사회구조 등의 요소들을 고려할 때 어떻게 한국에서 보수가 장기 집권이 가능하다고 보는지 의문이다. 한국에서는 보수의 안정적 장기 집권을 가능케 하는 조건이 크게 결여되어 있다.

8. 거대 건설 프로젝트의 비극(1): 용산 참사, 분노와 애도의 의식화

2009년 겨울 서울 도시재개발 사업의 하나인 용산 4지구에서 경찰의 과잉 진압이 불러온 참사는 근래에 보기 드문 비극적 사건이었다. 그것은 이명박 정부의 정책이 얼마나 폭력적이고 비인간적인가를 보여 주는 대표적인 사례로 남을 것이다. 그러나 이 사건의 원인을 이루는 도시재개발은 민주화 이후 모든 정부들이 공통적으로 시행해 왔던 신도시 건설, 뉴타운 개발 정책을 포괄하는 일련의 토지 부동산 정책이었다.

특히 이명박 정부 시기에는 서울에서의 뉴타운 건설 계획뿐만 아니라 판교 신도시, 송파 신도시 건설 등이 이루어지면서 "토건 국가" 또는 "국토 개조"라는 말이 쉽사리 나올 정도로 온 나라가 대규모 공사판이 되어 버렸다. 이 과정에서 발생하는 거대 건설 기업들의 천문학적 이익과 그로부터 발생하는 부동산 거래 이익은 인간적 삶의 안정성 내지 전통의 보전과 자연 보호와 같은 다른 가치들을 송두리째 분쇄한 지 오래다.

2008년 총선에서 서울 뉴타운 개발계획이 한나라당의 압도적인 승리로 귀결된 것에 대해 진보파 지식인 일각에서는 유권자들이 다른 모든 가치를 제쳐 두고 개발 이익을 추구한 결과라고 해석하면서 이를 "욕망의 정치"라고 질타하기도 했다. 이 말은 "깨어 있는 시민"이라는 의미와 짝을 이루는 것으로서, 자의적이고 도덕적인 해석을 통해 보통 사람들에게 오명을 덧씌우는 것이나 다를 바 없다.

사적 이익의 추구를 부정하고 이를 도덕적으로 규탄하는 것은, 자신이 얼마나 도덕적인가를 자위하는 것 이상의 의미를 갖지 못한다. 그것은 인간의 정치적·사회경제적 삶의 보편적인 실재 내지 내용에 반하는 주장이 아닐 수 없다. 그런 주장은 사회를 전혀 변화시킬 수 없다. 여기서 문제의 핵심은,

사람들로 하여금 부동산 이익 추구에 몰두하는 것이 합리적일 수밖에 없도록 만든 부동산 정책과 그것이 초래한 사회경제적 구조라고 할 수 있다.

용산참사가 일어난 용산 4구역은 한강부터 서울역 일대까지의 재개발 지구 가운데 하나였다. 그중 가장 큰 구역은 공사비 27조 원으로 추산되는 삼성건설 전담의 국제 무역 지구였고, 이는 총공사비 50조 원에 이르는 대규모 재개발 계획의 한 부분이었다. 삼성·포스코·대림 컨소시엄이 주관하는 4구역에서 이들의 예상 수익은 1조 4천억 원으로 추산되었다.

"거대한 부정의"라고 말할 수 있는 이 사태에서 논의되지 않았던 중요한 문제 가운데 하나는, 세입자들이 자신의 권익을 보호할 수 있는 결사의 자유, 즉 헌법에서도 보장하는 기본권(헌법 21조)의 부재에 대한 것이다. 재개발 정책은 건설 회사와 용역 회사들에 의해 수행되나 누구나 알다시피 그것은 경찰과 같은 정부 기관, 구청, 구의회 의원 등 서울시 자치 정부 기구 인사들 사이의 긴밀한 공조 관계를 통해 이루어진다. 이에 대응해 세입자들이 자신들의 이익을 보호할 수 있는 결사체를 조직할 수 없다면 이 강력한 권력을 제어할 수단은 아무것도 없다. 이 지역에 관한 한 폭력과 위협은 다반사였고 법의 지배는 존재하지 않았던 것처럼 보인다.

용산 참사의 또 다른 측면은 도덕적 분노와 애도가 의식화(儀式化)하는 것으로 끝나는 문제이다. 사회적 부정의에 대해 분노하는 것은 큰 미덕이다. 그러나 분노와 애도가 그 자체로 끝날 때 그것은 의미 있는 정치적 결과를 만들어 내지 못한다. 그런 현상은 우리 사회의 한 특징이기도 하다. 사태의 희생자들을 위한 장례식에는 야당 정치인, 운동권과 진보파 인사들을 포함해 5천 명에 달하는 사람들이 참여해 분노와 애도를 표했다. 그러나 그런 분노의 표명이 의미를 갖기 위해서는 용산 4지구의 비극을 불러온 도시재개발 정책을 수정·개선한다거나 나아가 거대 도시재개발 프로젝트를 재검토하는 계기를 마련하고, 이를 통해 그런 비극의 재발 원인을 제거하려는 노력이 뒤따라야 한다. 인도적 문제 제기, 분노의 표명만으로는 사태의 개선을 위한 공동 노력을 만들어 낼 수 없다. 민주당이 용산 사태를 규탄하지만, 그들 역시 추진자였던 과거의 도시재개발 정책, 부동산 토지 정책을 스스로 비판적으로 검토하고 새로운 대안을 제시하지 않는다면, 그것이 의미를 갖기는 어렵다.

9. 거대 건설 프로젝트의 비극(2): 세종시 문제

한동안 한국 정치의 최대 쟁점은 행정 수도 건설을 원안대로 할 것인가, 아니면 혁신기업도시·교육도시를 결합한 새로운 도시를 건설할 것인가 하는 세종시 문제에 있었다. 여기에서는 이 문제를 둘러싼 찬반양론 가운데 어느 쪽이 옳은가를 가리기보다는, 그 과정에서 논의되지 않았거나 덜 논의된 문제에 대해 언급하고 싶다.

먼저 세종시 문제의 시작과 끝에 이르기까지의 사태는 대통령의 심리적 동기를 통해 조명될 수 있을지 모른다. 무엇보다도 그것이 강력한 국가와 이를 관장하면서 통치를 위임받은 대통령중심제의 권력 현상으로 이해되기 때문이다. 한국의 대통령은 그가 관장하는 권력의 범위가 엄청나게 큼에도 불구하고 그의 권력에 부여된 책임성 내지 견제와 균형으로부터는 큰 제약을 받지 않는다. 그 결과 정치체제 전체의 문제를 대통령 개인에게로 집중시키는 초超대통령제hyper-presidentialism 현상이 만들어지고, 동전의 다른 면으로 "즉응의 정치"가 빚어진다.

여기서 정책 결정은 즉흥적, 단견적, 임시변통 등으로 특징되는바, 정책의 결정 과정에서는 충분한 공적 논의를 동반하지 않거나 있더라도 형식적인 것에 불과하게 된다. 그러다 보니 정책의 직접적 영향을 받는 인구 집단이나 기능적 이익집단의 의사 표현이나 참여는 잘 허용되지 않는다. 특히 사회적 약자들의 이익과 가치가 반영될 수 있는 통로는 봉쇄된다.

아래로부터 관련 이해 당사자의 참여가 제한적이고 위로부터 국가의 권한이 강력한 조건 아래서, 대통령 개인은 역사적 위인이 되고자 하는 유혹에 쉽게 빠질 수 있다. "나는 역사에 무엇을 남길 것인가?", "나는 다른 대통령에 비해 얼마나 위대한 대통령일 수 있을까?"라는 물음으로 나타나는 대통령의 의지는 일종의 "위대함의 경쟁"이 아닐 수 없고, 그것의 가장 가시적인 성과는 거대 건설 프로젝트로 나타난다. 대통령들 간의 경쟁, 특히 전임 대통령과 현임 대통령 간의 경쟁이 부추기는 심리적 동기는 세종시 사태의 배면에 있는 중요한 동인이다.

그러나 이 문제를 심리적 측면에서 바라보는 것만으로는 사태의 핵심에 접근할 수 없다. 세종시 원안이든, 수정안이든 이 이슈에 대해 우리는 국가 재정 사용의 기회비용 문제를 제기할 수 있다. 왜 천문학적 자원이 소요되는 거대 건설 프로젝트에 국가 예산과 재정을 쏟아부어야 하는지에 대한 문제 제기이다. 로버트 달은 의제에 대한 최종적 통제를 민주주의의 핵심 요소 가운데 하나로 강조한다. 이는 기존의 안보다 더 좋은 대안이 있다고 할 때, 이를 원래의 의제에 포함시키거나 대체할 수 있는 시민의 권리를 말한다(Dahl 1998).

그것은 한정된 국가의 예산과 사회의 경제적 자원을 왜 천문학적 예산과 재정 자원이 소요되는 거대 건설 프로젝트에 우선적으로 투입해야 하냐라는 질문과 관련된다. 현실에서 그 대안을 제시해야 할 가장 강력한 주체는, 특정 시민들의 의견을 조직하는 정당들이다. 만약 한국 정치에서 정당이 제대로 기능했다면, 즉 정당이 보통 사람들의 고용 증대와 복지 확대를 동반하는 시장 개혁과 이를 통해 삶의 문제를 해결하는 데 관심을 가졌다면, 세종시 그 자체에 매몰된 찬반양론보다, 국가 재정 사용의 우선순위와 관련된 근본적인 논쟁이 제기되어야 했다.

잘못된 사업 또는 우선순위가 낮은 부문에 과도한 재정 자원이 투여되면 될수록 다른 영역의 과제는 소홀해질 수밖에 없고, 잘못된 정책을 높은 우선순위에 놓고 정쟁과 논쟁이 치열하면 할수록 내용과 본질은 사라진 다툼만 과도하게 부각될 뿐이다.

또 다른 문제는 거대 건설 프로젝트의 목적과 관련된다. 원안이든 수정안이든 목적과 명분은 수도권 집중의 완화와 지방 분산 및 균형 발전이다. 그런데 수도권 집중과 그에 짝을 이루는 지방 분산이 비단 지리적이고 공간적인 문제로만 볼 수 있는 문제는 아닌데, 이에 대한 논의는 거의 이루어지지 않고 있다. 필자가 보기에 재벌 중심의 경제구조, 교육과 일자리의 중앙 집중, 동심원적 엘리트 구조, 부동산 계급사회, 시민사회를 압도하는 과대 성장 국가 등 우리 사회를 특징짓는 여러 구조적인 문제들과 수도권 집중 사이의 인과적 연결 고리는 강력하고, 오히려 수도권 집중은 그런 구조적인 문제들이 만들어 낸 결과인 측면이 더 크다.

따라서 우리 사회의 전반적 구조를 개혁하는 문제와 수도권 집중 완화 문제를 함께 고려하지 않은 채, 자원의 공간적 재배치만으로 소기의 목적을 달성할 수 있을지는 매우 의문이다. 여기에 덧붙여 행정 부서와 기구들을 지방 방방곡곡으로 분산하는 것은 행정의 비효율성을 극도로 높일 것이다. 나아가 이는 정치적 자원 배분의 경쟁이 지역 대 지역으로 이루어질 때 선심성 공약의 형태로 나타나는 예산 분배 정치pork-barrel politics를 일반화시키고 재정 낭비를 초래할 위험성 또한 크다.

10. 정치 경쟁의 구조 전환을 향하여
: 진영 간 갈등으로부터 보수·진보의 실질적 경쟁으로

문제 중심으로 논평하는 단편들로 구성된 글에서 결론이 있기는 어렵지만, 이 절은 결론의 의미를 갖는다고 하겠다. 진영으로 분획된 정치의 대결 구조는 민주주의 발전에 부정적 효과를 갖는다고 앞서 말한 바 있다. 민주주의 발전을 위해서는 현실의 사회경제적 문제를 다룰 수 있는 정치적 갈등의 축이 형성될 수 있어야 한다는 점도 이야기했다. 일반적으로 그런 갈등의 축은 좌·우 또는 보수·진보로 표현된다. 어느 사회든 이런 구분은 있고, 민주주의와 관련해서도 이는 필수적인 것이다.

그러나 한국 사회의 정치적 대표 체계와 실재하는 사회경제적 균열 간의 괴리는 점점 심화되어 왔고, 그 결과 정당들은 사회경제적 문제를 풀어 나가는 데 중심적 역할을 수행하지 못했다. 좌·우나 보수·진보 뭐라고 부르든, 그간 그런 구분이 있었다면 그것은 친북이냐 반북이냐, "빨갱이"냐 "수구 꼴통"이냐, 친노냐 반노냐와 같이 역사적이고 정서적인 태도를 이데올로기화하는 것에 불과했다.

어찌되었든 이 구분은 그동안 갈등하는 두 세력의 안과 밖 모두에서 강한 적대 의식을 동반하며 사용되어 왔다. 그러다 보니 정작 중요한 기준에 있어서 두 세력 간의 유사성은 두드러지지 않고, 정서적 차이만 과도하게 부각되는 일이 계속되었다. 앞에서 용산 사태와 세종시 문제를 이야기했지만, 두 이슈 모두에서 진보·보수 정부 사이의 분명한 차이를 발견하기는 어렵다. 그럼에도 불구하고 용산 참사에서 보듯 강한 분노의 감정을 표현하는 것이 진보적이고, 그렇지 않으면 보수적이 되는 것이 현실이었다. 세종시 문제 역시, 원안을 찬성하면 진보, 수정안을 찬성하면 보수가 되었다. 그러다 보니 이명박 정부의 보수성과 비민주성을 비판하는 야당과 진보파는 이명박 정부에 적대적이라는 점에서 은근히 한나라당 박근혜파에 대해 일정한 연대감을 표현하는 일도 많았다.

이런 현상은 오늘날 한국의 진보가 사회경제적 문제와 그에 대한 정책에서 그 어떤 일관되고 원칙 있는 이념적 틀과 정책 내용을 갖지 못한 결과이다. 용산 사태와 세종시 문제에서 실질적 힘의 소재가 재벌 건설 기업의 이익에 있다고 할 때, 한국의 진보는 이 문제에 대해 어떤 대안을 갖고 있는가? 야당과 한나라당 박근혜파 사이의 연대는 그 공백의 결과가 아닐 수 없는데, 그렇다면 무엇이 현재와 같은 여와 야, 진보와 보수 사이의 사생결단식 싸움을 만들어 내는가?

필자가 보기에, 각 진영의 성원들은 그저 말하기로 되어 있는 것을 말하고 보여 주기로 되어 있는 대로 행동하는 경향이 강하다. 즉, 정치가 연기 내지 퍼포먼스 하듯 이루어지고 있다는 것이다. 용산 참사에서는 분노하기로 되어 있기 때문에 분노하고, 세종시 문제에서 수정안을 반대해야 하기 때문에 반대하지만, 정작 재벌 건설 기업의 이익과 거대 개발 프로젝트 위주의 국가정책 사이의 오래된 결착 구조에 대한 대안은 제시하지 못하고 있다.

필자는 이런 식의 진영 구분을 편의적으로 지위재positional goods로서의 보수와 지위재로서의 진보라고 부르고자 한다. 이는 각자의 진영 논리를 익히고 말하는 것이 공적 토론을 풍부하게 하는 데 유익하게 사용되는 것이 아니라, 진보적 지식인이나 보수적 지식인으로서의 위신과 지위를 갖게 만드는 그들만의 담론으로 존재하기 때문이다. 누군가를 이념적인 기준에서 정의할 때 그가 단지 진보나 보수 진영에 속해 있다는 사실 말고는 다른 내용을 이야기할 수 없다면 그것만큼 공허한 것도 없을 것이다. 그때 그는 그저 그 진영이 요구하는 코드를 습득하고 그것이 내포하는 규범에 부응하는 행위와 언어를 구사하는 수행자일 뿐, 그 내용상으로는 구분이 불가능한 것이다. 오늘날 한국 사회에서 어제의 진보가 오늘의 보수로 전환하는 일이 비일비재한 것도 바로 이런 이유에서다.

한국의 일반적인 인식이나 언론의 표현을 보면, 프랑스의 사르코지 정부와 독일의 메르켈 정부를 우파 정부라고 부르는 것을 볼 수 있다. 그래서 사르코지 정부와 이명박 정부는 같은 유형의 정부로 인식하는 듯하다. 하지만 그것은 내용과 무관하게 문제를 지나치게 기계적으로 보는 것이 아닐 수 없다. 유럽 국가들은 제2차 세계대전 이후 사민주의적 경제체제, 사회적 시장체제에 대한 광범한 합의를 형성한 기초 위에서 좌우 경쟁을 해왔다. 유럽 정치의 지평에서는 개인적 가치를 기본으로 한 미국식 자율적 시장체제를 추구하는 우파는 존재하지 않는다. 1980, 90년대 신자유주의의 전성기에도 유럽의 복지국가 체제는 기본적으로 변하지 않았다. 미국식 시장경제를 가장 첨예하게 비판하고 금융 규제 제도를 도입할 것을 가장 강하게 주장했던 정치가가 바로 사르코지 전 대통령이었다는 사실은 이를 잘 보여 준다.

현재 실업률 10퍼센트에 육박하는 미국 경제의 고민은 자율적 시장경제 원리를 통해 경제 위기를 극복할 수 있을지에 대한 의문으로 나타나고 있다. 정부의 사회보장 지출을 확대하지 않고서는 사회적 안정을 유지하기 어려운 한계에 도달하고 있기 때문이다. 유럽의 한 관찰자에 따르면, 현재 미국은 그들이 준봉하는 이데올로기, 그들이 사용하는 언어와 가치, 그들의 경제학 이론과는 무관하게 실제로는 사민주의 체제를 수용하려 하고 있으며, 다만

유럽과는 달리 사회 보호를 지원하는 재정이 부족할 뿐이라고 한다.[3]

그런데 김대중·노무현 정부에서조차 신자유주의를 적극적으로 수용해 성장 정책을 유지해 온 한국에서는 어떤 변화가 가능할까? 국가-대기업 중심의 성장 지상주의를 가지고 청년 실업, 비정규직 문제, 취약 근로 계층의 고용 불안과 소득 감소, 영세 자영업자들의 어려움, 노사 관계가 실종된 상황 그리고 그에 따른 빈부 격차의 증대 등과 같은 사회 통합을 위협하는 조건을 완화해 갈 수 있을까?

필자가 보기에 이 문제야말로 진보·보수 간 정치 경쟁의 진정한 출발점이 되어야 한다. 즉, 보수·진보는 실제의 사회경제적 문제에 대해 차이를 만들어 가는 새로운 경쟁의 틀을 발전시키지 않으면 정치의 언어만 격렬할 뿐 내용은 달라지지 않는 악순환이 계속될 것이다. 실제 보수·진보 사이의 경쟁에서 성장 지상주의를 넘어 고용, 분배, 노동, 교육, 사회보장 등 자율적 시장경제가 다루기 어려운 영역에서 대안의 개척 가능성은 광범하게 열려 있다.

사회경제적 영역에서 새로운 경제 이념을 수용하고 거기에 사회적 시장 원리를 접맥하면서 정책 방향을 유연화하는 방향으로의 전환은 예상과 달리 이데올로기적 대립을 약화시킬 수도 있다. 지금까지 기존의 지위적 보수·진보의 대결은 분단과 전쟁의 경험을 끊임없이 불러들이면서 강한 적대 의식을 동반하는 민족문제를 중심축으로 했기 때문에 경직되고 격렬한 반면 실제 사회 구성원을 통합하는 기능은 발휘하지 못했다. 그러나 사회경제적 문제 영역에서 중앙과 좌에 걸쳐 넓게 열려 있는 영역의 이슈가 정치에

---

3 Klaus F. Zimmermann, "Social Democracy in America?" *International Herald Tribune* (2010/02/20~21).

들어온다면 사회 통합과 합의의 기반은 확대될 것이다.

 진보파가 집권하고 더 나은 민주주의를 개척해 가기 위해서는 기존의 보수파 정부와 비교해 자신들도 마찬가지로 혹은 그보다 우월하게 정부를 운영할 수 있다는 통치 능력을 보여 줄 수 있어야 할 것이다. 그것은 오늘날 세계경제의 조건과 제약 속에서 성장과 분배, 복지, 환경이 병행 발전할 수 있는 실현 가능한 비전과 프로그램을 발전시키는 노력으로부터 시작될 수밖에 없다. 정치체제로서 민주주의가 갖는 최고의 매력은 다수 시민의 요구에 부응하는 현실적인 대안을 조직하는 세력이 된다면 언제든 통치의 기회와 가능성을 열어 준다는 데 있다.

4장

진보적 지식인의 변형●

_____최장집

1. 무엇을 말하려 하나

이 장에서 나는 직업적 학문 영역에서 지식인들의 변형과 지식인 사회의 구조 변화를 스케치해 보려 한다. 지난 1980~90년대 나는 산업사회연구회나 한국정치연구회, 학술단체협의회 같은 진보적·비판적 학술단체에 참여한 바 있고, 대학 재직 시 연구소 일을 맡아 운영해 본 적도 있다. 그러나 지금은 현장으로부터 자유로워져 내가 말하려는 주제에 대해 거리를 두고 볼 수 있게 되었다.

우선 나는 문제를 변화의 관점에서 보고자 한다. 진보적 이념·이론과

● 이 글은 2009년 10월 31일 중앙대학교 문과대학 서라벌홀에서 있었던 '제12회 비판사회학대회' 기조 강연 내용을 수정한 것이다.

이를 담지한 진보적 지식인, 그리고 이들로 구성된 공동체는 형성-변화-해체-재구성 등의 변화를 겪게 마련이고, 여기에는 하등 이상할 것이 없다. 중요한 것은 변화를 추동하는 두 개의 힘, 즉 민주화와 자본주의 시장경제가 한국의 지식인 사회에 어떤 영향을 미쳤는가에 초점을 맞추어 이 문제를 살펴보는 것이다.

민주화와 자본주의 시장경제는 직업 세계에서 그리고 정치·사회적 영역에서 학문 연구자로서의 지식인·학자·연구자들이 학문하는 행위와 그들의 이념, 가치 정향, 태도 등에 직간접적으로 영향을 미치는 거시 사회적 힘이기 때문에 특히 중요하다. 이 두 힘에 의한 변화의 과정을 동시에 보지 않고서는 진보의 이념과 진보적 지식인 사회의 구조가 왜 그리고 어떻게 달라졌는지를 들여다보기 어렵다.

한 가지 더 말해 두어야 할 것이 있다. 나는 두 가지 측면에서 문제를 살펴보고자 하는데, 하나는 외부로부터 가해진 힘이 진보적 지식인 사회에 가져온 변화의 양상에 대한 것이고, 다른 하나는 진보적 지식인의 지적 혹은 이념적 태도가 민주주의 정치의 변화 과정에서 어떤 역할을 했는지에 대한 것이다.

결론에 가서는 진보에 대해 회고하면서, 어떤 가치 정향을 갖는 것이 오늘날의 지식인 사회가 안고 있는 문제를 해결함과 동시에 학문과 민주주의 발전에 기여할 수 있는지에 대해 언급하고자 한다.

2. 진보적 지식인 사회의 자화상

웃지 못할 에피소드

먼저 오늘날 한국 사회에서 진보적 지식인 사회의 초상이랄까 그 단면을 보여 주는 몇 가지 에피소드를 말하는 것에서 시작하려 한다. 그것은 내가 최근 몇몇 후배 교수들로부터 들은 이야기들이다.

한 교수가 내게 말했다. "선배님, 나는 최근 무기력증 같은 것을 느끼게 돼요. 연구 업적을 내야 하기 때문에 영어로 논문을 쓰는데, 영어로 쓰기 때문에 노력과 시간이 많이 들고, 어쨌든 힘들여 써서 저널에 나와도 누가 인용을 해주지 않습니다. 그럴 수밖에 없는 것이 누가 읽어 주지 않으니까요. 논문을 쓰는 의미가 없어지니까요. 강의도 재미없고요. 게다가 시간이 너무 없어요. 웬 모임은 그렇게 많은지, 동창회다, 학회다, 이런저런 모임이 너무 많습니다. 밖의 모임에는 나가기 싫은데 안 나갈 수도 없어 자기 시간을 갖기 어려워요. 선배님은 이런 문제를 어떻게 해결했습니까? 이런 무기력감을 가져 본 적이 없나요?"

또 다른 대학의 한 교수는 이렇게 말했다. "대학이 정말 재미없어요. 가르치는 재미도 없고, 운동하는 것도 아니고, 연구하는 것도 아니고, 먹고살 것만 있으면 딱 그만뒀으면 좋겠어요."

또 다른 교수는 자조적인 농담을 던졌다. "학교에서는 지난 3년 동안 등재지에 몇 편이나 논문을 썼냐며 압력을 가하니, 정신적으로 늘 압박감을 느껴요. 진짜 학문 연구가 제대로 되려면 차라리 5년 동안 한 편 이상 쓰지 말라고 해야 하지 않을까요?"

이런 말들은 자기 고백이기도 하고 푸념이나 농담이기도 한데, 이는 오늘날 학문을 직업으로 삼고 대학에서 가르치는 진보적인 지식인 내지 학자라고 할 수 있는 사람들이 말한 것으로, 한국의 진보적 지식인 사회와 지식인들의 우울한 초상화를 보여 주는 것 같다. 이 문제를 보다 깊이 이해하기 위해 민주화 과정에서 지식인 사회가 형성된 시점으로 거슬러 올라가 보는 것이 필요하지 않을까 생각한다.

지식인 사회의 형성과 변화

두루 알다시피 진보적 지식인 집단 내지 공동체는 민주화 운동 과정에서 형성되었다. 그들은 이 운동에 이론적·이념적 지식 자원을 공급하면서 발전하기 시작했고 그와 더불어 급속히 성장했다. 새로운 지식인 집단으로서 진보적 지식인 공동체의 형성은, 민주화 운동과 불가분의 관계를 갖는다고 말할 수 있는 것 이상으로 운동의 한 중심 부분을 직접적으로 구성했다. 그러므로 지식인 공동체의 형성은 민주화 운동의 일환이자 학문적 행위에 운동적 성격이 결합된 학술 운동의 내용을 갖는 것이었다.

특히 민중적 이론·사상·담론은 민주화 운동과 지식인 그룹이 결합하면서 만들어 낸 가장 대표적인 결과물이 아닐 수 없다. 민중 이론은 냉전과 분단 그리고 권위주의 체제가 만들어 낸 기존 질서를 부정하고 그에 저항하는 민주화 운동에 이론적 기반을 제공했다. 민주화 운동이 권위주의 국가에 반하는 시민사회에 기초를 둔 것이었듯이, 진보적 학술 운동은 1980년대 민주화 운동 이전에 보수적 엘리트들이 형성하고 발전시켜 놓은 국가기구, 대학, 문화 영역의 제도권 밖에서 형성되고 발전했다.

민주화라는 정치·사회적 대전환 과정에서 보았던 제도권 대 비제도권의 대립 또는 갈등이 지식인 사회만큼 분명히 드러난 곳도 없을 것이다. 진보적 지식인 사회는 제도권 밖에서 완전히 새로운 집단으로서 출현했기 때문이다. 제도권과 비제도권 간의 구분이 명료했던 만큼 비제도권의 비판적·진보적 지식인들이 제시한 비판 이론의 핵심에 급진적 비판과 부정의 논리가 자리 잡고 있었던 것은 필연적인 것으로 보인다.

그러나 제도권과 비제도권, 보수와 진보의 지식인 사회가 각각 쌍을 이뤄 서로 중첩된 양상을 띤다고 보는 것은 잘못이다. 두 수준의 구분은 엇비슷하게 중첩될 뿐이다. 물론 사회의 위계 구조라는 기준에서 본다면 중첩되는 정도가 더 크다고 할 수 있다. 왜냐하면 제도권의 엘리트 구조에 가까이 갈수록 진보적인 지식인들이 그 위계 구조의 상층으로 접근하기는 어렵기 때문이다.

민주화 과정에서 진보적 지식인 집단의 형성 및 성장과 관련해 두 가지 변화를 지적할 필요가 있겠다. 하나는 민주화 과정과 병행해 새롭게 출현한 진보적 지식인들의 대학 취업이 확대되면서 제도권 안으로 진입하는 것이 용이해졌다는 것이다. 다른 하나는 대학교수로서의 직위를 가지고 제도 내에서 자기 역할을 수행하면서 진보적 지식인으로 시민사회의 공공 영역에서 활동하는 것, 즉 제도권 안팎에서 양자를 병행하는 일이 가능해졌다는 점이다. 교육과 연구에 전념하는 학자로서의 역할과 진보적 영역에서 사회적이고 공적인 역할을 동시에 수행할 수 있게끔 된 것이다.

한국의 진보적 지식인들에게 이 시기는 가히 황금기라고 부를 수 있는 것으로, 이 시기를 통해 진보적 지식인 공동체는 성장기를 맞이했다. 아니 이런 조건이 존재하지 않았더라면 한국 사회에서 민주화라는 전환기에 진보적 지식인 사회가 형성될 수 없었을지도 모른다. 또 그런 기회가 있었다 하더라도 아마 다른 형태가 되었을 가능성이 크다. 이 시기 동안 개인 연구자·학자로서의 진보적 지식인이나 진보적 지식인 집단 전체에 대해 사회는 커다란 보상을 부여했다.

많은 사람들이 대학이나 연구 기관에 안정적인 자리를 잡았을 뿐만 아니라, 양심적인 학자로서 사회로부터 인정받았고 또 스스로 그에 대해 자족할 수 있었다. 그리고 사회의 공적 영역에서 그들의 연구 결과나 발언은 크든 작든 대중 속에서 공명할 수 있었고, 지식인·대중 간의 일정한 연계를 형성하면서 민주화 과정에서 커다란 영향력을 행사했다. 비록 그들이 제도권 내 위계의 상층으로 올라가지는 못했다 하더라도, 그런 소외나 불이익을 보상받고도 남을 자긍심과 사회적 명성을 가질 수 있었던 것이다.

이 시기 한국의 진보적 지식인들의 위상과 사회적 역할을 가늠하기 위해 프랑스, 영국, 이탈리아와 같은 유럽의 좌파나 진보적 지식인들과 비교해 볼 수 있겠다. 이들은 대학교수로서 제도 내에서의 학문적 역할과 사회의 공적 담론의 장에서 공적 문제를 논하고 행위하는 지식인으로서의 역할을 동시에 수행하는 경우가 흔하기 때문이다. 이런 역할은 러시아어에서 어원을 갖는 전통적인 인텔리겐치아에 상응하는 것이기도 하다. 물론 한국의 진보적 지식인은, 대학 사회의 학문적 역할에 천착하지만, 대학 밖 공적 영역에서의 활동이 상대적으로 드문 미국 사회 지식인의 모습과 대조적이다.

내 생각으로는 한국 사회에서 진보적 지식인들의 황금기는 민주화 운동의 고조기에서부터 야당이 집권하기 이전이었던 1990년대 중반까지가 아니었나 생각한다. 이 시기 진보적 지식인 사회는 어디까지나 그 중심 활동 영역이 제도권 밖에 있으면서, 권력 밖에서 국가권력에 대한 비판적 역할을 담당하는 데 앞장섰다.

당시는 정치권력 차원에서 민주화가 이루어졌다고는 하나, 여전히 구질서는 사회 도처에 상존해 있었고 변혁의 담론과 이론들은 여전히 힘을 가질 수 있었던 시기였다. 이 시기 진보의 유효성과 영향력은 컸고, 기본적으로 기존 질서와 이를 대표하는 보수적 국가를 변혁해야 한다는 목표와 담론,

그리고 이를 둘러싼 열정과 정조는 강했다.

민주 정부와 지식인 사회

민주화가 이루어지고 야당의 영향력이 커져 감에 따라 제도권에 참여하는 민주화 운동 세력들도 점점 늘어났다. 게다가 야당이 집권 세력이 되고 운동의 중심 세력이 그들의 지지 세력이 되자 진보적 지식인 사회는 이전과는 아주 다른, 새로운 문제에 부딪치게 되었다. "민주화 운동 시기에 가졌던 변혁의 목표와 담론은 여전히 유효한가?", "진보적인 지식인 사회는 이제 무엇을 할 것인가?"와 같은 문제가 바로 그것인데, 이들 지식인 사회는 그들이 원하든 원하지 않든 집권 세력의 일부가 되었고, 과거 변혁의 대상이었던 국가는 이제 공조의 대상이 되었기 때문이다.

이와 같이 진보적 지식인들이 개혁적인 정부에 점점 더 깊숙이 관여하게 됨에 따라 국가를 둘러싼 인식의 변화가 제기하는 문제 역시 점점 커지게 되었다. 그와 동시에 진보적인 지식인들은 자신들의 공적 행위에 책임을 져야 한다는 새로운 문제에도 직면하게 되었다. 이 점에서 운동권과 진보적 지식인의 지지와 참여가 많았던 노무현 정부에서 진보적 지식인들의 위상 변화와 딜레마는 앞선 정부들에 비해 더 커졌다고 볼 수 있다.

진보적인 지식인들이 이제 권력의 일부가 되거나 그것과 가까운 거리에 있게 된 것은, 적어도 현상적으로 볼 때는 권력의 밖에 있던 이전보다 더 좋은 조건을 갖게 되었음을 의미한다. 이 시기를 거치면서 그 이전에는 가능하지 않았던 국가 부문으로의 진출이 괄목할 만큼 증대했다. 정책 결정 과정에도 광범하게 참여할 수 있었고, 그 영향력 또한 크게 확대되었다.

그러나 진보적 지식인들이 국가 영역과 달리 시민사회 영역에서 그 역할과 영향력을 확대하는 데는 근본적인 한계가 있었다. 여기에는 여러 요인이 있겠지만, 시민사회에서 보수적 헤게모니가 재빨리 강화되기 시작했다는 점을 강조할 수 있다. 이것은 새로운 현상임에 분명하다. 왜냐하면 한국 사회에서 시민사회라는 말 자체가 민주화 과정에서 사용되기 시작한 새로운 말이고, 강력한 권위주의적 권력과 보수적 질서에 저항하고 도전했던 운동의 발전은 시민사회의 본질적 요소로 이해되었기 때문이다. 그럼에도 실제 시민사회 내에서의 영향력이라는 측면에서 보수 세력이 더 큰 힘을 갖는다는 사실을 간과할 수는 없다.

지금까지 우리는 야당이 민주화에 힘입어 국가를 운영할 권력을 획득했을 때, 그에 대응해 보수적 사회 세력이 시민사회에서 그들의 힘을 동원하고 영향력을 강화하는 변화를 목도했고, 이는 분명 새로운 현상이다. 새로운 현상이라고 말하는 것은, 민주화 운동 시기의 국가-시민사회의 관계와 민주주의가 공고화된 시점에서의 그 관계 사이에 내용상의 큰 변화가 발생했기 때문이다.

과거에 국가는 구질서의 엘리트와 권위주의 세력에 의해 관장되는 영역이었고, 시민사회는 운동이라는 힘이 분출하는 영역이었다. 따라서 시민사회에서는 새로운 사회 세력으로서 운동 세력들이 보수적 헤게모니를 압도하는 것처럼 보였다. 이에 반해 개혁적 정부들에서 구질서의 엘리트들이 국가권력을 상실한 후 운동 세력들이 국가권력 기구의 중심으로 대폭 진출하는 동안, 시민사회를 주도했던 원래의 보수적 헤게모니가 다시금 복원되는 변화를 보였다.

학문 발전이 정부 정책의 지원을 통해 국가의 힘에 의지하게 된 것은 이런 정황하에서였다. 이 점에서 학술진흥재단(현재는 한국연구재단으로 명칭이 변경되었다)의 역할은 중요했다. 정부 기관이 대학의 예산과 연구 활동을 조직하는 중심적인 역할을 떠맡게 된 것이다. 여기서 중요한 문제는 이 변화가 일차적으로 민주화의 효과라는 점이다. 어떻게 이런 변화가 일어났을까?

민주화가 이루어지면서 정부는 오로지 선거 경쟁의 결과로만 만들어지게 되었다. 따라서 어떤 정부든 자신의 지지 기반을 확보, 유지, 확대하기 위해 광범한 사회 세력의 요구와 필요에 반응하는 것이 중요한 정치적 과업이 되었다. 특히나 지식인 집단과 우호적 관계를 유지하고 지지를 확보하는 일은 그들이 가진 정치적·사회적·교육 문화적 역할을 감안할 때 다른 어떤 사회집단보다 중요했으며, 지지 기반이 약한 정부일수록 그런 필요는 더 커질 수밖에 없었다.

이런 맥락에서 학술진흥재단은 교육·학문·연구 지원을 전담하는 국가 기구로서 괄목할 만한 영향력을 갖기에 이르렀다. 대학이나 연구 기관에 취업하지 못하는 많은 박사 학위 소지자들로 하여금 학자와 연구자로 기능할 수 있는 프로그램도 제공했다.

그러나 이 글의 주제와 관련해 더 중요한 문제는, 대학 안팎에서 수행되는 모든 학문 연구가 학술진흥재단의 프로그램을 통해 조직되고 운영되면서 거기에 거의 종속되다시피 하는 상황으로 발전하게 되었다는 사실이다. 물론 대학을 지원하는 민간 대기업의 역할 또한 중요하다. 그러나 과거에 미미했던 정부 부문의 역할이 비약적으로 확대된 데 비해 사기업 부문으로부터의 재정 지원이 크게 증가한 것은 아니었다. 이처럼 재정 지원의 원천으로서 국가의 역할이 두드러지면서, 대학 연구소의 성격과 기능이 획기적으로 달라졌다. 요컨대 이 시기 들어 대학 연구소는 연구 프로그램을 자율적으로 선택하고 운영했던 과거의 체제와 달리, 독자적인 학문 연구소의 기능을 빠른 속도로 상실해 갔다. 학문 연구가 국가의 정책 행위의 직접적인 영향권 아래 놓이게 되는 상황은 학문의 자율성이 그만큼 제한된다는 것을 의미한다. 그리고 그 자율성의 제한은 곧바로 학문의 질적 수준을 떨어뜨리는 결과로 이어졌다.

1990년대 말 IMF 위기 이후 신자유주의적 자유 시장 원리가 한국 사회의 거의 모든 영역에서 지배적 가치와 규범으로 자리 잡게 되었다는 사실도 중요하다. 이 시기 대학은 사회의 지배적 가치이자 운영 원리로서 시장 경쟁 원리를 교육하고 사회화하는 데 견인차 역할을 담당했다. 직접적으로 대학에 시장 원리를 도입했던 것은 정부의 대학 정책 및 교육제도 전반에 걸친 정책의 산물이었다 하더라도, 대학이 경쟁의 가치와 원리를 앞장서 수용하고 이를 과격하게 제도화하고 추진했던 것은 놀라운 일이었다.

이에 따라 학문 연구의 업적을 지표화해 양적으로 객관화하고 이를 제도화하면서 시장 경쟁 원리에 입각해 징벌과 보상이 수반되는 학문 평가 체제가 확립되었다. 한국 사회가 1990년대 이전부터 이미 자본주의 시장경제에 입각해 있었다 하더라도 치열한 경쟁의 원리가 사회 전반에 그리고 모든 계층에 적용되고 있던 것은 아니었다. 특히 지식인 사회, 학문 영역은 전통적인 방식에 입각해 시장 경쟁으로부터 보호를 받는 영역이었다. 그런데 이제 처음으로 한국 사회 전체가 본격적으로 자본주의 질서가 무엇인가에 대해 실감하고, 시장 경쟁의 승자와 패자가 뚜렷이 구분되는 것이 좋은 것으로 인식되는 상황에 이른 것이다. 이는 자본주의 시장 질서의 합리화 과정이 학문 영역에서도 과격하게 추동되기 시작했음을 보여 주는 징표라고 할 수 있다.

상대적으로 진보적인 정부에서 진보적인 지식인들이 정책 결정에 참여하고, 정책 보고서를 위한 프로젝트에 참여할 수 있는 기회도 과거에 비해 획기적으로 증대되었다. 그들에게 그것은 커다란 혜택이 아닐 수 없었다. 사실대로 말하면, 그들은 진보적인 정부에서 기득 이익이 된 것이다. 또한 그만큼 그들은 정책 결정 과정과 정부의 공적 역할에서 행한 자신들의 행위에 대해 책임지지 않으면 안 되는 위치에 서게 되었다.

여기에서 나는 전문 지식을 정부 운영과 정책 결정 과정에 공급하는 문제와 관련해, 이를 부정적으로 보지 않음을 강조하고 싶다. 지식인의 정치 참여가 확대된 현상 자체를 비판적으로 볼 이유는 없다. 문제는 지식인이 정책 결정 과정에 참여하고 그들의 참여가 확대된 데 비해, 그런 정책에 영향을 받는 이해 집단들이 참여할 수 있는 채널은 크게 부족하거나 닫혀 있다는 데 있다.

진보적인 지식인과 시민사회의 운동 단체들 및 그 활동가들은, 한편으로 정부가 임명하는 공직을 맡았고, 다른 한편으로 다양한 용역 과제를 통해 정부의 예산 지원을 받을 수 있었다. 정부 정책을 시행하고 지원하는 프로젝트에 광범하게 참여하는 등의 방식으로 여러 형태의 시민운동이나 비정부 조직들은 국가와 밀접한 관계를 발전시키게 되었다. 협치協治, governance라는 새로운 말은 이런 현상을 두고 하는 말이다. 이는 시민 단체가 공익에 맞는 정책을 이슈화하고 사회적으로 진작시킴으로써, 그런 정책을 시행하고 실천하는 데 기여하는 시민운동의 한 발전 형태를 말한다. 나아가 그것은 파당적 이해를 넘어 어떤 민주적 개혁의 대의에 봉사하고 이를 실천하는 새로운 종류의 시민운동이라고 말할 수도 있다.

진보적인 지식인과 그 서클은 1990년대 중반 이후 개혁적인 정부에서 크게 각광을 받았다. 그러나 오늘의 시점에서 되돌아볼 때, 그들이 특별한 지위를 향유하고 있던 그 시기에 그들 공동체와 네트워크들은 보이지 않았지만 급속한 해체를 맞고 있었다.

되돌아보면 진보적인 지식인 사회가 형성되고 성장했던 민주화 이행의 과정에서 비판적 지식인들의 환경은 그 이후 시기에 비해 더 자유로웠던 것으로 보인다. 그때는 제도권에서 안정적 지위를 가지면서도 제도권 밖에서도 진보적 학문 행위와 사회참여 행위를 양립시킬 수 있었기 때문이다. 그런데 이런 상황이 더 이상 가능하지 않게 된 것이다.

그 이유는 우선 직업으로서의 교육, 학문 행위 자체가 주는 압력에 의해 직업적 역할에 전념하지 않으면 안 되는 환경에 놓이게 되었기 때문이다. 연구자 간의 경쟁과 연구 업적의 평가 체제는 한 사람의 지식인, 학자로 하여금 자신의 연구 업적을 만들어 내기 위해 모든 시간과 에너지를 거기에 집중하도록 압박한다. 국제적으로 인정되는 학술 연구지나 국내에서 학진이 인정하는 등재지에 논문을 게재하고 그 편수를 늘리는 데 전념하지 않는다면, 임용, 승진, 연구비 배정과 같은 혜택으로부터 탈락할 위험에 처하기 때문이다.

여기에 덧붙여 그가 직업적 규범에 충실해야 할 이유는, 사회적 인식의 변화에 의해 가중된다. 교수가 학교 밖의 사회참여에 열성적이면서도 강의와 연구에는 충실하지 않을 때, 학생들은 그를 비판적으로 평가할 것이다. 그러나 한 사람의 진보적 지식인으로서의 교수를 상상할 때, 그가 직업 외의 행위에 참여하고 헌신하는 것을 제약하는 장애는 그런 외부적 요인만 있는 것은 아니다. 학문과 연구 그 자체의 방법과 내용이 문제가 되고, 그러면서 학문의 성격 자체가 변형되기 때문이다.

진보적 지식인 사회의 변형

진보적인 학문 행위란 자신이 살고 있는 현실로부터 문제를 찾아내고 진보적인 가치나 이론에 입각해 연구를 수행하는 것이라 할 때, 이제 그런 학문 행위를 하는 것은 어려워졌다. 무엇보다 그것이 가능하기 위해서는 문제를 창의적으로 보는 상상력, 이를 연구하려는 학문적 열정과 헌신, 그리고 이를 발현하게 하고 지속시키는 자율적 학문 행위 또는 학문 행위의 자유가 필수적이다. 그런데 정부 정책과 기관이 학문과 연구에 직접적으로 영향을 미치는 상황이 됨으로써, 연구의 주제와 방향이 학문 영역이 아닌, 정치적 필요와 요구에 의해 밖으로부터 주어지는 일이 발생했다. 즉, 학문의 정치화가 그것이다. 그것은 학자·연구자의 학문 연구에 대한 내적 욕구의 조건이 되는 학문의 자율성과 학문하는 행위의 자유를 근본적으로 제약하는 효과를 갖는다.

학문 연구가 진보적이든 보수적이든, 정부의 성격과 정부 정책의 방향에 따라 변화하는 학문 정책의 직접적인 영향 아래 놓이게 됨으로써 연구의 방향과 주제가 장기적이고 일관적인 성격을 갖기는 어렵게 되었다. 그뿐만 아니라 학문 연구의 정책과 주제 설정이 정책적 필요성에 대응하기 때문에 사회에서 지배적으로 통용되는 가치관과 이념적 틀을 벗어나기 어렵고, 정책 대안적 성격을 갖기 때문에, 사회적 통념에 저항하거나 그것을 넘어서는 창의적이고 비판적인 연구는 근본적으로 제약될 수밖에 없다.

이 문제는 두 가지 수준으로 현실화된다. 하나는 주제 선정에서의 제약이다. 즉, 우리 사회의 지배적 가치관, 주류적 관점, 정책적 관심사나 정책 방향과 충돌하거나 그 범위 밖에 있는 것, 나아가 사회적·정치적 이슈로 부상하지 못하고, 언론이 주도하는 공론장에서 거론되지 않는 주제들은 연구 주제로 선정되기 어렵다는 것이다.

다른 하나는 주제 선정 자체에서 배제되는 것 이상의 문제로, 설사 그것이 주제가 된다 하더라도 연구의 내용과 방향이 정부 정책이 선호하는 것, 사회의 지배적 가치로 통용되는 수준을 넘어서기 어렵다는 점이다. 주제의 성격이 비판적이라 하더라도, 그 연구 내용이 너무나 평범하고 정책 대안

보고서처럼 되는 것은, 객관적으로 연구에 대해 요구하는 내용 자체가 그러하기 때문이고, 또 그렇지 않다 하더라도 연구자, 연구 그룹의 정신적·지적·심리적 자세와 분위기가 그런 상황을 조성하기 때문이다. 시간과 노력이 많이 들어가는 중요한 연구 조사가 많이 나오지 못하는 것도 그런 이유 때문이다.

그러면서 학자·연구자들 사이의 학문적 열정은 어떻게 양적으로 연구 업적을 늘릴 것인가에 대한 관심으로 대체되기에 이르렀다. 한 사람의 학문적 업적을 평가하는 데 있어서나 특정 대학의 순위, 전체 사회의 학문적 발전 수준을 말할 때, 그것은 어디까지나 실적 중심의 양적 평가에 의거한 것이다. 이런 양적 평가에 의해 계도되는 학문 연구는 또 다른 수준에서의 문제, 즉 연구 프로젝트에 대한 평가와 그에 따른 연구비 배정의 균형, 즉 연구 주제 간, 분야 간, 지역 간, 대학 간 연구비 배정의 형평성이라는 암묵적인 준칙과 결합하면서 학문 연구의 평준화로 이어지게 되었다.

이런 환경 아래에서 개인 연구자나 연구 그룹이 자신의 연구 주제에 열정을 가지고 헌신하며, 자신의 연구 결과에 대해 진정으로 보상받는다고 느끼기는 어렵다. 결과적으로 학자·연구자들은 쉬운 주제를 가지고 빨리 결과를 만들어 내는 일에 몰두하게 되고, 방법론과 연구 기법에 치중하게 되는 쉬운 선택(그렇다고 방법론이 중요하지 않다는 것은 아니다)을 할 수밖에 없는 상황에 놓이게 된다.

앞에서 말했지만, "학문 발전을 위해서는 5년 내에 논문을 한 편 이상 쓰지 않도록 해야 한다"는 우스갯소리 같은 말은 오늘의 한국 현실에서 문제의 본질을 건드리는 진실을 담고 있다. 이 문제와 관련해 우리는 현대 자유주의 철학의 거봉으로 세계에서 널리 칭송되는 존 롤스의 사례를 참조할 수 있다. 그의 주저 『정의론』이 출간된 시점은 1971년이고, 그가 박사 학위 과정에서 연구 결과를 내기 시작한 것은 1951년이다. 처음 출간된 "윤리를 위한 결정 절차의 개요"Outline of Decision Procedure for Ethics라는 논문으로부터 『정의론』이 출간되기까지의 기간은 20년으로, 결코 짧지 않은 시간이다.

연구 결과물을 기준으로 볼 때, 그의 『정의론』은 20여 년간의 연구와 성찰의 결과이다. 이 20년 동안 그가 쓴 논문은 모두 열 편이다(Freeman 1999). 즉, 2년에 평균 한 편 꼴로 논문을 쓴 것이다. 그것도 거의 같은 주제로 뒷날 "정의의 이론"의 장들을 구성하게 된 것들이다. 그의 연구 결과를 양적 평가의 기준이 되는 논문 편수로 보면, 그는 아마 한국에서는 대학에 취직하기도, 승진하기도, 연구비를 받기도 어려웠을 것이다.

한국의 학문적 수준에서 5년에 한 편만 쓰는 것이 1년에 서너 편을 써내는 것보다, 논문 같은 논문을 쓰게 하고 학문 발전에 훨씬 더 많이 기여할 수 있을지 모른다. 이 점에서 논문의 양과 질은 아무런 관계가 없는 것으로 보인다.

국가가 주도하는 학문 연구라는 상황이 만들어 내는 결과는 학문의 내용과 성격 자체를 변질시킬 뿐만 아니라, 학문에 대한 학자·연구자들의 태도를 변화시키고, 진보적 지식인 서클을 포함한 학문 공동체 자체의 구조를 변화시켰다. 과거 진보적 지식인 사회는 대학 또는 연구소라는 직장에서 학문 활동을 하면서도 공동의 관심사를 탐구하려는 열정에 충만했다. 이런 열정이 그들로 하여금 학문 분야나 연구 주제를 따라 크고 작은 서클을 만들게 하고, 넓은 의미에서 진보적 지식인 사회를 형성하도록 했다. 이제 그런 열정으로 추동되는 학문 서클은 더 이상 보이지 않는다.

진보적 지식인 사회는 거시적 균열과 갈등이 두드러졌던 정치·사회적 상황을 기반으로 한 것이었고, 이를 기초로 연대하며 유대가 이루어질 수 있었다. 현실성과 구체성에서 많은 결함을 가졌지만, 추상 수준과 대안적 상상력의 범위가 넓은 거시적 문제를 둘러싼 이론 또는 개념들, 학문적 논쟁들이 있었다. 이런 시기를 되돌아볼 때, 진보적 지식인 사회의 구조 변화는 괄목할 만하다.

지금 학자·연구자들은 프로젝트·연구비와 관련된 주제를 따라 결집하고 새로운 네트워크를 형성하고 있다. 만약 학문적 정향과 관심사를 공유하는 사람들이 지속성을 갖는 공동의 학문적 연구 주제를 따라 결집한다면, 그 주제가 지속적인 만큼 학문적 네트워크나 연대는 지속적일 것이다. 이런 방식으로 지식인 사회가 구성된다면, 그것은 과거 진보적인 지식인 서클이 시대 변화에 따라 발전적으로 재구성된다고 말할 수 있다.

이와 같이 새로운 형태의 지식인 사회의 출현이 가능하려면, 같은 학문적 가치관과 이론 정향을 공유하는 연구자 집단이 만들어지고, 이들이 공동의 연구 주제를 주체적으로 선정할 수 있어야 할 것이다. 그러나 이런 지식인 간의 유대와 결집은, 이제 학자·연구자들에게 직업적으로 부여된 학문, 연구 활동에 전념하는 직업주의에 의해 대체되었다.

나는 여기서 직업적 생활 세계에 천착하는 것을 부정적으로 말하려는 것은 아니다. 논점은 그 직업주의를 추동하는 내용이 갖는 문제점에 있다. 즉, 그 직업주의를 추동하는 것으로, 연구자들이 학진 프로젝트의 성격과 주제에 맞추어 스스로를 조직하고 그에 참여하는 방식이 갖는 문제를 말하는 것이다. 이런 환경에서 나타나는 연구자들의 조직화는 특징적이다. 프로젝트에 참여하고 연구비를 따기 위한 일종의 한시적 결합이 그것이다. 그런 연구팀은 학문 정향, 사회문제를 보는 가치관과 문제의식, 주제에 대한 열정을 공유하지 않는다는 특징을 갖는다. 이들의 그룹화는 임시적이거나 아니면 개인적인 친소 관계를 따라 네트워크가 형성되는 특징을 보여 준다.

한국의 학문 세계 구성을 미국과 비교한다면, 미국의 학문 세계는 지금 한국의 패턴과는 상이하고, 오히려 과거 진보적 지식인 사회의 구성과 유사하다. 왜냐하면 미국의 학문 세계는 대학 또는 연구소 등 직업적 본거지에 기반을 두되, 대학을 가로질러 학문적 정향, 학문 분야, 연구 주제에 대한 문제의식을 공유하는 사람들끼리의 수많은 네트워크·그룹으로 형성돼 있기 때문이다. 과거 한국의 지식인 사회 역시 공동의 가치 정향과 문제의식으로 결집되어 있었기 때문에 2차 집단적 성격이 강했다고 말할 수 있다. 이에 반해 현재 한국 사회에서 학자·연구자들의 집단화는 프로젝트 선정과 연구비를 둘러싼 이해관계와 결부되어 1차 집단적이면서 동시에 이익집단적인 성격으로 변질될 가능성이 크다.

한때 인문학자들이 인문학의 위기를 공론화하면서 정부 정책과 사회에 대해 문제를 제기하는 집단행동을 한 바 있다. 오늘날 경쟁력 제고, 국가 발전, 경제 발전이라는 모토 아래 시장 경쟁의 원리가 학문 세계에 과격하게 밀어닥친 결과, 법학·경영학과 같은 특정 사회과학 분야는 과도하게 번창하고, 경제 발전, 단기적 효율성, 소비문화의 가치에 대응하는 다른 인간적 가치들을 교육하는 인문학이 뚜렷이 쇠퇴하는 현상이 나타났다. 그러나 그것은 오늘날 한국만의 문제는 아니다.

세계적으로도 인문학은 신자유주의적 세계화와 과학 기술 발전이 가져온 시대적 변화에서 사회과학과 자연과학에 비해 가장 쇠퇴하고 낙후되는 경향을 보이고 있다. 이 점에서 경쟁과 효율성, 경제 발전이라는 유일 가치에 저항해 넓은 의미에서 휴머니티의 가치를 구현코자 하는 그들의 문제 제기는 옳으며, 사회비판적 메시지를 함축하고 있다.

그러나 그들이 이 위기에 대응해 제시한 요구가 국가의 더 많은 정책 지원, 즉 연구비 증대를 위해 예산 지원을 요구하는 것으로 나타났을 때, 그들의 처방은 잘못됐다고 말할 수밖에 없다. 오늘날 한국 사회에서 인문학의 위기는 단순히 예산 지원으로 개선될 수 있는 문제가 아니다. 여기에는 그 이상의 더 근본적이고 더 많은 문제가 내포되어 있다. 인문학자들은 이 문제부터 먼저 깊이 있게 성찰한 후, 문제 해결의 방향이 국가 지원이 아니고서는 어려울 때 국가에 지원을 요구해도 되었을 것이다. 하지만 그들은 집단적 행위를 통해 학제 간 균형 발전이라는 명분 아래 더 많은 연구비 지원을 요구하는 직업주의적 이익집단의 모습을 드러냈다.

국가의 지원으로 학문 연구를 진작시키고자 했던 정책과 제도가 진보적 지식인 사회를 해체하는 중심적 요인이 되었다는 것은 민주화 과정의 커다란 아이러니이다. 국가 중심적인 학문 연구는 신자유주의의 경제적 가치가 대학과 학문 세계를 지배하는 현상을 가속화했고, 그와 더불어 진보적 지식인 사회의 해체를 가속화했다. 그러나 그것은 진보적 지식인, 진보적 정치인, 진보적 개혁가, 진보적 운동가, 광의의 진보적 시민사회 성원들이 민주주의를 발전시키는 단계에서 개혁을 이해했던 방법의 결과물이라 할 수 있다.

학문을 프로젝트화하는 것이 진보적 지식인 사회의 지속과 발전에 문제가 되듯이, 시민사회 영역에서 시민운동이나 활동가들이 중심이 되어 시민사회를 개혁하기 위해 운동을 프로젝트화하는 것 역시 문제가 된다. "사업화된 개혁"을 통해 시민사회를 민주화하고, 이를 통해 한국 사회를 민주화하려는 접근이 과연 얼마나 효과를 가질 수 있을 것인가?

여기에서 우리는 보다 더 근본적인 질문을 제기하게 된다. 그런 방법은 과연 민주적인가? 지금까지의 경험은, 진보적 지식인 집단이든, 시민운동이든, 이들이 국가권력을 사용하거나 활용할 때, 그것이 얼마나 사려 깊지 않으면 안 되는가 하는 점을 잘 보여 준다.

3. 지식인 사회의 변형에 기여했던 이념 정향과 가치 정향

반정치관과 반정당관, 그리고 그 패러독스

위에서 말한 이런 구조 변화와 지적·학문적 풍토가 만들어진 원인은, 무엇보다 진보적인 지식인들이 민주주의를 어떻게 이해했느냐, 특히 정치와 정당을 어떻게 이해했느냐의 문제와 깊은 연관성을 갖는 것으로 보인다. 진보적 지식인, 시민운동가들 사이에 정당의 역할을 저평가하거나 폄하하고, 정당 밖 시민사회 운동이나 대규모 시위를 참여의 중심 채널로 높이 평가하는 경향이 존재한다는 것을 부정하기는 어렵다. 이런 관점은, 정치에 대한 진보적인 지식인들의 태도 내지 윤리적 측면을 함축한다. 그러나 그것은 진보가 지향하는 이념적 가치와 목적에 오히려 역설적인 결과를 만들어 낼 수 있다.

정당은 보통 사람들의 인간적 열정, 참여, 갈등, 이익, 가치들을 가장 잘 집약, 표출, 조직할 수 있는 정치적 결사체이다. 정당은 사적 영역에서 발생하는 다양한 요구를 공적 영역으로 전환시키는 접점에 위치하기 때문에, 시민사회와 시민적 정치 생활의 저변에 밀착돼 있다. 그렇기 때문에 정당은 시민사회에 있으되, 선거 경쟁을 조직해 그들이 승리할 경우 통치를 위임받고 정부를 구성하고 정책을 만들 수 있는 특별한 역할을 하게 된다.

정당은 개인의 생활 영역과 국가를 연결, 매개하는 중심적 정치기구이기도 하다. 한편으로 정당은 시민사회에서 시민의 의사를 대표하고 조직함으로써 보통 사람들에게 정치 생활의 공간을 열어 줄 뿐만 아니라, 국가 영역에서 통치 능력을 발휘해야 하는 대안 정부 alternative government 로서의 역할을 한다. 요컨대 그 정치 에너지와 권력이 사회의 저변에서 창출되고 발원한다는 점에서 정당을 민주주의의 중심 제도라 하는 것이다.

이에 비해 진보적 지식인과 운동가들은 어떤 공동체적 가치와 목적을 상정하고 그로부터 행위의 정당성을 도출해 냈다. 그뿐만 아니라 공익을 이해하는 방법에 있어서도, 그것이 대중의 정치 참여와 민주적 절차를 통해 형성되는 것이 아니라 이념 혹은 이론적 논증을 통해 사전에 결정될 수 있는 것으로 상정했다. "진보는 옳다"는 이들의 주장이 가능했던 것 역시 진보를 현실과는 관계없이 선험적으로 존재하는 어떤 것으로 상정했기 때문이었다. 이 모든 것은 기본적으로 민주주의에 대한 엘리트주의적·교조적 이해라고 할 수 있다. 이런 측면에서 보통 시민들이 체제의 중심적 행위자이자 주체가 되는 민주주의와 그동안 진보적 지식인들이 운동 과정을 통해 발전시켰던 민주주의에 대한 관념 사이에는 중요한 차이가 존재하며 양자 사이에는 심각한 충돌이 일어난다.

실제로 정치를 움직이는 실제의 정당과 선출된 정치인들이 보통 사람들 내지 일반 시민들을 제대로 대표하느냐 하지 않느냐의 문제가 어떠하든 간에, 민주주의에서 정치의 출발점은 모든 사람들의 실제 생활 영역으로부터 발생하는 갈등에 있다. 사회경제적 이익은 정치를 만들어 내는 최초의 소재가 되고, 정치는 이를 둘러싼 갈등으로부터 발생한다. 이익, 이익집단, 갈등은 민주주의이기 때문에 더욱 중요하고, 보통 사람들과 사회적 약자들은 정치가 발생하는 그 지점에서 개인적으로나 집단적으로 자신들의 이익과 가치를 실현할 수 있는 채널을 발견하려고 시도한다. 따라서 정치와 정당을 부정적으로 본다면, 그것은 이런 정치가 발생하는 최초의 지점이자 풀뿌리, 그 원천을 부정하는 것을 의미한다. 민주주의에서 반정치주의, 반정당관이 위험한 이유가 바로 이것 때문이다.

권력의 창출과 정책 결정의 힘이 전자의 운동론적 민주주의에서는 위로부터 도출되는 반면, 후자의 정당 민주주의의 경우 아래로부터 발생하고 형성된다. 오늘날 민주주의가 서있는 사회적·도덕적 조건은 가치의 다원성, 진리의 다원성과 이들 간의 충돌을 전제한다. 따라서 이런 조건에서 하나의 가치, 하나의 목표를 지향하는 이론이나 사회는 가능하지도 바람직하지도 않다. 이 점에서 민주주의란 다원적 가치와 이익이 모두에게 평등한 절차와 제도라는 틀을 통해 평화적으로 공존하는 것을 가능케 하는 체제라고 할 수 있다. 바로 그렇기 때문에 절차적 정당성이 실질적 정당성보다 우월하지 않으면 안 되는 것이다.

그러나 진보적 지식인들이 발전시킨 변혁적 민주주의관에서 대중적 참여의 중심적 채널로서 정당이 기능할 수 있는 공간은 아주 협소하다. 이런 관점에서는 이익 갈등이 분출하고 권력이 충돌하는 사회 저변으로부터 합의를 도출하기가 어렵다. 또한 그런 민주주의관에서는 정당을 우회하거나 뛰어넘어 위로부터의 정치권력에 힘입은 개혁을 선호하기 쉽고, 그에 따라 지식인 엘리트들의 참여와 정책 투입 역할이 과도하게 커질 가능성이 있다. 나아가 이것은 위로부터 이루어지는 일거의 결정이 국가권력과 관료 기구를 통해 사회 전체에 집행되는 것을 정당화하는 부정적 효과를 낳는다.

현대 대의제 민주주의에서 정치의 중심 메커니즘은 정당이다. 따라서 정당 없이 또는 정당 밖에서 민주주의가 원활하게 작동한다는 것은 상상하기 어렵다. 그러므로 민주주의 발전은 정당 발전의 함수라고 해도 과언이 아니다. 민주주의라고 해서 사회의 전체적 복지를 필연적으로 최대화한다는 보장은 없다. 그럼에도 불구하고 민주주의는 보통 사람들이 사회경제적 조건의 향상을 포함해 다양한 요구와 의사를 실현시킬 수 있는 광범한 가능성을 갖고 있다. 이런 이유 때문에 필자는 다른 체제에 비해 민주주의가 우월하다고 생각한다. 즉, 민주주의는 보통 사람들이 평등한 정치 참여의 수단으로서 정당과 투표권을 통해 다수의 힘을 조직하는 것을 가능케 하기 때문이다. 그리고 그 결과에 따라 대표를 선출하고 통치를 위임하고 정부를 운영할 수 있다는 것을 정당성의 기초로 삼고 있기 때문이다.

이 점에서 정당은 다른 수단들에 비해 대중들이 가장 적은 비용으로 가장 광범하게 정치에 참여할 수 있는 투표를 조직하는 수단이다. 그것은 참여에 대한 여러 경험적 연구들을 통해서도 확인되는 바이다.[1] 이런 점 때문에 정당은 그 역할의 가장 본질적 측면에서 대중적이고, 민중적이다. 이런 이론적·경험적 상황을 고려할 때, 민중의 이익과 사회적 약자의 여망과 요구를 실현하려는 노력에 복무하는 것이야말로 진보의 대의라고 인식하는 진보적 지식인, 진보적 시민운동이 정당을 통한 정치 참여를 경시한 것은 커다란 자기모순이 아닐 수 없다.

이에 해당하는 대표적인 사례로는 진보적 인사들도 참여해 만들어 낸 일련의 제도 개혁들을 들 수 있다. 정당, 선거, 정치자금을 규율하는 것을 목적으로 했던 그간의 정치 개혁은, 대중의 정치 참여를 억제하고, 정당이 대중적 기반을 갖도록 발전하는 것을 저해하며, 선거 과정에서 투표자-정당(후보자) 간 대면과 상호 관계를 단절함으로써, 민주주의 발전에 역효과를 가져오는 부정적 결과를 만들었다.[2]

진보적인 지식인, 시민사회가 공유했던 개혁에 대한 지향은 그들의 보수적 상대파의 지향과는 분명 다른 것이었다. 그러나 그들이 지향했던 정치 개혁의 실제 결과는 정당정치의 민주적 발전에 역효과를 낳았다. 그들이 공통적으로 내걸었던 정치 개혁의 목표는 부패하지 않고 생산성과 효율성을 갖

---

[1] 정치 참여에 대한 경험적 연구들 가운데 고전적 문헌으로 Verba, Schlozman and Brady(1995)를 참조할 것.
[2] 이에 대해서는 이 책의 6장과 8장의 논의를 참조할 것.

춘 정책 정당을 만드는 데 있었다. 그것은 보통 사람들의 참여를 확대할 수 있는 투입 측면을 축소하고, 정책의 산출 측면을 효율적으로 만드는 데 주목하는 접근이라 할 수 있다. 이런 정치 개혁을 뒷받침했던 이론과 논리들은 민주주의에서 정당이 갖는 역할을 오해한 데서 비롯되었다. 의도했든 의도하지 않았든 그런 접근들은 모두 정당이 기반을 두고 있는 사회적·대중적 연계로부터 정당을 분리시키는 것을 그 내용으로 하고 있었기 때문이다.

정당의 기능을 정책 내용과 산출 중심으로 이해하는 경제학적 접근 방식은 진보적 개혁가들의 가치로 깊숙이 수용되었다. 여기서 강조되어야 할 것은, 정당이 중요한 이유가 정책 형성 자체보다도 그에 선행해 사회경제적 힘의 균형을 창출하고 변화시킬 수 있는 정치적 역할 때문이라는 것이다. 즉, 정당은 시장경제 영역에서 제어하고 규제하기 어려운, 경제적 강자의 이익 추구와 경제 권력을 민주주의 제도가 허용하는 정치적 힘의 수단을 통해 견제하는 정치적 행위자로 기능할 수 있기 때문에 중요하다. 정당은 민주주의의 정치적 틀 안에서 권력관계를 다룰 수 있는 중심적 기제이자, 지배를 최소화하는 역할을 할 수 있다.[3]

진보적인 지식인 사회, 시민운동의 활동가들 사이에서는 정당을 불신하면서 시민사회나 국가를 활동의 장으로 선호하는 경향이 강해졌다. 지난 정부들, 특히 노무현 정부 시기에 더욱 뚜렷하게 나타났던 이런 경향은 '국가의 힘을 빌려, 또는 국가와 협력해 시민사회를 민주화하기'라는 말로 표현할 수 있을지 모른다. 시민사회에서의 활동을 정부의 지원이 가능하도록 프

---

3 정치 이론가 이언 샤피로는 "민주주의 이론은, 권력관계를 어떻게 다뤄야 지배를 최소화할 수 있을까 하는, 그 방법을 고안하는 문제에 관심을 집중하지 않으면 안 된다"라고 말한다(Shapiro 2004, 11).

로젝트화하고 시민운동을 여러 형태로 사업화하는 '개혁의 사업화'를 통해 시민사회를 민주화하려는 접근이 그것이다.

소박하고 일견 비정치적인 이런 운동·사업들이 정치적으로나 사회적으로 긍정적으로 이해될 수 있는 여지는 크다. 그러나 이런 유형의 시민운동·사업이 시민사회에서의 힘의 균형에 어떤 영향을 미칠 수 있는가를 전망하기란 쉽지 않다. 또 다른 한편에서는 협치의 이름으로 지식인 집단이나 운동 단체들이 중앙정부의 정책 프로그램에 참여하고, 지방정부에 참여해 시민 참여를 확대해 왔다. 분명 그것은 바람직한 측면이 있다. 그러나 정당 없는 시민 참여의 형태가 어떤 정치적 의미를 갖는지는 여전히 불분명하다.

개혁적인 정부들 아래서 재벌을 중심으로 한 강력한 이익집단들의 영향력은 경제뿐만 아니라 정치·사회적인 영역에서, 국가 부문뿐만 아니라 시민사회의 영역에서도 어떤 힘으로도 제어되기 어려울 만큼 비대해졌다. 누구든 시민사회가 운동을 통해 개혁될 수 있다고 생각한다면, 그것은 오해이다. 오늘날 대학, 언론, 문화, 이익집단, 교회 등 시민사회의 중추적인 영역들 대부분에서 하위 조직들은 거의 일방적으로 재벌 대기업의 영향 아래 놓이게 되었다. 이명박 보수 정권이 들어서면서 사법 기구나 뉴라이트와 같은 보수적 시민사회 세력에 의해 진보적 시민운동이나 공론장은 쉽게 공격의 대상이 되었다. 김대중·노무현 정부 시기 국가와 협력해 운동을 프로젝트화하고 공적 사업으로 만드는 방법이 갖는 한계는 이 과정에서 여실히 드러났다. 이제와 되돌아볼 때 우리는 진보적 지식인이든 시민운동이든 국가권력과 결합될 경우, 자율성 내지 자생력만 훼손되고 긍정적 결과보다 부정적 결과를 가져오기 쉽다는 것을 알 수 있다.

정당을 중심으로 한 정치에 대한 부정적 인식과 태도는, 촛불 시위나 '조문 정국'을 통해 더 강화된 것으로 보인다. 이런 인식의 급진적 형태는,

정당에 적대적인 태도로 직접 민주주의를 대의 민주주의에 우선한다거나 그보다 우월한 것으로 상정하면서, 직접 민주주의를 강조하고 그것으로 대의 민주주의를 대체해야 한다는 주장으로 나타났다. '촛불 민주주의'라는 말은 이런 정조를 잘 표현한다.

하지만 의회와 정당이 제대로 기능하지 못하는 상황에서 대규모 촛불 시위가 정부의 권위주의적 정책 결정을 견제하고 비민주성에 책임을 묻는 긍정적인 역할을 수행했다는 사실을 인정한다고 해서, 그것이 더 나은 민주주의의 모델이 될 수 있다고 말할 수는 없다. 운동이 더 민주적이고 더 민중적이며 정당은 그렇지 못하다고 말할 때, 우리는 회피하기 어려운 패러독스를 만나게 된다. 즉, 늘 체제나 제도 밖에서 수동적인 요구를 하는 데 머물 수밖에 없는 것이다.

정치학자 셰보르스키는 "민주주의에서 사회운동은 애매한 행위자이다. 항상 단기간 동안만 유효하다. 노동조합은 노사 관계 제도들과 국가로, 정당은 의회로, 로비 단체들은 정부 기구로 갈 수 있지만, 운동은 그들이 대상으로 삼아 갈 수 있는 기구들이 없다"라고 말한 바 있다(Przeworski 1991, 11, f.4). 이 말은 오늘날 한국의 현실에서도 타당하다. 요컨대 운동의 에너지는 그 자체에만 머물지 말고 정치의 방법으로 조직되고 확대되는 것이 바람직하다. 기존 정당을 변화시키는 것이든, 새로운 정당을 만드는 것이든, 정당의 문제를 회피하고 민주주의를 좋게 만들기는 어렵다는 생각을 해야 한다.

정서적 급진주의와 이념적 경직성

진보적 지식인들의 이념과 가치 정향, 지적 특성들을 일반화해서 말하기는 어렵지만, 가장 먼저 확인할 수 있는 특징은 그 이론이 가진 단순 도식적 성격과 폐쇄성, 그리고 그것이 쉽게 이데올로기화하는 현상을 들 수 있다. 인간은 현실을 곧바로 이해할 수 있는 것이 아니라, 이념적·개념적 장치들을 통해, 그리고 나아가서는 이데올로기적 틀을 통해 이해하게 되기 때문에 이를 한국의 진보적 지식인들만의 특성으로만 보는 것은 잘못일 수 있다. 그것은 어디까지나 정도를 말하는 것이다.

아무튼 이와 같은 지적 태도와 정향은, '정서적 급진주의'라고 부를 수 있는 감성적 태도와 결합하면서, 쉽게 이데올로기화되곤 한다. 한국 사회의 지적·이념적 풍토가 갖고 있는 강한 이데올로기적 경향은 진보적 지식인 사회만이 아니라 보수적 지식인 사회에서도 공유되는 것이기 때문에, 이를 단순히 진보만의 문제라고 볼 수도 없다. 이런 경향은 말할 것도 없이 해방 이후 냉전과 분단 과정에서 이루어진 이데올로기적 양극화와 투쟁이라는 역사적 갈등에 연원을 둔다고 할 수 있다.

하지만 이런 지적 경향성은 좀 더 직접적으로 민주화 운동의 유산이기도 하다. 이 시기 진보적 지식인들과 운동가들은 변혁적이고 급진적인 이념과 정조를 통해 역사와 사회, 개혁의 문제를 이해한 바 있다. 그리고 이런 집단적 경험들이 일종의 전통이라 할 수 있는 특정의 경향성을 만들어 내는 요인이 되었다고 말할 수 있다. 더욱이 많은 지적 자원들을 일제하 민족 독립 투쟁 과정에서의 혁명적 민족주의 전통과 해방 후 이데올로기 투쟁에서 끌어냈다는 점도 급진주의와 이데올로기성을 강하게 만드는 요인이 되었다고 할 수 있다.

오늘의 정치 언어·담론·레토릭은 투쟁을 위한 열정과 에너지를 극대화하면서 기동전적 목적을 위해 만들어지고 사용되었던 민주화 운동 시기의 정조로부터 많은 영향을 받았다. 이런 담론과 언어, 이론과 이념이 민주화 이후 자본주의 시장경제의 급속한 변화를 겪은 시대적 환경에서도 상당 정도 또는 그대로 통용된다고 할 때, 진보적 이념과 현실 변화 사이에는 커다란 간극이 발생할 수밖에 없다. 이론·이념은 급진적인데 현실 정합성은 약할 경우, 그때의 급진적 내용이 갖는 현실적 의미는 별로 크지 않다.

한국 사회에서 이념적 급진주의는 주로 남북한 관계, 대북 정책 등과 관련된 담론과 태도 영역에서 주로 나타난다. 반면 사회경제적 영역에서 이런 급진주의 이론·이념은 훨씬 약하다. 현실 문제는 주로 사회경제적 정책과 이슈 영역이기 때문에 여기에서 진보 이념은 그다지 급진적이거나 변혁적이지 않은 경우가 많다.

민주화 운동 과정에서 형성된 변혁적 민주주의관은 사회주의나 마르크스주의 같은 이론으로부터 깊은 영향을 받았지만, 실제 정치 현실에서는 사민주의는 고사하고, 자유주의적 전환의 계기조차 갖지 못했다. 지금 한국 정당 체제에서 노동운동을 대표하는 정당은 주요 행위자가 되지도 못하고 있고, 노동은 노사 관계에서 대화와 교섭의 상대자로 제대로 인정받지도 못하고 있다. 또 한국의 중산층과 일반 여론은 노동문제에서 중심적인 생산자 집단의 권리를 인정하지도 존중하지도 않고 있다.

한국 사회의 이념적 지형과 정치 변화 과정에서는 자유주의적 전환조차 이루어졌다고 할 수 없다. 자유주의는 좌·우, 보수·진보 모두로부터 배척되어 왔다. 자유주의의 공간이 비어 있는 상황에서, 보수의 냉전 반공주의와 진보의 정서적 급진주의가 이념적으로 양극화되어 있는 것이 지금의 현실이라고 할 수 있다. 그리고 이런 이념적 양극화 현상은 무엇보다도 국가주의, 민족주의를 비롯한 여러 형태의 집단주의적 이데올로기의 과잉 현상과 맞물려 있다.

오늘날 한국 사회에서 자유주의는 이들 집단주의적 형태의 이데올로기에 대한 해독제 역할을 할 수 있는 하나의 정치적·철학적 이념이라고 기대할 수 있다. 나는 우리가 이를 적극적으로 요청할 수 있다는 생각이 든다. 무엇보다 국가의 역할이 민주화 이후 여러 다원적인 사회적 힘과 가치들을 압도하면서 팽창 일로에 있는 상황에서 이런 현상에 대응할 만한 어떤 가치나 이념, 세력의 다원화도 이루어지지 못하고 있기 때문이다.

민주화 이후 한국 사회에서 국가권력이 견제되고 분산되어야 한다는 요구가 강하게 표출된 적은 별로 없다. 정부의 부서 간 견제와 균형, 그리고 국가(기구)권력과 시민 권력 간의 견제와 균형을 원리로 하는, 민주주의에 대한 매디슨적 접근이 제도 개혁의 과정에서 관심사로 떠올랐던 적은 없었다. 한국 민주주의의 자유주의적 측면, 즉 개인의 자유를 핵심으로 하는 기본권이 그 어떤 가치보다도 존중되고 보호되어야 하며, 국가권력은 견제되고 제한되어야 한다는 문제의식은 그 누구도 제기한 적이 없다.

견제와 균형의 원리로 제한되지 않는 국가는 구조적으로 권위주의적이 될 수밖에 없고, 국가의 목표가 어떤 이데올로기에 의해 강력하게 추진될 때 전체주의적 경향성을 드러내기 쉽다. 한국 현실에서 국가는 경제 발전과 효율성을 극대화하기 위해 법의 지배를 존중하지 않고, 다른 중요한 가치를 희생해서라도 오로지 성장에 적합하도록 시장을 조직하고 왜곡할 수 있다는 생각이 자연스럽게 수용되어 왔고, 이는 현재도 마찬가지다. 진보와 보수를 포함하는 사회 전체가 이런 가치관과 비전을 자연스럽게 수용한다. 그리하여 국가주의, 민족주의, 경제 발전을 지향하는 성장주의는 사회의 가장 지배적인 가치이자 이념의 위치를 고수할 수 있었고, 그에 대응할 수 있는 어떤 경쟁적인 가치도 발전할 수 없었다.

진보적 지식인 사회나 시민운동 역시 이런 이념과 가치를 추동하는 데 중심적 역할을 했다는 것을 부정할 수 없다. 진보 정권에서 개혁은 국가 프로젝트에 의한 사업이라는 모습을 띠게 되었고, 진보적 목적을 달성하기 위한 정책은 물론, 시민사회에서의 시민운동 역시 국가의 지원과 힘에 의존하는 "사회 기획"social engineering의 내용을 갖게 되었다. 황우석 논문 조작 사건이 재판부의 판결에 의해 유죄로 확정된 사례에서도 볼 수 있듯이, 생명공학의 발전이 국가정책에서 우선순위를 선점하면서 정부의 전폭적인 지원을 받았고 학문적 정직성을 훨씬 벗어난 상황에서도 많은 사람들은 국가 발전의 이름으로 그 잘못을 묵인했다. 목적이 수단을 정당화하는 것을 이보다 더 명확히 보여 주는 사례는 없다. 노벨상 수상도 국가 프로젝트에 의해 추진되는 일이 자연스럽게 받아들여지고 또 이를 적극적으로 지지할 수 있는 곳은 아마 한국 말고는 없을 것이다.

민주주의와 자유주의가 그 역사적 발전 과정, 이념과 원리에 있어서는 완전히 다르지만, 오늘날 한국 사회의 조건에서 볼 때 자유주의 이념이 민주주의와 상보적일 수 있는 접점은 매우 넓다. 자유주의의 가치와 이념은 한국 사회에 팽만한 사회경제적 갈등과 이념 갈등을 완화할 수 있는 공동의 이념적 기반을 마련해 줄 가능성이 크다고 생각한다.

자유주의는 그 자체의 이념 속에 다원주의적 가치를 함축한다. 한편으로 자유주의는, 존 롤스의 시도에서 볼 수 있듯이, 공공선에 대한 관념을 발전시킬 수 있다. 또 이를 위한 도덕적 합의를 창출하는 데 기여할 수도 있다. 다른 한편으로 마키아벨리, 토크빌, 이사야 벌린에서 볼 수 있듯이, 사회 내에서 타협하기 어려운, 갈등하는 가치나 신념들이 다원적으로 존재하면서도 서로가 하나의 공동체 내에서 공존할 수 있도록 하고, 나아가 시민적 덕을 함양하는 데 기여할 수 있다. 화해하기 어렵고 적대하는 신념과 가치 체계들에 대한 관용, 그리고 이들 간의 평화적 공존은 자유주의의 두 지주라고 할 수 있다. 이를 위해서는 사회경제적 문제건 이념적 문제건 간에 먼저 서로의 존재를 인정하는 것으로부터 출발하지 않으면 안 될 것이다. 그것이

전제된 연후에야 이들 세력 간, 이념 간 갈등의 표출, 경쟁, 그리고 타협에 이를 수 있는 정치과정이 뒤따를 수 있다.

여기에서 타협은 어디까지나 한시적인 잠정적 타협modus vivendi을 의미한다. 그리하여 민주주의는 갈등의 완전하고 안정적이고 장기적인 해소를 통해 한 사회 세력이 공공선을 독점·전유하는 것을 지향하는 체제가 아니라, 완전히 해소되기 어려운 사회적 갈등이 제도 내에서 평화적으로 공존할 수 있는 상황을 지향하는 체제라고 말할 수 있다. 자유주의는 이런 상태를 구현할 수 있는 윤리적·이념적 기초를 제공한다.

또한 이런 정치적 효과를 떠나 자유주의가 진보의 사고 정향에 미치는 효과도 고려할 수 있다. 자유주의는 진보라는 하나의 구성적 정치 용어를 좀 더 유연하고 현실적으로 만들고, 폐쇄적으로 정형화된 이념 내지는 사고의 틀, 이를 표현하는 일련의 언어 체계와 행위 양식을 깨뜨리는 데 기여할 수 있을 것이다. 전체적으로 진보라는 이름의 가치 체계와 사고틀을 개방적이고 유연하게 만들어 현실과 교감할 수 있도록 하고, 이를 보다 넓은 세계로 끌어낼 수 있도록 하는 데 도움이 될 수 있을 것이다.

그럼에도 불구하고 자유주의만으로 한국 사회가 안고 있는 복합적이고 다층적인 문제들을 다루고 해소할 수 있다고 기대하는 것은 과도하다. 자유주의는 국가권력의 집행부로의 집중이나 강한 국가, 통치자를 견제하는 데는 유효하지만, 동시에 국가가 민의를 대변하고, 그들의 요구를 실현하는 도덕적 기반을 강화하는 데는 충분치 않기 때문이다. 자유주의는 사적 소유를 기반으로 한 시장경제와 시민사회의 국가권력으로부터의 자율성을 강화하는 데는 유효하지만, 이미 비대해질 대로 비대해진 한국 사회의 재벌 기업에 법의 지배를 부과하고, 그 독점적·자율적 지위와 권력을 규제하는 데는 효과적이지 못하다. 개인의 자유와 권리는 국가권력의 권위주의적 억압으로부터도 보호되어야 하지만, 시장 권력으로부터도 보호되어야 하기 때문이다.

오늘의 시점에서 진보적인 지식인들의 이념적 경직성과 폐쇄성을 극복하기 위해서는 자유주의를 포함한 여러 보편적인 이념적 자원들을 광범하게 개방적으로, 그리고 적극적으로 수용하는 것이 필요하다고 생각한다. 그런 지적 개방성과 유연성은 변혁적 이론·이념을 중심으로 형성되고 발전한 한국의 진보 이념을 보편적인 이념에 개방화해, 현실 정합적이 되도록 변화시키고 스스로 갱생할 수 있는 활력을 불어넣을 수 있다고 믿기 때문이다.

한국 사회의 지적 전통과 환경에서 진보의 이념을 구성하는 지적 자원은 매우 폐쇄적이고 협애해 보인다. 무엇보다도 혁명적 민족주의 사상의 문제는 크다. 조선조 말의 일제 식민 통치기와 해방, 분단을 거치면서 면면히 이어진 혁명적 민족주의 사상은 1980년대 민주화 운동을 통해 변혁적 민주주의 이념과 민족 통일의 이념 속으로 계승되고 진화했다. 과거를 "박탈의 역사"로, 미래를 "약속의 역사"로 상상하면서 지난 역사를 파행과 왜곡의 역사로 이해하는 변혁적 역사관은 분명 이상향을 꿈꾸는 상상에 기초한 것이다. 하지만 이런 진보의 이념은 구질서에 대한 저항이 필요했던 시기 민중의 거대한 열정과 에너지를 동원하는 데 기여했다 하더라도, 오늘의 현실에서는 유효하다고 볼 수 없다. 이런 혁명적 민족주의 전통에 의거해 도덕적 합의를 추구하는 방식을 통해 민족문제를 해결하고 민족 통일에 이를 수 있다고 기대하는 것은 "현실 정치"Realpolitics가 지배하는 현재의 국제정치 현실에서 낭만주의적이고 감상적인 접근이 아닐 수 없다.

물론 그렇다고 해서 한국의 근대화 과정에서 민족주의와 민족주의 운동의 역할을 부정적으로 보는 것은 아니다. 이는 이들 이념의 현재적 역할을 말하는 것이다. 또 진보의 이념을 구성하는 데 자원을 제공했던 여러 이념과 이론들은 신자유주의적 세계화가 혁명적으로 바꾸어 놓은 현실에 대한 설명력과 대안 창출의 이론적 기초를 제공하기 어렵기 때문이다.

현실에서 사회주의 실험은 완벽한 실패로 끝났고, 마르크스주의는 비판 이론의 범위를 넘어서지 못하며, 유럽에서 성공한 사민주의조차 한국에서는 아무런 문화적·이데올로기적 기반도, 정치적 전통도 갖지 못한다. 진보의 이념, 사상을 구성한 바 있었던 이들 요소의 한계는, 시대 변화와 더불어 점점 분명해지고 있는 것으로 보인다. 그럼에도 불구하고 진보의 이념·사상·이론들이 과거의 틀에 얽매인다면, 진보의 발전을 치명적으로 제약하고, 진보의 위기를 사멸로 종결짓게 할 수 있다.

다시 말해, 진보의 지적 자원과 전통들은 시대적 소명과 역할을 다함으로써 갑작스레 구시대의 낡은 것이 되고 말았다. 이런 조건은 한국의 진보를 근대화하는 데 커다란 장애 요인이 되고 있다. 그로 인해 민족문제를 해결할 수 없는 것은 물론, 신자유주의 세계화가 가져온 자본주의 현실 변화를 다루지 못하고, 그에 대응할 수 있는 능력을 갖추는 것을 불가능하게 한다.

이와 관련해 인도 출신의 세계적 경제학자 아마르티아 센의 최근 저서 『정의의 이념』*The Idea of Justice*을 언급하고 싶다(Sen 2009). 그는 사회적 선택 이론을 중심으로 한 주류 경제학의 이론과 방법론을 사용하고, 애덤 스미스의 『국부론』과 『도덕 감성론』을 철학적 이론적 텍스트로 삼으면서도, 빈곤·환경·불평등·성차별·사회적 부정의 등의 진보적 의제를 제기하고 이론화의 결과들을 만들어 냈다는 점에서, 진보의 재구성이라는 문제에서 참조할 만한 좋은 모델이 될 수 있기 때문이다.

그의 이론 구성에서 인상적인 것은 기존의 상식이나 이념적 구분의 범주와 경계들을 넘어, 연구의 의제를 따라 문제의식의 맥락을 구성하고, 그 맥락에서 기존의 이론·이념들을 자유롭게 재구성하는 능력이다. 그는 애덤 스미스에 이론적 기초로 두면서도 마르크스를 끌어들이고, 칸트의 개인 권리를 중심으로 한 목적 윤리적 도덕론과 벤담의 공리주의를 비교하고 종합하며, 비트겐슈타인의 언어 이론을 그람시의 문화 이론에 접맥시킨다.

그의 이론적 지향점은 존 롤스와 같이 이상적으로 정의로운 사회를 이론적으로 구축하는 데 있지 않다. 그보다는 현실에서 실현될 수 있고, 결과를 만들어 낼 수 있는, 그리고 그 효과들이 비교를 통해 검증되고 평가될 수 있는 정의의 이론을 구축하는 데 있다. 그의 문제의식에서는, 특정의 이념·이론이 더 진보적이고, 이념적으로 더 좋다는 사회적으로 통용돼 왔던 규정은 전혀 의미가 없다.

그의 이론화 작업이 보여 주는 또 다른 측면은, 서양의 지적 전통뿐만 아니라 인도의 고대 역사로부터 불교 경전 수타니파타, 힌두 경전 마하바라타, 그 진수가 되는 구성 부분인 바가바드기타와 같은 인도의 지적·종교적 전통으로부터 자유롭게 배운다는 것이다. 그것은 모든 것을 열어 놓고 자유롭게 사고하면서 인간적 가치와 주제에 천착하는 지적·학문적 태도를 가질 때 가능한 것이다.

이념은 문제에 따라, 또 시대 변화에 따라 새롭게 정의될 수 있다. 이념에 대한 고정관념과 이념 갈등에 사로잡혀 있는 것만큼 구시대적인 것은 없다.

책임 윤리 없는 목적 윤리의 위험성

최근에 이르러 한국의 진보적 지식인들의 현실 참여는 현저하게 많아지고, 학문 영역과 실천 영역의 간격이 크게 좁아졌다. 정책들의 이슈가 다양해지고 범위가 넓어졌을 뿐만 아니라, 전문 지식이 정책 결정에서 차지하는 역할도 비약적으로 커졌다. 민주화 이후 참여의 확대에 있어 특징적인 것이 있다면, 어떤 사회집단보다도 이들 지식인 전문가 집단의 참여가 확대되었다는 점이다.

제1차 세계대전의 종전과 더불어 막스 베버가 행한 일련의 강연 가운데서 유명한 두 강연, "직업(소명)으로서의 정치"와 "직업(소명)으로서의 학문"은 이 주제와 직접 관련된다(Weber 1919, 77-128; Weber 1918, 128-156). Beruf라는 독일어는 신의 부름을 의미하는 소명vocation; calling이라는 뜻과, 직업profession 이라는 뜻을 동시에 갖는다.

이 두 강연에서 베버가 정치인과 학자의 윤리성을 유사한 논리로 말하는 것은 흥미롭다. 정치에서 책임 윤리는 목적 윤리 못지않게, 아니 그보다 더 중요한 측면이 있다. 정치인의 행위와 결정은 권력과 폭력을 수반하는 행위이고, 그 결정의 결과로서 권력에 의한 가치 배분은 보통 사람들의 생활에 좀 더 직접적인 영향을 미치기 때문이다. 그러나 베버는 학문을 직업으로 하는 학자 역시 책임 윤리를 가져야 함을 강조한다. 그는 데마고그와 예언은 학문의 영역이 아니라고 말하면서 학자나 교수들의 직업윤리로, 강단에서 정치적 관점이나 가치관을 설파하지 않는 가치중립적 태도를 요구한다. 그렇지 않을 때 그는 거짓 예언자가 되거나, 학생들을 선동하는 것이 된다. 한국에서도 학자나 전문가들이 정치과정에 참여하는 범위가 넓어지면서 이 문제가 현실적인 문제로 나타나고 있다. 학자들도 그들의 학문적·전문가적 행위가 권력과 접맥될 때, 정치인들과 마찬가지로 책임 윤리에 종속된다고 할 수 있기 때문이다.

민주주의를 도덕적 이상 사회의 실현을 위한 정치적 수단으로 이해하거나 그런 이해 위에서 정치적 갈등 및 경쟁을 선과 악, 정의와 부정의, 진리와 거짓 간의 갈등, 즉 화해하기 어려운 투쟁으로 이해하는 것은 민주주의의 원리 및 규범과 충돌한다. 민주주의 사회에서 갈등이 정치의 출발점이 되는 이유는, 그것을 인정하지 않고서는 조직화된 사회적 이익과 열정들이 서로 경쟁하고 타협에 이르는 민주적 정치과정이 성립되기 어렵기 때문이다. 민주주의에서 국가 목표와 공익은 이렇게 조직된 사회적 이익과 의사들 간의 경쟁 및 타협의 한시적인 결과물이라는 의미를 갖는다. 이 과정에서 집권자들의 통치행위와 정책 결정은 언제나 비판에 열려 있지 않으면 안 된다.

민주주의 체제에서 갈등은 특정 시점에서 경쟁에서 승리한 사회 세력과 그들의 의사가 일정 시기 동안pro tempore 통치를 위임받는 것에 불과하다는 한시성을 핵심 요소로 한다. 이런 이유 때문에 나는 민주 대 반민주, 냉전 수구 세력 대 평화통일 세력, 지역주의 세력 대 반지역주의 세력 등과 같은 이분법적 구분에 동의하지 않는다. 이런 유형의 갈등 축은 민주주의 체제에서 발생하는 정치 갈등보다는, 어떤 독단적 사고나 근본주의에 의해 뒷받침되는 배타적 신념 간의 갈등을 조장하기 때문이다. 그런 갈등 축은 현실을 있는 그대로 반영하는 것도 아니고, 바람직한 것은 더더욱 아니다. 문제는 목적 윤리가 강하고 일방적으로 추구될수록 그것이 가져올 결과에 대한 책임을 경시하는 경향이 동반된다는 데 있다.

베버가 말하는 목적 윤리와 책임 윤리의 연계와 현대 정치학에서 말하는 대표-책임의 연계는 그 맥락과 수준이 동일하지 않다. 전자가 정치인 개인의 윤리 문제에 초점을 둔 것이라면, 후자는 민주적으로 선출된 정부가 그를 선출한 투표자와 지지 세력을 대표할 뿐만 아니라, 그들의 통치행위와 정책이 가져올 결과에 대해 책임을 져야 한다는 뜻이다. 즉, 선출된 정부와 시민 투표자 전체 집단 간의 관계와 구조를 말하는 것이다.

그럼에도 불구하고 양자가 공통적으로 이야기하는 것은, 목적의 좋음은 스스로의 내면적 정당성의 요구뿐만 아니라 권력 행사의 효과가 사회적으로 외부화된 결과에 의해서도 뒷받침되어야 한다는 데 있다. 대표-책임의 연계 역시 그가 대표가 되고 통치를 위임받은 이상, 공적 영역에서 시민에게 항시적으로 책임질 것이 요구된다. 이런 이유로 통치자뿐만 아니라 정치 과정에 참여한 진보적 지식인 역시 이런 연계가 부여하는 책무에 종속된다고 할 수 있다.

한 사람의 정치 엘리트이든, 정치적 행위자로서의 지식인이든, 이렇게 생각하는 사람이 있을지 모른다. "내가 정의롭고, 내 개혁 정책의 목적 또한 정의롭고 도덕적이며, 나는 이런 역사적 과업에 매진하고 있으니 이와 관련해 비판의 여지는 있을 수 없다"라고 말이다. 이탈리아 수상 실비오 베를루스코니는 이렇게 말했다. "나는 선거에서 승리했다. 그러므로 나는 견제 없이 통치한다"(*Financial Times* 2009/10/26). 우리는 현재 한국 사회의 진보를 자처하는 통치자나 지식인 엘리트들로부터 이와 비슷한 말을 심심찮게 듣는다. "국민들이 나의 진의를 몰라 줄 뿐이다. 나에 대한 비판은 무지 때문이거나 보수 언론이 퍼트리는 잘못된 이데올로기의 결과일 뿐이다. 나는 내 정책을 밀고 나갈 것이다"라는 식의 태도 말이다.

이런 말은 다수의 지배라는 민주주의의 원리 가운데 한 측면에 부합하는 것으로 보일 수 있지만, 내용적으로는 수에 의한 지배, 즉 "다수의 전제정"을 의미한다. 목적 의지가 강할 경우 그것은 또 다른 문제를 야기한다. 무엇보다 목적이 수단을 정당화한다는 논리와 태도를 만들어 낸다. 목적에 대한 정당화가 강할수록 수단과 절차의 측면에서 정당성이 약한 행위에 대한 변명은 늘어나는 것이다. 그것은 도덕적 정당성에 대한 강한 믿음을 갖는 개인이나 집단이 쉽게 갖게 되는 하나의 심리적 현상이기도 하다.

이런 정신적·심리적 상황은 급진적 '사회 기획'을 목적 달성의 수단으로 삼는 현상을 확대시키게 된다. 개혁이 좋고 정당한 것만큼 사회적 공학을 통해서라도 그 목적을 성취해야 한다는 심리적 상태를 스스로 조성하기 쉽고, 오히려 이를 정당하다고 생각하게 만든다. 그럴 경우, 민주화는 되었다고 해도 정부와 권력이 작동되고 운용되는 방법은 권위주의적인 양태를 보일 수 있다.

민주화 이후 오늘의 한국 정치에서 국가의 장래나 사회 전체에 엄청난 결과를 초래할 주요 정책 결정이 대통령과 그를 둘러싼 소수의 정책 결정자들에 의해 폐쇄적으로 결정되는 일이 비일비재하다. 나아가 그렇게 만들어진 정책이 정부의 홍보 매체와 이를 지지하는 언론들에 의해 홍보되면서 일방적으로 집행되는 경우가 예외적이기보다 일반적이기도 하다. 새만금 간척 사업, 행정 복합 도시 건설, 한미 FTA, 미국산 쇠고기 수입 결정, 4대강 개발 등은 모두 이런 방식으로 결정되고 집행되었다.

민주주의는 대표-책임의 연계가 실현되도록 하는 일련의 제도적 장치이기도 하지만, 동시에 사회적 논의를 통해 공론을 형성하고 이슈와 의제를 만들어 집합적 결정을 이루어 가는 체제이기도 하다. 이 점에서 볼 때 순수한 다수결 결정은 민주주의가 아니다. 공적 이성의 역할과 집합적 논의 과정 없이 폐쇄 회로에서 만들어지는 결정이 다수의 힘에만 의지해 시행된다면 이를 민주주의라고 말하기는 어렵다. 정책을 공론장에서 논의하는 과정에서 비판이 봉쇄되는 것도 마찬가지이다.

진보적 지식인들이 가져야 할 태도는, 어떻게 과거의 진보 이론·이념에 묶이지 않는 이성적 목적 윤리를 가질 수 있을 것인가 하는 점과 아울러 책임 윤리의 중요성을 인식해야 한다는 것이다. 이명박 정부의 집권으로 귀결되었던 개혁적 민주 정부들의 실험들을 통해 깨닫게 되는 것은, 선거에서 승리해 어떻게 통치권을 다시 되찾아 오는가 하는 것보다 어떻게 정부를 잘 운영하고 좋은 정책을 만들어 보통 사람들의 삶의 질을 실제로 향상시킬 수 있을 것인가 하는 문제가 더 중요하다는 점이다. 책임 윤리는 바로 이런 측면을 지적한 말이다. 그가 진정으로 진보적이라면 권력을 잡는 것 자체가 최고의 목표일 수는 없다. 그보다는 집권해서 정부를 잘 운영하기 위해 준비하고, 그러기 위해 과거의 실패로부터 배우려 하는 태도를 가져야 할 것이다.

철학자 비트겐슈타인은 "더 좋은 것과 더 현명한 것, 둘은 같은 것이다"라고 말했다(Sen 2009, 31-32). 이성적으로 더 좋은 것은 실천적으로 더 현명한 것과 동일하다는 의미다. 나아가 현명함을 갖지 않는 것은, 인간의 행동이 좋은 것이 되지 못하게 한 도덕적 실패의 원인이 될 수 있다는 의미를 갖는다. 그만큼 현실 속에서 실제로 결과를 만들어 내는 능력은 정치에 있어서도 가장 중요한 가치이자 덕목인 것이다.

4. 맺는말

지금까지 나는 한국 사회 진보적 지식인들의 변형을 두 가지 측면에서 살펴보았다. 하나는 국가에 의해 외부적 요인으로 주어진 효과라는 측면이고, 또 다른 하나는 진보적 지식인들 스스로의 이념과 가치 정향 내지 태도의 측면이다.

진보적 지식인 사회를 구조적으로 변화시킨 외부적 요인 역시 개혁적인 정부하에서 정책 결정에 영향을 미친 진보적 지식인들 스스로의 진보적 가치관에 따른 개혁과 그 가치관의 산물이다. 그러므로 오늘날 진보적 지식인들이 당면하고 있는 문제는, 모두 그들 스스로의 이념과 가치 정향의 결과라고 할 수 있다.

진보적 지식인들의 이념과 태도에서 문제점을 지적한 것은, 진보가 앞으로 민주주의 발전에 기여할 수 있는 변화의 방향을 보여 주기 위해서이기도 하다. 다시 강조하건대, 대의 민주주의에서 무엇보다 중요한 것은, 정당을 중심으로 한 정치의 중요성을 인식하고 여기에 지적으로 대응하는 것이다. 그리고 현실 변화에 대응하고 진보가 근대화하기 위해 자유주의를 비롯한 여러 다양한 보편적 이념과 가치들을 보다 적극적으로 수용할 필요가 있다.

오늘날 진보적 지식인 사회 안팎에서 많은 사람들이 진보의 위기를 말하고 있다. 혹자는 더 비관적으로 진보는 죽었다고 말한다. 오늘날 진보적 지식인 사회는 분명 해체 과정에 있다. 그러나 해체냐 아니냐, 위기냐 아니냐 하는 문제는 실천적으로 그리 중요한 질문이라고 할 수 없다.

진보적 지식인 사회의 변화를 "변형"이라고 표현한 것은 다분히 의도적이다. 그것은 외부적 형태의 변화만이 아니라, 지식인 사회의 내적 구조, 그리고 지식인 개인의 내적인 지적·정신적 세계에 있어서의 변화를 표현하고자 했기 때문이다. 이 글을 쓰면서 필자는, 카프카가 쓴 현대인의 성격 변화에 대한 강력한 메시지를 담은 단편 『변신』*Verwandlung*(metamorphosis)을 많이 생각했다. 진보적 지식인은 무엇을 통해 한국 민주주의와 사회 발전에 기여할 수 있는가 하는 문제는 새롭게 제기되어야 할 것으로 보인다. 그리고 그 문제에 대한 해답을 구하려 하지 않는 한 상황은 나아질 수 없을 것이라고 할 때, 그 출발은 과거에 대한 성찰에서 시작되어야 할 것이다.

5장

제도적 실천으로서의 민주주의●

_____최장집

1. 국가권력을 민주화하는 문제

민주화가 이루어진다고 해서 국가권력이 자동적으로 민주화되지는 않는다. 왜냐하면 두 과정은 서로 다르기 때문이다. 이는 프랑스혁명 시기 이후에 활동했던 정치가이자 정치학자였던 토크빌이 처음으로 포착하고 이론화했던 문제이기도 하다. 그의 이론의 중요한 초점 가운데 하나는, 통치 제제가 변화했음에도 불구하고 권력의 근본적 구조, 즉 국가의 과도한 성장과 짝을 이루는 권력의 중앙 집중화는 변화하지 않았다는 점이다. 대혁명이라는 정치적 격변에도 불구하고, 앙시앵레짐ancien régime과 혁명 이후 권력 구조는 높

● 이 글은 2006년 10월 민주화운동기념사업회가 주최한 심포지엄 '6월 민주 항쟁과 한국 민주주의의 현주소'에서 했던 기조 강연의 내용이다.

은 연속성을 유지할 뿐만 아니라 대중 참여를 통해 정책과 법이 결정되는 민주주의의 성격으로 인해 권력의 중앙 집중화는 더욱 강화되고 국가 관료 체제는 더 비대해졌다는 것이다. 이런 현상은 국가와 개인 사이의 중간 집단인 자율적인 결사체가 허약하거나 부재하기 때문에 나타나는 결과이다. 그래서 토크빌은 "결사체의 예술(기예)"을 발휘해 한편으로는 권력의 중앙 집중화에 대응하고, 다른 한편으로는 원자화된 개인을 공동의 가치와 목표를 공유하는 집단으로 결합해 정치 참여의 집단으로 만듦으로써 민주주의가 가져오는 두 수준에서의 문제를 동시에 해결할 수 있는 처방을 제시한다. 그는 민주주의 그 자체가 좋은 사회를 보장하는 것이 아니라는 점과 아울러 민주주의의 질의 중요성을 일깨웠던 것이다(Tocqueville 2004, 66-198, 787-834; Tocqueville 1998, 195-248). 토크빌의 문제의식은 오늘날 민주화된 한국 사회가 안고 있는 문제에 대해서도 시사하는 바가 크다.

　미국 정치학자 그레고리 헨더슨은 한국 정치에 관한 최초의 분석적 연구라 할 만한 자신의 책 『소용돌이의 한국 정치』에서 토크빌의 이런 이론을 적용해 조선조 이후 한국 정치를 중앙으로 권력이 집중되는 구조로 설명하며 이를 "소용돌이의 정치"라 개념화했다(Henderson 1968). 이 개념은 민주화 이후 사반세기라고 하는 짧지 않은 시간이 경과한 오늘날에도 여전히 한국 사회의 가장 중요한 특징 가운데 하나로 제시될 수 있다. 오늘의 시점에서 볼 때 한국의 민주화가 공간적으로나 사회구조적 측면에서 권력의 하향 분산과 분권화를 통해 국가와 사회구조를 다원화로 이끄는 변화를 가져왔다고 말할 수는 없기 때문이다.

　민주적 참여의 확대가 경제 발전과 맞물린 시민사회의 성장을 기반으로 권력의 분산, 분권, 다원화를 추동하는 힘으로 기능할 것이라는 낙관적 가설은 일견 상당한 설득력을 갖는 것으로 보인다. 그러나 민주화 이후 한국 사회가 보여 준 결과는 그와는 반대로 중앙의 정점을 향해 권력이 더욱 집중되고, 이를 둘러싼 소용돌이 또한 가열되는 양상으로 나타나고 있다.

토크빌과 헨더슨은 자율적인 중간 집단들의 존재, 정부 권력이 미치기 어려운 시민사회의 성장이 국가권력과 대중 간의 직접적인 연계를 차단할 때 권력 중심의 분산이 가능할 수 있다고 보았다. 필자는 이런 관점이 오늘의 한국 사회가 안고 있는 문제를 이해하는 데 있어서도 유효하다고 본다. 나아가 한국에서 이런 중간 집단의 역할은 특히 사회의 균열과 갈등, 경쟁하는 이익과 가치를 대표하는 정당의 발전에서 찾을 수 있다고 생각한다.

한국에서 '소용돌이의 정치'의 중심에 서있는 제도는 대통령이다. 한국의 대통령은 정점을 향해 소용돌이치는 권력의 중심을 체현하고 있다. 해방 이후 한국 정당은 권력의 독점적 발원지인 대통령의 파생물로 제도화되었다. 사회적 권력을 밑으로부터 대표하는 정당들이 권력을 창출함으로써 대통령의 권력을 만든 것이 아니라, 먼저 대통령으로 체현된 권력이 중심에 선 이후에 그 권력이 외연을 확대하고 정당화하는 전달 벨트로서 위로부터 정당이 만들어진 것이다. 그렇다면 민주화는 이런 패턴에 어떤 변화를 가져왔는가?

결론부터 말하자면 아무런 변화도 없었다. 민주화 이전 시기 대통령 권력이 분단이라는 비상한 조건, 여러 국내외적 힘의 관계, 나아가 총구로부터 나왔다면 민주화 이후 대통령 권력은 기본적으로 선거에서 투표자 다수의 지지를 통해 나왔다. 그럼에도 민주화 운동 세력의 경우, 대통령과 관련된 제도와 그것에 의해 뒷받침된 대통령 권력이 야기하는 문제를 이해하는 방법에 있어 크게 달라진 점은 없다. 아니 오히려 개혁에 대한 바람을 대통령 권력에 의존해 실현코자 했으며, 그런 까닭에 정당 발전보다 집중화된 대통령 권력에 더 큰 가치를 부여해 왔다고도 할 수 있다.

해방 이후 아홉 차례에 걸친 헌법 개정 중 여덟 번은 대통령의 임기와 권한에 관한 것이었다. 그럼에도 대통령의 임기와 권한을 둘러싼 개헌 문제가 늘 정치적 논란의 주제가 되어 왔다. 개헌 문제에 대해서는 뒤에서 다시 언급하기로 하고, 그전에 한 가지 분명히 해두어야 할 전제가 있다. 그것은 국가권력의 집중화라는 문제와 국정을 운영하고 국가기구를 관리하는 유능함과 리더십의 문제를 분리해서 이해해야 한다는 것이다.

아마도 개헌을 포함한 제도 개혁 중심의 접근은 국가권력의 집중화 문제를 개선하는 데 일정한 효과를 발휘할 수 있을지 모른다. 그러나 후자의 문제, 즉 국정을 운영하고 국가기구를 관리하는 유능함과 리더십은 제도 차원으로 환원될 수 있는 문제는 아니다. 그간 한국의 대통령 권력이 드러낸 문제는 차라리 이 양자 간의 괴리에서 발생했다고 할 수 있다. 모든 공적 권력이 대통령으로 집중된 상황에서 리더십의 문제가 발생할 때, 결과는 통제 불능의 카오스 상태를 피할 수 없기 때문이다.

이런 이유로 제도 개혁 문제를 대통령제와 관련된 문제로 환원해 접근하는 것은 한계가 있다. 무엇보다 문제 해결의 실마리는 사회에 뿌리내린 정당과 정당 체제의 발전에서 찾아야 한다. 왜냐하면 국가와 행정 관료제를 관장하는 대통령의 권력이나, 입법과 정책 결정을 둘러싸고 경쟁하는 정당과 의회의 권력 모두 "민중적 민주주의"populistic democracy의 원리를 따라 인민에 의한 투표로부터 나오는 것이기 때문이다. 전자는 위로부터 집중된 권력을, 후자는 밑으로부터 분산된 권력을 각각 대표한다(Dahl 1956).

이상의 논의가 시사하듯, 이 글의 중심 주제는 국가권력의 민주화에 관한 것이다. 이를 위한 방법으로서 필자는 "제도적 실천"으로서의 민주주의의 문제를 강조하고자 한다. 민주주의는 '정치적인 것'의 공간을 여는 것이고, 이 공간에서 가장 중요한 제도적 메커니즘이 정당이라는 점은 이 문제를 이해하는 데 가장 중요한 명제이다.

2. 운동에 의한 민주화의 유산

필자는 여러 차례에 걸쳐 한국의 민주화를 "운동에 의한 민주화"로 특징지어 왔다. 군부 권위주의의 붕괴는 민주화를 열망하는 민중적 열정과 에너지의 분출, 집단적 동원 없이는 불가능했다. 운동을 추동했던 사람들에게 민주주의는 군부독재를 타도한 그 자리에 민중 권력을 창출하는 것을 의미했다. 이로 인해 민주파는 스스로 정당성과 도덕성을 가졌다고 자임하며 그에 대한 자긍심을 가졌고, 다른 사람들도 강하게든 약하게든 이를 인정하지 않을 수 없었다.

권위주의 시기 대다수 중산층과 기득 세력들은 민주파에 대해 일정한 부채 의식 내지 열등감을 가졌다. 사회적·정치적 의식 수준에서 민주파가 정당성과 도덕성을 가지고 실천적으로도 운동을 주도했던 민주화 과정 동안 민주주의는 정신적 헤게모니를 가졌다고 말할 수 있다. 그러나 모든 운동이 그러하듯 한국의 민주화 운동 역시 보편적인 변화의 패턴을 피할 수 없었다. 운동의 탈동원화가 그것이다.

운동이 탈동원화 단계로 넘어간 것 자체가 문제는 아니다. 중요한 것은 어떤 운동도 피할 수 없는 이런 탈동원화가 어떤 의미 있는 정치적 결실로 이어졌느냐에 있다. 그리고 그 핵심은 민주화로 인해 열린 정치 공간에서 운동 세력들이 민주주의의 가치와 규범에 부합하는 비전과 정책을 제도화할 수 있느냐의 문제와 직결되어 있었다.

여기서 말하는 제도화란, 민주화라는 비상한 변화를 주도했던 운동으로부터 민주주의를 일상적인 것으로 만드는 정치적 실천을 의미한다. 말할 것도 없이 그 중심에는 정당정치의 문제가 놓여 있다. 운동을 주도했던 민주파의 이상은, '민주화 이후'라는 새로운 현실에서 그에 부응하는 정당을 건설하지 않고서는 실현 불가능한 것이다.

한국의 민주화 운동 세력이 왜 민주적 정치과정에 적응하는 데 있어 유능하지 못했나를 이해하기 위해서는 먼저 민주화라는 체제 변화의 거시적 성격에 대한 이해가 필요하다. 민주화는 권위주의를 해체하는 것과 민주주의를 건설하는 두 과정으로 이루어진다. 이 두 과정에서 중심적 행위자들에게 요구되는 정치적 규범과 실천은 판이하게 다르다.

권위주의의 해체 과정은 안티테제를 급진화하고 동원하는 과정으로 요약된다. 그것은 강력하고 억압적인 권위주의 국가기구에 대항하는 강력한 반대의 힘들을 동원하고 조직하는 단계에서 불가피한 것이라 할 수 있다. 권위주의에 대응하는 한 그들이 견지하는 이념, 비전, 열정, 가치들은 정당화될 수 있었고, 강하고 급진적일수록 상찬받았다. 민주화 투쟁에서 요구되는 영웅적 자기희생과 열정의 크기만큼, 그에 상응하는 이념적 기제 또한 급진적이고 강력한 것이 되지 않을 수 없었던 것이다.

분명 그들은 도덕적 열정과 혁명적 이상주의에 바탕을 둔 해방된 공동체를 그렸다. 이런 공동체를 민주주의 또는 민주주의의 이상적 가치이자 목표로 이해하는 동안, 그들은 개인의 자유, 권리의 실현과 같은 냉정하고 분석적인 이성에 호소하는 자유주의적인 이념보다는 낭만주의와 공동체적 집단주의에 더 큰 친화성을 보였다. 이처럼 혁명적 이상과 열정, 집단주의가 민주화 운동을 지배하면서 한국에서 민주주의의 발전과 관련해 중요한 의미를 갖는 몇 가지 정조와 정향들이 만들어졌다. 그것은 일거에 총체적 해결을 도모하려는 강한 충동, 정치에 대한 도덕주의적 접근, 운동의 목표 내지 대상에 대한 적대 의식, 현실로 존재하는 사회의 부분 이익이나 개인의 특수 이익에 대해 무관심하거나 부정적인 동시에 전체 사회와 국가, 민족 전체의 공공선과 같은 추상적 가치와 명분을 추구하는 가치 정향으로 나타났다.

문제는 운동 과정에서 형성된 이런 가치 정향이 민주화 이후 민주주의를 건설하는 과정에서 결코 긍정적이라 할 수 없는 효과를 낳았다는 데 있다. 그 가운데서도 특히 현실 정치와 정당에 대한 불신을 조장하는 반反 정치주의적 태도와 정향은 민주화 운동 세력이 민주화 이후 정치과정에서 능동적인 행위자로 성장하는 데 심대한 부정적 효과를 발휘했다. 그 결과 민주화 운동 세력은 정치의 방법으로 사회경제적 삶의 현실을 개선하는 문제에 무관심했고, 이 문제를 민주정치의 장場에서 풀어 나가는 문제에 무기력했다. 이런 이유로 민주주의를 위해 투쟁했던 시기 그들은 사회 변화의 총체적 해결을 도모했지만, 민주화 이후 정치과정에서는 이렇다 할 중심적 역할을 담당하지 못했다.

민주화 이후 그들은 기존 사회질서가 만들어 내는 헤게모니와 대면하지 않으면 안 되었는데, 그럴 때 그들은 그야말로 무기력한 위치로 떨어졌다. 그들은 공동의 목표와 가치를 정치적으로 재조직하지 못했고 따라서 민주화 이후의 조건에서 힘을 결집하지 못하고 재빨리 기성 질서에 분자적으로 흡수되어 갔다. 그들의 선택은 구질서의 제도와 그 작동 원리를 그대로 추수하는 것 외에 다른 것이 아니게 되었던 것이다.

결국 문제의 핵심은 민주화 운동 세력이 민주주의의 가치와 이념에 부응하는 대안적 정당을 건설하는 데 실패하면서 정치적으로 분해되었다는 데 있었다. 따라서 민주파가 기존 정당에 제아무리 많은 수로 참여했다 하더라도 여야 정당 간의 경쟁이 사회경제적 정책면에서 새로운 차이를 만들어 내지 못한 것은 당연한 결과였다. 동시에 그것은 민주파가 민주화를 전후한 시기에 가졌던 정당성이나 도덕성에 대한 프리미엄을 상실하는 과정이기도 했다.

3. 대통령제 개혁과 한국 민주주의의 발전

크게 보면 민주화 과정이 일정하게 공고화되면서 그와 함께 진행된 탈동원화의 후반부는 민주적 제도화의 계기와 맞물리는 시기였다고 볼 수 있다. 그러나 실제 제도적 실천은 정치를 수단으로 새로운 사회경제적 요구들이 정치체제 내로 투입되는 새로운 경쟁의 틀을 형성하고, 그 틀 안에서 일상적인 정치를 활성화하는 것으로 나타나지 않았다. 그보다는 제도 개혁이라는 이름하에 여러 정치 관련 제도들과 헌법 조항을 둘러싼 논란이 주기적으로 반복되어 나타났다.

그 대표적인 예로는 김대중 정부 시기 이후 빈번하게 제기되어 온 제도 개혁, 그중에서도 특히 대통령 중임제, 대통령 선거와 국회의원 선거의 주기 조정 등을 중심으로 한 개헌 논의를 들 수 있다. 그것은 차이를 갖지 않는 정당들이 정치의 실패를 정당화하거나 극복하기 위해 그 방법이나 출로를 정치 밖의 제도 변화에서 찾으려 한 시도라 할 수 있다. 문제는 정치권 안팎에서 이런 개헌 논의와 제도 개혁 논의를 주도했던 집단이 다름 아닌 운동권 출신들이었다는 사실이다. 논의를 진전시키기 위해 대통령제를 둘러싼 개헌론을 중심으로 한 기존의 제도 개혁론을 좀 더 자세히 살펴보자.

한국의 대통령제를 이해하기 위해 먼저 정부 형태의 제도적 특징을 살펴보도록 하겠다. 일찍이 후안 린즈를 비롯해 지오반니 사르토리, 아렌트 레이프하르트 등 주요 정치학자들은 대통령제와 의회 중심제, 그리고 이 두 모델의 중간 형태를 포함한 정부 형태의 장단점을 비교하는 이론을 제시한 바 있다(Linz and Valenzuela 1994). 린즈, 셰보르스키와 같은 일군의 학자들은 대통령제에 대한 의회 중심제의 우월성을 강조한 반면, 사르토리나 필립 슈미터와 같은 학자들은 제도 그 자체만으로 장단점을 논하는 관점에 부정적 입장을 취하면서 그보다는 이 제도가 작동할 수 있는 정치적·사회적 조건을 강조한다(Sartori 1994a). 이 문제와 관련해 필자는 후자 그룹의 주장을 통해 문제를 바라보고자 한다.

물론 후안 린츠가 대통령제를 비판하는 논거에는 상당한 설득력이 있다. 그는 대통령제의 다섯 가지 특성을 다음과 같이 제시한다(Linz 1994).

① 이중적 정당성 : 이는 대통령과 의회 모두 국민의 직접선거를 통해 선출·구성되는 민주적 정당성을 갖기 때문에, 국가의 두 대표 기구가 충돌할 때 이를 조정할 수 있는 적절한 메커니즘이 존재하지 않는다는 것이다.

② 임기 조항에 따른 경직성 : 이는 대통령제가 경직된 임기 조항을 갖기 때문에, 정치적·경제적·사회적 위기 상황에 유연하고 융통성 있게 대응할 수 없다는 주장이다.

③ 책임성과 그 확인 가능성 : 대통령제 지지자들은 대통령제가 누구를 선출하는가를 분명히 확인할 수 있고 그 책임성을 물을 수 있다는 장점이 있다고 말하지만, 이 문제에 있어서도 오히려 의회 중심제가 더 효과적이다.

④ 승자 독식 : 무엇보다 대통령중심제는 다수를 획득하는 선거의 승리자가 모든 것을 갖고 패자는 모든 것을 상실하는 승자 독식을 보장하며, 그렇기 때문에 정치 갈등과 양극화를 강화하는 문제를 안고 있다. 요컨대 대통령제는 제로섬 게임과 같은 특징이 있지만, 의회 중심제는 주요 정당들에 대한 비례적 보상을 특징으로 한다.

⑤ 임기 연장을 허용하지 않는 것과 그에 따른 부정적 효과 : 대통령제는 단임이나 중임만 허용함으로써 임기 연장을 허용하지 않는데, 이는 임기 연장 시도를 낳음으로써 자주 권력 승계의 위기를 초래한다는 문제가 있다. 그러나 그보다 더 중요한 문제는 잦은 권력 교체로 인해 사회 변화를 위한 중요한 정책 프

로그램들이 정책적 연속성을 가지고 수행되기 어렵고, 정책 단절과 후임 정권에 대한 불신을 가중시킴으로써 졸속적인 정책 결정이나 야당 탄압, 그리고 예산을 단기적 관점에서 소비할 유인을 강화한다는 것이다.

민주화 이후 한국의 상황도 린츠가 위에서 지적한 대통령제의 부정적 요소를 거의 대부분 공유하고 있다. 이중적 대표성의 딜레마를 최대로 드러내는 여소야대의 분할 정부 상태는 민주화 이후 모든 정권들이 예외 없이 직면했던 문제였다.

대통령중심제가 갖는 경직성은 현직 대통령들이 임기 말에 이르러 레임덕 상황에 직면했을 때 불거져 나온 정책 실패나 부정 비리 의혹과 같은 여러 형태의 문제와 결합하면서 대통령을 무력하게 만들었다. 그 결과 고도로 중앙 집중화된 국가기구를 관장했던 강력한 대통령은 너무나 쉽게 허약한 대통령으로 전락하기 일쑤였다.

노무현 정부의 사례는 임기 경직성의 문제를 더욱 적나라하게 드러냈다. 2005년 재보궐선거 이래 선거 때마다 참패를 거듭해 온 대통령과 정부는 임기 중반부터 이미 효과적으로 정책을 수행할 지지 기반을 상실했다. 의회 중심제나 프랑스와 같은 준*대통령제의 경우 이런 상황에서는 조기 총선을 통해 현 정부의 신임을 묻거나, 야당에게 정부 운용을 위임함으로써 위기를 해소할 수 있다. 그러나 현행 대통령제하에서는 그런 일이 제도적으로 불가능하다.

또한 대통령제하에서 유권자들은 대통령 후보자들의 면면을 잘 알고 그에 따라 투표할 수 있는 장점을 가진다고 하지만, 린츠의 지적대로 유권자들은 실제로 그가 누군지, 어떤 능력을 가지고 있는지에 대해 의회 중심제의 수상보다 더 모를 수도 있으며, 그럴 때 그 결과가 만들어 내는 위험은 감당하기 어려울 정도로 클 수 있다.

또한 대통령제 지지자들은 대통령제가 분명하게 책임을 물을 수 있는 장점이 있다고 말하지만, 한국과 같이 대통령 선거를 전후로 한 시기마다 정당이 바뀌면서 대통령과 정당 간 일체성이 크게 약화되거나 정당의 제도적 지속성이 약한 경우, 다음 선거에서 퇴임 대통령의 업무 수행에 대한 책임을 묻기란 대단히 어렵다.

한국의 상황에서 대통령제가 승자 독식을 실현하고 정치의 양극화를 강화하는 데 기여했다는 주장도 부정하기 어렵다. 결선투표제 없이 단순 다수제를 통해 대통령을 선출하는 한국의 제도에서는 예외 없이 절반 이하의 지지표 획득으로 대통령이 만들어졌다. 한국의 대통령이 엄청난 권력과 권한을 행사한다고 할 때, 그것은 그를 지지하지 않은 더 많은 수의 나머지 유권자들을 소외시키고 배제하는 과소 대표의 문제를 야기하는 것임에 분명하다.

마지막으로 임기 연장을 허용하지 않는 대통령제하에서 현직 대통령이 임기 연장을 시도할 위험이 높다는 약점과 관련해서 만큼은, 한국의 경우 민주화를 통해 이 문제를 거의 완전히 해결했다고 말할 수 있다. 이는 한국 민주화의 큰 업적으로 평가할 수 있다. 그러나 제한된 임기를 갖는 대통령제가 정책의 연속성을 실현하기 어렵고 졸속적 정책을 증가시키는 약점을 가진다는 지적은 한국의 현실과 크게 배치된다고 말하기 어렵다.

이런 상황에 비춰 민주화 이후 현재까지 제도 개혁을 제기하고 주창했던 사람들의 논거는 상당한 설득력을 갖는 것으로 보인다. 그러나 이런 주장이 더욱 광범위한 합의를 얻기 위해서는 민주화 이후 대통령제의 실천을 통한 한국 정치의 경험들이 진정으로 대통령제라는 제도의 효과 때문이라고 말할 수 있는가를 좀 더 면밀하게 따져 볼 필요가 있다.

필자가 제도 개혁이 민주주의 발전에 기여할 수 있다는 주장에 부정적인 까닭은 보다 좋은 제도가 필요 없다거나, 일체의 제도 변화에 부정적이기 때문에 그런 것이 아니다. 한국 사회는 민주주의 발전과 더불어 기존의 제도가 지속됨으로써 만들어지는 문제를 포함해 국제 환경의 변화나 국내 사회경제적 변화로 인해 과거에는 직면하지 않았던 새로운 문제들을 갖게 되었고, 이들 문제를 해결함에 있어 기존 제도가 갖는 역기능이나 제약에 봉착하는 상황이 자주 발생하곤 했다.

제도는 필요할 때 개선할 수 있으며, 이 경우 외국의 좋은 헌법, 좋은 제도를 참조하는 것은 매우 중요하다. 그럼에도 불구하고 제도 개혁, 헌정 체제의 변화와 같은 중요한 개혁은 극도로 신중해야 하는 영역이 아닐 수 없다. 무엇보다 제도는 그 자체의 학습 효과와 실천을 통해 제도를 작동시키는 관습화된 양식을 필요로 하기 때문에, 기대와 달리 제도 변화에 의한 차이가 만들어 내는 실제 효과가 미미할 가능성이 높기 때문이다.

또한 제도 변화는 새로운 제도에 대한 시행착오와 적응의 비용을 포함한다. 따라서 새로운 제도를 도입하기 전에 검토해야 할 사항들은 많은데, 그 가운데 다른 무엇보다도 다음의 두 가지 조건을 먼저 고려하는 것이 중요하다. 첫 번째 조건은 민주주의하에서 제도를 움직이는 주요 행위자인 정당들 간의 경쟁과 협력의 양식을 고려하는 것이다. 정당 체제라고 불리는 이 조건은 제도 변화의 효과를 직접적으로 매개하는 가장 중요한 차원이기 때문이다. 두 번째 조건은 정당들이 기반을 두고 있는 사회경제적 구조에 대한 고려이다. 정당은 사회의 이익과 갈등, 열정과 비전을 국가와 시민사회 사이에서 매개하는 역할을 하기 때문이다. 먼저 첫 번째 조건과 관련된 문제들을 살펴보자.

우선, 여소야대에 따른 분할 정부가 정책 결정과 정부 운영에서 제도적 장애가 된다는 것은 한국 제도의 원형이 되는 미국 제도를 볼 때 설득력을 갖지 못한다. 사르토리의 말처럼 미국의 정치체제는 헌법 때문에 작동하는 것이 아니라, "헌법에도 불구하고" 작동하기 때문이다. 이는 실용적 융통성, 약한 정당 체제, 예산 분배 정치와 같은 비헌법적 요소들을 통해 이중 대표성을 갖는 행정부와 의회 사이의 잠재적 갈등을 피할 수 있기 때문이다 (Sartori 1994b, 88-89).

민주화 이후 최초로 정부 여당이 의회 다수를 확보했음에도 불구하고 노무현 정부는 약속했던 개혁 법안들을 주도하지 못했다. 이는 대통령제가 반드시 강력한 대통령을 보장하는 것도 아니며, 제도적으로 행정부와 의회 두 영역 모두에서 권력을 갖는다 하더라도 선거에서 위임받은 정책을 실현하지 못하는 상황이 나타날 수 있음을 보여 준다. 더욱이 정치권 밖 시민사회에서 일반 유권자 다수가 개혁을 지지하고 있는 상황에서도 그러했다. 이런 정책 수행 실패는 제도와는 무관한 허약한 정당, 허약한 리더십 때문에 초래된 결과임에 분명하다.

현직 대통령이 임기 말에 무력화되는 현상 또한 대통령제만의 문제가 아니며, 의회 중심제 역시 정도의 차이는 있지만 유사한 양상을 보인다는 점에서 이는 모든 권력의 속성이라 할 수 있다. 임기의 경직성이나 승자 독식은 대통령제가 갖는 문제임에 분명하나, 반대로 인위적 다수 manufactured majority의 등장을 용이하게 해줌으로써 제도적 안정성을 보장해 주는 효과를 갖기도 한다. 의회 중심제가 제대로 작동하지 못했던 프랑스 4공화국이나 독일 바이마르공화국, 한국의 2공화국 등은 제도적으로 정부 권력을 안정화하는 데 있어 대통령제의 약점이 아니라 장점이 부각된 사례라 할 수 있다.

현재 한국 대통령제의 개혁 논의에서 가장 강력하게 요구되는 것은, 5년 단임제를 4년 중임제로 바꾸자는 것과, 제도적으로 중간 평가가 가능할 수 있도록 대통령 선거와 국회의원 선거 주기를 일치시키자는 것이다. 특히 중간 평가의 필요성을 내세우는 제도 개혁 주장은 민주주의의 핵심 원리가 대표-책임의 연계에 있다고 할 때 설득력을 갖는다. 또한 다른 관점에서 이들 제도 개혁 요구의 핵심은 미국 대통령제를 모델로 그에 보다 더 가깝도록 개혁하자는 것이다. 그러나 과연 한국 민주주의의 발전을 위해 그런 제도 개혁이 필요한 것인가?

5년 단임제를 바꿔야 한다는 주장의 중심 논거는 대통령이 자주 바뀌기 때문에 레임덕이 빨리 오고 따라서 정책의 연속성과 안정성을 실현하기 어렵다는 것이다. 이 주장이야말로 한국 현실에서는 가장 설득력이 약하다. 민주화 이후 정부들이 5년 단임제라는 짧은 임기 때문에 정책 연속성을 갖지 못했다는 것은 가상의 현실을 상정하는 것일 뿐이다. 그동안 민주 정부들은 그런 주장과는 매우 상반되는 행태를 보여 왔다.

필자가 이미 여러 차례 이야기해 왔듯이, 민주화에도 불구하고 거시 경제정책, 사회경제정책, 노동-복지 정책, 교육 정책, 농민 정책, 그리고 한미 관계가 중심을 이루는 대외 정책 등 모든 주요 정책 분야에서 변화는 거의 없었다. 하나의 중요한 예외는 대북 정책 정도이다. 그러나 전체적으로 말해, 민주화와 여러 차례의 정권 교체에도 불구하고 정책 단절은 이루어지지 않았다. 요컨대 구체제로부터 노무현 정부까지 포함해 지속되는 고도의 정책적 연속성이야말로 한국 민주화의 중요한 특성이라 할 수 있다.

이 연속성은 민주화 운동 세력들이, 그리고 그들이 대거 참여한 정권이 아무런 대안적 비전과 정책도 갖지 못한 결과라 말할 수 있다. 대안적 정책이 존재하지 않는 조건에서 정책의 단절성을 걱정하는 것은 허구이거나 자기변명적 우려에 불과하다. 따라서 단임제로 인해 레임덕이 빨리 와 정책의 연속성과 안정성을 기대하기 어렵다는 가정은 대통령 중임제 개헌의 필요성을 정당화하는 근거로 전혀 설득력을 갖지 못한다. 노무현 대통령과 이명박 대통령의 사례에서 보듯 대통령이 5년 임기 가운데 초기 혹은 중반부터 정치적 위기를 맞고 있다는 사실은 제도가 아니라 정치적 리더십이 문제라는 점을 분명히 보여 주고 있다.

대통령 연임과 관련한 논의에 비해 책임성을 강화하기 위해 선거 주기를 조정하는 문제는 논의할 만한 가치가 없는 것은 아니다. 그러나 중간 평가가 반드시 미국처럼 되어야 한다는 주장은 설득력이 약하다. 중간 평가를 효과적이게 하는 가장 중요한 요소는 선거 주기의 일치라는 제도적 조정이 아니라 정당 체제를 어떻게 제도화할 것인가에 달려 있다. 정당이 사회에 뿌리내리지 못해 정책 투입 기능이 약하고, 또한 정당의 제도화 수준이 미약한 한국의 정치 현실에서 현 정부에 대한 평가는 대통령 개인에 대한 평가라는 의미를 강하게 띤다.

민주주의에서 책임을 묻는 가장 중심적 수단이 선거임은 물론이다. 그리고 이 책임성은 선거가 갖는 두 가지 요소, 즉 회고적 투표retrospective voting와 전망적 투표prospective voting를 통해 이루어진다. 그러나 정당의 연속성이 약한 곳에서는 회고적 투표와 전망적 투표 간의 연계가 뚜렷하게 나타날 수 없다(Manin, Przeworski and Stokes 1999). 회고적 투표의 대상이 되었던 정당이 주기적으로 사라지거나 재편되는 상황에서 전망적 투표 역시 실행하기 어렵기 때문이다. 한국의 정당들은 대통령 선거를 전후로 한 시기면 언제나 권력과 사람을 중심으로 빠르게 재편되는 양상을 보여 왔다. 따라서 하나의 정부는 정당에 의해 수립되기보다 대통령 후보 내지 대통령을 중심으로 수립되어 왔다. 그렇기 때문에 우리는 김영삼 정부, 김대중 정부, 노무현 정부, 이명박 정부라고 부르지 민자당 정부, 민주당 정부, 열린우리당 정부, 한나라당 정부라고 말하지 않는다. 이런 조건에서 선거를 통해 정부 정책과 업적에 대해 책임을 묻기는 극히 어렵다.

이와 관련해 여러 지방선거의 결과들은 흥미 있는 사실을 보여 주었다. 지방선거는 두 가지 정치적 기능을 수행했다. 하나는 지방선거 원래의 기능, 즉 지방정부의 대표를 선출하는 것이었다. 다른 하나는 중앙 정치에 대한 중간 평가 기능이었다. 즉, 총선이 중간선거적 기능을 갖지 못할 때조차 지방선거가 그런 역할을 할 수 있다는 것이다. 5년 주기의 대통령 선거와 4년 주기의 총선은 그 차이가 짧게는 1년이 될 수도 있고, 길게는 4년이 될 수도 있다. 그러나 4년 주기의 지방선거가 그 사이 사이에 끼어 중간선거 역할을 할 수 있다. 그 시간 차이가 다소 불규칙적이라 해도 그것 때문에 제도를 바꾸어야 할 만큼 중요하다고 보지는 않는다.

4. 민중 권력의 대변자에서 민주주의 제도 내의 대통령으로

앞에서 살펴본 대통령제 개혁의 문제를 다른 관점에서 접근할 수도 있다. 무엇보다 먼저 생각해야 할 것은 민주주의 체제하에서 그리고 한국 민주주의 발전을 위해 대통령은 어떤 위상과 권력을 가져야 할 것인가 하는 문제이다. 바꿔 말해, 민주주의의 제도적 실천이라는 문제의식에서 바라본, 제도로서의 대통령의 위상에 대한 것이다.

  필자의 관점에서 민주화 이후의 정치는 "거꾸로 선 정치"로 특징지을 수 있다. 정치가 사회적 기반을 갖는 정당들의 경쟁과 협력의 체계를 통해 실천되는 것이 아니라, 어떤 정파가 대통령을 차지하느냐 그리고 대통령직의 임기와 권한은 어떠해야 하느냐 하는 등 권력의 최정점에서 대통령 개인을 둘러싸고 전개되고, 대부분의 정치적 갈등과 경쟁이 거기서 발생하기 때문이다. 게다가 이 현상은 계속해서 제어할 수 없는 정치적 열정과 갈등의 원천으로 작용하고 있다. 이는 그레고리 헨더슨이 말했던 "소용돌이의 정치"가 갖는 특징이기도 하다.

대통령제를 둘러싼 논의는 이런 소용돌이의 정치를 표상하고 있는 것이기도 하다. 민주화 운동 세력, 더 나아가 한국의 일반 국민이 민주주의를 어떻게 이해하느냐 하는 문제는 민주주의하에서 국가권력과 대통령의 권력을 어떻게 이해하느냐와 밀접한 연관성을 갖는다.

일찍이 권위주의 시기의 구체제하에서 국가권력과 대통령의 권한은 중앙 집중화와 더불어 강력해졌고, 한국의 정치체제는 강력한 국가기구를 독점적으로 관장하는 강력한 대통령중심제로 알려지게 되었다. 박정희 대통령과 같이 군부 권위주의의 수장이 아니더라도 이미 그보다 앞선 이승만 자유당 체제 역시 사인적私人的 권위주의 체제로 불릴 정도로 모든 정치권력이 대통령 한 사람에게 집중되었고, 국가권력은 대통령의 인격과 동일시되었다.

그렇다면 민주화 이후 대통령은 어떻게 민주화되었나? 즉, 대통령은 어떤 권력과 권한을 담지하고 있으며, 대통령의 권력을 제한하는 제도적 장치는 무엇인가, 그리고 그것은 실제로 어떻게 작동해 왔는가? 이 문제에 대한 답을 찾기 위해서는 운동이 추동한 민주화의 궤적을 살펴볼 필요가 있다.

한국 민주화의 성격은 "군부독재 타도, 민주 헌법 쟁취"라는 슬로건 속에 잘 집약되어 있다. 그리고 이 민주 헌법 쟁취의 핵심은 대통령 직선제였다. 강권력을 수단으로 한 자의적 권력 획득과 유지로 인해 정당성을 갖지 못했던 권위주의 체제를, 직선으로 대통령을 선출함으로써 정당성을 갖는 민주 정부로 대체한다는 것이었다. 하지만 민주적으로 선출된 대통령이라는 변화 외에 대통령의 권력과 역할에 대해서는 그 어떤 의미 있는 변화도 만들어 내지 못했다. 그 결과 민주화에도 불구하고 강력한 대통령이라는 전통은 그대로 유지되었던 것이다.

그렇다면 운동에 의한 민주화는 왜 이런 구조를 변화시키지 못했나? 강력한 군부 권위주의를 붕괴시키는 데는 민주화에 대한 민중적 열정과 에너지의 분출, 그리고 동원화가 요구되었다. 운동을 추동했던 사람들에게 민주주의는 군부독재를 타도한 그 자리에 민중 권력을 창출하는 것을 의미했다. 그리고 그것은 선거를 통해 국민이 직접 선출한 민주적 지도자, 즉 대통령으로 구현되었다.

민중 권력의 체현으로서 대통령은 루소의 "일반의지"를 대표하는 한 사람으로 비유될 수 있을지 모른다. "국민이 직접 뽑은 대통령"은 민주주의의 열정을 담은 어떤 원천적 힘의 덩어리처럼 느껴진다. 또한 그것은 일종의 블랙박스처럼 속이 비어 있는 어떤 분해되지 않은 일체성을 의미하는 것처럼 이해되기도 한다. 민주적으로 선출된 민주 정부의 대통령이 스스로를 국민의 대변자로 자임하든, 그의 지지자들이 그를 그렇게 이해하든, 국가의 일반의지를 대표한다는 점에서는 구체제에서의 권위주의적 대통령의 거울 이미지와 같은 것이다.

국민적 지도자로서의 강력한 대통령 이미지는 구체제로부터 전수된 것 외에도, 민주화와 더불어 일반의지의 담지자라는 권위와 정당성, 그리고 도덕성까지 부여받게 되었다. 역설적이게도 이때의 강력한 대통령은, 냉전 시기 구체제의 지배 구조가 남긴 강력한 보수적 정치·사회 기반을 개혁해야 하는, 민주적 개혁가로서의 이미지를 만들어 냈다.

요컨대 한국에서 민주화의 가장 중요한 내용은 개혁적인 대통령을 선출하는 것이었다. 사실상 대통령 개인의 의지와 능력에 대한 기대 내지 의존이라 할 수 있다. 민주화 이후의 정당 체제를 최근 학계와 공론장에서 많이 사용되는 이른바 "87년 체제"라는 말로 개념화한다면, 이런 특징은 87년 체제의 특징과도 잘 부합한다. 당시 민주화 운동 세력이 정당으로 분화되는 단계에서 나타난 이른바 "후보 단일화", "비판적 지지", "독자 후보" 지지 그룹들은 모두 그 내용의 차이에도 불구하고 어떤 대통령을 세울 것인가를 최대 이슈로 삼았다.

여기서 어떤 정책적 차이 때문에 분화가 필요하다는 논거는 인물 뒤에 가려져 명시적으로 언표화되지 않았거나 아예 존재하지 않았다(박상훈 2006). 이는 민주화 운동 세력들에게 어떤 정당 체제를 만들고 실천할 것인가 하는 문제의식은 상대적으로 약했거나 아예 형성되지 않았음을 말해 주는 것이기도 하다. 이들에게 새로운 정당과 정당 체제에 대한 문제의식은 분명 찾아보기 어려웠다.

이런 조건에서는 민주파가 아무리 열정을 가지고 대통령으로 의인화된 민주주의의 일반의지를 추구한다 하더라도, 점점 더 공허해지는 결과와 대면할 수밖에 없었다. 왜냐하면 기존 질서의 헤게모니에 대응해 변화를 가능케 할 수 있는 것은 다름 아닌 정책적 전환과 그것을 뒷받침할 수 있는 정당 체제적 기반이기 때문이다. 따라서 민주화 운동 세력이 구체적인 정책적 비전과 대안 없이 정치 세력화할 때 그 결과는 기성 헤게모니를 수용하는 것이 될 수밖에 없었다. 이런 사태는 정부에 참여한 민주화 운동 세력들이 새로운 정당으로 그들의 권력을 정당화하지도 그들의 비전을 제시하지도 못한 가운데 방대한 국가기구를 운영하게 될 때 피할 수 없는 일이기도 하다.

차별화된 정책을 갖지 못한 민주화 운동 세력의 정치 세력화와 그들의 권력 수임受任은 정서적이거나 이데올로기적인 동원화를 수반하거나 그것으로 귀결될 수밖에 없다. 그들은 구체적인 정책 대안이나 민주주의를 통해 도달하고자 하는 사회에 대한 비전 없이 스스로를 정당화하고 그 지지 기반을 유지, 확대해야 하기 때문이다. 그리고 이런 조건은 이데올로기의 정치 내지는 열정의 동원을 통해 정치를 급진화하고, 경쟁 세력들 간의 장벽을 강화한다.

그 결과 한국 정치는 진영을 나누어 격렬하게 대립하는 양상을 나타내게 되었다. 이들 간 대립의 특징은 정책적 측면에서는 대부분 차이가 없거나 중첩되지만, 대립의 강도만큼은 격렬하다는 데 있다. 여기서 흥미로운 것은 이런 정치 대립에도 불구하고, 진영의 장벽을 넘나드는 정치적 이합집산, 그 결과로 나타나는 "즉응의 정치"는 다른 차원에서 계속되었다는 사실이다. 따라서 진영 간 정치 대립의 격렬함은, 사회적 현실에 기반을 둔 것이 아니라 매스미디어를 통한 여론화나 서로 다른 지지자들 사이의 적대 의식, 정치인들의 어떤 행동 패턴에 기인하거나 그 수준에서 의미를 갖는 것이다.

민주화 운동 세력들은 실제 내용에 있어서 보수적 정당과 아무런 차이를 갖지 못했지만, 권력의 안정을 위해 끊임없이 민주적 정당성과 도덕적 우위를 앞세우며 보수 세력에 대항하는 반反보수 세력의 통합을 강조했다. 하지만 이 정치 경쟁의 공식은 민주화 운동 세력 또는 개혁 세력임을 자처하는 정치인들의 실패를 표징하는 것 이상이 될 수 없으며, 이제 더 이상 유효하지 않다.

제도적 실천으로서의 민주주의의 중요성을 강조하는 이유는, 민주주의의 성격과 관련된 두 가지 측면 때문이다. 하나는 한국의 경험이 잘 보여 주듯, 민주주의로의 전환의 계기는 민중적 운동의 동원 없이는 만들어지기 어렵고, 운동에 의한 민주화의 국면은 필연적으로 민주주의의 제도를 통한 일상적인 정치로 전환된다는 점이다. 다른 하나는 민주화 이후 정치에서는 이런 일상적인 제도적 실천을 통하지 않고서는 민중적 요구와 힘을 국가의 권력 행사와 정부의 정책 결정 과정 속으로 투입할 수 없다는 점이다. 이를 위해서는 민주주의의 제도적 성격을 이해하는 것이 필요하다.

운동의 관점에서 민주주의는 억압받는 자들에 의한 자유와 평등의 요구와 그 실현을 지향하는 정치체제로 이해된다. 다른 한편 현실 정치에서 실제로 작동하는 제도의 측면에서 민주주의는 통치 체제의 한 유형이다. 여기서 운동에 의한 민주화로 특징되는 한국 민주주의의 발전 단계는 이제 운동 국면으로부터 일상 정치의 국면으로 그 중심이 이동했다는 사실을 강조하지 않을 수 없다. 민주주의는 제도적 실천이라는 측면에서 이해하고 학습하지 않으면 안 된다는 말이다. 다시 한 번 민주주의란 권위주의나 전제정과 같이 하나의 통치 체제라는 것을 강조할 필요가 있다. 그것은 인민 스스로가 통치하는 체제가 아니라, 그들을 통치할 통치자를 인민이 선출하는 체제이다. 그리고 그것은 한 사회의 일반의지를 형성하고 실현하는 집단적 노력을 통해 작동하는 것이 아니라, 다원적 사회구조로부터 발생하는 사회경제적 차이와 이념·비전·열정의 차이를 갖는 개인과 집단들을 조직하는 정당 간의 경쟁을 통해 작동한다. 이런 구조에서 선출된 대통령과 그가 주도하는 선출된 정부는 특정 선거에서 일시적으로 형성된 다수 투표자에 의해 이루어지며, 그들이 리더십과 정책을 통해 구현하는 합의 역시 일시적이라는 사실 위에서 작동한다. 사르토리가 강조하듯이 민주주의는 그 정의에 있어 어디까지나 하나의 잠정적 pro tempore 정부를 의미하는 것이다.

대의제 민주주의의 핵심 요소에는 대표의 원리와 아울러 민주적 책임성의 원리가 있다. 슈미터와 칼은 민주주의를 "통치자가 공적 영역에서 그 행위에 대해 책임지도록 (또는 책임성을 갖도록) 시민들에 의해 제약되는 통치 체제"라고 정의한다(Schmitter and Karl 1996). 민주주의 제도의 특징은 대표 못지않게 책임 원리의 중요성에 있다. 만약 선출된 통치자가 그를 선출해 준 투표자들에 대한 책임으로부터 방면되어 자의적으로 행위하고 권력을 행사한다면, 그는 한낱 선출된 독재자이거나 선출된 왕에 불과할 것이기 때문이다. 따라서 이 책임성이 작동하지 않는다면, 그 체제는 더 이상 민주주의라고 부를 수 없게 된다.

이 점에서 대통령에 대해 "무책임하다"는 말만큼 혹독한 평가는 있을 수 없다. 사실 영국의 입헌군주제를 모델로 했던 미국 민주주의의 초기에는 많은 사람들이 대통령 선거를 왕을 선출하는 것으로 생각했다. 이런 사실들이 함축하듯이, 민주주의의 성패와 작동 여부는 선출된 대표를 어떻게 선출한 시민들의 요구에 부응하도록 묶어 둘 수 있는가에 있다.

민주화 이후 우리는 헌법이 부여한 리더로서의 권한 행사와 실제 리더십의 효능 사이의 충돌을 계속해서 경험해 왔다. 그것은 제도가 부여하는 정당한 권한과 현실 정치에서 작용하는 리더십의 범위가 언제나 일치할 수 없다는 사실로부터 발생한다. 헌법이 법으로 제도화한 것은 가장 기본이 되는 민주주의의 원리와 규범을 제도적 틀로 규정한 것이다. 법은 복잡한 실제 현실에서 발생하는 공적 행위의 모든 것을 규정할 수 없기 때문에 현실 정치는 언제나 제도의 창조적 운영을 허용한다.

물론 법은 민주적으로 해석되지 않으면 안 된다. 이를 법의 정신이라고 말할 수도 있을 것이다. 우리가 민주주의의 중심 원리로서 책임성을 말할 때, 그것은 로버트 달이 말하듯이 "시민의 선호에 대한 정부의 지속적인 반응"이나 윌리엄 라이커William Riker가 말하듯 "통치자가 피통치자에 대해 충분히 책임지는 것"을 의미한다(Manin, Przeworski and Stokes 1999, 4).

민주주의 이론가들의 이런 정의들에서 공통적인 것은, 통치자의 시민에 대한 책임 또는 반응이 무엇보다 지속적이고 충분해야 한다는 점이다. 그리고 그 책임을 가능케 하는 방법은 여러 가지가 있겠지만 선거가 가장 핵심이다. 대의제 민주주의를 갖는 모든 나라들에서 대통령 선거나 총선거를 통해 집권한 지도자와 정부에 대해 시민들이 중간선거를 통해 현임 정부를 평가하고 정부가 그에 반응해야 하는 것은 민주주의하에서 지도자·정부가 마땅히 따라야 할 의무라 할 수 있다. 그러므로 일련의 재보궐선거의 결과는 "사실상 정치적 탄핵"이라 할 만한 국민의 정치적 평결이라 할 수 있으며, 대통령은 그 평결을 존중하고 그에 반응해야 한다.

그렇게 하지 않을 때 그것은 독선이자 민주주의의 원리와 규범에 배치되는 권위주의가 되는 것이다. 이 말은 대통령이 권한을 행사하지 말라는 의미가 아니다. 대통령의 정치적 지지 기반이 심각하게 해체된 상황에서 실현할 수 없는 목표를 추구하거나 다수의 동의를 구할 수 없는 자신의 선호를 강요할 때 그 결과는 매우 부정적으로 나타날 수밖에 없는 현실을 이해하고 수용하라는 것이다. 막스 베버가 말하듯, 대통령이 설사 좋은 "신념 윤리"Gesinnungsethik를 가진 경우라 하더라도 의도가 좋다고 모든 것이 정당화되는 것이 아니기 때문이다. 결과에 대해 책임지는 "책임 윤리"Verantwortungsethik를 갖는 것이 그를 선출해 준 국민에 책임지는 것이고 그것이 민주주의이기 때문이다(베버 2011).

오늘의 한국 현실에서 민주주의의 제도적 실천은 민주주의국가도 민주적으로 선출된 대통령도 자의적 권력 행사의 주체가 될 수 있다는 사실에 대한 자각과 함께 시작한다. 선출된 군주와 민주적 대통령의 차이는 바로 그 책임성의 부과와 실천 여부에 있다. 그 핵심적 차이는 전자가 전체를 대표한다면 후자는 부분을 대표한다는 데 있다. 언제나 국가이익과 사회 전체 이익을 바탕으로 정치를 이해하고 판단하며 전 국민이 하나의 목표로 결집하고 그럼으로써 하나의 민족주의적·국가주의적 열정과 가치를 강력하게 분출하는 데 좋은 토양을 갖춘 한국 사회에서, 국가와 정부의 수장이 전체 이익이 아닌 부분 이익을 대표한다는 생각은 얼핏 수용하기 어려울지 모른다. 나아가서 그런 생각이 위험스럽게 보일 수도 있다. 그러나 그런 사회의 모습과 정치는 민주주의보다는 전체주의에 근접한 사회나 체제가 아닐 수 없다(Maier 1992, 135).

국가의 지도자가 부분을 대표한다는 인식을 갖기 시작할 때 우리는 민주주의의 가치와 의식의 전환이 일어나는 계기를 얻을 수 있다. 정당이라는 뜻의 파티party라는 말은 곧 파트part, 즉 부분을 의미한다(Sartori 2005/1976, 4). 물론 민주주의하에서 대통령은 한 정당의 리더일 뿐만 아니라 한 나라의 수장이라는 이중적 역할을 맡고 있다. 그러므로 한 사회의 부분인 그의 지지자들의 이익과 요구를 대표하는 문제와 전체 사회의 이익을 대표하는 것 사이에 균형을 이루는 일이 매우 중요하다. 그런 능력이 곧 대통령의 리더십이라 할 수 있다.

이 말이 의미하는 바는, 그가 대표하는 사회적 갈등을 정치과정의 틀 안으로 가져오고, 이를 공동체 전체의 이익에 이바지할 수 있도록 정치적 의제로 만들 수 있는 능력이 중요하며, 이를 가능케 하는 중심적 메커니즘이 정당이라는 뜻이다. 민주주의하에서 책임성은 일차적으로 그 자신의 정당에 대한 책임, 선거에서 그를 대통령이 되도록 지지한 사회집단에 대한 책임성을 의미한다.

이런 이해에 비춰 볼 때, 앞선 대통령들이 공언해 온 당정 분리의 실제적 의미는 현실 정치가 그에 부과하는 책임성으로부터 자유로워지겠다는 것이고, 결국 파당적 이해관계를 대표하고 조정하는 민주정치의 역할로부터 벗어나 국민 위에 군림하는 권위주의적 대통령으로 변모하는 결과를 낳는다.

이런 관점에서 오늘의 현실 문제로 돌아와 대통령 권력 구조를 둘러싼 제도 개혁 논의를 살펴볼 수 있다. 여기서 문제의 핵심은 국가권력·대통령 권력을 어떻게 민주적으로 만드느냐, 즉 어떻게 효과적으로 대통령에 대해 책임을 부과하느냐에 있다. 앞서 언급했듯이 현재 많이 제기되고 있는 제도 개혁 논의 가운데 하나는 5년 단임제에서는 대통령이 제대로 일할 수도 없고, 정책의 연속성을 가지기도 어렵기 때문에 4년 중임제로 개정하는 것이 바람직하다는 견해이다.

그러나 이런 대안은 그 어떤 보조적 제도를 동반한다 하더라도, 사실상 민주적 책임성을 확대하지 않은 채 대통령의 권한을 증대시키는 것을 의미한다. 이는 필자가 앞에서 논의한 내용과 반대되는 방향이다. 필자의 관점에서 대통령 임기는 현재의 5년 단임으로도 부족할 것이 없다. 대통령 중임제로의 개정이 필요하다는 주장은 미국 헌법을 모델로 상정한 것일지도 모른다. 그러나 미국의 대통령제는 행정부 권력으로부터 독립적인 강력한 입법부와 그에 못지않게 강력한 사법부의 견제가 이루어지는, 즉 수평적 책임성의 원리가 작동하는 체제이다.

그것은 미국 연방 정부가 건설되고 헌법이 제정된 이래 현재까지 하나의 정치 문화로 미국 사회에 깊이 뿌리를 내리고 있다. 앞에서도 지적했듯이 권위주의 체제와 민주화 과정을 거치면서 강력해진 행정부 권력과 대통령을 가진 한국에서 입법부와 사법부가 미국과 같은 독립성을 유지하고 있는지, 그렇게 될 수 있는지, 그리고 그것이 바람직한지에 대해서는 매우 의문이다.

로버트 달은 그의 책 『미국 헌법과 민주주의』에서 미국 헌법이 일반적 인식과 달리 얼마나 많은 비민주적인 요소를 갖고 있는지를 보여 주면서, 미국 헌법 나아가 미국 대통령제가 신비화될 만큼 특별하지 않다는 사실을 강조했다(Dahl 2001). 흥미롭게도 그는 미국 헌법에 대해 가차 없이 비판하면서도 미국 민주주의의 발전을 위해 헌법을 개정해야 한다고 말하지는 않는다.

그는 헌정 수정, 즉 제도 변화가 문제를 해결할 수 있다는 주장에 대해

회의적이다. 헌정 체제가 문제를 갖는다는 것과 이를 개정해야 한다는 것은 전혀 다른 문제라는 뜻이다. 헌법이 내포하고 있는 비민주적 요소들이 초래한 정치적·사회경제적 결과를 분석하면서 이 문제에 대해 달이 암묵적으로 제시하는 해결책은, 한편으로 절차적 민주주의를 강화하고, 다른 한편으로 경제의 소유 구조와 생산 체제의 변화가 어떻게 경제적 민주주의의 실현에 기여하는가와 관련된 문제, 즉 민주주의의 기반 내지 "민주주의의 선결 조건"을 강조하는 것이다(Dahl 1986).

> 만약 나의 폴리아키[다수·다원적 지배 체제 혹은 다수·다원적 민주주의] 이론이 전체적으로 타당하다면, 다음과 같은 결론을 도출할 수 있다. 즉, 일정한 사회적 선결 조건이 부재한 상황에서는 어떤 헌정 제도도 비전제적 공화정을 창출할 수 없다는 것이다. 수많은 남미 국가들의 역사는 이를 증명하기에 충분하다고 생각한다. 바꿔 말해, 민주주의를 강화하는 데 있어 사회적 선결 조건의 존재는 어떤 특정한 헌법 설계보다도 훨씬 더 중요하다. 소수의 전제를 우려하든 다수의 전제를 우려하든, 정치학자들이 관심을 기울여야 할 가장 중요한 핵심 변수는 헌법적인 것이 아니라 사회적인 것임을 폴리아키 이론은 보여 주고 있다 (Dahl 1956, 83).

이제 본격적으로 사회적 조건의 문제에 대한 이야기로 넘어가 보자.

5. 민주주의를 위한 사회적 기반과 '정치적 자유주의'

민주화 이후 한국 사회는 어떻게 특징지을 수 있나? 이와 관련해 신자유주의 문제를 다시 생각해 보는 것이 좋겠다. 민주화 이후 한국 사회의 가장 특징적인 변화는 신자유주의적 가치가 전일적으로 지배하는 사회의 출현이라고 할 수 있다. 이른바 개혁파 정부가 계속해서 실망스런 결과를 만들어 내는 것도 신자유주의와 대면하는 문제에서 실패했기 때문이라 할 수 있다. 이 말은 반드시 신자유주의를 부정하고 다른 대안을 제시해야 한다는 이야기는 아니다. 신자유주의를 수용하든, 변용하든, 반대하든 이 문제를 다루는 자신의 이론과 실천 가능한 체계적 대안을 가져야 하고, 그렇게 만들어진 정책의 결과에 대해 책임질 수 있어야 한다는 것이다.

그러나 이와 달리 개혁파 정부는 별다른 고민도 대안도 없이 신자유주의적 헤게모니에 그대로 자신을 던져 버렸다는 것이 필자의 생각이다. 그렇다고 시민사회의 운동과 담론이 그에 대한 대안을 제시한 것으로 보이지도 않는다. 시민사회 개념과 담론은 민주화 이후 한국 사회에서 국가 영역으로부터 자율적인 시민의 공간이 존재하며, 이것이 다원화가 확대되면서 민주주의 발전의 중요한 자원이자 지지 기반으로 성장해 온 것 같은 인상을 준다. 그리하여 그것이 정치와 민주 정부가 실패할 때 그에 대한 대안이 될 수 있는 것처럼 말한다.

필자는 시민운동을 다시 활성화하거나 운동을 통해 정치과정 외부로부터 개혁의 에너지를 재충전하는 방법이 현실적이고 합리적인 대안이라고 생각하지 않는다. 필자가 시민사회 담론을 제대로 이해했다면, 그것이 표상하는 낙관적 기대와 달리, 실제 한국 시민사회의 모습은 그와 다르고, 오히려 민주화 이후 지난 20년의 경험은 사회에 존재하는 실제적 이익을 대표하는 정당 발전과 정부 역량이 얼마나 중요한가를 보여 주었다고 본다. 그렇기 때문에 정당을 중심으로 한 정치과정에 우선해 시민사회에서 존재하는 운동의 효능을 과도하게 강조하는 것은 문제가 있다고 생각한다.

실제 한국의 시민사회가 보여 준 변화의 중요한 특징은 무엇보다 경제, 사회, 언론, 교육 등 주요 사회 영역에서 사적 거대 기업, 사적 거대 조직 및 기관의 독점 구조가 크게 확대됐고, 그 결과 한국 사회의 위계 구조와 엘리트 구조가 크게 강화됐다는 데 있다. 만약 다원주의를 사회의 자율적 조직 기반이 확산되고 그들이 동원할 수 있는 권력 자원이 분화되는 것이라고 정의한다면, 민주화 이후 한국 사회에서 다원주의는 강화되기보다 오히려 약화되었다고 볼 수 있다.

민간의 이니셔티브와 시장 효율성을 강조하는 신자유주의의 헤게모니에도 불구하고, 민주화 이후 국가의 영역과 권력이 축소되고 약화되었다고 말하기도 어렵다. 그리하여 민주화 이후 한국 사회에서 강력한 중앙집권적 전통을 갖는 국가와, 주요 사회 영역에서 강력하게 집중화된 재벌을 비롯한 사적 거대 권력들은 상호의존 관계를 발전시켜 왔다. 이는 시민사회에서 생산자 조직을 비롯한 자율적 결사체들이 활성화되지 못하고 다원화된 사회 조직들의 발전이 지지부진한 것과는 대조적인 현상이다.

민주화 이후 한국 사회의 특징은 노동과 같은 생산자 집단이 매우 약화된 반면, 강력한 국가와 시민사회의 거대 조직, 그리고 이들 간의 상보적 관계의 강화에 있다. 이 현상은 토크빌이 강조하고, 헨더슨이 따랐듯이 사회 중간 집단의 허약함이 권력의 중앙 집중화를 추동한다는 논리의 한 변형이 실현되고 있는 것이라 할 수 있다(Tocqueville 2004).

민주화에도 불구하고 국가권력의 중앙 집중화와 그것이 사적 거대 집단과 결착하는 구조, 그리고 그것이 만들어 내는 여러 가지 특징들은, 토크빌의 이론이 적용될 수 있는 조건을 만든다. 국가-대기업 연합은 국가와 개인의 사적 영역 사이에 위치하는 생산자 집단을 비롯한 결사체들을 약화시키거나 결사 행위 자체를 억제함으로써 시민사회를 약화시키는 힘으로 작용해 왔다. 그리고 이런 중간 집단의 부재나 약화는 허약한 정당 체제와 결합하면서 한편으로는 국가와 원자화된 개인을 직접 대면토록 함으로써 "대중사회" 이론이 적용될 수 있는 상황을 만들어 내고 있으며,[1] 또 다른 한편으로는 정당을 통해 매개되기보다는 정치 영역에서 대중매체, 특히 뉴미디어(인터넷, 모바일 매체 등)의 급격한 영향력 증대에 의해 대중들의 의사와 열정이 무정형적으로 표출되는 포퓰리즘적 현상으로 나타나고 있기도 하다.

필자는 "민주주의의 민주화"를 강조하고자 한다(최장집 2006). 민주주의를 지속적으로 민주화하는 것은 민주주의의 본질적 성격과 관련된다. 말하자면 민주주의는 전진하거나 후퇴하지만, 정지해 있을 수 없다. 민주화 이후의 사회구조는 민주주의를 약화하고 후퇴시키는 구조라고 할 수 있다. 그렇다면 문제는 위에서 말한 구조를 어떻게 민주주의를 전진시킬 수 있는 구조로 변화시킬 수 있는가에 있다.

민주주의라는 정치체제의 조건 위에서 운동 그 자체만으로는 사회구조를 변화시킬 수 없다. 어떤 경로를 따르든 결국 그것은 정치의 방법을 통해서만 가능하다. 현 상황에서는 무엇보다 신자유주의에 대한 대안적 비전과

---

[1] 토크빌이 비록 대중사회라는 말을 명시적으로 사용하지 않았다 하더라도 미국 사회를 묘사하는 가운데서 사람들의 생각과 가치가 놀랍게 비슷하다는 것을 발견했다. 그러므로 그는 그런 사회가 "다수의 전제정"이라고 말할 수 있는 대중·군중 멘탈리티에 휩쓸릴 수 있다고 봤다(Tocqueville 2004, 283-300). 이 대중사회적 현상에 대해서는 여러 사회학자들이 말하고 있지만, 특히 사람들이 안정적인 공동체와의 연계에서 뿌리 뽑혀 획일적 가치를 갖게 됨으로써 전체주의적 대중운동에 쉽게 휩쓸릴 수 있다고 이야기한 콘하우저가 대표적이다(Kornhauser 1959).

정책을 형성하는 것에서부터 문제를 풀어 가지 않을 수 없다. 이는 경제적 신자유주의의 헤게모니로부터 자유로운, "정치적 자유주의"의 공간을 여는 노력으로부터 출발할 수 있을 것이다. 그것은 신자유주의적 정책 비전과의 차이를 정치적으로 조직하고 세력화하는 것을 의미한다.

흥미롭게도 보수적 엘리트와 개혁적임을 자임하는 운동 세력 모두 정치적 자유주의와 다원주의를 거부해 왔다. 보수적 엘리트들은 신자유주의 이외의 다른 이념이나 가치를 불온시하며 이를 최신의 헤게모니로 확립하는 데 전력을 다했다. 반면 운동 세력들은 정치에 대한 도덕적 접근과 타성에 젖어 반反정치주의의 정조를 통해 현실 사회로부터 다양하게 분출하는 갈등과 균열, 이익과 열정을 있는 그대로 포착하고 접근하는 것을 거부해 왔다.

이들의 반정치주의는 그들이 의도했든 의도하지 않았든 정치적 갈등과 정치과정에 대해 극단적으로 부정적 견해를 갖는 신자유주의의 가치와 접맥되고, 엘리트들의 전문 영역인 경영 합리성과 기술 합리성의 가치와 태도를 수용하고 실천하는 것으로 나타났다. 이것은 왜 정서적 급진주의를 갖는 운동권 인사들이 더 빨리 헤게모니에 흡수되고 권력화하며, 그 정조가 기술 합리주의와 결합할 수 있게 되었나에 대한 답이다.

민주주의가 개방하는 정치(적인 것)의 공간은 사회경제적 생활에서 개인들이 추구하고 집착하는 사적 이익과 갈등을 구체적으로 포착하고 긍정하며, 그것을 정치적으로 포괄하는 비전과 대안을 조직하는 영역이다. 개인의 사적 이익으로부터 문제가 출발하기 때문에 다원주의는 필수적이며, 그런 다원적 이익 갈등이 표출되고 대표되고 조직될 수 있도록 하기 위해 정치적 자유주의는 불가피하다.

그러나 여기서 지적되어야 할 것은, 사회 발전의 비전과 정책 대안의 차이를 조직하는 정당의 역할을 강조하고 그것을 위해 정치적 자유주의로 개

넘화될 수 있는 다원적인 정치 경쟁의 틀이 허용되어야 한다는 필자의 주장과, 모든 다원적 차이를 강조하고 일체의 사회적 힘의 관계를 권력 작용으로 이해하면서 권력으로부터의 해방을 추구하는 포스트 모더니스트들의 접근은 서로 다르다는 것이다.

요컨대 필자가 말하는 제도적 실천은, 민주화가 정치적·사회적 수준에서 어떤 의미 있는 변화를 가져올 수 있는 계기로서 미시적 수준에서의 개인적이고 집단적인 의식 전환의 계기를 기대하고 전제한다는 것이다. 즉, 현실 생활에서 발생하는 보통 사람들의 사회경제적 문제가 정치적 이슈가 돼야 하며, 그것은 정치의 방법으로 해결되어야 하고, 해결될 수 있다는 의식을 갖는 것을 의미한다. 이것은 "다른 유형의 정당"의 출현, 즉 민주화 이후에 나타났어야 할 정당 출현의 첫 계기가 될 것이다. 이런 변화는 정치 영역에서 행위하는 정치 행위자 수준에서 먼저 일어나야 하며, 그것이 현실적이다.

6. 정당이 중심이 되는 민주주의

운동에 의한 민주화는 민주화 이후 민주주의를 실천하는 과정에 커다란 유산을 남겼다. 민주화 운동 세력을 포함해 민주주의를 바라는 많은 사람들은 민주주의에 의해 열려진 정치 공간과 그 공간에서의 제도적 실천에 적응하는 문제에 적지 않은 어려움을 겪고 있다. 이 전환에서 발생하는 어려움은 피할 수 없는 문제인지도 모른다. 운동으로서 민주주의가 아니라 제도적 실천으로서의 민주주의를 이해하는 것의 출발점은 민주주의 역시 하나의 통치 체제라는 사실에 있다.

현대 민주주의가 대의제 민주주의인 한 투표자로서의 시민은 그들이 대표로 선출한 지도자와 정부가 얼마나 그들을 실제로 대표하고 그들에게 책임지느냐의 문제, 즉 대표시킨 사람과 대표된 사람 간의 괴리와 갈등의 문제에 직면한다. 이제 한국 민주주의도 본격적으로 이런 문제를 경험하기 시작했다. 그동안 민주주의를 운동으로 이해했던 사람들은, 대통령을 공동체의 일반의지를 대표하고 민중 권력의 창출을 가능케 하는 체현으로, 그리고 민주주의를 민주적 가치를 중심으로 한 일종의 도덕의 실현으로 이해하는 경향을 만들어 냈다.

민중 권력의 창출에 대한 관심과 열정은, 대통령으로 체현되는 권력의 중앙 집중을 더욱 강화하는 결과를 낳았다. 그것은 대통령을 중심으로 한 권위주의적 권력 집중의 거울 이미지와 같은 것이다. 운동이 가져온 부정적 효과의 하나는 반정치주의적 경향을 크게 강화했다는 데 있다. 이런 경향은 필자가 말하는 제도적 실천에 긍정적 효과를 갖지 못한다.

제도적 실천으로서 민주주의의 관점에서 볼 때 대통령의 권력이 견제되고 제한되는 것 또한 중요하다. 대통령이 민중 권력의 창출자임과 동시에 시민적 견제의 대상이라는 인식은, 민주주의의 핵심 요소인 대표와 책임의 원리에 상응한다. 권력 창출과 견제, 대표와 책임의 연계가 가능할 수 있게 하는 메커니즘은 사회의 갈등과 이익, 열정과 가치를 폭넓게 대표하는, 즉 사회에 뿌리내린 정당과 정당 체제의 발전을 통해서만 가능하다. 필자가 말하는 제도적 실천의 핵심은 정치의 공간에서 정당이 중심 행위자가 되는 것을 의미한다.

민주주의에 대한 실망의 증대와 민주 정부의 낮은 수행 능력이라는 문제에 대해 기성 정치인들뿐만 아니라 민주화 운동 세력의 개혁적 인사들을 포함해 많은 사람들이 제도 개혁을 통해 문제를 해결하려는 경향을 보여 왔다. 민주주의 발전이 제도 개혁을 통해서 가능할 수 있다는 접근 내지 발상은, 운동의 전통이 남긴 반정치적 정조 및 태도와 무관하지 않다. 정당정치에 대한 깊은 불신은 정치와 정당의 중요성에 대한 인식을 갖지 못하도록 하거나, 정치가 제대로 작동하지 못함으로써 발생하는 문제를 정치 그 자체의 활성화를 통해서가 아니라 제도 개혁이나 시민운동의 강화와 같은 정치 밖의 외부적 힘을 통해 해결하려는 접근을 불러들이게 된다.

최근에 제기되고 있는 제도 개혁에 대한 논의는, 한국 정치의 중심 행위자이자 정점으로 권력 집중화를 체현하고 있는 대통령의 권력을 어떻게 분산시키고 견제하는가, 그리고 민주주의의 핵심 요소로서 대표와 책임의 연계를 어떻게 강화하느냐에 대한 문제의식을 결여하고 있다. 이 문제에 대한 필자의 답은 제도를 운위하기 이전에 민주주의를 발전시킬 수 있는 제도적 실천이 중요하며, 그것은 사회에 뿌리내리고 사회경제적 문제를 정치의 방법으로 해결할 수 있는 정당의 발전을 통해 가능하다는 것이다.

정당이 모든 문제의 대안일 수는 없다. 그러나 정당의 발전 없이 민주주의의 발전을 상상하는 것은 불가능하다.

3부
우리는 한국 정치의 문제를 어떻게 보나

박찬표

박수형

서복경

박상훈

6장

민주 개혁파의 정당 개혁론 비판
열린우리당 사례를 중심으로●

_____박찬표

1. 서론

정당 개혁의 문제는 한국 민주주의 발전과 관련해 이론적·실천적으로 중요한 주제의 하나가 되어 왔다. 정당은 87년 민주화 이후 대의정치의 중심 행위자가 되었지만 민주주의를 제도적으로 실천하기에는 심각한 한계를 안고 있었기 때문이다. 정당은 돈 많이 드는 선거와 정치 부패의 주범, 제왕적 대통령을 가능케 하는 매개, 의원들의 자율성을 가로막고 의회정치를 갈등으로 몰아가는 주역 등으로 지목되어 여론의 표적이 되었다.

정당에 대한 이런 부정적 인식은 정당 개혁에 대한 사회적 압력을 고조

● 이 글은 2011년 6월 8일 민주화운동기념사업회 주최 '6월 항쟁 25주년 학술토론회'에서 발표되었던 "87년 이후 한국 민주주의의 과제와 정당정치"와 『기억과 전망』 27호(2012년 겨울호)에 게재된 "열린우리당의 정당 개혁과 그 결과에 대한 연구"를 수정·보완한 것이다.

시켰고, 그 결과 김대중 정부 후반기부터 노무현 정부에 이르는 기간 동안에 집권당이었던 민주당과 열린우리당의 주도 아래 급격한 정당 개혁이 추진되었다. 대체로 그 내용은 선거 과정이나 의회 및 행정부 운영에 있어 정당의 권한과 역할, 조직 등을 대폭 축소하는 것이었다.

정당 개혁과 관련해서는 그동안 많은 연구가 축적되어 왔다. 초기의 논의는 주로 정당 개혁의 바람직한 모델을 둘러싸고 전개되었는데, 대체로 대중정당 모델(박찬표 2003; 서복경 2003; 최장집 2005; 최장집 2007) 대 원내 정당 모델(임성호 2003; 정진민 2003)의 구도였다고 할 수 있다. 이후 이분법적 논의를 극복하려는 보다 다양한 평가들이 제시되었다(강원택 2009b; 주인석 2009; 박경미 2012).

다른 한편 2002년에서 2004년에 이르는 정당 개혁 과정에 대한 연구들 역시 비교적 활발히 이루어졌다(장훈 2010; Mosler 2011). 특히 당시 정당 개혁이 지구당 폐지처럼 정당의 조직과 역할을 축소하는 방향으로 이루어진 배경으로는 보수 언론이나 경제계를 중심으로 확산된 신자유주의적 정치 개혁 담론의 영향(박상훈 2004; 오승용 2007), 미국에서 공부한 미국학파의 영향(유진숙 2007; 장훈 2010), 개혁을 요구하는 국민 여론(장훈 2010) 등이 주요하게 지적되었다.

정당 개혁 연구의 또 다른 범주는 개혁의 결과에 대한 분석이 될 것이다. 이 분야의 연구로는 국민 참여 경선제에 대한 평가(장훈 2010), 참여정부와 관련한 평가(강원택 2011), 열린우리당의 이합집산 과정에 초점을 둔 연구(박경미 2008) 등이 있지만, 총체적인 내용에 대한 충분한 연구는 이루어지지 않은 것으로 생각된다. 특히 열린우리당의 정당 개혁은 원내 정당 모델을 대부분 받아들이는 방식으로 이루어졌기에, 그 결과에 대한 분석은 원내 정당 모델의 현실 적합성이나 문제점 등을 구체적으로 검증해 볼 수 있는 중요한 경험 자료로서 향후 정당 개혁의 방향과 관련해 이론적·실천적으로 중요한 의미를 지닌다. 원내 정당 모델은 아직도 한국 정당 개혁의 바람직한 모델로 간주되고 있기 때문이다.

이 글은 이런 문제의식 아래 당시 개혁파가 추구했던 정당 개혁의 성과를 열린우리당을 중심으로 평가해 보고자 한다. 구체적으로는 당시 개혁파가 추구했던 정당 개혁의 목표는 무엇이며 과연 그것은 성취되었는가, 실패했다면 문제는 무엇인가, 단지 방법이나 운영상의 문제였는가, 아니면 근본적인 방향이나 목표의 문제였는가? 이 글은 이런 질문에 답하고자 한다. 먼저 2절에서 정당 개혁론의 등장 배경과 그 내용에 대해 알아보고, 3절에서 열린우리당에 의해 수행된 정당 개혁 조치의 내용과 그 결과에 대해 살펴본다. 이어 4절에서는 정당정부론에 비추어 본 열린우리당 개혁의 문제점에 대해 고찰하고자 한다.

2. 개혁파의 정당 개혁론 등장 배경과 내용

열린우리당에 의해 추진된 정당 개혁은 크게 두 가지 개혁론의 결과물로 이해할 수 있다. 첫째는 열린우리당 창당의 주축이었던 새천년민주당(이하 민주당) 탈당파, 즉 민주당 개혁파의 정당 개혁 논의이다. 두 번째는, 수적으로는 소수이지만 신당 창당 논의의 한 축을 이루었던 개혁국민정당(이하 개혁당) 세력의 정당 개혁 논의이다.

먼저 첫 번째부터 살펴보자. 민주당 내에서 정당 개혁 논의가 본격적으로 제기되기 시작한 것은 2000~01년 무렵인데, 그 배경은 김대중 정부의 위기에서 찾을 수 있다. 김대중 정부는 여야 정권 교체를 통해서 과거 민주화 운동 세력이 집권한 최초의 정부였다고 할 수 있지만, 집권당의 구조나 정부와 여당 간의 권력관계는 과거의 행태에서 크게 벗어나지 못했다. 특히 민주당 내에서 카리스마적 지도자인 김대중 대통령 및 그 직계이자 당내 주류인 동교동계의 영향력은 압도적이었고, 동교동계에 의한 권력과 정보의 독점, 권노갑 등으로 대표되는 비공식 라인에 의한 국정 농단 등이 심각한 문제를 야기하고 있었다.

이에 반발하는 당내 소장 개혁파의 당정 쇄신 요구는 2001년 5월의 제1차 쇄신 파동에 이어, 2001년 10월 25일 재보선 패배를 계기로 본격화되었다. 재보선 패배를 2002년 말 대선 패배를 예고하는 심각한 위기로 받아들인 민주당 내 개혁 그룹은 11월 1일, 동교동계 중심의 당 지도부는 물론이고 김대중 대통령의 국정 운영 방식에 대해 문제를 지적하면서, "비공식·비선 라인의 국정·당무 개입 금지, 당내 민주주의 확대, 전면적 체제 개편과 인적 쇄신, 당정청 핵심 인사의 정치적 책임, 공식 기구 통한 쇄신 방안 논의" 등 5개항에 걸친 전면적 쇄신을 요구했다. 개혁 그룹의 반발은 11월 8일 김대중 대통령의 당 총재직 사퇴까지 불러오면서 쇄신파의 요구가 거의 전면적으로 관철되는 것으로 귀결되었다. 당내에 '당 쇄신과 발전을 위한 특별대책위원회'가 구성되었고, 특대위에서 마련한 쇄신안은 2002년 1월 7일 당무위원회에서 최종 확정되었다(『한겨레』 2002/02/08, 5; 『동아일보』 2002/01/12, 5).

특대위는 "국민과 당원의 주권이 확실하게 보장되는 유권자 정당, 권력의 분산과 운영의 민주화가 확보된 민주정당, 누구에게나 개방된 열린 정당, 정책으로 승부하는 민생 정당, 지역 패권을 타파한 전국 정당" 등을 당 혁신의 기치로 제시했고, 이를 위해 기존 정당정치 구조에 비추어 볼 때 가히 혁명적이라 할 수 있는 개혁안이 채택되었다.[1]

민주당 쇄신이 가져온 가장 직접적 결과는, 국민 참여 경선에 의해 노무현을 대통령 후보로 선출한 것이었다. 그리고 2002년 12월 노무현 후보의 대통령 당선은 민주당 개혁을 위한 본격적인 당내 권력투쟁의 시작을 의미했다. 노 대통령의 당선은 곧 민주당 내 소수 개혁파의 집권을 의미했고, 이를 뒷받침하기 위한 당의 제도적·인적 개혁이 개혁파의 최우선 과제가 된 것이다. 노무현 대통령 당선자 역시 12월 11일과 17일 기자회견을 통해, 새 정부가 들어서기 전까지 민주당이 환골탈태할 것을 요구하면서 이를 위해 재창당 또는 신당을 창당하는 방안도 적극 검토할 것이라고 밝혔다(『문화일보』 2003/01/28, 5).

이런 요청에 따라 민주당 내 신주류가 주도하는 당개혁특위가 2002년 12월 31일 구성되었고, 여기서 2003년 2월 10일 당 개혁안을 확정하게 된다. 그 내용은 2002년 개혁안보다 더 혁신적인 것이었다. 핵심 내용은 지구당 위원장제 폐지 및 운영위원장제 도입, 집단지도체제 도입(당 대표제 폐지, 66명으로 구성된 중앙위원회가 당의 최고 의결 기구), 중앙당 대폭 축소, 원내 정당화, 상향식 공천제도 도입 등이었다(『한겨레』 2003/02/11, 2). 주목해야 할 것은 그 내용이 당내 권력 구조의 재편을 겨냥한 것이었다는 점이다. 예컨대 지구당

---

1 당내 권력 구조와 관련해서는 당 총재직을 폐지하고 최고위원회가 의결 기능을 수행하는 집단지도체제를 도입했다. 당정 관계에서는 대선 후보 당선자와 당대표를 분리하고 대통령의 당직 겸임을 금지함으로써 당정 분리를 제도화했다. 정당의 조직 구조와 관련해서는, 의원총회에서 직선으로 선출하는 원내총무의 권한을 강화하고, 당의 주요 정책에 대한 의결권을 의원총회에 부여하는 등의 조치를 통해, 당을 중앙집권적 조직 정당 형태로부터 원내 정당화하고자 했다. 공천 방식과 관련해서는 지구당 당원 대회 또는 대의원대회에서 비밀투표로 공직 후보자를 선출하는 상향식 방식을 도입했다. 특히 대선 후보 선출의 경우, 일반 국민이 50퍼센트의 결정권을 갖는 국민 참여 경선 방식을 채택했다. 그 외에 공직 후보자 선출권을 갖는 당원의 자격을 강화하는 방안(선거 공고일 기준 6개월 전 입당, 당비 완납) 등이 도입되었다(새천년민주당 2002, 122-137).

위원장 제도를 폐지하고 지구당을 중립적으로 관리만 하는 운영위원장제를 도입한 것은, 지구당을 당원에게 돌려준다는 취지였지만, 현실적으로는 구주류 세력이 장악하고 있는 지구당 위원장의 기득권을 혁파하기 위한 조치였다.

하지만 당 개혁안은 구주류 세력은 물론이고 일부 신주류 세력의 반발까지 불러오면서 격렬한 갈등을 야기했고, '쇄신'이냐 '신당'이냐를 둘러싼 구주류와 신주류 간의 갈등은 2003년 9월에 이르러 당내 폭력 사태까지 유발하면서 결국 분당을 향해 치닫게 된다. 그 결과 개혁파의 대규모 탈당에 의해 9월 20일 통합신당이 원내교섭단체로 먼저 출범하고, 이어서 민주당 탈당파를 중심으로 한나라당 탈당파, 개혁당 등이 결합하는 형태로 2003년 11월 11일 열린우리당이 창당되기에 이른다.

이상에서 살펴본 민주당 쇄신파의 움직임과 함께, 열린우리당의 정당 개혁 실험에 합류한 또 다른 축이 있다. 개혁당이 그것이다. 개혁당은, 2002년 여름 노무현 민주당 후보의 지지율 하락과 이에 따른 동교동계의 후보 교체 시도에 맞서, '노무현 후보 지키기'를 기치로 해서 유시민, 문성근 등을 중심으로 한 노사모 그룹이 주도해 만든 정당이었다. 2002년 11월 창당 이후 개혁당은 자당 후보가 아님에도 불구하고 노무현을 '연합 후보'로 결정해 지지했다. 개혁당은 '노무현 사당'이라 비판받을 정도로, 노무현으로 상징되는 '정치 개혁'을 최고의 목표로 내건 정당이었다.

개혁당은 "국민 통합, 부패 청산, 참여 민주주의, 인터넷 기반 정당정치의 실현"을 당의 4대 원칙으로 제시했다(당헌 제2조). 개혁당이 기존 정당과 뚜렷이 구분되는 것은, 인터넷을 기반으로 해서 당원의 직접 참여에 의해 운영되는 참여 민주주의 모델을 지향했다는 점이다. 개혁당은 인터넷을 통해 창당 발기인을 모집하고, 자발적으로 당비를 납부하는 당원 중심의 정당을 추구했다. 대부분의 정당이 전국대의원대회를 최고 대의기관으로 하는 것에 비해, 개혁당은 전국당원대회를 최고 의결 기관으로 설정하고 있으며, 대통령 후보나 단체장 후보, 국회의원 후보 등을 모두 당원 대회에서 선출하도록 하고 있다(당헌 제12조, 제77-80조). 일종의 직접민주주의에 기초한 당원 중심의 대중정당 모델을 시도한 것이다.

민주당 쇄신파의 개혁론이 '권력의 분산을 통한 정당 민주화 및 의원 중심의 원내 정당화'에 방점을 두고 있다면, 개혁당의 실험은 '당원의 직접 참여'에 초점을 두었다. 물론 민주당 쇄신파도 진성 당원제를 추구했지만, 그 자체가 목표라기보다는 상향식 의사 결정 구조를 뒷받침하기 위한 수단적 의미가 강했던 것으로 보인다.[2] 특히 국민 참여 경선제 도입이나 원내 정당화 조치들은 당원 중심의 정당 구조와는 배치되는 것이기도 했다. 결국 열린우리당은 원내 정당과 대중정당이라는 두 가지 정당 개혁 모델의 결합으로 탄생했다고 할 수 있는데, 그 중심은 원내 정당을 지향했던 민주당 쇄신파의 정당 개혁론이었다.

열린우리당은 당강령 제1조(새로운 정치)에서 "전자 민주주의 활성화, 국민 참여 기회 확대, 정치 개혁과 부패 척결 등을 통한 바른 정치 실현"을 당의 목표로 제시하고 있다. 정치 개혁이 당의 제일차적 목표였던 것이다. 이를 위한 구체적 방안들을 보면, 먼저 정당의 지도 체제로는 당의장과 상임중앙위원을 중심으로 한 집단지도체제가 도입되었다. 의원총회와 원내 대표를 중심으로 국회를 운영하도록 하는 원내 정당화 방안 역시 제도화되었

---

2 열린우리당에서 진성 당원 규정은 논란의 중심이 되면서 폐지 시도가 계속되는데, 이에 반발하면서 기간 당원제 고수를 주장한 것은 개혁당 출신 그룹이었다(『한겨레』 2005/11/03, 6; 『문화일보』 2006/11/25, 3).

다. 또한 대통령의 당직 겸임을 금지함으로써 당정 분리를 제도화했다. 지구당과 관련해서는, 지구당 당원으로 구성된 당원 대회가 최고 의결 기관이 되고, 운영위원장은 일체의 권력 없이 관리만 맡도록 했다. 그리고 정당의 기초가 되는 당원 자격과 관련해서는 진성 당원제(기간 당원제)가 도입되었다. 공직 후보자 공천과 관련해서는 국민 참여 경선 또는 완전 개방 경선 방식이 도입되었다.

주목할 것은 정당 개혁이 당내 수준에 머물지 않고 지구당 불법화라는 법제화 수준으로까지 나아가게 되었다는 점이다. 개혁파는 민주당 쇄신 과정에서 구주류를 제거하기 위해 지구당 위원장제 폐지를 추진했고 열린우리당에서 이를 도입했는데, 참여정부 초기에 터진 대형 정치 부패 사건[3]을 계기로 국민의 비판이 고조되자 지구당 자체의 폐지를 주창하게 된 것이다.[4] 그리고 일명 '차떼기 사건'으로 궁지에 몰린 한나라당 역시 2003년 11월 지구당 폐지를 당론으로 결정하게 된다. 여야 양당의 개혁파 주도로 일종의 개혁 경쟁이 전개된 셈이었고, 그 결과 2004년 3월 정당법 개정에 의해 지구당 폐지가 법제화된다(Mosler 2011, 225). 2001년 말 민주당 쇄신 작업에서 시작된 정당 개혁 작업은, 2004년 3월 정당이 자신들의 기간 조직인 지구당을 스스로 불법화시키는, 가히 혁명적인 결과를 내면서 일단락되었다.

---

3 2003년 SK 비자금 사건 수사 과정에서 대선 불법 자금 문제가 드러나면서 대통령 측근을 비롯한 대기업 경영진이 대거 구속되었다.
4 2003년 민주당에서 탈당한 당내 개혁파 주도로 새로 출범한 통합신당의 김근태 원내 대표는 10월 15일 국회 원내 대표 연설에서 지구당 폐지를 역설했다(Mosler 2011, 172).

3. 열린우리당의 정당 개혁 조치와 그 결과에 대한 평가

열린우리당에 의해 추진된 정당 개혁 실험은 어떤 결과를 가져왔으며, 이에 대해 우리는 어떻게 평가할 수 있는가? 우리는 이를 두 가지 측면에서 살펴보고자 한다. 첫째로 개혁파는 자신들이 목표한 바를 어느 정도 달성했는가, 정당 개혁 방안들은 개혁 목표를 달성하는 수단으로 타당했는가 등에 대한 평가이다. 두 번째는 정당 개혁의 목표 자체가 타당했는가에 대한 평가이다. 보다 본질적 문제인 후자는 4절에서 살펴보기로 하고, 3절에서는 전자에 대해 살펴보기로 한다. 우리는 이를 V. O. 키가 제시했던 정당의 세 가지 영역(유권자 속의 정당, 정부 속의 정당, 조직으로서의 정당)으로 나누어 검토해 보고자 한다 (Key 1964/1942). 〈표 6-1〉은 이들 세 영역에서 정당이 수행하는 기능(Dalton and Wattenberg 2000, 5-10)과 함께, 열린우리당이 도입했던 개혁 조치를 정리한 것이다.

'유권자 속의 정당' 영역에서의 개혁 조치와 그 결과

유권자 속의 정당 영역에서 민주 개혁파가 도입한 핵심적 개혁안은 국민 참여 경선제와 기간 당원제였다. 그리고 이와 밀접히 연관된 조치로서 지구당 위원장직, 나아가 지구당 자체의 폐지가 추진되었다. 내용상 상충되는 이들 개혁 조치를 통해[5] 개혁파가 추구한 목표는 두 가지로 정리될 수 있을 것이다.

---

[5] 당의 풀뿌리 조직인 지구당을 폐지하면서 기간 당원제를 도입한 것이나, 당원의 가장 중요한 권한인 공천권을 일반 국민에게 개방하는 국민 참여 경선제를 도입하면서 동시에 기간 당원제를 도입한 것은 상호 모순적인 조치가 아닐 수 없지만, 동원 문제의 극복이라는 점에서는 일관된 것으로 보인다.

표 6-1 | 정당의 세 가지 영역별 기능과 열린우리당의 개혁 조치

정당의 영역	기능	열린우리당의 개혁 조치
유권자 속의 정당	유권자들의 정치적 선택을 단순화 시민들에 대한 정치적 교육 유권자들이 일체감을 느끼고 헌신할 수 있게 하는 상징을 창출 유권자들을 정치 참여로 동원	국민 참여 경선 기간 당원제
조직으로서의 정당	정치 리더십을 충원하고 공직 후보자를 공천해 공직을 추구 정치 엘리트 교육 - 정당 조직 활동 과정에서 정치 엘리트 성장 지지자의 정치적 이해관계를 표출하고 결집	지구당 폐지 상향식 공천 국민 참여 경선 총재직 폐지 집단지도체제 투톱 체제 중앙당 축소
정부 속의 정당	정부 내에서 다수파를 창출 정부를 구성 의회 내에서 이해를 조직화하고 정당 기율을 유지 정책 목표를 실행 정치적 이견과 반대를 조직(야당) 정부 활동에 대한 책임성을 담보 정부 관료를 통제 정부의 안정성 확보	당정 분리 원내 정당화 의원 자율성 강화

첫째는, 시민과 당원의 자발적 참여 확보이다. 한마디로 말해 동원형 조직에서 자발적 참여 조직으로의 변화를 추구했던 것이다. 당시 민주당 개혁파는 "국민과 당원의 주권이 보장되는 유권자 정당", "누구에게나 열린 정당" 등으로 이를 표현하고 있다(새천년민주당 2002, 22, 42). 특히 개혁당 그룹은 기존 정당을 "카리스마를 가진 지도자가 하향식으로 조직한 동원형 정당", "돈을 투입해야 돌아가는 동원형 정당", "돈과 연고에 장악된 지구당" 등으로 비판하면서, '참여형 정당' 또는 '참여 민주주의 정당' 건설을 목표로 제시

했다(이필재 2003; 박성현 2003).

개혁파는 지구당 위원장의 사조직 형태의 동원 구조가 고비용 정치를 만들어 낼 뿐만 아니라 당 의사 결정 구조의 비민주성을 만들어 낸다고 파악하고,[6] 이를 혁파하기 위해 지구당 위원장직 나아가 지구당 자체를 폐지하는 한편 진성 당원에게만 의사 결정권을 부여해 당원들의 자발적 참여 동기를 촉발하고, 일반 국민에게까지 당의 의사 결정권을 개방함으로써 유권자의 자발적 참여를 이끌어 내고자 한 것이다.

그렇다면 이런 개혁 조치들은 정치 현실에서 목표를 이루는 데 성공했는가? 우선 기간 당원제부터 살펴보자. 기간 당원제의 목표는 당 엘리트에 의한 동원 구조의 혁파에 있었다. 하지만 정치 현실에서 기간 당원제는 곧바로 당내 권력 경쟁을 위한 동원의 수단으로 변질된다. 예컨대 2005년 4월 전당대회를 앞두고 계파 간 기간 당원 확보 경쟁으로 기간 당원은 일거에 10만 명까지 늘어나게 된다. 대부분 동원의 결과였다(신승근 2004). 2006년 지방선거를 앞두고는 기간 당원이 일시에 55만여 명으로 급증하면서 당비 대납 의혹까지 불거졌다.[7] 그 결과 기간 당원제로 인해 공천권을 지역의 토호들에게 빼앗기고 있다는 비판까지 제기되었다(『한겨레』 2005/11/01, 5). 결국

---

[6] 열린우리당이 개혁의 대상으로 삼았던 민주당의 2002년 현재 당원수는 총 1,889,337명에 이르렀지만, 자발적으로 당비를 납부하거나 자원봉사에 참여하는 진성 당원은 전체의 2.5퍼센트에 불과했다. 결국 나머지는 지구당 위원장에 의해 물질적 유인을 대가로 동원된 숫자라는 것이다(이현출 2005, 105-106).

[7] 2006년 2~3월로 예상되는 지방선거를 앞두고, 2005년 8월 말까지 기간 당원 가입자가 갑자기 10만에서 55만여 명으로 급증했다. '6개월 이상 당비 납부' 조건을 맞추기 위한 것이었다. 그중 상당수는 출마 희망자가 당비를 대납했거나 이해관계를 맺고 있는 '한시적 당원'들로 파악되었다(『한겨레』 2005/11/01, 5).

기간 당원제는 '당을 망친 주범'으로 비판받으면서 격렬한 논쟁과 계파 갈등의 원인이 되었고, 2007년 1월 당헌 개정으로 폐기되기에 이른다.[8] 기간 당원제를 통해 동원 구조를 극복하고 자발적 참여에 기반한 정당을 건설한다는 목표는, 정치 현실 속에서 좌절된 것이다.

그렇다면 국민 참여 경선제는 당초 목적을 달성했는가. 기간 당원제와 함께 국민 참여 경선제를 도입한 것은, 당원 중심 정당과 지지자 중심 정당이라는 상반된 정당 모델의 요소를 결합한 것이었는데, 결국 기간 당원제의 포기에서 알 수 있듯이 실제 추진된 것은 지지자 중심 정당의 실험이었고 그 핵심은 국민 참여 경선제였다. 이처럼 열린우리당 개혁의 상징이었던 국민 참여 경선제는 어떤 성과를 거두었는가?

먼저 2002년 민주당 대선 후보 국민 경선은 약 184만 명의 시민이 참여하는 결과를 가져옴으로써 큰 성과를 낸 것으로 평가된다(장훈 2010, 152). 그러나 이 모두가 자발적 참여는 아니었다. 동원 문제는 여전히 불식되지 못했지만, 전국 단위의 대규모 선거인단으로 인해 문제는 희석될 수 있었다.

하지만 국회의원 선거나 지방선거의 경우, 대선보다 유권자들의 자발적 참여를 이끌어 내기 어려운 반면, 선거구 크기가 작기 때문에 동원의 영향은 증폭되어 나타나게 된다. 예컨대 2004년 제17대 총선에서 열린우리당은 후보를 낸 243개 지역구 중 35.6퍼센트의 지역구에서 여론조사 방식에 의한 100퍼센트 국민 경선을 실시했지만, 지역구 당 실제 투표에 참여한 선거인단은 평균 415명에 그쳤고 심지어 150여 명에 불과했던 지역구도 나타

---

8 기간 당원제 대신 기초·공로 당원제가 도입되었는데, 전당대회 한 달 전 시점을 기준으로 3개월 이상 당비를 냈거나 당원협의회장이 인정하는 당원에게 과거 기간 당원의 권한을 주는 제도이다(『동아일보』 2007/01/30, 1).

나, 대표성이나 공정성 등에서 큰 문제점을 드러냈다(정진민 2004, 7; 김영태 2004, 111, 120-121). 2006년 지방선거에서는 광역단체장 후보 선출의 경우 16개 지역 중 3개 지역에서, 기초단체장 후보 선출의 경우 184개 지역 중 55개 지역에서 경선을 실시했다. 방식은 대부분 기간 당원 및 일반 당원 투표와 일반 시민 여론조사를 결합하는 방식이었다. 하지만 이 역시 저조한 당원 참여율,[9] 기간 당원 동원 문제, 일반 시민 여론조사의 공정성 문제에 직면하게 된다. 또한 당초 의도와 달리, 지역 기반을 가진 기존 정치 엘리트에게 오히려 유리한, 역설적 결과를 가져오기도 했다.

한편 개혁파가 국민 참여 경선을 도입한 것은, 지지자들의 참여가 일회성에 그치지 않고 당의 지속적인 시민사회적 기반으로 연결될 것을 기대했기 때문인 것으로 보인다. 하지만 국민 참여 경선 등을 통해 참여하게 된 시민들이 당의 안정적인 지지자로 유지되면서 시민사회적 기반이 강화되었는지는 의문이다. 시민 참여를 확대하기 위해 여론조사, 전화, 인터넷, 모바일 등 참여의 문턱을 낮추는 방식이 도입되었는데, 그것은 참여의 비용이 적은 만큼 책임감의 결여를 가져오게 되고 이에 기초한 정당 지지는 그만큼 유동적이고 불안정한 것이 되지 않을 수 없기 때문이다. 특히 국민 참여 방식으로 여론조사를 도입한 것은, 당원 참여 동기를 저하시킴은 물론이고 시민의 자발적 참여를 유도한다는 취지에도 반하는 것으로서, 당을 여론 분포의 수동적 반영물로 무력화시키는 결과를 초래하기 쉽다. 정치 참여가 조직화되거나 제도적 채널을 통해 이뤄지지 않는다면 그런 지지를 정치 구조 속으로

---

9 광역 단체 중 서울은 기간 당원 30퍼센트, 일반 당원 20퍼센트 투표, 일반 시민 여론조사 50퍼센트로 진행되었는데, 당원 중 실제 투표 참여 인원은 1,207명(투표인단의 5퍼센트)에 불과했다(2006 지방선거시민연대. 각 정당의 5.31 지방선거 공천 평가 보고서, 6쪽).

안정적으로 착근시키는 것은 불가능한 일이다(강원택 2011, 35). 2005년 2월 30.6퍼센트에서 2007년 5월 8.3퍼센트까지 추락한 정당 지지율 변동은 열린우리당의 실험이 안정적인 지지자 확보에 실패했음을 여실히 보여 준다(『문화일보』 2004/02/16; 2007/05/17).

'유권자 속의 정당' 차원에서 개혁파가 국민 참여 경선을 통해 추구한 두 번째 목표는 '당심과 민심을 일치'시키는 것이었다(새천년민주당 2002, 22, 42). 즉 공천 과정을 일반 국민에게 공개하고 민주화하여 공직 후보 선출 과정의 대표성을 높인다는 목표였다. 이에 대해 장훈은 2002년 민주당 대선 후보 국민 경선 과정에 대한 분석을 통해 시민 참여의 확대와 함께 대표성도 제고되었음을 밝히고 있다. 전체 선거인단의 구성에 있어서 성별, 연령별, 지역별 대표성이 제고되었다는 것이다(장훈 2010, 152-157).

하지만 가시적 성과의 이면에는 구조적 문제점이 존재한다. 국민 참여 경선이 또 다른 측면에서 대표성의 왜곡을 초래할 가능성이 그것이다. 국민 참여 경선의 모델인 미국의 사례를 보면, 예비선거의 경우 본 선거보다 고소득·고학력층 등이 훨씬 높은 비중으로 참여한 것을 볼 수 있다.[10] 이 문제와 관련하여 한국 사례에 대한 구체적 조사 자료는 아직 없는 듯하다. 하지만 2002년 국민 참여 경선 당시 적극적으로 참여한 노사모 회원의 구성(30·40대, 고학력층, 화이트칼라 계층이 다수)을 통해[11] 2002년 국민 참여 경선 선거인단의 구

---

10 1976년 미국 민주당 지지자의 특성을 주별로 비교한 자료를 보면, 캘리포니아 주의 경우 대졸 이상이 차지하는 비중이 본 선거 17%, 예비선거 34%, 연간 2만 달러 이상 소득자가 차지하는 비중은 본 선거 23%, 예비선거 35%였다. 뉴욕 주의 경우에 대졸 이상이 차지하는 비중은 본 선거 19%, 예비선거 32%, 연간 2만 달러 이상 소득자가 차지하는 비중은 본 선거 16%, 예비선거 32%였다(장훈 2010, 157-159).
11 노사모는 민주당이 국민 경선제를 도입하자 노사모 안에 국민경선대책위원회를 만들고 집단적

성을 간접적으로 유추해 보면, 한국에서도 고학력·고소득층이 본 선거에 비해 훨씬 높은 비중을 점했으리라 짐작된다. 결국 미국에서 입증되었듯이, 시민 직접 참여의 확대는 참여 여력이 부족한 저학력·저소득층이 과소 대표되는, '대표성의 왜곡'을 초래할 위험을 내포하고 있는 것이다(Crenson and Ginsberg 2002, 76-79).[12]

전체적으로 평가할 때, 유권자 속의 정당 차원에서 개혁파가 설정한 목표는 단기간에 달성하기 어려운 과제였다. 참여의 통로만 개방한다고 시민들의 자발적 참여가 확보되리라는 기대는 이상주의적 낙관론이 아닐 수 없으며, 당의 사회적 기반이 취약한 상태에서 기간당원제나 국민 참여 경선은 당초부터 동원의 수단이 될 가능성을 안고 있었던 것이다.

국민 참여 경선과 관련해 보다 주목할 것은, 그것이 개혁파의 당초 의도에서 벗어난 부작용을 초래함으로써 유권자 속의 정당을 강화시키기보다는 오히려 약화시키는 역설적 결과를 가져왔다는 점이다. 그 원인의 단초는, 국민 참여 경선제에 대한 장훈의 평가에서 찾을 수 있다. 장훈은 대선 후보

으로 참여하게 된다(신승근 2005). 노사모를 통해 국민 경선에 참여한 인원은 40만 명으로 민주당 국민 경선에 참여한 190여만 명의 21%를 차지하였다(강원택 2003, 280-281; 2004, 167).

12 이처럼 국민 참여 경선에 직접 참여하는 자들의 대표성의 왜곡은 그 결과물에도 영향을 미칠 것으로 추론할 수 있다. 실제 미국의 경우, 예비선거에서 선출된 대의원들은 교육·직업·소득 수준에서 민주당원들의 폭넓은 의사를 제대로 반영하지 못하는 것으로 나타났다(이정진·이현우 2007). 예비선거 참여자의 계층적 편향성이 그 결과물(대의원)에도 반영되어 나타난 것이다. 한편 이 문제와 관련된 국내 연구는 아직 없지만, 이스라엘을 대상으로 한 사례연구(Rahat, Hazan and Katz 2008)는 중요한 시사점을 제공해 준다. 이에 의하면 정당의 공천권을 개방한 결과, 즉 후보 지명권자(selectorate)의 포괄성을 넓힌 결과 공직 후보자들의 대표성이 높아진 것이 아니라 오히려 낮아졌음을 보여 준다. 이들에 의하면 이런 결과는, 당내 민주주의가 정치체제 차원에서의 민주주의와 상충될 수도 있음을 보여 주는 것으로 해석된다.

선출 과정의 개방은 정당-유권자 관계의 부분적 연계 강화를 가져온 반면에, 조직으로서의 정당의 쇠퇴를 불러왔다고 평가한다. 당의 후보 결정 과정을 일반 유권자에게 개방한 결과 대선 후보와 정당 엘리트의 관계가 보다 느슨해졌고 그 결과 정당의 내부 결속과 연대를 약화시켰다는 것이다. 특히 장훈은 개방의 충격을 흡수할 다양한 기반을 갖춘 미국과 달리, 정당 제도화의 수준이 낮은 한국의 경우 이런 개방화의 충격은 당의 정체성 자체를 불확실하게 만들 가능성이 있음을 지적한다(장훈 2010, 166-170).[13] 장훈의 지적에 추가해야 할 것은, 이와 같은 당의 조직적 정체성의 약화는 유권자 속의 정당을 약화시키는 주요 원인이 된다는 사실이다. 왜 그러한지는 뒤에서 보다 자세히 살펴보기로 한다.

'조직으로서의 정당'과 '정부 속의 정당' 영역의 개혁 조치와 그 결과

열린우리당은 집권당이었다. 이 경우 정당 조직의 상층에 위치하는 정당 엘리트는 정부의 공직을 차지해 정부를 구성하게 된다. 즉, 조직으로서의 정당과 정부 속의 정당은 상당 부분 중첩된다. 따라서 우리는 이 두 영역을 통합해 살펴보기로 한다.

앞에서 우리는 유권자 속의 정당과 관련해 민주 개혁파가 추구한 대안

---

[13] 국민 참여 경선이 급작스럽고도 전면적으로 도입된 우리와 달리, 미국의 경우에 예비선거는 장기간에 걸쳐 각 주별로 부분적이고 점진적으로 도입되었으며, 그 상당 부분은 정당 등록 유권자에게만 투표권이 허용되는 폐쇄형을 택하고 있다. 나아가 정당 간부들이 영향력을 행사하는 코커스 역시 아직도 다수 존재하고 있다(이정진·이현우 2007). 또한 민주, 공화 양당은 백 년이 넘는 역사 속에서 시민사회 내에 뿌리내리고 있을 뿐 아니라, 주법 등을 통해서 선거 과정에 필요한 준공적 기구로 제도화되어 있다(Beck and Sorauf 1992, ch3).

은 의도하지 않은 부작용으로서 당의 내부 결속과 연대를 약화시켰다고 지적한 바 있다. 그런데 당의 조직적 정체성을 약화시킨 보다 중대한 요인은 다른 데 있었다. 그것은 '정부 속의 정당'과 '조직으로서의 정당' 영역에서 개혁파가 추구한 개혁안이었다. 이 두 영역에서 개혁파는 목적의식적으로 정당의 조직적 응집력의 약화를 추구했기 때문이다.

'조직으로서의 정당' 및 '정부 속의 정당'과 관련해 개혁파가 도입한 조치는 집단지도체제, 원내 정당화(당의장과 원내 대표의 투톱 체제), 당권-대권 분리, 당정 분리 등이었다. 개혁파가 이를 통해 추구한 목표는, '권력의 분산과 운영의 민주화가 확보된 민주정당'의 실현, '삼권분립의 헌법적 원칙'의 충실한 실현, '대통령의 의회 지배 현상'의 극복, '당을 중앙집권적 조직 정당 형태로부터 원내 정당화', '국회의원과 국회에 대한 대통령이나 당 지도부의 일방적 권력 행사 차단 및 의원들의 자율성과 책임성 제고' 등이었다(새천년민주당 2002, 42-43; 열린우리당 2004, 2). 한마디로, 재정·인사·공천권 등을 장악하고 당을 일사 분란하게 통제한 '제왕적 총재'와, 집권당 총재를 겸함으로써 여당과 의회를 통제한 '제왕적 대통령'의 폐단을, 권력의 분산을 통해 극복한다는 것이 이런 조치에 깔린 문제의식의 핵심이었던 것으로 파악된다.

열린우리당이 추구한 이런 목표는 일정 부분 달성되었다고 할 수 있다. 당정 분리 등으로 인해 대통령이 여당에 대해 행사하는 공식적 통제의 통로는 축소되었고(장훈 2010, 27), 집단지도체제나 투톱 체제하에서는 과거처럼 정당 지도부가 당 소속 의원을 일사 분란하게 통제하는 것 역시 불가능하게 되었기 때문이다. 권위주의적 정당 운영이나 비대칭적 의회-행정부 관계의 극복이라는 점에서 열린우리당과 참여정부의 실험은 긍정적으로 평가될 수 있을 것이다.

하지만 그것은 긍정적 측면 못지않게 심각한 부정적 결과를 초래했다.

이는 두 가지 측면으로 나누어 살펴 볼 수 있는데, 첫 번째는 집권 세력 내부의 문제이고, 두 번째는 집권 세력과 국민과의 관계에서 발생하는 문제이다.

먼저 첫 번째 문제의 핵심은 집권 세력의 정책 집행 능력 또는 통치 능력과 관련된 것이다. 개혁파는 권력 분산에 지나치게 치중한 결과, 정당 리더십 부재나 당정 관계의 혼선과 갈등을 초래했고, 이는 다시 정부나 집권 여당의 통치 능력에 심대한 부정적 영향을 미치게 된다. 이와 관련된 핵심 이슈는 '당정 분리' 문제이다. 현행 권력 구조하에서 당정, 즉 집권당과 대통령을 연계하는 제도적 매개로는 청와대 정무장관과 정무 수석, 고위 당정 협의제도, 집권당 의원의 입각 등을 들 수 있는데, 당정 분리는 이 세 영역 모두에서 당정 관계의 약화를 가져왔다.

먼저 노무현 정부는 김대중 정부에 이어 출범 초부터 정무장관을 두지 않았다. 대신 집권 초기에 유인태 정무 수석, 김원기 정치 고문 등을 임명해 정무 기능을 맡겼는데, 이는 여소야대 상황에서 다수당인 한나라당과의 대화·타협을 통한 국회에서의 협조를 위한 것이었고, 여당인 민주당과는 당정 분리 원칙을 강조하며 거리를 유지했다(가상준 2012, 259-261). 이후 신당 문제를 둘러싼 갈등으로 2003년 9월 29일 노 대통령은 민주당을 탈당한다. 2004년 5월 노 대통령이 열린우리당에 입당했지만, 당정 분리를 구체화한다는 목적 아래 대통령의 지시로 정무 수석실이 폐지되었다. 2004년 6월에는 김혁규 국무총리 지명을 둘러싼 청와대와 여당의 갈등 끝에 정치 특보마저 폐지되었다. 대통령의 정부 운영에 대한 당의 간섭을 차단하기 위한 것이었다(『경향신문』 2004/05/10, 4; 2004/06/05, 1). 이런 일련의 과정은 결국 청와대와 집권당을 연결하는 정무 채널의 단절을 초래했다. 이후 열린우리당에서는 정무장관이나 정무 수석 부활 등을 지속적으로 요구했으나 끝내 거부되었다.

표 6-2 | 민주화 이후 역대 정권의 당정 관계 지표

	김영삼 정부	김대중 정부	노무현 정부
정무장관	O	×	×
정무 수석	O	O	O → ×
대통령 무당적 기간	1997/11/07-1998/02/24 110일	2002/05/06-2003/02/24 295일	2003/09/29-2004/05/19 2007/02/28-2008/02/24 595일

당정 관계에 대한 노무현 대통령의 인식은 '정치에 있어서는 당정 분리, 정책에 있어서는 당정 협조'라는 말로 요약될 수 있다(최항순 2007, 297). 하지만 정치적으로 불안한 당정 관계는 정책 영역에서의 당정 협의에 부정적 영향을 미치지 않을 수 없었다. 무엇보다 〈표 6-2〉에서 보듯이 참여정부에서 대통령의 무당적 기간은 약 600일에 이를 정도로 역대 어느 정권보다 길었고, 그동안 당정 협의는 중단되거나 파행적으로 운영될 수밖에 없었다.[14]

대통령과 집권당을 연계하는 또 다른 제도적 장치는 의원 입각이다. 막스 베버는 강력한 리더십을 창출하는 정당 체제와 의회제 정부의 결합이 공무원들에 의한 국가권력의 탈취를 저지해 줄 방책임을 지적한 바 있다(헬드 2010, 172, 260). 정부 속의 정당의 주요 기능 중 하나가 관료에 대한 통제라고 할 때, 의원 입각은 그 주요 수단이 될 수 있다. 하지만 참여정부에서 집권당 의원의 입각은 불안정한 당정 관계에 따라 제대로 이루어지지 못했다. 〈표 6-3〉에서 보듯이 참여정부 출범 당시 의원 입각은 두 명에 불과했는데,

---

14 노 대통령이 민주당을 탈당한 이후 열린우리당에 입당할 때까지 공식적인 고위 당정 회의는 열리지 못했다. 또한 2007년 2월 열린우리당을 탈당한 이후 당정 협의는 중단되었다가 대통합민주신당과의 당정 협의회가 부활되었다(권찬호 2011, 38; 최항순 2007, 296; 『문화일보』 2007/10/24, 39). 한편 고위 당정 회의는 이해찬 총리 시절에 비공식 회동을 통해 이루어졌지만 이 총리 퇴임 이후 이마저 사라졌고 여당 및 정부 부처 실무선의 당정 협의만이 이루어졌다(가상준 2012, 11).

표 6-3 | 참여정부 시기 여당 의원 입각 실태

시점	내각 중 여당 의원 비율	입각 의원
2003/02/27	10.5% (2/19)	김영진(농림), 김화중(복지)
2003/07/25	5.3% (1/19)	김화중
2004/06/30	15.8% (3/19)	정동영(통일), 정동채(문화), 김근태(복지)
2005/01/27	21.1% (4/19)	김진표(교육), 정동영, 정동채, 김근태
2005/06/28	26.3% (5/19)	김진표, 정동영, 천정배(법무), 정동채, 김근태
2006/01/02	26.3% (5/19)	김진표, 천정배, 정동채, 정세균(산자), 유시민(복지)
2006/03/02	21.1% (4/19)	김진표, 천정배, 정세균, 유시민
2006/09/01	10.5% (2/19)	정세균, 유시민
2007/01/04	5.3% (1/19)	유시민
2007/05/23	0% (0/19)	-

이마저 대통령의 개인 판단에 따른 인사권 행사였고, 이로 인한 당정 갈등이 야기되기도 했다(『한겨레』 2003/04/04, 5). 의원 입각은 2004년 총선과 탄핵 사태가 마무리된 이후인 6·30 개각부터 본격화되었는데, 이후 2006년 중반까지 대체로 3~5명의 의원들이 내각에 참여했다. 하지만 입각 의원들 중에는 정동영, 김근태, 천정배, 정세균, 유시민 등 당의 대선 후보로 지목되던 인물들이 대부분 포함되었고, 특히 정동영, 정세균 의원은 입각 당시 당의 장 신분이었다. 결국 당의 지도부 및 대선 후보군의 대거 입각으로 인해 당은 리더십 부재에 시달리게 되었고, 이에 대한 당의 반발로 인해 당정 관계는 오히려 악화되었다. 전체적으로 의원 입각이 부분적으로나마 이루어진 것은 집권 5년의 기간 중 2년여에 불과했다. 2006년 중반 이후 입각 의원은 2명에 불과했고, 2007년에는 전무했는데, 이는 집권 후반으로 갈수록 관료에 대한 의존이 심화된 상황을 보여 준다.

당정 분리는 열린우리당이 추구한 정치 개혁의 핵심이었고, 그 목표는 대통령에 대한 여당의 자율성 확보, 이를 통한 여당과 대통령 또는 의회와 행정부의 수평적 관계의 확립 등에 있었다. 노 대통령은 당정 분리를, '내가 당을 지배·통솔하지 않는다'는 원칙하에 '당정 분리 독트린'으로 표현할 정도로 일관되게 추구했다(『한국일보』 2004/06/08, 5). 하지만 그것이 당의 정치적 자율성을 제고하는 결과를 가져오지는 못했다. 당초 당정 분리는 당에 대한 대통령의 통제력을 차단하는 것을 목표로 추구되었다. 하지만 당정 분리는 그 반대급부로서 대통령에 대한 당의 영향력 역시 차단하는 결과를 가져왔고, 결국 당과 대통령의 관계 자체를 단절시키는 것으로 귀결되었다. 이는 다시 당과 청와대 또는 당과 행정부 간의 정책 혼선 및 그 책임을 둘러싼 내부 갈등을 야기함으로써 양자 모두에게 부정적인 결과를 가져왔다.

먼저 당정 분리는 대통령의 통치 능력에 상당한 저해 요인이 되었다. 이라크 파병 동의안, 대연정 제안, 국보법을 포함한 4대 개혁 입법, 부동산 대책(아파트 분양 원가 공개) 등 사회적 논란의 중심이 된 정책에서 집권 세력 내부의 갈등으로 정책 추진력이 크게 약화되었고, 이는 대통령 지지도 하락을 초래한 중요 원인이 되었다(『한겨레』 2003/04/04, 5 ; 강원택 2011, 29).

당정 분리는 여당에게 보다 심각한 결과를 가져왔다. 대통령제에서 대통령은 가장 강력한 의제 설정자이다. 그리고 당정 분리로 인해 대통령이 추진하는 의제에 대해 당의 요구를 반영할 수 있는 채널이 봉쇄되었음에도 불구하고, 정당정치를 부정하지 않는 한 여당은 결국 대통령 의제를 뒷받침하지 않을 수 없는 구조적 조건하에 놓이게 된다. 국보법과 대연정 이슈는 그 대표적 사례였다.[15] 그 결과 당초 당정 분리를 앞장서 요구했던 당은 점

---

15 국보법 이슈의 경우, 폐지, 대체 입법, 일부 조항 개정 등을 놓고 고민하던 여당은 2004년 9월

표 6-4 | 열린우리당 당의장 변동

시기	이름	취임	사퇴 이유
2004/01/11-2004/05/17	정동영	전당대회에서 선출	통일부 장관 입각
2004/05/18-2004/08/19	신기남	승계(전대 2위 득표)	부친 친일 의혹 파문
2004/08/19-2005/01/03	이부영	승계(전대 3위 득표)	4대 개혁 입법 실패 지도부 전면 사퇴
2005/01/05-2005/04/01	임채정	임시 집행위원장으로 추대	전당대회에서 새 지도부 선출
2005/04/02-2005/10/29	문희상	전당대회에서 선출	10.26 재선거 패배 책임 당 지도부 일괄 사퇴
2005/10/30-2006/01/06	정세균	16개 시도당 위원장 회의에서 임시 당의장으로 선임	1월 2일 산자부 장관 입각
2006/01/06-2006/02/18	유재건	비상집행위·시도당 위원장 연석회의에서 임시의장으로 추대	전당대회에서 새 지도부 선출
2006/02/18-2006/06/01	정동영	전당대회에서 선출	지방선거 패배 책임
2006/06/09-2007/02/14	김근태	비상대책위원장으로 추대(전대 2위 득표)	전대에서 새 지도부 출범
2007/02/14-2007/08/18	정세균	전대에서 단일 후보로 합의 추대	대통합민주신당과 합당

점 청와대를 향해 당정 관계의 복원을 지속적으로 요구하게 되었고,[16] 청와대는 당정 분리 원칙 훼손을 이유로 거듭해서 당의 요구를 거부하는 상황이 연출되었다. 결국 당정 분리는 당초 의도와는 정반대의 상황, 즉 대통령의 정치적 결정에 집권당이 일방적으로 끌려 다니게 되는 결과를 초래했다.[17]

노 대통령의 폐지 발언을 계기로 '연내 폐지 후 형법 보완'으로 당론을 확정하게 된다(『경향신문』 2005/01/07, 4). 2005년 4·30 재보선 패배 이후 여당은 양극화 해소와 민생 문제에 주력한다는 방침을 정하고 7월 초 그 첫 프로그램을 시작하게 되는데, 바로 그 시점에 노 대통령의 대연정 제안이 제기되었고, 이후 당은 대연정 해일에 묻혀 버리게 된다(『한겨레』 2005/10/29, 5).

16 열린우리당 의원 146명을 대상으로 한 설문 조사 결과, 95명의 응답자 중 65퍼센트가 당정 분리 완화를 요구했다(『세계일보』 2005/06/15, 1).

17 "민주주의는 책임정치이고, 책임정치의 핵심은 정당정치다. 노 대통령은 당정 분리를 성과 있게 했다. 그러나 의도하지 않은 결과로 정당이 국정과 정책 결정에서 소외되는 결과를 낳고 말았다. 특히 정치에 간섭하지 않을 테니 당은 정책에 간섭하지 말라고 했다. 당정 협의를 통해 참여했

당정 분리와 함께 집권 세력 내부의 갈등과 혼란을 더욱 심화시킨 것은, 조직으로서의 정당 차원에서 열린우리당이 채택한, 집단지도체제와 투톱 체제라는 당내 권력 구조였다. 당의장이 여러 명의 상임 중앙위원 중 한 명(5명의 선출직 상임 중앙위원 중 최고 득표자)에 불과하게 된 집단지도체제하에서 당의장의 위상은 현저히 약화되었고, 당의장 궐위시 차순위 득표 상임 중앙위원이 그 직을 이어받는 승계 제도는 책임감 부재를 초래했다. 〈표 6-4〉에서 보듯이 3년 9개월 동안 두 명의 당의장이 입각을 이유로 중도 사퇴했고, 네 번의 임시 또는 비대위 체제가 성립되었다. 당의장은 무려 여덟 차례나 교체되었다. 한마디로 열린우리당은 리더십 부재의 조직이었다.

리더십 문제는 투톱 체제로 인해 더욱 증폭되었다. 각각 전당대회와 의원총회에서 선출되어 원외와 원내를 대표하는 당의장과 원내 대표의 투톱 체제에서 양자 간에는 주요 정책을 둘러싸고 이견과 갈등이 빈번히 발생했고, 이는 당의 정책 혼선과 정체성 혼란으로 귀결되었다.[18]

열린우리당은 창당부터 민주당 탈당파, 개혁당, 신당연대, 한나라당 탈당파 등 복잡한 계파로 출발했다. 제17대 총선에서는 공천자의 65퍼센트가 외부 영입 인사였고, 그중 절반 이상은 전문가 집단이었다(박경미 2008, 38).

지만 정책의 핵심은 정치적 결정이다. 그 결정에서 당이 배제되니까 당이 유사 이래 제일 힘없는 여당이 됐다"(『경향신문』 2006/10/23, 5)라는 김근태 의장의 지적은 당정 분리가 초래한 문제의 핵심을 지적해 주고 있다.

18 이라크 파병안 처리를 둘러싼 정동영 의장과 김근태 원내 대표의 갈등(『경향신문』 2004/02/11, 4), 민생과 경제 회복에 중점을 두고 여야 타협 노선을 강조한 정동영 의장(소위 '민생파')과 정치 개혁을 강조하면서 개혁 입법 처리를 우선시한 김근태 원내 대표(소위 '민주파')의 갈등(『문화일보』 2004/04/19, 4), 국가보안법 처리 문제를 둘러싼 이부영 의장과 천정배 대표의 갈등(『경향신문』 2005/01/05, 6), 당의장 직속의 서민경제회복추진위원회 설치를 둘러싼 김근태 의장과 김한길 원내 대표 및 강봉균 정책위의장 간의 갈등(『내일신문』 2006/07/11, 4) 등이 대표적 사례이다.

그 결과 열린우리당은 보수에서 진보에 이르는 폭넓은 이념적 스펙트럼을 보여 준다.[19] 복잡한 계파 구성과 이념적 이질성은 당의 정체성과 지속성 유지에 불리한 조건이 아닐 수 없다. 이런 상황에서 당의 리더십마저 약화된 결과 당의 응집력은 심각하게 손상되었다. 정당은 원내에서 집합행동의 문제를 해결하는 장치로 평가되는데(Cox and McCubbins 1993; Aldrich 1995), 열린우리당은 정당 리더십을 스스로 약화시킴으로써 집합행동의 문제를 해결 불가능하게 만든 것이다.[20]

'조직으로서의 정당'과 '정부 속의 정당' 영역의 개혁 조치들이 야기한 첫 번째 문제가 집권 세력 내부에 관한 것이었다면, 두 번째 문제는 집권 세력과 국민과의 관계에서 야기되었다. 당정 분리나 원내 정당화 조치는 유권자와의 관계에서 민주주의의 본질과 관련된 보다 심각한 문제를 초래한 것이다. 당정 분리에 대한 노 대통령의 인식은 "나는 여당의 영수가 아니라 행정부 수장이다"라는 말 속에 잘 드러난다(『경향신문』 2003/07/22, 4). 2005년 7

---

[19] 열린우리당 당선자 중 설문에 응답한 119명의 이념 분포는 진보 10명, 중도 진보 60명, 중도 32명, 중도 보수 14명, 보수 2명 등으로 나타났다(『중앙일보』 2004/04/28, 3).

[20] 열린우리당은 이런 문제점을 개선하기 위해 수차례 지도 체제 개편을 시도했다. 예컨대 2005년 5월 당무 개선위는 투톱 체제를 의장 중심의 원톱 체제로 개편하고 리더십을 강화하는 방안을 추진한 바 있었고(『서울신문』 2005/05/23, 4), 2005년 12월에도 비상 집행위원회하에 당헌 당규 개정 소위를 두어 당의장 중심의 당헌 개정을 추진했다. 주요 내용은 당의장과 상임 중앙위원의 분리 선출, 중앙위원회 약화, 투톱 체제를 당의장 중심의 원톱 체제로 전환하는 것 등이었다. 하지만 이런 단일 지도 체제로의 개편 시도는 당내 정파들 간의 갈등으로 인해 무산되었다(『내일신문』 2005/12/26, 2; 2005/12/27, 3). 2006년 말 비대위에서도 투톱 체제의 원톱 체제로의 전환, 당의장 최고위원 선거 분리, 중앙위원 권한 축소 등을 시도했지만(『세계일보』 2006/12/19, 6), 당의장 권한의 부분적 강화 조치(원내 대표가 아닌 당의장이 정책위의장 임명권을 행사하도록 하는 등)에 그치게 된다(『서울신문』 2007/01/30, 1). 이런 사례들은, 집단지도체제라는 계파 간 권력 분점의 구조는 결국 당내 개혁마저 불가능하게 만드는 현상 유지 체제로 기능함을 보여 준다.

월, 대연정을 제안하면서 당원에게 보낸 서신에서는 "미국에서는 대통령이 정권을 잡을 뿐 정당이 정권을 잡지 않습니다. 한국에서는 정당이 정권을 잡는다고 생각해 당정 협의도 하고 국회에서는 여야가 일사불란하게 행동 통일을 합니다"라고 지적하고 있다(노무현 2005). 노 대통령이 집권 초기 미국 대통령제를 모델로 구상한 '초당적 국정 운영' 방안이나, 대연정 제안 등은 모두 당정 분리론과 동일한 맥락에서 나온 것이었다. 이런 노 대통령의 인식은 결국 집권당으로서의 여당의 역할, 즉 여당이 갖는 '정부 속의 정당'으로서의 기능을 최소화하거나 부정하는 것이라고 할 수 있다.

더욱 심각한 문제는 그것이 대통령과 집권당의 분리만이 아니라, 정당을 통해 연계되는 지지자 및 유권자로부터의 괴리를 가져왔다는 점이다. 대통령과 국민과의 접촉에서 중심이 된 것은 정당을 대신하는 온라인 공간의 지지 집단이었다(강원택 2011, 32). 보다 결정적 증거는, 참여정부 기간 동안 잇따른 재보선·지방선거의 패배를 대통령이 집행부에 대한 국민의 심판으로 받아들이지 않으려 했다는 사실이다. 그 근거가 된 것은 당정 분리였다. 재보선 및 지방선거를 주관한 것은 당이므로 패배 역시 당의 책임이라는 논리였다.[21] 단임 대통령제하에서 국민이 대통령에게 정치적 책임을 물을 수 있는 유일한 장치는 중간선거(총선, 지방선거, 재보선 등)인데, 당정 분리는 결국 대통령으로 하여금 이런 국민의 평결로부터 자유로울 수 있는 제도적 근거를 마련해 주는 정치적 결과를 초래한 것이다.

대통령제에서 대통령은 정당의 지도자라는 정파적 위상과 국가원수라

---

21 2004년 6·5 재보선 패배 이후 노 대통령은 "공천에 의견조차 내지 않았는데 심판은 내가 받고 억울하다", "내가 여당이라서 그런가, 선거를 가지고 왜 나를 심판하려는지……"라고 말하고 있다(『경향신문』 2004/06/05, 5)

는 초정파적 위상을 동시에 갖는다. 상충되는 두 위상 중에서 대통령은 후자를 선호하게 될 충분한 이유가 있다. 국가 지도자로서의 위상을 강조할 경우 시민사회나 정치사회의 여러 비판 세력을 파당적 이익을 추구하는 분파적 집단으로 몰 수 있고, 그럴수록 대통령의 자유재량 여지는 커질 것이기 때문이다. 이런 유혹은 대통령 지지도가 하락할수록 더욱 커지게 될 것이다. 다른 한편 자신을 초정파적인 국가 지도자로 설정하려는 대통령의 의도가 설령 정파적 이익보다 국가 전체의 공익을 우선하려는 선한 의도에서 출발했을지라도, 그 귀결은 결국 민주주의에 해로운 것이 되지 않을 수 없다. 왜냐하면 민주주의는, 정치 엘리트의 선한 의도가 아니라, 그들로 하여금 국민의 평결을 두려워하게 만들고 비판과 견제에 직면하지 않을 수 없게 만드는 '제도적 강제'에 의존하며, 이런 제도적 강제는 권력자가 하나의 정파적 존재로서 자리매김될 때 작동될 수 있기 때문이다.

마키아벨리는 로마공화정의 자유는 분파적 이익 간의 갈등으로 인해 가능했다고 지적한 바 있고(마키아벨리 2003, 85-88), 매디슨 역시 민주주의는 '파벌로써 파벌을' 또는 '권력으로써 권력을' 견제함으로써 가능하다고 지적한 바 있다(해밀턴 외 1995, 61-68, 314-319). 이는 민주주의란 파당적 갈등을 인정하는 바탕 위에서 가능함을 의미한다. 권력자가 하나의 부분적·파당적 존재로 자리매김될 때, 그는 비판과 견제로부터 자유로울 수 없는 존재가 될 것이기 때문이다. 이런 점에서 당정 분리는 대통령에게 초정파적 지도자로서의 위상을 부여하는 제도적 근거가 될 수 있고, 따라서 당초 의도가 무엇이든간에 민주주의에 부정적인 결과를 초래할 위험을 내포하게 된다. 당정 분리가 결국 대통령 권력의 책임성 문제를 야기하게 된 것은 이런 논리에서 이해될 수 있을 것이다.

한편 노 대통령이 당정 분리를 내세워 집권당으로부터 멀어지면서 통치의 기반으로 대신 택한 것은 공무원과 위원회였다. 노 대통령은 집권 초기 2만 달러 시대 달성을 위한 공무원 태도를 강조하는 등 공무원 특강에 집착하는 면을 보였는데, 이는 관료 조직을 혁신과 개혁의 주체로 포섭하려는 인식에서 나온 것이었다(『동아일보』 2003/08/12, 5). 위원회는 주지하듯이 노 대통령이 대통령 의제를 입안하고 실행 계획(로드맵)을 수립하기 위해 활용한 중심 수단이었다. 하지만 '정당정부'가 부정되고 그 자리를 '위원회 정부'가 대신하게 될 경우, 그것은 민주주의에 반하는 '전문가주의'로 빠질 위험을 안게 됨에 주목해야 한다.

이 지점에서 우리는 당정 분리의 목적이 무엇인지 질문해 볼 필요가 있다. 개혁파는 당정 분리 등을 통해 당정 관계나 의회-행정부 관계의 수평화 및 민주화를 추구했다. 하지만 그것이 궁극적 목적이 될 수는 없다. 권력관계의 수평화는, 정당이나 의회가 권위적 지도자에 의해 좌우됨으로써 국민의 의사를 제대로 반영하지 못하는 것을 극복하는 데 궁극적 목표가 있기 때문이다. 즉, '당심'과 '민심'의 일치가 궁극 목표인 것이다. 하지만 당정 분리는 결국 대통령을 집권당으로부터, 그 결과 집권 세력을 지지자와 국민으로부터 멀어지게 하는 결과를 가져왔다. 권력의 책임성 결여라는 민주주의의 본질과 관련된 중대 문제를 초래한 것이다(최장집 2006, 96).[22]

---

22 역설적이게도 노무현 대통령은 퇴임 이후 이런 문제점을 다음과 같이 지적하고 있다. "당정 분리, 저도 받아들였고 또 그 약속을 지키기 위해서 노력했습니다만, 그동안 그랬어야 할 이유가 있어서 당정 분리를 채택을 했습니다. 앞으로는 당정 분리도 재검토해 봐야 합니다. 책임 안 지는 거 보셨죠? 대통령 따로 당 따로, 대통령이 책임집니까, 당이 책임집니까? 당이 대통령 흔들어 놓고 대통령 박살내 놓고 당이 심판받으러 가는데…… 같은 겁니까, 다른 겁니까? 어떻게 심판해야 하지요? 책임 없는 정치가 돼 버리는 것이지요"(노무현 2007).

정당의 세 영역 간의 관계에서 본 열린우리당 개혁 조치의 결과

V. O. 키가 제시한 정당의 세 영역 구분은 분석과 서술을 위한 것이며, 현실 정치에서 이들 각 영역은 밀접히 연계되어 있다. 각 영역에서 추진된 개혁 조치들은 다른 영역에 영향을 미치지 않을 수 없는 것이다. 이런 점에서 우리는, 정당의 세 영역 중에서 기능적으로 핵심이 되는 것은 정부 속의 정당이라는 지적에 주목할 필요가 있다(Strøm 2000; Thies 2000). 이들에 의하면, 유권자 속의 정당이나 조직으로서의 정당에 근거와 지속성을 제공하는 것은 정부 속의 정당이다. 그것이 정당의 핵심적 연결 고리이며, 유권자 속의 정당은 정부 속의 정당에 의존한다는 것이다. 당의 생존력은 결정적으로 정부 속의 정당에 달려 있으며, 정부 속의 정당의 해체는 정당의 쇠락을 보여 주는 결정적 양태가 된다.

왜 그런가. 유권자 속의 정당이 수행하는 핵심적 기능의 하나는 유권자 선택의 단순화이다. 즉, 정당은 유권자들이 일체감을 느낄 수 있는 상징을 창출함으로써 선거에서 후보 선택에 필요한 구체적 정보를 대신해 주는 간편한 표식으로 기능한다(Downs 1957; Campbell et al. 1960). 그런데 정당이 이런 상징과 표식의 기능을 할 수 있는 것은 정부 및 의회 내에서 일관된 정책을 추구하고 집행할 때이다. 그리고 이를 위해서는 정당의 정책적·조직적 정체성이 필요하고 이를 부과할 수 있는 당내 리더십의 존재가 필요하게 된다.

정당은 공직 추구자들에게 하나의 공공재로 기능한다(Aldrich 1995). 당선을 위해서는 정당의 공천이 필요할 뿐만 아니라, 유권자의 신뢰와 충성을 확보해 시민사회적 토대를 확보한 정당은 득표의 가장 중요한 기반이 되기 때문이다. 하지만 공공재의 영역에서는 무임승차의 문제, 즉 집합행동의 문제가 발생하게 되는데, 이를 해결하는 것이 리더십의 역할이다. 정당의 리더십이 부재하고 이로 인해 집합행동의 문제를 해결하지 못함으로써 당 내부에 혼선과 분란이 발생해 유권자들 앞에서 당이 무엇을 대표하고 상징하며 무엇을 추구하는지가 혼란스럽게 되면, 당이라는 상징과 표식의 의미는 사라지게 된다. 이는 곧 유권자 속의 정당의 해체를 의미한다.

이런 논리에 따르면, 열린우리당이 지지율 급락으로 결국 해체에 이르게 된 가장 결정적 원인은 조직으로서의 정당과 정부 속의 정당이 약화 내지 해체된 데 있었다. 이런 결과는 두 가지 요인에서 야기되었다. 하나는 국민 참여 경선 등의 의도하지 않은 결과로 인한 당의 응집력과 조직적 정체성의 약화이다. 보다 중요한 요인은 조직으로서의 정당과 정부 속의 정당 영역에서 개혁파가 목적의식적으로 추구한 원내 정당화와 당정 분리 조치였다. 정당으로부터 의원들의 자율성을 제고하고(원내 정당화), 집행부 내의 정당과 의회 내의 정당을 분리하는 것(당정 분리)이 개혁론의 핵심이었던 것이다. 한마디로 개혁파는 정당정부에 대한 부정을 추구했던 것이다.

결국 열린우리당의 실험이 실패로 귀결된 것은, 목적과 방향은 옳았지만 방법에서 문제가 있었기 때문도 아니고 의도하지 않은 개혁의 부작용으로 인한 것도 아님을 알 수 있다. 열린우리당이 추구한 정당 개혁의 목표 자체에 문제가 있었던 것이다.[23] 단적으로 '당정 분리'는 그 자체가 정당정치에 반하는 것이라 할 수 있다. 정당의 최대 목표는 집권이며, 정당의 여러 기능 중 가장 중요한 것은 정부를 구성하는 것이다(메이어 2011, 60). 그런데 집권당

---

[23] 강원택은 참여정부의 정당정치에 대해 "정부 내의 정당은 당정 분리로 제 역할을 할 수 없었고, 중앙당으로서의 정당은 원내 정당의 흐름 속에 취약해졌고, 토대에서의 정당은 지구당 폐지뿐만 아니라 인터넷을 통한 참여의 강조로 제대로 작동하기 어려웠다"고 지적하고, 그런 실패는 '원내 정당화'의 주장을 거의 그대로 받아들인, 노 대통령의 정당정치에 대한 잘못된 인식과 깊은 관련이 있다고 말한다(강원택 2011, 26, 37).

이 정부(대통령)와 당의 분리를 추구한다는 것은 정당의 목표와 기능 자체를 스스로 부정하는 것이 아닐 수 없기 때문이다.

그렇다면 정당정부의 부정이라는 개혁파의 목표는 왜 잘못되었다는 것이며, 어떤 문제점을 안고 있는 것인가. 정당의 약화나 정당정부의 부정이 문제라는 지적은, 정당이 민주주의의 핵심적 기제임을 전제로 할 때 성립될 수 있는 명제이다. 따라서 우리는 왜 정당이 중요한지를 물어야 한다. 우리는 이에 대한 대답을 민주주의의 제도적 실천과 관련해 정당정부론이 갖는 의미를 통해 살펴보고자 한다.

4. 정당정부론에 비추어 본 열린우리당 정치 개혁의 문제점

대의제에서 정당과 정당정부의 의미

대의제 초기의 의회는 '의회 민주주의'가 아닌 '의회 과두정'의 무대였다. 선거권은 제한되어 있었고, 대표들은 대표되는 자들로부터 자율권을 누렸다. 이와 같은 '엘리트주의적' 대의제가 '민주적' 대의제로 전환하는 데에는 두 가지 계기가 필요했다. 보통·평등선거권의 도입과 정당의 등장이 그것이다. 흔히 민주주의 실현의 최종적 지표로 간주되는 보통선거권 성립 이후에도 대의제의 중요 문제인 주인-대리인 문제(유권자와 대표 간의 괴리 문제)는 여전히 남게 된다. 이를 완화하는 계기를 제공한 것이 정당이다. 정당은 선거에서 유권자의 이해를 집약한 정강 정책을 제시하고 집권 후에 이를 실천하는 집단적 책임성을 담보함으로써 '주인-대리인 문제'를 완화시키게 된다.

정당이 중심이 되어 정부를 구성하고 운영하는 '정당정부'가 등장함에 따라 의회의 운영 방식 역시 변화되었다. 의원들은, 전체 국민의 이익을 대표하는 수탁자로서 원내에서 자신의 양심과 판단만을 따르는 자율적 행위자에서, 정당의 당론에 구속되는 당의 일원으로 변화되었다. 정당의 등장에 따라 대의제의 형태 역시 개별 의원들이 중심이 되는 '의회정치'에서 정당이 중심이 되는 '책임 정당정치'로 변화된 것이다. 이런 변화는 20세기 초 '의회정치'의 위기로 비판받기도 했지만, 점차 대의제를 보다 민주적으로 변화시키는 민주주의의 진전으로 수용되었다. 정당정부와 책임 정당정치의 등장이 통치자와 피통치자 사이의 보다 많은 민주적 동일성과 유사성(즉 주인과 대리인 문제의 해결)을 향한, 그리고 인민 지배popular rule를 향한 진보로 수용되기에 이른 것이다(마넹 2011, 239-242).

그렇다면 정당정부가 '인민 지배를 향한 진보'로 평가되는 것은 어떤 근거에서인가. 정당정부 이론은 다음과 같은 네 가지를 제시한다. 첫째는, 책임성의 실현이다. 정당의 등장에 따라 대표의 개인적 책임성은 정당의 집합적 책임성으로 대체된다. 정당정부론은 정부를 실제로 통치하면서 정책 수행 결과에 대해 책임질 수 있는 일련의 팀으로서의 대표가 존재할 때 전체 유권자의 다수에 대한 정부의 책임성이 확립되며, 이를 통해 개별 대표와 개별 선거구 사이에도 명백한 책임성이 성립된다고 주장한다(Ranney 1962; Fiorina 1980; Cox and McCubbins 1993).[24]

---

[24] 정당정부 비판론자들은, 정당이 유권자에게 집단으로 책임지는 것보다, 의원들이 선거구민에게 개별적으로 책임지는 것이 더 효과적이라고 주장한다. 정당정부론은 이런 논리를 비판한다. 책임이란 권한에 수반하는 것인데, 분절화된 의원 개인에게는 의회의 입법(또는 입법 실패)에 대해 책임을 물을 수 없기 때문에 유권자들로서는 자신의 대표를 징벌해야 할지 아니면 보상해야 할지를 결정할 수 없는 상황에 빠지게 된다. 대표의 개별적 책임성을 강조할 경우 '하나의 응집력 있는 온전한 정부'는 존재하지 않게 된다. 의회 내에서 또는 의회와 행정부 간에 권력이 분산될 경우, 정

'팀으로서의 응집성'과 함께, 책임성의 실현을 가능케 하는 정당정부의 두 번째 장점은 정당의 '제도적 지속성'과 관련된다. 마넹에 의하면, 재선을 추구하는 대표들은 정책 결정을 하면서 그것에 대해 장차 유권자들이 내릴 회고적 판단을 항상 고려하지 않을 수 없게 된다. 따라서 유권자들은 다가올 선거(t+1)에서의 회고적 평가를 통해서 현재(t) 시점의 대표들의 정책 결정에 영향을 미칠 수 있게 된다(마넹 2011, 222, 226). 그런데 여기에는 전제 조건이 있다. 반복되는 선거에서 제도적 연속성을 갖는 정치 행위자의 존재가 그것이다. 자연인으로서의 개별 대표는 이런 점에서 큰 한계를 안고 있으며, 단임 대통령제에서 이 문제는 극대화된다. 제도적 지속성을 갖는 정당에 의해 운영되는 정당정부는 이에 대한 해결책이 된다.

정당정부가 인민 지배를 향한 진보로 평가되는 세 번째 근거는 자유 위임의 극복에 있다. 전통적인 대의제는 자유 위임을 규범적으로 바람직한 것으로 추구하는데, 이는 대의제의 엘리트주의적 특징이라 할 수 있다. 따라서 대의제를 거부하는 직접민주주의는 수탁자trustee로서의 대표가 아닌 대리인delegate으로서의 대표를 상정하며, 이들에 대한 구속적 위임을 추구한다(마넹 2011, 208; 헬드 2010, 226-227). 정당정부는, 구속 위임에 따른 위험을 회피하면서도 자유 위임의 문제를 극복할 수 있는 대안을 제공해 준다. 그것은 정당정부가 '프로그램'과 '팀'이라는 두 가지 수단을 통해 대표 기능을 수행하기 때문이다. 선거는 공적 결정의 권한을 대표에게 위임하는 과정이라 할 수 있는데, 현실적으로 그런 권한은 구체적 개인에게 위임됨으로써 자유

부에 대한 통제권을 가지고서 정책 수행 결과에 대해 징벌받거나 보상받을 개인이나 일련의 개인들이란 존재할 수 없게 되기 때문이다(Ranney 1962).

재량의 여지를 제공하게 된다. 하지만 정당정치에서 그런 자유재량의 여지는, 위임의 또 다른 한 측면을 구성하는 정당 프로그램에 의해 제약받게 된다. 즉, 내각 또는 당 지도부는 선거 당시 공약으로 제시했던 프로그램을 의회와 집행부에서 실행하는 데 있어 일정한 재량권을 가지지만, 다른 한편으로 그들은 개인이 아니라 당원으로서 당의 프로그램에 의해 제약받기 때문에 자유 위임의 여지가 제한된다는 것이다(Frognier 2000, 26-29).

정당정부의 네 번째 장점은, 대의 민주주의에서 요구되는 두 가지 상반되는 가치, 즉 대표성과 리더십, 또는 대중적 참여와 효율적 통치(정부) 사이의 모순에 대한 해결책을 제공해 준다는 점이다. 이는 정당이 집단적 리더십을 제공함으로써 개인 리더십이 초래할 수 있는 독재 가능성을 제어해 주는 데 근거한다. 근대 민주주의는 대표(입법부)와 리더십(집행부)을 분리하고, 정당성 측면에서 전자를 우위에 두고자 했다. 하지만 입법부는 통치에 적합한 구조가 아니라는 문제가 있다. 대표성에 대한 강조는 통치의 문제를 발생시키게 될 것이며, 리더십을 고려하지 않는 권력 구조는 혼란을 초래하게 될 것이다. 정당정부는 대표성과 리더십이라는 두 가지 요구를 조화시킴으로써 이 문제에 대한 해결을 제시한다. 정당정부는, 국민에 의해 선출된 대표들에 의해 확보되는 일반의지의 대표체(의회나 집권당)를 효과적이되 독재적이 아닌 리더십으로 연결시켜 준다. 정당정부의 리더십은 정당이라는 하나의 팀에 의해 발휘되며, 언제든 교체 가능하기 때문이다(Frognier 2000, 23-26).

달리 표현하면, 정당은 참여와 통치 사이의 내재적 모순에 대한 해결책이 된다. 민주주의는 통치 과정에 대한 대중적 참여에 기반하지만, 대중적 참여는 효율적 통치(정부)와 양립하기 어려운 문제를 안고 있다. 이 문제는 권력분립 구조에서 더욱 심화된다. 정당과 정당정부는 이 문제에 대한 해결책이 된다. 정당은 대중의 참여를 촉진하고 동원하면서 동시에 이를 효율적인 정부로 전환시켜 주기 때문이다(Lowi and Ginsberg 2005, 497-498).

그런데 개혁파의 정당 개혁론에서는, 정당정부 메커니즘이 대의 민주주의에서 갖는 이런 긍정적 의미에 대한 인식은 찾아볼 수 없다. 열린우리당은 당이 추구할 '100대 기본 정책'으로서 "자유민주적 기본 질서 확립"에 이어 "의회 중심의 생산적 대의정치 구현"을 두 번째 우선순위로 제시하고 있다. 그 내용은 "의회와 행정부의 견제와 균형, 의회의 실질적인 독립성 확보, 국민 여론 수렴과 행정부 견제" 등이었다. 그리고 그 구체적 수단으로 든 것은 원내 정당화였다. 즉, "국회의원이 중심이 되는 정당 체제"를 이루기 위해, 의원들의 자율성과 책임성을 제고하고, 의원 자유 투표제 도입 등을 통해 의원 개개인이 정책 제안을 활발히 하며 이를 입법으로 연결시켜야 한다고 강조하고 있다(열린우리당 2004, 2-6). 결국 개혁파의 정당 개혁론에서 굳이 정치 이론적 기초를 찾는다면 그것은 정당정부 등장 이전의 '전통적인 권력분립론' 및 '고전적 의회정치'에 대한 강조와 '정당정부'에 대한 외면 또는 부정으로 특징지을 수 있을 것이다.

물론 권력분립이나 고전적 의회정치의 내용은 자유주의적 민주주의의 핵심 내용이고, 한국에서 이런 자유주의적 개혁이 갖는 의미는 중요하다고 할 수 있다. 권력분립에 기초한 권력 간의 견제는 권력의 '수평적 책임성'을 확보하는 핵심 장치이고, 대통령에 의한 권위주의적 권력 행사를 극복할 수 있는 주요한 장치 가운데 하나이기 때문이다.

하지만 개혁파는 과거의 비민주적 권력 운영의 극복에만 치중한 나머지 권력분립과 분산에 대한 일방적 강조로 그 시야가 제한되었고, 이런 일면적 시야는 정당정치의 현실과의 괴리를 가져와 결국 집권당의 권력 운영을 작동 불능 상태로 만듦으로써 문제를 오히려 악화시키는 결과를 초래하게 되었다. 당정 분리가 초래한 귀결은 그 단적인 예이다.

참여정부 시기 대통령의 국정 운영 지지도와 열린우리당 지지도가 양의 방향으로 유의미한 상관관계를 갖는다는 연구(김영태 2005, 165)가 말해 주듯이, 국민은 당정을 일체로 보고 연대책임을 묻고 있었다. 대안은 이런 정치 현실에 기초해 모색되어야 한다. 민주화 이후 한국 민주주의가 직면한 가장 큰 문제는, 단임 대통령제에서 임기 말 대통령의 탈당이나 집권당의 '신장 개업'이 반복되어 나타남으로써 대통령과 집행부에 대해 책임성을 부과할 수 없게 되는 것이라 할 수 있다. 열린우리당 사례는 당정 분리가 대통령 권력에 대한 견제 수단이 될 수 없음을 극명히 보여 준다. 물론 대통령이 당을 일방적으로 통제하던 과거 관행에 비추어 볼 때 그것은 개선이라 할 수 있을 것이다. 하지만 당정 분리는 결국 대통령을 당으로부터 분리시킨 결과, 국민이 대통령에 대해 정치적 책임을 물을 수 있는 수단 자체를 제거하는 보다 심각한 문제를 야기했음을 우리는 보았다. 따라서 대안은 당정 분리가 아니라 당정이 일체로서 국민에게 책임지는 메커니즘 속에서 찾아야 한다. 차기 선거에서 국민의 평결을 두려워하는, 제도적 지속성을 갖는 집권당에 의해 대통령 권력이 제어될 때, 즉 집권당이 정부를 통제하는 정당정부하에서 비로소 대통령 권력의 민주화는 가능하게 될 것이며, 민주주의의 핵심 원리인 '대표와 책임의 연계'(최장집 2005) 역시 가능하게 될 것이다

기본적으로 정당정부는 집권당이 입법부와 집행부를 함께 통할하는 권력 통합을 의미한다. 따라서 개혁파에게 정당정부는 과거의 비민주적 권력 운영과 같은 것으로 인식되어 배척되었던 것 같다. 하지만 개혁파의 이런 경직된 인식과 달리, 정당정부의 등장은 과거의 절대 권력과 같은 권력 집중으로의 회귀가 아니라, 권력의 책임성을 보다 강화하는 메커니즘으로 긍정적으로 수용되고 있다. 어떻게 이것이 가능한가. 첫째, 정당정부는 권력의 분립과 상호 견제를 통해 달성되는 '수평적 책임성'과는 다른 차원의 책임성,

즉 선거를 통해 권력이 국민에게 직접 책임지는 '수직적 책임성'을 실현 가능하게 하기 때문이다. 정당정부의 권한은 선거에 의해 제어되는 것이다.

두 번째로 정당정부가 권력의 '통합'을 의미하지만 이는 어디까지나 이념형에 불과하고, 실제로 정당정부의 권한은 야당과 당내의 평의원들, 그리고 관료 조직에 의해 제어됨으로써 정당정부가 '선출된 독재'로 변할 위험은 방지된다. 예컨대 유럽 각국을 대상으로 한 연구에 의하면, 정당정부 등장 이후 권력관계는 과거의 '집행부 대 의회'에서 '집행부·여당 대 야당'이라는 정당 간 대립 구도 중심으로 변화되었지만, 전통적인 '의회 대 행정부'의 대립 구도나 '정당을 교차'하는 대립 구도 등도 이슈 영역에 따라 다양하게 나타나고 있음을 보여 준다. 당의 기본 노선과 관련된 핵심적 이슈에서는 정당 간 대립 구도가, 행정부 감독과 관련된 이슈에서는 의회 대 행정부의 대립 구도가, 사회의 다원적 이익 갈등과 관련된 이슈에서는 정당을 교차하는 연합·대립 구도가 나타나고 있는 것이다. 마치 자동차의 기어 변속 기능과 같이, 이슈 영역에 따라서 정당정부의 메커니즘, 권력분립의 메커니즘, 다원적 이익 정치의 메커니즘 등이 교대로 작동되고 있다는 것이다(King 1976; Saalfeld 1990; Andeweg 1992; Andeweg and Mijink 1995). 이런 점을 고려할 때, 정당정부에 대한 과거의 경직된 사고는 지양되어야 한다. 우리가 추구할 바람직한 정당 개혁의 방향은, 권력분립과 의회정치의 가치 대 정당정부의 가치 사이에서 어느 일방에 대한 편향이 아닌 양자의 균형 속에서 모색되어야 할 것이다.

정당정부 부정의 결과 : 미국 사례가 주는 시사점

이상에서 우리는 정당정부의 메커니즘이 대의 민주주의 실천과 관련해 갖는 의미에 대한 일반적 논의를 통해 민주 개혁파의 정당 개혁론의 문제점을 살펴보았다. 그런데 권력분립의 원리와 정당정부의 원리 간의 균형적 사고가 필요하다고 할지라도, 어느 쪽에 상대적 강조점을 두어야 하는가라는 문제는 여전히 남게 된다.

이 문제와 관련해서는 카츠의 논의가 중요한 지침이 될 수 있다. 카츠는 '정당정부'를 대의 민주주의를 정당화하는 여러 모델 가운데 하나로 설정하면서 또 다른 모델인 '다원주의적 민주주의'와 대비하고 있다. 카츠에 의하면 현대 민주주의는 다수결과 소수 이익 보호라는 두 가지 상충하는 원리의 타협에 기초하고 있는데, 정당정부 모델은 전자를 보다 강조한다. 다수결 원리에 대한 강조는 다수와 동일시되는 인민의 의지를 실현하는 데 초점을 두는 '인민주권론'으로 연결되며, 정당정부의 이상은 이런 '인민주권'을 실현하는 데에 있다는 것이다.

반면 소수 이익 보호를 강조하는 논리는 다원주의적 민주주의로 나타난다. 이는 인민의 다수에게 권한을 맡김으로써 인민이 정부 활동의 방향을 적극적으로 결정하는 것을 추구하기보다는, 시민사회의 다양한 부문들에게 대표권을 부여함으로써 다수 의사의 횡포를 막고 정부 활동을 제한하는 데에 초점을 둔다. 대조적인 두 모델 가운데 정당정부의 모델이 유럽이라면, 정당의 응집력이 낮고 정당정부적 성격이 옅은 미국은 다원주의적 민주주의의 모델이 된다(Katz 1987).

카츠의 논의에서 보듯이, 정당정부는 '인민주권'의 원리를 강조함으로써 전통적인 자유주의적 민주주의와는 다른 민주주의 모델을 그 규범적 이상으로 삼고 있다. 전통적인 자유주의적 민주주의 이론에 따르면, 시민의 자유에 대한 최대의 위협은 정치권력이다. 따라서 그것이 개인의 자유를 침해하지 않도록 국가권력은 분할되고 제한되어야만 한다. 또한 자유주의적 민주주의는, '다수에 의한 지배' 역시 '소수에 의한 지배'와 마찬가지로 언제든지 개인의 자유에 대한 위협('다수의 전제')이 될 수 있다고 인식한다. 권력분립과 함께, 자유 위임에 기초한 고전적인 '의회정치' 형태의 대의제는 민주주의의 과도함을 억제할 수 있는 장치로 인식된다(헬드 2010, 151-152).

정당정부는 이런 점에서 전통적인 자유주의적 민주주의 모델과 충돌하게 된다. 무엇보다 정당정부는 집권당이 입법부와 집행부를 함께 통할하는 권력의 융합을 가져왔을 뿐만 아니라, 책임 정당정치의 메커니즘을 통해서 대의제를 좀 더 인민 지배에 가까운 형태로 변화시켰기 때문이다. 따라서 정당정부 모델을 정당화하기 위해서는 정치권력에 대한 보다 적극적이고 긍정적인 인식이 필요하게 된다. 정당정부의 등장을 주도한 대중정당은 당초 노동 세력 또는 사회주의 세력의 의회 진출을 위한 시도에서 출발했다. 그 이념적 토대가 된 진보적 자유주의 또는 사민주의 이념에 의하면, 정치권력은 사회경제적 불평등을 완화할 수 있는 긍정적 수단으로 인식된다. 적극적 자유의 실현을 위해 국가의 개입은 정당화될 뿐만 아니라 적극적으로 요청되는 것이다. 민주주의의 과제는, 국가의 억압으로부터 개인의 자유를 보호하기 위해 국가권력을 분할하고 제한하는 소극적·부정적 목표에서 벗어나, 사회경제적 억압(불평등)을 국가권력을 통해 해소한다는 보다 적극적·긍정적인 것으로 전환된다. 인민주권을 지향하는 정당정부는 그 구체적 수단이 된다. 이런 점에서 대중정당뿐만 아니라, 대중정당으로부터 촉발된 정당정부 역시 '좌파로부터의 감염의 산물'이라 할 수 있을 것이다.

이상에서 보듯이 정당정부 모델은, 대의 민주주의의 작동 방식이나 지향점을 둘러싼 여러 경쟁적 모델 가운데 하나임을 알 수 있다. 대의 민주주의의 틀 내에서 상이한 이념이나 정책을 둘러싼 경쟁이 전개될 뿐만 아니라, 상이한 대의 민주주의 모델을 둘러싼 경쟁 역시 전개되고 있는 것이다.

그렇다면 민주 개혁파는 어떤 대의제 모델을 추구할 것인가. 그 대답은 정당정부 모델이 될 것이다. 민주 개혁파의 목표가 정치적 민주주의를 통해서 궁극적으로 사회경제적 민주주의의 실현을, 즉 사회경제적 불평등의 해소나 복지국가의 구축을 추구한다면, 그것은 정치권력에 대한 보다 적극적·긍정적 관점에 기초한 정당정부와 친화성을 갖기 때문이다. 이 지점에서 우리는 개혁파가 추구했던 나아가 지금 현재 개혁 세력이 추구하고 있는 사회경제적 목표와 정치적 수단 간의 심각한 괴리를 발견하게 된다. 사회경제적 민주주의로의 심화를 추구하면서도 정치의 양식은 정치의 적극적 기능을 제약하는 방향의 정당 개혁을 지속적으로 추구해 오고 있기 때문이다.

그렇다면 정당정부에 반하는 민주 개혁파의 정당 개혁은 어떤 정치적 결과를 가져다줄 것인가. 민주 개혁파가 추진하는 정당 개혁의 모델이라 할 수 있는 미국의 사례는 이에 대한 대답의 단초를 제공해 줄 좋은 반면교사가 될 것이다.

카츠도 지적하듯이 미국은 정당정부의 성격이 가장 약한 정치체제로 평가된다. 미국에서 이처럼 정당 및 정당정부의 약화를 초래한 중요한 계기는 19세기 말과 20세기 초, 그리고 1960년대에 각각 전개된 혁신주의 개혁가들의 정치 개혁 조치였다. 그들이 쇄신 대상으로 삼은 것은 '머신'으로 불린 동원 조직이었다. 대중을 집단적으로 동원하는 핵심 기제였던 기존의 정당 조직을 없애고, 시민의 자발성에 기초한 개별적 참여로 대체하는 것이 그들의 개혁 목표였고, 그 수단 중의 하나가 예비선거제primary, 유권자 등록제, 지방선거에서 소속 정당 명시 금지 등이었다. 혁신주의자들은 공천권을 장악하고 있는 기존의 '머신'을 부패의 온상이자 인민과 대표 사이를 가로막고 있는 장벽으로 간주하고 보다 직접적 참여 방법을 개혁의 수단으로 도입한 것이다(Crenson and Ginsberg 2002, 45-46, 80; King 1997, 63-64). 정당에 의한 동원 조직의 해체는 1968년 민주당 시카고 전국 대회 이후 예비선거제의 급속한 확산에 의해 보다 가속화되었다.[25]

예비선거 도입을 비롯한 이런 조치들이 정당의 약화를 가져왔다는 점은 정당정부 지지론자나 비판론자 모두 인정하는 바이다. 하지만 그 결과에 대한 평가는 엇갈린다. 자유주의적 개혁파는 정당 권한의 약화로 인해 유권자들이 보다 직접적으로 정치과정에 참여할 수 있는 기회가 확대되었고, 그 결과 정치인들이 유권자에게 보다 직접적으로 반응하게 되었으며, 이는 긍정적 변화라고 평가한다.

정당정부 지지론자 역시 정당 개혁 조치가 유권자에 대한 대표들의 반응성을 증가시켰음을 인정한다. 하지만 그것이 보다 바람직한 결과를 가져다주었는지에 대해서는 비판적이다. 시민들의 직접 참여 강화는 정부가 유권자에게 보다 민감하게 반응하도록 만들었지만, 그것은 또 다른 측면에서 다음과 같은 심각한 문제를 낳았기 때문이다.

정당의 약화가 초래한 첫 번째 문제는 정당 또는 정부와 유권자와의 관계에서 나타나는 문제이다. 즉, 대의 민주주의의 핵심인 '대표성'과 관련된 것이다. 먼저 정당 동원 조직의 해체는, 혁신주의자들이 목표했던 것처럼, 보다 자발적인 참여의 증가를 가져왔다. 시민들은 예비선거 등을 통해 정당의 공천 과정에 직접 참여하게 되었을 뿐만 아니라, 정당 약화의 결과로 기능이 활성화된 이익집단 또는 시민 단체 등을 통해 보다 직접적인 방법으로 정치과정에 참여하게 되었다. 하지만 그것이 보다 민주적인 결과를 가져왔

---

[25] 이런 방식은 유럽과 대조된다. 20세기 초 유럽에서도 진보 정파들은 미국에서와 비슷한 문제에 봉착했는데, 그들은 기존의 정당 머신을 해체하는 대신 그것을 장악해 대중 동원에 이용하는 길을 택했다(King 1997, 65).

는가. 이에 대해서는 관점에 따라 평가가 다를 수 있겠지만, 적어도 민주주의의 본질이 정치적 평등에 있다(달 2010)고 보는 관점에서 볼 때, 그 대답은 아니오이다.

혁신주의자들의 정당 개혁 조치가 정치 참여의 깊이는 심화시켰지만 참여의 불평등성을 크게 증가시켰기 때문이다. 예비선거, 이익집단, 시민 단체 등을 통한 직접 참여는 증가했지만, 전체적인 투표율은 급격히 감소했고 투표 불참자 다수가 사회 하층의 교육받지 못한 유권자였다는 사실이 이를 증명한다. 이는 정당의 동원 구조가 해체되면서 정치 참여가 집단적 참여로부터 개인의 자발성과 능력에 따른 참여로 변화된 결과였다. 크렌슨과 긴스버그는 이를 탈동원화된 '개인 민주주의'로 표현하고 있다. 개인 민주주의의 문제는, 정치적 참여가 시민의 개인적 자원에 의해 크게 좌우된다는 사실이다. 앞에서 보았듯이, 민주당 예비선거 참여자의 다수는 고학력 고소득층이었다. 정당에 의한 동원이 사라진 뒤에 그 공간을 매운 '새로운 정치' 활동 — 이익집단, 시민 단체, 공익 집단, 시민 소송 — 에서 개인적 자원의 유무가 미치는 영향은 보다 크게 나타난다. 한마디로 그것은 '대표의 왜곡'이었다(King 1997, 166-167; Crenson and Ginsberg 2002, 76-79). 킹에 의하면 참여주의적 직접 민주주의는, 빈자보다는 부자에, 현직자보다는 은퇴자에, 여가와 시간이 없는 자보다는 많은 사람에게, 못 배운 자보다는 많이 배운 자에게, 적극적이지 않은 자보다는 적극적인 자에게, 편모 자녀보다는 부모가 있는 자녀에게, 병자보다는 건강한 자에게 유리한, 편향성의 문제를 안고 있는 것이다(King 1997, 166-167).

개인 민주주의의 확대에 따라 미국 사회에서 시민들의 집단적 정체성은 상실되어 갔고, 이는 참여의 자원이 빈약한 사회적 약자들이 정치과정에서 점점 소외되는 결과를 초래했다. 그 결과 민주당은 경제적 약자인 공장노동자, 빈곤층, 저학력 계층으로부터 돌아서게 되었고, 흑인과 생산직 노동자들의 정당이었던 민주당은 중산층 정당으로 변화되었다. 1970년대 이래 미국 정치의 우경화는 미국의 진보파가 더 이상 정당을 통해 사회적 약자를 동원하지 않게 된 결과였다(Crenson and Ginsberg 2002, 236-239).

미국 사례는 정당이 정치적 평등의 강력한 무기임을 보여 주는 반면교사이다. 시민들의 자발적 대중행동은 때때로 결정적이기는 하지만 지속되기는 어렵다. 시민들이 집단 정치에서 지속적인 역할을 하려면 참여가 구조화되거나, 참여의 비용을 감소시키고 동기를 강화시켜 줄 수 있는 제도적 지원이 필요하다. 정당의 기능은 여기에 있다. 정당은 조직과 프로그램을 통해 대중의 집단적 정체성을 형성시키고 대중을 참여로 동원하는 엔진인 것이다(Crenson and Ginsberg 2002, 106, 235-6). 특히 그것은 저소득·저학력 계층 등 사회적 약자에게 보다 큰 영향을 미친다. 미국에서 정당의 해체가 미친 부정적 결과는, 교육 수준에 따른 투표 참여율의 차이가 유럽보다 미국에서 훨씬 높게 나타남을 보여 주는 국제 비교 조사에서도 확인된다.[26]

정당의 약화가 초래한 두 번째 문제는 정치권력 또는 정부의 성격과 관련된다. 정부(행정부 또는 의회) 운영에 미치는 정당의 영향력이 약화된 결과 그 공백을 매운 것은, 당초 혁신주의자들이 기대했던 일반 시민의 영향력이 아니라 이익집단들의 영향력이었다. 이에 대해 샤츠슈나이더는 1942년에 이미, 정당이 약화된 상황에서 힘의 공백은 이익집단에 의해 채워지게 되며, 그 결과 이익집단이 정치인이나 정당 내 일부 파벌과 밀접한 유대를 발전시

---

26 유럽의 경우 노동당·사민당이 교육 수준이 좀 더 낮은 노동 계층의 유권자를 겨냥하기 때문에 교육 변수의 효과가 미국보다 약하게 나타난다(달톤 2010, 120-121).

켜 다수 의사 위에 군림하게 될 것을 경고한 바 있다(Schattschneider 2003/1942). 또한 미국정치학회는 1950년 특별 보고서를 통해, "정당의 리더십을 강화하는 개혁 없이는 의회가 작동할 수 없게 될 것이고, 그 결과 이익집단이 힘을 갖게 될 것"이라고 경고했다(APSA Committee on Political Parties 1950).

정당 약화가 가져온 이익집단의 영향력 증대는 여러 가지 부정적 결과를 초래했다. 피오리나(Fiorina 1987)는 이를 정치과정의 파편화fragmentation 및 정책 집행 불능 사태policy immobilism로 정리한다. 정당의 약화에 따라 정치인들은 점점 협소한 특수 이익의 압력에 취약해졌고, 그 결과 정책 결정 과정에서 단기적인 특수 이익을 견제하지 못함으로써 정치과정은 점점 파편화되었다. 이로 인해 미국 정치체제는 전국적·일반적 이슈를 해결하기가 점점 어렵게 되는 상황에 빠지게 되었고, 그 결과 정치와 정부에 대한 대중의 불만과 혐오는 점점 증가하게 되었다는 것이 피오리나의 지적이다.

정당의 약화에 따른 이익집단의 강화가 낳은 보다 심각한 문제는 정치과정의 계급적 편향성의 문제이다. 이는 시민사회에서 동원할 수 있는 자원의 크기가 정치적 영향력의 크기를 결정하게 되는 이익집단 정치의 필연적 결과라 할 수 있다. 일찍이 샤츠슈나이더는 이익집단 체제의 친기업적, 상층계급 위주의 편향성을 신랄하게 비판한 바 있다(Schattschneider 1975/1960). 파워 엘리트 이론에 맞서 미국 정치과정을 다원주의 모델에 입각해 정당화했던 로버트 달 역시 시간이 흐를수록, 기업 집단의 과도한 영향력 행사에 의해 다원주의 정치과정의 정당성이 훼손되고 있음을 강하게 비판하면서 기업 권력에 대한 통제의 필요성을 강조하게 되었다(Dahl 1985).

정당 개혁론자들은 민주주의의 문제를 '정치 엘리트 대 시민'의 대립축 위에서 파악했다. 정당 또는 정당 엘리트의 권한을 축소시키면 시민의 권력이 증가할 것이며, 그로 인해 엘리트 정치가 아닌 '시민 정치'가 이루어질 것이라 생각한 것이다. 하지만 그것은 너무나 이상주의적인 발상이었음이 곧 드러났다. 정당의 통제력을 약화시킨 결과 그 자리를 메운 것은 시민 일반의 영향력이 아니라 시민사회의 강력한 특수 이익들의 영향력이었기 때문이다(Fiorina 1987, 292).

이와 관련해 우리는 시민사회 조직(이익집단이든 시민 단체든)과 정당 조직 간에는 뚜렷한 차이점이 존재한다는 데 주목해야 한다. 시민사회에서 개별 시민의 영향력은 교육 수준이나 사회적 지위가 높을수록, 재산이 많을수록 커지게 된다. 따라서 시민 단체나 이익집단의 힘은 구성원들의 교육 수준이나 사회적 지위 또는 재산 수준 등에 따라 좌우된다. 정당 역시 이런 측면이 존재한다는 것을 부인할 수는 없다. 하지만 정당의 힘을 좌우하는 결정적 변수는 지지율이며 선거에서의 득표수이다. 정당은 선거에서 집권을 목표로 하기 때문에 '힘 있는 소수'가 아니라 '힘없는 다수'의 지지가 결정적으로 중요하다. 선거마다 정치인들이 서민 속으로, 시장통으로 달려가는 것은 이 때문일 것이다. 아리스토텔레스의 지적처럼 민주주의가 비례적 평등이 아닌 산술적 평등의 원리에 기초한다고 할 때(헬드 2010, 41), 이런 산술적 평등의 원리에 누구보다 얽매이지 않을 수 없는 것이 정당인 것이다.

따라서 정당을 약화시키고 시민의 힘을 강화함으로써 시민 정치를 실현하고자 할 때, 실제로 나타나는 것은 사회경제적으로 힘 있는 시민들의 영향력이 보다 강하게 발휘되는 상층 편향이나 중상층 위주의 정치 구조 또는 금권정치가 될 가능성이 높다. 이런 점에서 '정치 엘리트 대 시민'의 이분법은 잘못된 것이다. 시민 일반이 아니라, 어떤 시민인가를 물어야만 하는 것이다. 사회경제적으로 약자인 중하층 시민들은 자신들의 이익과 요구를 대표하는 강력한 정당과 정치 엘리트를 가질 때 비로소 사회경제적 힘의 불리함을 정치 영역에서 상쇄시킬 수 있는 것이다.

이상과 같은 점을 고려할 때, 민주 개혁파가 미국을 모델로 정당과 정당정부를 약화시키는 정치 개혁을 지속적으로 추구하는 것은, 자신들이 지향하는 사회경제적 목표의 달성에 필요한 정치적 기반을 스스로 무너뜨리는 것이라 할 수 있다.[27]

5. 결론

열린우리당은 한국 정당사에서 독특한 위상을 차지하고 있다. 민주 개혁파의 정치 개혁·정당 개혁론이 급진적으로 실천되었던 무대였기 때문이다. 4년이라는 짧은 역사를 뒤로 하고 당은 해체되었지만, 열린우리당에서 추구되었던 정당 개혁의 목표와 논리는 아직까지도 개혁파에 의해 정당 개혁의 바람직한 모델로 간주되고 있다. 이런 점에서 열린우리당의 성과에 대한 평가는 향후 정당정치의 과제와 관련해서도 중요한 의미가 있다고 판단된다.

정당 개혁의 결과를 볼 때, 개혁파가 추구했던 당초 목적은 일정 부분 달성했지만, 부정적 영향 또한 못지않게 컸다. 유권자 속의 정당 영역에서

---

27 이 문제와 관련해, 미국과 유럽의 복지 수준을 비교 분석한 알레시나·글레이저(2012)의 논의는 매우 중요한 시사점을 제공해 준다. 두 저자는 미국과 유럽의 현격한 복지 수준의 차이를 초래한 정치제도적 변수로서 사회주의 정당의 부재, 소선거구·다수대표제 등과 함께 권력분립 구조와 연방제를 든다. 그것은 권력 간 상호 견제와 권력 분산을 가져옴으로써 국가에 의한 적극적인 정책결정을 보다 어렵게 만드는, 즉 정치의 기능을 축소하는 결과를 가져왔다는 것이다. 우리는 미국의 정치체제에서 권력 분산을 가져온 또 다른 핵심적 요인으로서 미국의 '낮은 정당정부 수준'을 추가할 수 있을 것이다.

개혁파는 당원 및 지지자의 자발적 참여를 이끌어 내고 이를 통해 당의 기반을 강화하고자 했지만, 제도화의 수준이 취약한 상태에서 지나치게 이상주의적 대안을 급속히 추구한 결과 당 자체의 정체성을 위기에 빠뜨리는 결과를 초래했다. 더욱 문제가 된 것은 조직으로서의 정당과 정부 내의 정당 영역에서 취한 개혁 조치들이었다. 개혁파는 권력 분산을 민주화의 핵심으로 이해하고, 당정 분리, 집단지도체제, 투톱 체제, 원내 정당화, 의원 자율성 강화 등을 추구했는데, 이는 결국 정당 리더십 해체로 인해 당의 정체성과 응집성이 해체되는 결과를 가져왔고, 이로 인해 정당이 유권자 선택의 표식으로서의 기능을 상실하는 결과가 초래됨으로써 결국 유권자 속의 정당의 해체, 즉 정당 지지도의 급락을 가져왔던 것이다.[28] 결국 열린우리당이

---

[28] 이 글의 목표는 구체적 대안을 제시하는 데 있지 않다. 정치적 대안은, 이론적 논의 속에서가 아니라, 구체적 정치과정 속에서 정당과 정치 리더들에 의해 개척되어야 하기 때문이다. 다만 열린우리당의 실패에 비추어 볼 때 다음과 같은 지적은 가능할 것이다. 정당의 궁극적 목표인 지지 기반 확대(즉 '유권자 속의 정당' 강화)를 통한 집권을 위해서는 무엇보다도 '조직으로서의 정당'과 '정부(의회와 행정부) 속의 정당'을 강화하는 것이 시급하다. 당의 조직적·정책적·이념적 정체성을 뚜렷이 함으로써 국민에게 당이 무엇을 추구하며 무엇을 상징하는지를 선명히 보여 주는 것이 필요하며, 이를 위해서는 집합행동의 문제를 해결할 수 있는 당의 리더십을 확립하는 것이 최우선의 과제라고 생각된다. 특히, 공직 후보자를 결정하는 당내 의사 결정 구조를 개방하는 조치는 당의 조직적·이념적 정체성과 응집력이 유지되는 범위 내에서 이루어져야 한다. 공직 후보자 공천 과정을 당원·지지자에게 개방하는 '당내 민주주의'의 가치와, 조직적·이념적 정체성을 지닌 하나의 팀으로서의 정당이 선거에서 유권자에게 정치적 대안을 제시하고 그 결과에 책임지는 메커니즘을 통해 작동하는 '정당 간 경쟁을 통한 민주주의'라는 두 가지 가치 중에서 보다 중요하고 우선적으로 요구되는 것은 후자이기 때문이다. 나아가 '당내 민주주의'를 위해 당내 의사 결정 구조를 개방하는 조치(예컨대 국민 참여 경선)가 정당의 응집성을 훼손할 정도로 진행될 경우 이는 결국 정당 간 경쟁을 통해 이루어지는 '체제 차원의 민주주의'를 저해하는 결과를 가져오기 때문이다. 이 문제와 관련해서는, 정당 공천 제도에 대한 라핫(Rahat, Hazan and Katz 2008, 664) 등의 연구가 상당한 시사점을 제공해 준다. 그들은 '민주주의를 위해서는 정당 간 경쟁과 이 과정에의 폭넓은 시민 참여, 그리고 의회의 집합적 대표성으로 충분한가, 아니면 개별 정당 내에서도 그런 경쟁과 참여 및

추구한 정당 개혁의 지향점은 정당정부에 대한 부정이었고, 이 점에서 개혁의 목표 자체부터 심각한 문제점을 안고 있었다고 할 수 있다.

한편, 개혁파가 이런 문제를 안게 된 것은 근본적으로 정치 또는 정치권력을 바라보는 관점에 문제가 있었기 때문이라고 생각된다. 운동론의 연장선상에서 그리고 정치에 대한 이상주의적 접근의 결과로서 나타난, 정치권력이나 정치 엘리트, 정치 리더십 등에 대한 부정적 인식이 그것이다. 단적으로 개혁파들은 민주주의 문제를 '정치 엘리트 대 시민'의 관점에서 파악하면서, '시민에게 권력을 돌려주는 것'이 민주주의라고 생각했던 것 같다. 정치적 동원이라는 정당의 일차적 기능에 대한 부정적 인식이나 공천권을 국민에게 돌려주자는 주장 등은 모두 이런 민주주의관에서 나온 것으로 이해된다. 하지만 민주주의에서 우리가 직면하는 모든 문제는, '모든 권력은 국민으로부터 나온다'라고 하지만 국민이 직접 권력을 행사할 수는 없는 현실에서 기인한다. 즉, 모든 시민이 항상 정치적으로 적극적일 수는 없으며, 모든 시민이 공적 권력을 직접 행사하는 것은 더더욱 불가능하다. 사회적 취약 계층일수록 그 가능성은 더욱 떨어진다. 결국 공적 권력은 대표의 절차를 거쳐 정치 엘리트에게 위임될 수밖에 없으며, 이렇게 위임되는 권력이 어떻게 하면 시민의 의사에 반하지 않게 또는 시민 다수의 의사에 따라 행사되도록 하느냐가 민주주의의 과제인 것이다. 따라서 정치 엘리트의 역할은 민주주의하에서도 중요하지 않을 수 없다. 이런 점을 고려할 때, 개혁파에게는 민주적 권력의 긍정적 기능, 보다 구체적으로는 정치 엘리트와 그

대표성이 필요한가'라는 질문을 제기하고, 당내 민주주의는 정치체제 수준의 민주주의의 일부일 수 있지만, 그와 무관하거나 심지어 체제 수준의 민주주의의 진전을 방해할 수도 있다고 지적한다.

집합체로서의 정당의 긍정적 기능에 대한 보다 적극적 인식이 요구된다고 할 수 있다.

열린우리당이 남긴 결과는 향후의 정당 개혁론에 소중한 교훈을 제공해 주고 있다. 자유주의적 권력 개념에 기초한 고전적 권력분립론의 가치와 함께 보다 적극적 권력 개념에 기초한 정당정부의 가치에 대한 균형적 사고의 필요성이 그것이다. 특히 개혁파에게는 정당의 적극적 역할과 함께 정당정부의 진보적 측면에 대한 인식이 필요하다. 사회경제적 민주화와 복지국가의 실현이 개혁파의 주요 목표라고 할 때, 사회적 약자의 힘을 정치를 통해 강화시키는 정당정치의 메커니즘, 그리고 권력 통합에 기초한 수직적 책임성의 원리를 강조하는 정당정부의 메커니즘은 정치권력에 대한 민주적 통제와 함께 국가권력의 적극적·진보적 역할의 가능성을 함께 담보해 주는 제도적 장치가 될 수 있다고 보기 때문이다.

'정당정부'를 지향하는 이런 제안에 대해서는 한국 현실에 맞지 않는, 또는 '탈물질주의' 시대에 맞지 않는 대안이라는 비판이 제기되곤 한다. 물론 21세기 한국의 상황에서 20세기 중반 서구에서 전성기를 누렸던 정당정치 모델이 그대로 실현되기를 기대하는 것은 어려울 것이다. 하지만 "유럽은 여전히 정당정부를 유지하고 있으며 유럽의 정당을 빈 배와도 같은 미국의 정당과 동일하게 취급할 수 없다"는 메이어의 지적을 경청한다면(메이어 2002, 179), 탈물질주의를 근거로 한 정당 쇠퇴론이 과장된 것임을 알 수 있을 것이다.

주의해야 할 것은, 정당정부가 현실에서는 그대로 실현될 수 없는 하나의 이념형(Katz 1987)으로 인식되어야 한다는 점이다. 즉, 정당정부 모델을 현실에서 교과서적으로 실천하자는 것이 아니라, 가능한 한 거기에 근접한 방향으로 길을 모색해 볼 것을 제안하는 것이다. 민주주의는 구체적인 제도적 실천인 동시에 현실에서는 결코 완성될 수 없는 하나의 이상이기도 하다. 사회경제적 민주주의의 실현이라는 과제를 안고 있는 우리에게 정당정부 모델은, 정치적 민주주의에 내재된 그 가능성을 최대화할 수 있는 대의 민주주의 모델이라 판단된다.

7장

국민 경선제는 왜 민주주의 정치에 기여하지 못하는가?●

———— 박수형

1. 들어가는 말

이 글의 목적은 한국 정치 개혁의 대표적인 성과로 인정받곤 하는 국민 경선제의 작동 방식과 그 효과에 대한 비판적 검토를 통해 민주주의 정치에 관한 우리의 생각을 바꿔 보자는 데 있다.

우리가 민주주의 정치를 이해하는 데 무엇보다 큰 영향을 미친 것은 '정치 개혁'을 위한 논의와 실천이었다. 정치 개혁은 민주화 이후 한국 사회가 대면한 여러 과제 가운데서도 단연 으뜸가는 사안으로 받아들여졌고, 그에 따라 수많은 논의를 거듭하며 수차례에 걸친 제도 변화가 이뤄졌다. 그러나 정당 운영, 선거 활동, 정치자금을 둘러싼 제도와 관행에 큰 변화를 가져온

● 이 글은 2012년 8월 3일 『프레시안』에 게재된 글을 수정·보완한 것이다.

그 모든 노력에도 불구하고, 민주주의 정치에 대한 일반 시민의 불만과 불신이 줄어들었다고 말하기는 어렵다.

이와 같이 부진한 성과를 두고 사람들은 서로 다른 반응을 나타내곤 했다. 정치 활동에 냉소적인 이들은 민주주의에 대한 우리의 기대가 너무 큰 것이 문제라고 말한다. 그들에 따르면, 어떤 개혁 조치나 제도 변화도 기존 현실 정치에 내장된 권력욕과 기득권을 근본적으로 통제하기는 어렵기 때문이다. 그에 반해 민주주의에 대한 신념이 강한 사람들은 더 많은 영역에서 더 많은 개혁이 이뤄져야 한다고 말한다. 그들로서는 지금까지 개혁을 통해 확립한 제도조차도 민주화의 높은 이상을 실현하기에는 여전히 크게 미흡하기 때문이다.

그러나 이들 상반된 견해가 놓치고 있는 중요한 사실 가운데 하나는 민주주의 정치를 구성하는 여러 가치들 또한 상호 갈등 관계에 있다는 것이다 (Dahl 1977, 1). 흔히 언급되는 자유와 평등이나 다수 의지와 소수 권리도 그렇지만 여기에는 갈등과 타협, 부분과 전체, 공정과 효율, 참여와 책임, 이익과 열정, 리더와 대중, 개인과 조직, 정당과 운동 또한 포함된다. 이렇듯 상호 갈등하는 가치들 가운데 무엇이 더 중요하고 무엇이 덜 중요한지 제대로 판단하지 못한 조건에서, 우리는 그동안의 정치 개혁을 통해 정치의 의미와 효용을 잊게 만드는 사고방식에 익숙해져 갔는지도 모른다.[1]

가치 혼란에 따른 정치 이해의 빈곤은 '깨끗한 선거', '원내 정당화', '정책 정당화', '일하는 국회' 등을 목표로 내건 거의 모든 정치 개혁 사례에서

---

[1] 민주주의 정치를 이해하는 문제와 지난 정치 개혁의 한계에 대한 포괄적 논의는 최장집·박찬표·박상훈(2007) 참조.

확인할 수 있지만, 이 글에서는 '정당 민주화'를 명분으로 도입된 국민 경선제의 문제를 다루고자 한다. 정당의 후보 선출은 어떤 의미를 갖는가? 일반 시민들이 참여하는 개방형 후보 선출 방식은 정당에 이로운가 해로운가? 국민 경선제는 민주주의 발전에 기여하는가 그렇지 못한가? 만약 국민 경선제가 정당에도 민주주의에도 도움이 되지 않는다면, 다른 어떤 방식으로 후보를 선출해야 하는가? 이 글은 민주주의 및 정당정치에 관한 고전적 저작과 개방형 후보 선출 제도의 대표적 사례인 미국 예비선거에 관한 기존 연구, 그리고 한국에서 지난 몇 차례에 걸쳐 실시된 바 있는 국민 경선제의 경험을 바탕으로 이들 질문에 답하고자 한다.

2. 기존 연구: 정치 개혁으로서의 국민 경선

널리 알려진 바와 같이 국민 경선제는 민주화 전후 상당 기간 동안 한국 정당정치를 지배했던 정당 보스 내지 지도자의 자의적 영향력을 차단함과 동시에, 정당 후보 선출에도 일반 시민의 선호를 반영하기 위해 도입된 제도이다. 2002년 새천년민주당이 대통령 후보 선거인단의 50퍼센트를 일반 시민에게 할애하면서 처음 이 제도를 도입했고, 당시 제1정당이자 야당인 한나라당도 유사한 방식으로 자당 대통령 후보를 선출했다. 그 후 한나라당은 일반 시민 참여와 함께 여론조사 결과를 반영하는 방식으로 선거인단 구성에 다소간 변화를 준 데 반해, 대통합민주신당(민주통합당)은 당원 여부와 관계없이 누구나 선거인단에 참여하는 완전 개방형 국민 경선을 통해 대통령 후보를 선출했다. 〈표 7-1〉은 2002년 이후 한국 주요 정당이 대통령 후보 선출을 위해 활용한 국민 경선 방식을 정리한 것이다.

표 7-1 | 2002년 이후 한국 주요 정당의 국민 경선 방식

연 도	정 당	선 거 인 단		
		구성 방식	규 모*	구성 비율
2002년	한나라당	개방형	50,000명	대의원 : 당원 : 유권자 = 3 : 2 : 5 (성·연령·지역 인구 비례 할당)
	새천년 민주당	개방형	70,000명	대의원 : 당원 : 유권자 = 2 : 3 : 5 (성·연령·지역 인구 비례 할당)
2007년	한나라당	개방형	163,617명	대의원 : 당원 : 유권자 : 여론조사 = 2 : 3 : 3 : 2 (성·연령·지역 인구 비례 할당)
	대통합 민주신당	완전 개방	495,911명	당원 여부와 관계없이 참여 가능 (여론조사 10퍼센트 반영)
2012년	새누리당	개방형	103,118명	대의원 : 당원 : 유권자 : 여론조사 = 2 : 3 : 3 : 2 (성·연령·지역 인구 비례 할당)
	민주통합당	완전 개방	614,527명	당원 여부 관계없이 누구나 참여 가능

주: 선거인단 규모는 여론조사를 포함한 유효 투표수 기준.

    이와 같이 한국 주요 정당의 지배적인 대통령 후보 선출 방식으로 자리 잡은 국민 경선제에 관한 기존 연구는 크게 두 부류로 나눠 볼 수 있다. 하나는 2002년 이전 국민 경선제 도입의 정당성을 주장하는 정책 제언 연구이고, 다른 하나는 제도 시행 이후 국민 경선제의 문제와 한계를 진단한 연구이다. 먼저 전자의 연구부터 살펴보자.

    2002년 이전 국민 경선제에 관한 대다수 연구는 국민 경선 내지 개방형 후보 선출 방식을 정치 개혁의 중요한 과제로 제안한다.[2] 이들 연구가 국민

---

[2] 대표적인 연구는 정진민(1998), 손호철(1999), 정대화(2002), 임성호(2006) 참조. 같은 맥락에서 2002년 국민 경선제 도입 당시 다수의 정치평론가와 주요 언론 매체가 보여 준 긍정적 반응은 새천년민주당(2002, 138-175) 참조. 이와 같은 주장의 영향력은 2011년 중앙선관위가 국민 경선 제도화를 위한 정당법 개정안을 제시하고, 2012년 대통령 선거에서 주요 후보들 모두가 국민 경선제 확대 실시 내지 법제화를 공약한 데서도 확인할 수 있다.

경선제를 정치 개혁으로 이해하는 논리는 이렇게 정리할 수 있다.

민주화 이후 한국 민주주의와 정치발전을 가로막은 대표적인 문제 가운데 하나는 3김(김영삼·김대중·김종필)으로 대표되는 보스가 당내 주요 결정을 좌우하며 정당정치에서 막강한 영향력을 행사한 데 있다. 따라서 정당의 다른 결정은 몰라도 본 선거에서 유권자의 직접적인 선택 대상이 되고 그리하여 장차 의회와 정부를 이끌어 갈 공직 후보만큼은 보스와 그 영향력 아래 있는 대의원이 아닌 당원과 일반 시민의 참여로 선출해야 한다. 특히 한국 정치에서 가장 중요한 공직이자 사실상 정당 대표로 인정받게 되는 대통령 후보가 보스의 영향력 밖에 있는 일반 시민들의 참여를 통해 선출된다면, 그 사람의 대중적 정당성은 강화되고 그만큼 그 정당에 대한 신뢰와 지지도 높아질 수 있다. 〈그림 7-1〉은 이런 인과 논리를 문제 정의와 개혁 목표, 제도적 원인과 대안, 기대 효과로 도식화한 것이다.

다른 한편, 2002년 이후 현실 정치에서 실행되고 있는 국민 경선제의 효과를 다룬 연구는 이 제도의 문제로 다음과 같은 사항들을 지적한다. 첫 번째는 기대와 달리 경선 참여율이 낮았고, 그로 인해 대표성의 왜곡이 나타날 수 있다는 것이다(윤종빈 2007, 11-13). 이는 2007년부터 완전 국민 경선제를 실시해 온 민주신당과 민주통합당, 2012년 새누리당 경선에 해당하는 문제이다.[3] 두 번째는 국민 경선 과정에서 상호 비방과 조직 동원 문제가 계속해서 나타났으며, 그럼에도 경선 관리 담당자들은 이를 효과적으로 제어하지 못했다는 것이다(이동윤 2008, 23). 세 번째는 2002년 민주당 사례에서

---

[3] 2007년 대통합 민주신당 경선 투표율은 16.2퍼센트였고, 2012년 민주통합당과 새누리당 경선 투표율은 각각 56.7퍼센트, 41.2퍼센트였다.

그림 7-1 | 국민 경선제 정당화의 인과 구도

문제 정의

보스 중심의 정당정치
- 민주화 이후 한국 정치는 정당 보스(3김)를 중심으로 작동한다.
- 정당 보스는 자의적인 공천권 행사와 음성적인 정치자금 공급으로 의원·후보·당원들의 충성과 참여를 유도하며 당 조직 운영과 정책 결정에 일방적인 영향력을 행사한다.

⇩

개혁 목표

정당 민주화
- 정당이 보스의 정치적 이해관계에 따라 운영되는 행태를 막고,
- 당원과 유권자의 요구와 참여를 바탕으로 민주적으로 운영되게 해야 한다.

⇩

제도적 원인과 대안

정당 후보 선출 제도: 폐쇄형 → 개방형
- 보스의 막강한 영향력은 폐쇄적이고 자의적인 후보 선출 방식에 기반하고 있기 때문이다.
- 보스의 영향력 아래 있는 대의원뿐만 아니라 당원과 일반 시민도 자유롭게 정당 후보 선출 과정에 참여할 수 있는 개방형 후보 선출 제도(국민 경선제) 도입이 바람직하다.

⇩

기대 효과

정당정치 발전
- 정당은 당원과 일반 시민의 참여로 조직적 활력과 신뢰를 얻을 수 있다.
- 이런 활력과 신뢰는 정당의 선거 경쟁력도 강화시켜 줄 것이다.

볼 수 있듯이 국민 경선제로 인해 당내 엘리트의 영향력이 줄어들고 그럼으로써 후보와 당내 엘리트 간 관계의 측면에서 당내 결속과 연대도 약화되었다는 것이다(장훈 2010, 161-166). 네 번째는 국민 경선이 후보 중심의 선거운동을 조장함으로써 정당의 이념이나 정책 경쟁이 실종되었다는 것이다(이동윤 2008, 25).[4]

---

4 그 외 국민 경선제의 문제로 지적된 내용으로는 경선 세부 절차의 부실과 불완전성, 국민 경선에 포함된 여론조사의 한계, 경선 참가 방법으로 사용된 모바일 투표 문제 등이 있다.

여기서 흥미로운 사실은 이들 연구가 국민 경선제의 여러 부정적 효과를 지적하고 있음에도, 그 제도 자체의 민주적 정당성에 의문을 품는 경우는 찾아보기 어렵다는 것이다. 바꿔 말해, 위의 문제들이 국민 경선제에 내장된 본원적 한계일 수 있음에도 대다수 연구는 그런 문제들을 제도 실행 과정상의 부작용이나 '의도하지 않은 효과'로 이해하며 향후 경선에서는 보완 내지 개선할 수 있는 문제로 간주한다는 것이다. 이런 견해는 제도 효과에 관한 연구 역시 정책 제언 연구와 마찬가지로 국민 경선제가 한국 정당정치의 문제를 해결하는 정치 개혁이라는 가정을 공유하고 있음을 드러낸다.

국민 경선제를 정치 개혁으로 이해하는 기존 연구는 한국과 동일한 성격의 개방형 후보 선출 제도로서 예비선거를 실시하고 있는 미국 정치학계의 연구 동향과도 뚜렷이 대비된다. 미국 역시 한국과 같이 정당 보스와 정치 부패를 둘러싼 문제를 해결하기 위해 예비선거제를 도입해 널리 실시하고 있다.[5] 그러나 미국 정치학계는 한국과 달리 이 제도의 긍정적·부정적 효과를 두고 예비선거 개혁에 관한 논쟁을 주기적으로 벌이곤 했다(Di Clerico and Davis 2000; Norrander 2010). 〈표 7-2〉는 미국 정치학계에서 논의되어 온 예비선거 찬반양론의 근거를 요약·정리한 것이다(Eldersveld and Walton 2000, 186).

정당 민주화를 위해 도입한 국민 경선제는 정책 제언 연구가 주장하는 기대 효과를 가져왔는가? 국민 경선제는 그것이 수반하는 여러 부정적 효과에도 불구하고 한국 정당정치와 민주주의 발전에 기여할 만한 정치 개혁인가? 이 문제를 효과적으로 다루기 위해 다음 절에서는 후보 선출의 의미, 국

---

5 미국에서 예비선거가 처음 도입된 시기는 20세기 초반이며, 대통령 후보 선출 과정을 지배하는 구속력 있는 제도로 자리 잡은 시기는 1972년부터이다. 미국 예비선거의 도입과 확산 과정에 관한 연구는 Bibby and Schaffner(2008, 138-141), Ware(2002), Cook(2004) 참조.

표 7-2 | 미국 예비선거에 관한 찬반양론 요약

예비선거 찬성 근거	예비선거 반대 근거
1. 예비선거는 정당 후보 선출 과정에 일반 시민의 직접 참여를 허용한다.	1. 예비선거 참가자는 정당 지지자를 대표하지 못한다.
2. 예비선거는 정당 조직을 통제하는 정당 리더십에 대한 항의의 기회를 제공한다.	2. 예비선거가 만들어 내는 갈등은 그 당에 쉽게 치유하기 어려운 상흔을 남기며 당을 분열시킨다.
3. 예비선거에서 종종 실행되는 정당 가입 테스트는 당원 정체성을 강화하는 데 기여할 수 있다.	3. 예비선거가 정당의 후보 선출 기능을 대체하면, 정당 조직과 당원의 의미가 약화된다.
4. 예비선거는 더 많은 예비 후보들이 후보 선출 과정에 참여할 수 있게 함으로써 정치 과정의 경쟁성을 강화한다.	4. 예비선거에서 전개되는 경쟁은 당이 가장 중요하게 생각하는 본선 경쟁과 다르다.
5. 예비선거는 대중적 지지와 선거 경쟁력에 대한 시험 기회를 제공해 후보와 당의 선거 경쟁력을 강화한다.	5. 예비선거는 당내 다양한 이견 집단의 결합을 어렵게 만들어 정당과 그 후보들의 본선 경쟁력을 약화시킨다.
6. 한 정당이 지배하는 지역의 경우, 예비선거는 후보 선출 과정의 다양성과 경쟁성을 보장해 준다.	6. 예비선거에서 당의 후보를 뽑고 전당대회에서 당의 정책을 결정한다면, 후보와 정책을 결합시키기 어렵다.
7. 예비선거는 부동층 유권자의 정당정치 참여를 촉진할 수 있다.	7. 예비선거는 A당 지지자가 B당의 가장 약한 후보를 뽑는 일을 허용한다.
8. 예비선거는 대의원대회를 통해 선출된 후보와는 다른 유형의 후보, 따라서 다른 유형의 정치를 보여 줄 수 있다.	8. 예비선거는 그 정당 지지자 다수의 지지를 받지 않은 소수파 후보를 선출할 수 있다.

민 경선제가 만들어 내는 네 가지 효과, 그리고 이 새로운 제도를 정치 개혁으로 정당화하는 데 사용된 근본 가정에 대한 검토를 통해 국민 경선제의 문제를 살펴보도록 하겠다.

3. 국민 경선제의 문제

정당 후보 선출의 의미

현대 국가와 같은 대규모 공동체에서 민주주의가 하나의 정치체제로 작동하기 위해서는 다음과 같은 세 가지 근본 문제를 해결할 필요가 있다(Aldrich 2011). 첫째, 공직을 획득코자 하는 사람들의 수를 어떻게 조정할 것인가. 둘째, 수많은 시민-유권자들을 어떻게 정치과정에 참여토록 할 것인가. 셋째, 법률 제정과 정부 운용에서 요구되는 의회 다수 지지를 어떻게 확보하고 유지할 것인가. 대다수 정치학자들이 민주주의에서 운동이나 이익집단 이상으로 정당의 중요성을 강조하는 까닭은, 이들 문제를 해결하는 데 있어 정당이 필수적이기 때문이다.

여기서 공직 후보 선출은 앞에서 제시한 첫 번째 근본 문제를 해결하기 위해 정당이 수행하는 기능이자, 여타 조직 내지 집단과 정당을 구분케 하는 정당 고유의 역할이다(Sartori 2005/1976). 하나의 공직에 수십, 수백 명의 후보가 출마하는 상황을 상상해 보면, 그런 잠재적 후보들을 걸러 주는 주요 정당의 역할이 얼마나 중요한지 쉽게 알 수 있다.

후보 선출은 민주주의 관점에서뿐만 아니라 정당 자신의 관점에서도 매우 중요하다. 앞의 논의에서 추론할 수 있듯이, 사람들이 정당을 조직하는 이유 가운데 하나는 정당이 선거에 나서려는 사람들에게 당의 공직 후보 지위를 보장해 주고, 그럼으로써 그들의 당선 가능성을 높여 주기 때문이다. 이렇게 정당 후보 지위가 정치적 야심을 가진 사람들에게 중요한 유인incentive으로 작용한다는 사실은 정당을 유지하고 발전시키는 데도 큰 의미를 갖는다.

다른 모든 조직과 마찬가지로 정당이 선거운동에서든 의회 운용에서든 하나의 조직으로서 일관되고 효과적인 활동을 펼치기 위해서는 그 구성원들에 대한 규율이 필수적이다. 당내 규율을 보장하는 수단에는 정당이 제공하는 인적·물적 자원이나 이념과 노선, 리더십 같은 상징적 자원도 있지만, 후보 지위의 제공 여부만큼 강력한 효과를 발휘하는 수단을 찾아보기는 어렵다. 정치적 야심이 큰 만큼 후보 지위에 대한 바람도 크고 그래서 정당 활동에 적극적으로 참여하는 사람들에게도 그렇겠지만, 특히 이미 다른 인적·물적 자원을 충분히 보유한 사람들에게 주요 정당이 제공하는 후보 지위는 그 당의 규율을 따르도록 하는 데 가장 효과적인 수단이다.

현대 정당론의 초석을 놓은 정치학자 샤츠슈나이더는 이와 같은 후보 선출의 중요성을 누구보다 날카롭게 인식했던 연구자 가운데 한 사람이었다. 그는 오늘날 정당론의 고전으로 평가받는 『정당정부』Party Government를 통해 정당 활동에서 후보 선출이 갖는 의미를 다음과 같이 정리했다.

> 선거를 통해서만 권력을 획득할 수 있는 조건으로 인해, 후보 선출은 정당의 가장 중요한 활동으로 자리 잡게 된다. …… 만약 정당이 권위를 가지고 효과적으로 후보를 선출할 수 없다면, 그 정당은 정치 활동을 계속할 수 없을 것이다. 한 정당에 둘 이상의 후보는 확실한 패배를 의미하기 때문이다. 선거에서 당의 일치단결, 즉 당에 대한 당원들의 집중은 오직 구속력 있는 후보 선출을 통해서만 이뤄질 수 있다. 그리하여 후보 선출 과정은 정당의 핵심 활동으로 자리 잡게 되었다. 후보 선출 방식의 성격이 정당의 성격을 결정한다. 후보를 선출할 수 있는 사람이 그 정당의 주인이다(Schattschneider 2003/1942, 64).

정치 개혁, 그중에서도 특히 3김으로 대표되는 보스의 의지가 일방적으로 관철되는 정당 운영 방식의 문제를 개선하기 위해 정당의 성격을 결정할 만큼 중요한 후보 선출 제도를 바꿔야 한다는 기존 논리는 정당 운영의 기본 원리를 파악한 것처럼 보일지도 모른다. 게다가 위 인용문의 마지막 문장만을 액면 그대로 받아들인다면, 국민 경선을 통해 이제 한국 정당의 주인은 보스나 총재, 대표가 아닌 당원과 일반 유권자가 되었는지도 모른다. 그러나 국민 경선제를 옹호하는 견해는 샤츠슈나이더가 강조한 정당의 권위에 바탕한 효과적인 후보 선출의 의미를 이해하지 못했을 뿐만 아니라, 후보 선출의 중요성에 착목한 만큼이나 이 새로운 제도가 가져올 부정적 효과를 고려하지 않았다는 문제를 안고 있다.

이제 기대와 다르게 나타나는 그 부정적 효과들을 한국 정당정치의 맥락에서 국민 경선제의 작동 원리에 초점을 맞춰 하나하나 살펴보자.

국민 경선제의 효과

① 국민 경선제는 정당에 대한 관심과 지지를 이끌어 낸다?
그렇지 않다. 오히려 그런 관심과 지지의 대상인 정당 조직을 약화시킨다.

국민 경선제에 관한 기존 연구는 이 제도가 과거 한국 정당을 좌우해 온 보스의 배타적·자의적 영향력을 크게 줄임으로써 정당정치에 대한 일반 시민의 관심과 지지, 참여를 이끌어 낼 것이라 주장한다. 하지만 그런 기대 효과는 먼저 안정적으로 조직화되어 꾸준히 지속되는 정당이 존재한 연후에나 생각해 볼만한 일이다.

널리 알려진 바와 같이 한국 민주주의의 뚜렷한 특징이자 심각한 문제 가운데 하나는 정당 제도화의 수준이 매우 낮다는 점이다. 단적인 예로 민주화 이후 선출된 대통령들 모두가 임기 중 자기 정당의 명칭 변경과 조직 개편을 경험한 것을 들 수 있다. 이런저런 이유로 선거 때마다 정당 명칭이 바뀌고 정당 사람이 바뀌는 조건에서, 그 정당 조직이 체계적으로 분업화된 기능을 수행하며 안정적이고 책임 있는 리더십을 구현하기는 어렵다. 물론 그런 조직 여건이라면 사회 여러 부문의 이익들을 대표하는 일은 고사하고 기존 지지층을 계속 묶어 두는 일조차 쉽지 않을 것이다. 지난 세 차례 대선과 일부 지역 선거에서 실험된 바 있는 국민 경선제는 이 문제를 해결하는 데 있어 어떤 긍정적 효과도 보여 주지 못했다. 오히려 그 제도의 원리만 따져 본다면 문제의 사태를 더욱 악화시켰다고 평가할 수 있다.

국민 경선제의 첫 번째 문제는 이 제도가 정당 보스 내지 리더의 영향력뿐만 아니라, 그것이 이끌어 낸다는 시민의 관심과 지지를 포용할 정당 조직을 약화시키는 방향으로 작동한다는 데 있다. 다른 모든 단체나 조직과 마찬가지로 정당이 조직으로서의 기능을 효과적으로 수행하기 위해서는 구성원들의 적극적인 참여가 요구된다. 조직 활동에 대한 참여를 이끌어 내기 위해서는 그에 합당한 유인이 필요하고, 앞에서도 언급했듯이 그런 유인들 가운데 특히 정당만이 제공할 수 있는 유인은 공직 후보 지위와 그 지위를 누구에게 부여할지 결정하는 권한이다.

여기서 당의 후보를 선출하는 데 당비도 내지 않고 당 활동에도 참여한 바 없는 시민이 당원과 동등한 권한을 갖는 데 대한 일반 당원들의 불만은 부차적인 것일지도 모른다. 그들에 대해서는 다른 종류의 유인을 제공할 수 있기 때문이다.[6] 그보다 더 심각한 문제는 당의 활동을 주도하고 당을 대표해 후보로 나서려는 당내 엘리트들이 국민 경선제로 인해 대의원과 당원 나

---

6 조직 구성원을 위한 서로 다른 유인 체계의 효과를 중심으로 정당을 포함한 조직 일반의 유지·변화를 분석한 고전적 연구는 Clark and Wilson(1961) 참조.

아가 정당 조직 자체의 가치를 평가절하하며 예비 후보 중심의 독자적인 조직을 구축하고 동원하는 데 주력하게 된다는 것이다.

후보 선출을 위한 선거인단의 절반 이상이 당 밖의 일반 시민들로 구성되는 조건에서, 예비 후보가 경선 승리를 위해 자신을 지지하는 시민 모임이나 이른바 여론 주도층에 속한 인사들의 모임을 조직하고 활성화하는 일은 자연스럽다. 게다가 이와 같은 모임들을 아우르며 경선 전반에 걸친 선거 전략을 주도하는 참모 집단 또한 정당 소속 여부를 가리지 않고 후보 자신의 선호와 판단에 따라 구성되곤 한다. 선거 때마다 우리가 흔히 보는 'OOO을 지지하는 모임', 'OO 산악회', 'OO 재단', 'OO 연구회', 'OOO 캠프' 등이 모두 그런 경우이다.

물론 이와 같은 단체 내지 모임은 과거에도 존재한 바 있다. 그러나 국민 경선제와 함께 그들 모임과 캠프는 더욱더 빈번하게 나타나고 과거보다 훨씬 더 큰 정치적 영향력을 행사하고 있다. 그럼에도 그들 모임의 구성원이 정당 조직을 제도화하고 발전시키는 데 기여했다는 증거를 찾아보긴 어렵다. 오히려 국민 경선제와 함께 당보다는 후보 개인에 이끌려 정치 활동에 나선 사람들과 당보다는 일반 시민들의 지지를 통해 후보 지위를 획득하고자 하는 사람들 사이에서 정당은 점점 더 자기 역할과 의미를 잃어 가고 있다.

② 국민 경선제는 정당정치에 경쟁의 활기를 불어넣는다?

그렇지 않다. 오히려 제3당의 발전을 가로막음으로써 여러 정당 간의 활발한 경쟁을 억압한다.

한국 민주주의는 몇 개의 정당을 필요로 할까? 정당의 근본 기능이 한 사회의 여러 갈등하는 이익과 요구를 표출하고 대표하는 것인 만큼, 그 수는 한국 사회 구성원들이 중요하다고 생각하는 갈등의 수에 따라 달라질 것이다. 물론 중요한 갈등의 수가 많다고 해서, 그만큼 많은 정당들이 존재하는 것이 반드시 좋은 일만은 아니다. 정당 수가 너무 많으면 정치적 혼란과 무책임을 야기할 수 있기 때문이다. 그렇더라도 사회경제적 기능 분업의 진전이 과거보다 더 많은 부문들 간의 이익 갈등을 낳고 전통과 현대, 탈현대의 여러 가치들이 각축을 벌이는 한국 사회의 조건에서, 단 두 개의 정당만으로 그런 여러 이익과 가치를 표출하고 대표하는 일은 가능하지도 바람직하지도 않은 것처럼 보인다.

이런 평가에 대해 일부 연구자는 한국 정치가 점점 더 양당 구도로 굳어져 가고, 특히 영호남을 중심으로 한 지역 1당 체제가 여전히 지속되고 있는 사실에 주목하기를 요구한다. 그리고 이런 현실을 감안할 때, 일반 유권자를 놓고 벌이는 여러 예비 후보들 간의 경쟁이 제한적이나마 기존 양대 정당에 새로운 이익과 요구를 투입하는 긍정적 효과를 발휘할 수 있다고 주장한다(정진민 1998, 217-218). 물론 그럴 가능성도 있다. 그러나 국민 경선제가 보장하는 그 제한적 효과를 얻기 위해 치러야 하는 비용은, 지난 20여 년 동안 실패를 거듭해 온 제3당 실험을 앞으로도 계속 그렇게 좌절되는 모습으로 지켜봐야 한다는 것이다.

만약 한국 정치가 나아갈 방향이 제3당 발전을 통한 정당 간 경쟁의 활성화라는 데 동의한다면, 국민 경선제의 또 다른 문제는 이 제도가 1위 대표 선거제도와 함께 그 길을 가로막는 중요한 장애물 가운데 하나로 기능한다는 점이다.[7] 근거는 이렇다. 자기 당에 적합한 자질과 식견을 갖춘 예비 정치인, 예비 후보를 찾는 작업은 정당 내지 그 지도부에겐 결코 쉬운 일이 아니다. 특히 주요 정당에 비해 인지도도 낮고 조직적 자원도 부족한 소수파 정당에겐 더욱 그러하며, 바로 그런 이유 때문에 좋은 후보의 가치는 소수파 정당에서 더 크게 발휘된다. 그런데 국민 경선제는 소수파 정당이 이 과제를 해결하는 일을 훨씬 더 어렵게 만든다. 정치적 자질과 야심을 가진 예비 정치인이 일반 유권자도 참여하는 국민 경선을 통해 이미 주요 정당에서 활동하고 있는 예비 후보에 효과적으로 도전할 수 있는 기회를 갖게 된다면, 그 사람이 소수파 정당의 공직 후보로 나서도록 하는 유인은 그만큼 줄어든다. 그리하여 소수파 정당이 좋은 후보를 충원하기는 더욱더 어려워지고 그만큼 선거에서 승리할 가능성도 낮아지게 되는 것이다.[8]

지난 2011년 서울시장 보궐선거는 이런 논리가 실제 정치에서 현실화된 사례이다. 당시 박원순 후보는 대표적인 시민운동가로서 기존 정당정치에 늘 비판적인 태도를 취해 왔고, 그것은 그의 중요한 정치적 자산 가운데 하나였다. 그런 까닭에 그로서는 쉽게 민주당에 입당하기도 어려웠고, 설령 입당한다 해도 당내 기반이 취약한 조건에서 당내 경선을 통해 시장 후보 지위를 획득할 가능성은 낮았다. 정당정치가 정상적으로 작동하는 조건이라면, 그처럼 정치적 야심과 자질을 갖춘 사람은 제3당 후보로 나서거나 그런 당이 없다면 스스로 당을 만들어 선거에 임했을 것이다. 그러나 국민 경선제는 그런 수고로운 노력 없이도 그가 민주당 예비 후보를 제칠 기회를 주었을 뿐만 아니라 민주당의 자원과 지지까지 확보하게 해주었다. 결국 그

---

[7] 엡스타인과 레이프하르트 또한 미국의 확고한 양당제를 설명하는 제도적 원인으로 대통령제, 1위 대표 선거제도와 함께 예비선거 제도를 지적했다(Epstein 1986, 129-132; Lijphart, Rogowski and Weaver 1993, 322).

[8] 국민 경선에 참여했으나 후보로 선출되지 못한 예비 후보가 본 선거에 출마하지 못하도록 금지한 공직선거법 57조 2항은 이런 효과를 더욱 강화하는 것으로 이해할 수 있다.

는 시장 당선 이후 민주당 후신인 민주통합당에 입당해, 민주통합당 시장으로 민주통합당 시의회 의원들과 협력하며 시정을 운영하고 있다.

국민 경선제는 아니지만 같은 논리에서 당 밖 명망가·전문가 집단이 당의 후보 선출 과정을 주도하며 당 밖 예비 정치인에게 더 많은 공천 기회를 보장해 준 것 또한 동일한 효과를 발휘한다고 말할 수 있다. 이렇게 국민 경선제 또는 당 밖 인사에 의존한 후보 선출 방식이 지자체, 국회의원, 나아가 대통령 선거에까지 널리 실시되면 될수록, 주요 정당만이 예비 정치인에게 정치적 성공을 보장해 주는 유일한 수단으로 남게 되고, 제3, 제4 정당은 점점 더 설 자리를 잃어버리고 마는 것이다.

③ 국민 경선제는 일반 시민의 '자발적 참여'를 증진한다?
　그렇지도 않을 뿐더러 민주주의의 핵심 원리 가운데 하나인 '책임성'의 메커니즘을 약화시킨다.

현대 대의제 민주주의는 참여와 대표, 책임의 원리에 따라 작동하는 체제로 알려져 있다. 민주주의에서 시민은 선거와 비선거 정치 활동에 대한 '참여'를 통해 자신의 선호와 이익을 표출하고, 의회와 정부를 구성하는 정당은 그렇게 제기된 요구들을 '대표'해 법률과 정책을 만들며, 그런 통치 과정과 결과에 대한 '책임'은 대표자인 정치인의 설명과 피대표자인 시민의 평가로 구현된다는 것이다. 이런 원리를 고려할 때, 좋은 민주주의란 좀 더 많은 사람들이 참여하고, 좀 더 다양하고 폭넓은 이익들이 대표되고, 좀 더 분명하고 확실하게 책임을 물을 수 있는 민주주의라고 말할 수 있다. 같은 맥락에서 좋은 정당 내지 정당 체제도 정당들 간의 경쟁과 협력이 참여와 대표, 책임을 증진하고 확대하는 경우로 이해할 수 있다.

국민 경선제에 관한 기존 연구는 이 제도가 이들 세 가지 원리 가운데서 특히 참여, 즉 후보 선출 과정에서 일반 시민의 참여를 증진시켜 준다고 주장한다. 분명 이 제도에 힘입어 과거 대의원 선거인단 제도와는 비교할 수 없을 만큼 많은 사람들이 후보 선출 과정에 참여한 것은 사실이다. 그러나 이런 종류의 참여 확대는 앞에서 살펴본 바와 같이 제3당 발전을 제약해 대표의 범위를 넓히기도 어렵고, 민주주의에서 가장 중요한 본 선거의 참여 증대로 이어지지도 못했다. 문제는 여기서 그치지 않는다. 국민 경선제는 민주주의에서 정당만이 효과적으로 보장할 수 있는 책임성마저 약화시키는 효과를 낳을 수 있다.

국민 경선제를 정치 개혁의 대안으로 이해하는 주장은 당원이나 일반 시민이 행하는 '자발적' 참여의 가치를 강조한다(정진민 2011). 위로부터의 동원이 아닌 아래로부터의 참여가 민주주의의 진정한 기반이란 뜻이다. 그러나 정치 참여 행태를 주의 깊게 분석한 연구들은 참여가 그렇게 자발적으로 이뤄지는 경우는 드물며, 대개 엘리트나 단체, 조직이 동원을 위해 노력한 결과로 참여가 실현된다고 말한다(Nagel 1987; Rosenstone and Hansen 2002/1993). 따라서 후보 선출 과정에서 국민 경선제로 당의 경계가 사라질 때 나타나는 일반 시민의 참여란 후보나 그들의 조직 못지않게 당 밖에 포진한 주요 사회 집단, 즉 언론 매체와 이익 단체, 운동 집단과 전문가 그룹이 다양한 방식의 직간접적인 동원 활동에 관여한 결과로 이해할 수 있다.

비록 허약한 정당이라도, 그 정당이 계속해서 주기적인 선거에 참여해 더 많은 표를 얻고자 노력하는 한 선거 경쟁이 부과하는 책임성으로부터 자유롭기는 쉽지 않다. 그리고 그런 정당에 의해 후보로 선출되고 구속받는 공직자 또한 정당과 동일한 책임성의 제약 아래 놓이게 된다. 하지만 여러 이해관계로 후보 선출에 관여하는 언론이나 운동, 이익집단이나 지식인·전문가에게 이와 같이 주기적인 선거를 통해 부과되는 종류의 책임을 묻기는 어렵다. 그리고 그들 당 밖 집단과 엘리트가 어떤 여과 장치도 없이 정당의 후보 선출 과정에 영향을 미치는 만큼 선거에서 정당과 그 정당의 후보를 통해 실현되는 책임성은 약화될 가능성이 높다.

④ 국민 경선제는 후보의 당선 가능성을 높여 준다?

그렇지 않다. 오히려 당의 분열과 대립을 극대화해 정당과 후보의 선거 경쟁력을 떨어뜨린다.

정치인과 정당에게 무엇보다 중요한 것은 선거에서 승리해 공직을 획득하는 것이다. 물론 이념과 노선, 강령과 정책도 중요하지만, 그런 것들을 실현하기 위해서라도 반드시 선거에서 승리해야 한다. 따라서 어떤 제도가 그것을 채택해 운용하는 정당 내지 후보에 대한 지지를 증대시켜 준다면, 누구도 그 제도를 거부하긴 어려울 것이다. 이런 이유에서, 국민 경선제 지지자들은 이 제도의 장점 가운데 하나로 소수의 대의원들이 아닌 다수의 시민들이 선출한 후보가 당선 가능성도 높다는 점을 지적한다. 과연 그럴까?

이 주장의 타당성 여부를 확인하기 위해서는 그것을 뒷받침하는 두 가지 가정을 검토할 필요가 있다. 하나는 과거 후보 선출을 담당했던 대의원들은 당내 계파나 그와 관련된 물질적 이익에만 몰두한다는 것이고, 다른 하나는 국민 경선제를 통한 예비 후보 간 경쟁은 일반 유권자의 관심과 참여를 불러일으키고 그럼으로써 그런 과정을 거쳐 선출된 후보에게 더 많은 지지를 가져다준다는 것이다. 여기서 이들 가정을 체계적으로 검증하긴 어렵지만, 민주화 이후 대선 후보 선출 과정에 대한 대략적인 검토만으로도 이들 가정에 오류가 있음을 쉽게 알 수 있다.

먼저 당내 계파 논리 가정과 관련해, 국민 경선제 도입 이전 사례들을 살펴보자. 1987년 대선에서 민주화 진영을 대표하는 두 야당 대선 후보는 전당대회 대의원들의 합의 추대로 선출됐다. 지금은 낯설고 심지어 민주주의에 반하는 것처럼 보일지도 모르지만, 당시 합의 추대가 가능했던 것은 대의원들 또한 민주화 요구에 부응하며 자당 지도자를 그런 요구에 가장 걸맞은 후보라고 판단했기 때문이다. 1987년 대선은 민주화에 대한 바람이 최고조에 달했던 예외적 사례라고 말할 수도 있을 것이다. 그렇다면 그다음 대선들에서는 어땠을까? 1992년 민자당 대의원들은 애초 당내 소수파 민주계 수장이었던 김영삼 최고위원을 대선 후보로 선출했다. 당선 가능성이 아닌 계파 논리만으로는 이해할 수 없는 일이다. 1997년 신한국당과 2002년 한나라당 사례에서도 전자는 대의원대회를 통해 후자는 국민 경선제를 통해 대선 후보를 선출했지만, 결과는 양자 모두 동일하게 이회창 후보였다.

김대중 후보의 경우도 다르지 않다. 1992년 민주당과 1997년 국민회의 대의원대회에서 김대중 후보는 대략 70퍼센트의 지지를 얻으며 각각 이기택, 정대철 후보를 누르고 본 선거에 나섰다. 이에 대해 대의원 지지 비율만 놓고 보면 당내 계파 구도가 그대로 반영되었다고 해석할 수 있을지도 모른다. 그러나 이기택, 정대철 후보가 김대중 후보 못지않은 당선 잠재력을 보유했음에도, 당내 파벌의 영향력으로 인해 대의원 경선에서 패배했다고 말하기는 어렵다.

예비 후보 간 경쟁의 긍정적 효과를 말하는 두 번째 가정 또한 설득력이 약하기는 마찬가지다. 한 정당 내에서도 견해를 달리하는 사람들은 있기 마련이고, 정당 후보 선출 과정에서도 여러 인물들이 경쟁하는 것은 자연스러운 일이다. 그러나 같은 당에 속한 예비 후보들이 당 밖 유권자를 두고 치열한 경쟁을 벌인다면 당내 분열과 대립은 극대화되고, 이는 본 선거의 정당 간 경쟁뿐만 아니라 이후 의회와 정부 운영에서도 당의 일관되고 효과적인 활동을 저해하는 결과를 낳는다. 이유는 복잡하지 않다.

같은 당 소속이란 의미에서 다른 당 사람들보다 이념·노선·정책에서 유사한 입장을 가진 예비 후보들이 대의원과 당원을 넘어 일반 시민의 지지까지 얻고자 어떻게든 그들 간의 차이를 두드러지게 만들다 보면, 그런 종류의 동원 경쟁은 주관적이고 감정적이며 사소한 근거들에 의존할 가능성이 높다. 그렇지 않고 뚜렷한 이념·정책상의 차이를 가지고 경쟁한다면, 그것 또한 그들 예비 후보가 굳이 같은 당에 속해야 하는가라는 의문을 낳게 된다. 어떤 경우든 예비 후보 간 경쟁이 치열할수록 당내 분열과 대립은 심화되고, 그것은 앞서 샤츠슈나이더가 강조했던 후보 선출의 핵심 요건, 즉 당의 일치단결을 훼손하고 마는 것이다.

이런 이유로 미국 정당의 후보 선출 과정을 면밀히 관찰했던 한 연구자는 예비선거에서 나타나는 경쟁을 가족 성원 간의 싸움에 비유하며, "진정한 예비선거는 본 선거에서 치르는 다른 정당과의 싸움보다 더 쓰라리고 더 지속적인 상처를 남긴다"고 말한 바 있다(White 1961; Hershey 2009, 163-164). 한국의 경험은 달랐을까? 2007년 완전 국민 경선을 실시했던 대통합민주신당은 '동원 선거' 논란과 경선 규칙을 둘러싼 지루한 공방 속에 많은 유권자들의 질타와 외면을 받았고, 그런 과정을 통해 선출된 후보는 민주화 이후 대선 사상 가장 큰 표 차로 패배했다.

국민 경선제 덕분에 후보 지위를 획득한 노무현, 이명박 대통령의 경우도 예외라고 말하긴 어렵다. 2002년 경선 과정을 통해 잠시 동안 높은 인기를 누렸던 노 후보는 그 후 선거운동에 투입해야 할 자원과 역량의 상당 부분을 경선에서 자신을 지지하지 않았던 당내 성원들의 반발과 이탈을 무마하는 데 할애해야 했고, 그에 따라 정몽준 후보와의 단일화에 성공하지 못했다면 대통령직에 오르기 어려웠을 것이다. 그렇게 민주당이 대선에서 승리한 후에도 그 분란의 여진은 전혀 사라지지 않았다. 노 대통령 임기는 정치 개혁을 명분으로 당내 반발 세력을 떨어내고 새 정당을 만드는 일과 함께 시작됐고, 다시 그들 반발 세력과 결합해 과거 민주당으로 돌아가는 일과 함께 끝났다.

2007년 이명박 후보 역시 국민 경선에서 박근혜 후보 측이 제기한 BBK 문제가 본 선거에서도 중대 이슈로 다뤄지면서 그의 도덕성에 큰 상처를 남겼고 같은 당 출신 이회창의 때 아닌 대선 출마마저 가능케 했다. 대선에서 낙승한 후의 이 대통령 행보도, 비록 덜 극적이긴 했지만, 노 대통령과 크게 다르지 않았다. 임기 첫 해인 18대 총선 공천 과정에서 당내 박근혜 지지 세력을 물리치려 했지만 만족할 만한 결과를 얻지 못했고, 이듬해엔 대통령 지지율의 가파른 하락에서 벗어나고자 친박근혜계 의원들의 복당을 허용해야 했다. 이 대통령의 지지율 하락이 야당이 아닌 여당 소속 박근혜 의원에 대한 지지 상승으로 이어진 데는 야당의 무능 탓도 크지만 국민 경선제가 야기한 분란과 대립이 기여한 바도 적지 않았다고 볼 수 있다.

⑤ 그럼에도 불구하고 정당은 민주적으로 운영되어야 한다?
그렇지 않다. 민주주의는 정당 '안'이 아니라 정당 '사이'에 있는 것이다.

당내 민주화 내지 정당 민주화 요구는 한국뿐만 아니라 다른 많은 나라에서도 정당정치의 병리적 현상을 치유할 수 있는 정치 개혁의 목표이자 원리로 자주 언급되곤 했다(Linz 2002). 이런 목표가 제안되는 정치적 맥락과 그것을 보장하는 제도적 대안은 나라마다 논자마다 다르지만, 그들의 공통된 주장은 정당 조직 운영에 강력한 영향력을 행사하는 지도자 내지 지도부의 권한은 줄이고, 대신 당 활동가들과 일반 당원들의 더 많은 참여와 토론으로 당내 주요 의사 결정이 이뤄져야 한다는 것이다. 물론 한국의 국민 경선제나 미국의 예비선거도 바로 이 강력해 보이는 주장에 힘입어 도입되었다고 말할 수 있다.

로베르트 미헬스가 20세기 초반 독일 사민당 경험을 토대로 정식화한 '과두제의 철칙'을 해소하기 위해 '더 많은 민주주의'를 상상하는 해법은 특히 민주주의에 대한 열정이 강한 사람들에겐 매력적으로 보일지도 모른다. 그러나 민주주의에서 모든 권력과 권위, 결정은 관련 당사자들의 참여와 토론으로 구성돼야 한다는 전제로부터 도출된 이런 주장 속에는 한 가지 중요한 논리적 맹점이 숨어 있다.

미국의 대표적인 민주주의 이론가 로버트 달은 미헬스를 비롯해 당내 민주주의, 참여 민주주의, 직접 민주주의 등을 옹호하는 사람들의 주장에는 논리학에서 경계하는 '구성의 오류', 즉 부분의 현상을 전체의 현상으로 치환해 이해하는 오류가 내재되어 있다고 말한다(Dahl 1990/1973). 그에 따르면, 민주주의에서 정당 간 경쟁이 활발하다면 개별 정당이 내적으로 민주적이냐 과두적이냐는 그리 중요한 문제가 아니다. 정당의 존재 이유는 다수 유권자의 선호와 요구에 부응해 선거 경쟁에서 승리하고 이를 바탕으로 정부와 의회를 운영하며 다시 다음 선거에서 그 실적을 두고 경쟁을 반복하는 데 있기 때문이다. 즉, 민주주의에서 정당의 역할이 정당 간 경쟁과 타협을 통해 가능한 많은 시민의 권리와 이익을 실현하는 것이라면, 다소 비민주적이라도 강력한 리더십과 규율을 갖춘 정당이 민주적인 정당만큼 혹은 그보다 더 효과적으로 자기 역할을 수행할 수 있다는 말이다.

이 문제를 좀 더 분석적이고 경험적인 차원에서 검토한 스페인 정치학자 마라발의 최근 연구 또한 동일한 결론을 제시한다(Maravall 2008). 스페인과 영국을 비롯한 의회 민주주의 국가들에 대한 사례연구에서 그는 정당 지도부가 당내 민주주의를 거스르며 부과하는 엄격한 당내 규율은 유권자가 정부를 통제하는 데 효과적인 방편이며, 그에 따른 당내 소수 이견 집단의 희생은 불가피한 것이라고 주장한다. 근거는 이렇다. 당내 민주주의가 보장하는 활발한 토론과 논쟁은 유권자가 현 정부의 정책을 평가하고 지지 정당을 선택하는 데 유용한 정보를 제공하는 방식으로 체제 수준의 민주주의에 긍정적인 영향을 미친다고 가정할 수 있고, 실제로 그런 경우가 전혀 없는 것은 아니다. 그러나 일반적으로 그런 종류의 토론과 논쟁은 거기서 나타나는 당내 지도급 인사들의 기회주의적 행태와 이념적 지향이 강한 당 활동가들의 편향된 견해로 인해 일반 유권자에게 신뢰할 만한 정보를 제공하지 못한다. 게다가 당내에서 나타나는 치열한 논쟁은 일반 유권자에겐 당의 분열과 혼란, 그리고 그에 따른 정치적 역량 약화로 이해되어 그 정당에 대한 지지 철회로 귀결되는 경우가 훨씬 더 많다는 것이다.

흥미롭게도 정당의 중요성을 강조하는 대표적인 학자들은 당내 민주주의나 그와 유사한 주장에 호의적이지 않았다. 막스 베버는 링컨이나 글래드스턴 같은 지도자의 가치를 강조하면서 이런 말을 남겼다. "지도자의 손에서 유용한 기구가 되려면 추종자 집단은 맹목적으로 복종해야 하고, 미국적 의미에서 '머신'이어야 하며, 명사들의 허영심 내지 독자적 권리 주장에 휘둘리지 말아야 한다. …… 그것은 당을 이끄는 지도자를 갖기 위해 치러야 할 비용이다"(Weber 1946/1919). 같은 맥락에서 프랑스 정치학자 모리스 뒤베르제는 특히 좌파 정당에서 두드러졌던 정당 운영 원리인 '민주 집중제'의 효용에 주목하며 이렇게 말했다. "민주주의의 원리들은 모든 수준의 리더십이 선거로 선출되고, 자주 교체되고, 집단적인 성격을 가지며, 약한 권위를 갖기를 요구한다. [그러나] 그런 식으로 조직된다면, 정당은 정치투쟁에 적합한 장비를 갖출 수 없다"(Duverger 1964/1951). 이탈리아 정치학자 사르토리도 달과 동일한 논리로 민족국가와 같은 "대규모 정치체제의 민주주의는 많은 '작은 민주주의들'의 단순한 합이거나 확장일 수 없다"고 단언했다(Sartori 1987). 샤츠슈나이더 역시 그 특유의 간명함으로 같은 주장을 이렇게 표현했다. "민주주의는 정당 안이 아니라 정당 사이에 있는 것이다"(Schattschneider 1942).[9]

국민 경선제의 문제와 한계에 대한 이와 같은 진단은 그 이전 후보 선출 과정과 정당 운영 방식에 아무런 문제가 없었다는 뜻은 아니다. 국민 경선제 지지자들은 그 제도 도입 이전까지 한국 정치를 좌우했던 두 정당 지도자의 행태를 비판할 만한 여러 근거를 가지고 있다. 민주화에 대한 열망과 지지가 어느 때보다 높았던 1987년의 중대 선거에서 후보 단일화에 실패한 것도 그렇고, 자신의 대선 승리에만 집착하며 3당 합당과 DJP 연합을 주도했던 것도 그렇고, 당장의 충성도와 정치자금, 당선 가능성에만 우선순위를 두며 일방적으로 후보와 당직자를 지명한 행태도 그렇다. 하지만 그런 여러 문제에도 불구하고 그들은 권위주의 시대의 탄압과 유혹을 이겨 내며 민주화 요구에 부응한 정치 지도자로서 대중적 인정과 지지를 받았고, 집권 후에는 그런 요구에 따라 군부 청산과 대북 정책에서만큼은 분명한 성과를 이뤄내기도 했다.

---

9 이들의 주장과 달리 정당 민주화가 민주주의 발전에 기여한다는 가정에 긍정적인 견해를 담은 연구는 Crotty(1978), Ware(1979), Norris(2004), Diamond(2010) 참조.

샤츠슈나이더는 "대안을 정의하는 것이야말로 최고의 권력 수단"이라고 말했다(Schattschneider 1975/1960). 그런 의미에서 두 지도자는 자력에 의해서든 타력에 의해서든 당시로서는 광범위한 호소력을 가진 민주화라는 대안을 확보했고 그들에게 그것은 다른 무엇보다 큰 정치적 자산이었다. 반면 이후 세대 정치인들은 '3김 청산'이나 '지역주의 타파'를 외치며 국민 경선제와 같은 정치 개혁을 요구하고 제도화하는 데만 머물렀던 것으로 보인다. 그리고 바로 그런 제도 개혁으로 인해 앞선 지도자들이 받았던 지지를 능가할 만한 구체적 대안을 조직하지도 못한 채 그들 선배 지도자에게나 어울릴 법한 '민주주의의 후퇴'를 운위하거나 정당정치의 대중적 기반을 더욱더 허물어뜨리는 '정치 개혁'을 호소하는 모습을 보여 주고 있다.

4. 대안적 후보 선출 제도 모색을 위한 접근

언제든 어디서든 기성 정치를 비판하긴 쉽지만, 그에 상응할 만한 구체적 대안을 말하기는 어려운 일이다. 그러나 한국과 같이 정치에 대한 도덕주의적 이해가 팽배한 나라에서 대안 없는 비판은 이미 심각한 수준에 있는 정치 불신과 냉소를 더욱더 부채질할 뿐이다. 그렇다면 국민 경선제와 다른 종류의 제도 대안은 어떻게 모색할 수 있을까? 아래에서는 한국 국민 경선제의 모델이 되었던 미국 예비선거가 민주주의와 정당 발전에 부합하지 않는 제도임을 누구보다 날카롭게 지적했던 정치학자 마이클 왈저와 넬슨 폴스비의 주장을 빌어, 그 제도 대안 구성의 근본 전제와 몇 가지 고려 사항을 제시하고자 한다.[10]

먼저 대안적 후보 선출 제도 구성을 위한 근본 전제에 대해서는 이렇게 말할 수 있다(Walzer 1981, 268). 나라와 정당은 서로 다른 종류의 조직이며, 따라서 그들 각각의 지도자도 서로 다른 종류의 절차, 서로 다른 종류의 사람들에 의해 선출돼야 한다. 한 나라의 지도자 내지 대표는 그 나라 시민이 선출해야 하며, 여기서 목표는 풍부한 정보와 분명한 대안 속에서 가능한 한 많은 시민들이 참여하도록 하는 데 있다. 한 정당의 지도자 내지 후보는 정당과 실질적인 연계를 맺고 있는 사람들이 선출해야 하며, 여기서 목표는 당의 화합과 단결을 토대로 가능한 한 뚜렷하고 신뢰할 만한 정당·후보 대안을 마련하는 데 있다.

이와 같은 전제를 바탕으로 할 때, 선거인단 구성 문제는 다음과 같은 접근 방식으로 해결할 수 있다. 정당 후보 선출 과정에서 누구든 참여할 수 있는 완전 국민 경선제보다는 제한적 국민 경선제가 낫고, 제한적 국민 경선제라면 일반 시민 참여 비율과 여론조사 반영 비율이 낮을수록 좋다. 물론 가장 바람직한 대안은 선거기간뿐만 아니라 선거와 선거 사이에도 꾸준히 정당 활동에 적극적으로 참여해 왔거나 그러고자 하는 사람들로 구성된 선거인단이다.

선거인단 구성 다음으로 고려해야 할 사항은 후보 선출 과정에 '동료 평가'peer review의 장을 마련하는 것이다(Polsby 1983, 169-171). 동료 평가는 긴밀

---

10 정당 후보 선출 분야의 대표적 연구자인 라핫과 하잔 또한 자신들의 연구를 집대성한 최근 저작의 결론에서 '민주주의를 위한 최선의 후보 선출 방법'과 '가장 민주적인 후보 선출 방법'은 다르다는 전제 아래, 그들이 보편적으로 적용 가능하다고 믿는 제도 대안을 제시했다. 그들의 3단계 모델은 '소수로 구성된 위원회에 의한 예비 후보 지명' → '그보다 많은 수로 구성된 당내 기구에 의한 예비 후보 조정' → '(이들 선별된 예비 후보 중) 일반 당원에 의한 최종 후보 선출'로 구성된다(Rahat and Hazan 2010).

하고 잦은 인간적 접촉과 교류 과정에서 가장 잘 드러나는 후보 자질, 이를테면 지적 역량과 유연성, 판단의 명민함, 다른 사람들과 기꺼이 협력하고 경험으로부터 배우고자 하는 태도, 정부 운영에 관한 상세한 지식 등에 대한 평가를 의미한다. 그리고 이런 평가의 책임을 맡을 수 있는 사람들은 오랜 정당 활동 속에서 예비 후보들의 자질에 관해 신뢰할 만한 정보를 획득하게 되는 당내 주요 공직·당직 (출신) 인사들이다. 선거인단 투표가 아래로부터의 참여를 통해 선출된 후보의 정당성을 높이는 방안이라면, 동료 평가는 공직을 효과적으로 담당할 수 있는 후보 개인의 역량에 관한 정보를 제공함으로써 선거인단의 후보에 대한 신뢰를 높여 주는 방안이다.

물론 동료 평가를 담당하는 정치인들도 오류를 범할 수 있고 후보 자질에 대한 객관적 판단이 아닌 다른 동기에 따라 행동할 수 있다. 그러나 그런 가능성 때문에 후보 역량에 관한 특별한 정보를 언론 매체나 선거인단 사이에서 나도는 소문에만 의존할 수는 없다. 동료 평가의 잠재력 내지 위협이 없다면, 예비 후보들은 대중적인 명성 얻기에만 급급한 채 자신에게 맡겨진 공적 임무를 수행하는 데는 태만할 가능성이 높다. 게다가 정당, 의회, 정부 운영에 직접 관여하는 동료들로부터 좋은 평가를 받는 것이 예비 후보에게 어떤 이득도 주지 못한다면, 후보 선출 과정은 본 선거 승리 후의 통치 과정과 상충 관계에 놓일 수 있다. 효과적인 통치에는 후보 개인에 대한 대중적 지지도 중요하지만, 그와 비슷한 조직적·대중적 지지를 가진 다른 동료 당직자와 의원들의 상호 협력과 책임도 중요하기 때문이다.[11]

---

[11] 동료 평가를 맡은 정치인들은 그들의 선거 경험에 힘입어 국민 경선에서 후보의 선거 경쟁력을 가늠하기 위해 사용되곤 하는 여론조사의 기능도 대신할 수 있다. 후보 선출 과정에서 활용되는 여론조사의 여러 가지 문제점에 관한 연구는 강원택(2009a), 문우진(2011) 참조. 동료 평가와 관련

마지막 고려 사항은 본 선거에 임하는 당의 화합과 단결을 위해 후보 선출 과정에 타협의 공간을 마련해 두는 것이다. 예비 후보들의 출마 선언으로부터 최종 후보 선출에 이르는 과정은 단지 본 선거에 나설 후보 한 명을 뽑는 데만 머무를 수는 없다. 정당의 후보 선출 과정은 당내 이견을 조율하는 '토론의 장'이어야 하고, 당의 화합과 당에 대한 자부심을 고취하는 '축제의 장'이어야 하며, 그럼으로써 당의 정체성과 위력을 과시하는 '의식儀式의 장'이어야 한다. 국민 경선이든 당내 경선이든 이 모든 과제를 예비 후보들의 선거운동과 한두 차례의 투표만으로 해결할 수는 없다.

지난 2012년 총선 과정에서 불거진 통합진보당의 비례대표 경선 부정 사건과 이후 사태 전개는 절차와 규칙을 무시한 사람들의 윤리 문제도 고려해야겠지만, 득표 경쟁에만 의존하는 후보 선출 방식이 한 정당에 얼마나 파괴적인 효과를 미칠 수 있는가를 분명히 보여 준 사례였다. 이와 같은 사태가 반복되지 않고 후보 선출 대회가 담당해야 하는 여러 역할을 성공적으로 수행하기 위해서는 경쟁뿐만 아니라 협상과 타협도 중요한 역할을 담당해야 한다.

대다수 정치학자들은 '갈등과 타협', '경쟁과 협력'이 민주주의 정치를 작동시키는 근본 메커니즘이라는 데 이견을 달지 않는다. 그렇다면 후보 선출 과정에서도 당내 다양한 이견 집단을 대표하는 지도자들과 활동가들, 예비 후보들이 후보 자질과 정당 정책, 선거 이슈와 향후 정부 운용 등을 놓고 경쟁하고 갈등하면서 또한 타협하고 협력하는 것은 전혀 이상한 일이 아니다.

해 미국 정당들은 1984년부터 당 소속 주요 공직자와 당직자를 당연직 대의원(super delegates)으로 대통령 후보 선거인단에 포함시켜 놓고 있다. 현재 민주당은 그 비율이 약 20퍼센트 정도이며, 공화당은 10퍼센트에 미치지 못한다(Polsby et al. 2012, 126-128).

최종 후보 선출에 이르기까지의 긴 과정에서 효과적인 경쟁과 함께 원활한 타협을 이뤄 내는 데 필요한 방안 가운데 하나는 그런 타협과 합의가 수반할 수밖에 없는 정치적 거래의 비밀을 일정 정도까지 용인해 주는 것이다(Walzer 1981, 269-270). 물론 후보 선출 경쟁의 패배자들이나 당내 고집스런 소수파들은 그런 비밀이 추악한 담합을 낳을 뿐이라고 비난할 수 있다. 그러나 그것이 정치적 거래를 둘러싼 당내 분란을 막고 당의 화합과 단결을 통해 선거에서 승리하기 위한 타협인지, 당내 기득 세력의 권력을 유지하기 위한 담합인지는 최종적으로 본 선거에 참여하는 시민 유권자의 판단에 맡겨야 할 문제이다.

5. 나가며

이 글은 2002년 이후 대통령 후보 선출을 위해 주요 정당이 실시하고 있는 국민 경선제의 부정적 효과를 확인하고 그와 다른 종류의 후보 선출 제도를 모색하는 데 필요한 몇 가지 고려 사항을 제안했다. 비록 그 제도의 작동 원리에 초점을 두고 한정된 사례에 바탕해 이루어진 분석이지만, 국민 경선제는 기존 연구나 일반 통념과 달리 정당 조직을 약화시키고, 제3당의 발전을 가로막으며, 당내 갈등과 분열을 부추기고, 정당의 책임정치 구현을 어렵게 하는 효과를 드러냈다. 그리고 민주주의와 정당 발전에 기여할 만한 후보 선출 제도를 구성하기 위해 선거인단 범위의 제한과 동료 평가의 의미, 그리고 당의 화합과 단결을 위한 타협의 가치를 강조했다.

 이와 같이 정당을 중심에 두는 후보 선출 제도에 대한 접근이 구체적인 제도로서 실제 현실에 도입된다 하더라도 정당정치와 민주주의 발전에 크게 기여하기는 어려울지 모른다. 다른 무엇보다 한국에는 국민 경선제 외에도 민주주의 정치의 잠재력을 억압하는 다른 많은 제도들이 상존해 있기 때문이다. 전체 유권자의 절반도 안 되는 지지, 심지어 3분의 1의 지지만 받고도 대표가 될 수 있도록 하는 선거제도도 문제지만, 노동조합 등의 자발적 결사체가 단체라는 이유만으로 정치자금 기부를 못하게 하고, 개별 정치인들에게는 허용하면서도 조직으로서의 정당은 후원금을 받을 수 없게 만든 정치자금법, 지역 정당 조직의 사무실 설치를 금지한 정당법, 지나치게 짧은 선거운동 기간과 함께 그 기간에조차 정당과 단체의 선거운동과 정치 활동을 광범위하게 규제하는 선거법 등도 문제이다. 다른 나라에선 찾아보기 어려운 이들 법률 조항 속에서 한국 정치와 선거는 점점 더 후보 개개인과 전문가 집단, 검찰과 선관위, 언론 매체가 주역이 되고 정당과 단체는 단역에 머무르는 일종의 '관리되는 민주주의'managed democracy로 변모해 가고 있다. 물론 이들 정치 관계법은 모두 '깨끗한 정치', '돈 안 드는 선거'를 목표로 내건 정치 개혁을 통해 도입된 제도들이다.

민주주의와 정당 발전의 관점에서 국민 경선제의 문제를 지적하고 다른 종류의 제도 대안 구성을 위한 접근 방식을 제시했지만, 분명 여기에도 문제와 한계는 있을 것이다. 이유와 근거는 다양하고 많겠지만, 근본적으로 제도란 인간 본성과 자유 의지의 한계를 보완하기 위해 만들어짐에도 바로 그 인간에 의해 운용되는 까닭에 늘 예상치 못한 방향으로 작동할 가능성을 안고 있기 때문이다. 그러나 정치에는 이런 종류의 제도보다 훨씬 더 큰 영향력을 발휘하는 요소가 있다.

영국의 정치이론가 존 던은 '왜 정치는 늘 실망을 안겨 주는가'라는 질문에 이렇게 답했다(Dunn 2000, xii). "정치에서 (그리고 실제로 벌어지는 일을 결정하는 데서) 가장 큰 인과적 영향력을 발휘하는 요소는, 우리가 하고 있는 일을 우리가 얼마나 잘 이해하고 있냐는 것이다. 실망은 낙담과 놀람의 혼합물이다. 만약 우리가 정치를 더 잘 이해한다면, 우리는 그렇게 많이 그렇게 자주 놀라지는 않을 것이다." 우리는 한국 정치를 어떻게 이해해 왔는가? 민주주의에서 정당은 어떤 역할을 담당하는가? 운동이 할 수 있고 할 수 없는 것은 무엇인가? 지난 정치 개혁을 통해 우리가 얻은 것은 무엇이고 잃은 것은 무엇인가? 이런 질문들에 대한 생각, 그런 생각들을 통해 얻게 되는 민주주의 정치에 대한 이해가 우리 정치, 우리 공동체의 미래를 바꿔 놓을 수도 있다.

8장

제한적 경쟁의 제도화

1958년 선거법 체제

_____서복경

1. 문제

이 글은 정당 경쟁과 유권자 정치 활동을 관리와 규제 대상으로 접근하고 있는 현행 공직선거법의 역사적 기원이 보수 독점의 양당 체제 형성과 밀접한 연관이 있음을 밝히고, 민주화 이후에도 이런 규제 중심의 선거법 체제가 지속될 수 있었던 원인 또한 경쟁을 제한함으로써 정당정치를 독점하고자 했던 정당 체제의 속성과 연계되어 있음을 경험적으로 살펴보고자 한다. 그리고 이를 통해 지금과 다른 정당정치를 모색하려면 현행 공직선거법의

● 이 글은 2012년 6월 27일, 경향시민대학과 민주화운동기념사업회, 한림국제대학원대 정치경영연구소 SSK 대안거버넌스연구사업단, 연세대 SSK 동아시아시민사회연구사업단이 주최한 제5회 대안담론포럼 '제2의 민주화 운동: 합의제 민주주의를 향하여'에서 발표되었던 원고와 『선거연구』 제5호에 실린 원고를 수정, 보완한 것이다.

근본적 개편이 필요하다는 점을 주장하고자 한다.

한국에서 정당 경쟁과 유권자의 정치 활동을 규율하는 법률은 선거법 외에도 정당법, 정치자금법, 국회법이 있다. 하지만 한국 선거법의 독특한 성격으로 인해, 현행 공직선거법은 다른 정치 관련 법률에 우선하는 기본법적 성격을 갖는다. '선거운동'으로 정의되는 정치 활동과 그렇지 않은 정치 활동, 선거 정치와 선거가 아닌 시기의 정치를 구분 짓는 명료한 이분법에 토대를 두고 있기 때문이다. 이런 속성은 정당의 활동도 선거 시기와 아닌 시기로 구분하게 만들고, 유권자의 정치 활동 역시 이 이분법에 구속되게 만든다. '선거운동 기간'과 아닌 기간에 할 수 있는 정치 활동이 분리되고, 규제의 내용은 일반 유권자가 생활에서 인지하고 적용하기 어려울 정도로 복잡하며, 심지어 직업 정치인들조차 그 경계를 제대로 지킬 수 없어 선거사범이 대량으로 양산되고 결국 재적 국회의원 숫자를 사법부가 결정하게 만드는 체제의 토대를 제공하는 것이 공직선거법이다. 이처럼 공직선거법은 한국 사회가 정당 경쟁과 정당-유권자 관계, 더 나아가 정치 자체를 인식하는 기본 틀을 주조한다는 점에서 기본법적 성격을 가진다고 볼 수 있다.

한국의 정당과 유권자들은 너무 오랜 기간 이 체제에서 정치를 상상해 왔다. 기존 연구들은 현행 공직선거법 체제의 기원이 최소한 1958년 제정된 민의원의원선거법 및 참의원의원선거법까지 거슬러 올라갈 수 있음을 밝히고 있다(송석윤 2005; 유현종 2011). 1990년대 이후 선거운동의 자유를 지나치게 제약하는 선거법의 각 조항들은 점점 더 잦은 법적·실천적 도전에 직면하고 있는 것이 사실이다(양건 1992; 이부하 2009; 음선필 2011). 그러나 공직선거법 체제의 근간이 되는 제58조와 제59조는 1958년 도입 당시의 원형을 그대로 보존하고 있다는 점에서 현행 체제를 1958년 체제로 부를 수 있다.

공직선거법에서 제58조와 제59조의 지위는 선거법 총 292개조[1] 가운데

단지 2개조에 그치는 게 아니다. 현행 선거법은 이 두 조항을 뒷받침하거나 구체화하거나 처벌하는 규정들로 채워져 있다고 해도 과언이 아니기 때문이다. 이런 이유로 이 두 조항을 없앤다는 것은 개정 차원의 문제가 아니라 선거법을 새롭게 제정해야 하는 문제가 된다.

정당법과 정치자금법도 전면적인 개정이 불가피하다. 하지만 법 개정의 포괄성은 오히려 부차적인 문제다. 이 작업이 어려운 것은, 한국에서 정당체제의 원형이 만들어진 시점부터 형성되기 시작한 정당 경쟁과 정치에 대한 관점을 근본적으로 바꾸는 일이며, 지금도 이 체제를 지속시키는 다양한 힘들을 해체시키거나 약화시키는 지각변동을 수반할 수 있는 정치적인 문제이기 때문이다. 이것이 본 연구가 현행 선거법 체제의 기원에서부터 문제를 추적하게 된 이유다.

2. 이상한 선거법, 이상한 민주주의

〈표 8-1〉은 일본을 제외한 다른 민주주의국가들[2]과 한국의 현행 공직선거법의 차이를 보여 주는 핵심 조항이다. 우리 선거법은 선거운동 규제에 관해 별도의 장을 할애하고 있는데(제7장), 이 장에서는 선거운동의 정의, 기간,

---

[1] 이 글에서는 별도의 근거를 제시하지 않는 한, 2012년 12월 18일 통과된 제50차 개정 공직선거법(법률 11551호)을 기준으로 논의를 진행한다. 공직선거법의 장 및 조항들의 체계에 관해서는 이 장 마지막에 실린 〈부록 1〉과 〈부록 2〉를 참조.

[2] 민주주의국가들의 정의는 다양할 수 있지만 여기서는 OECD 국가를 기준으로 한다. 사실 OECD를 벗어나 다른 신생 민주주의국가로 범위를 넓힌다 하더라도 〈표 8-1〉과 같은 일본 모델을 적용하는 나라는 찾아보기 쉽지 않다.

표 8-1 | 공직선거법의 사전 선거운동 금지 관련 조항(2012년 법률 제11551호 기준)

제58조 제1항	이 법에서 "선거운동"이라 함은 당선되거나 되게 하거나 되지 못하게 하기 위한 행위를 말한다.
제59조	선거운동은 선거기간 개시일부터 선거일 전일까지에 한하여 할 수 있다.
제254조 제2항	선거운동 기간 전에 이 법에 규정된 방법을 제외하고 선전 시설물·용구 또는 각종 인쇄물, 방송·신문·뉴스 통신·잡지, 그 밖의 간행물, 정견 발표회·좌담회·토론회·향우회·동창회·반상회, 그 밖의 집회, 정보 통신, 선거운동 기구나 사조직의 설치, 호별 방문, 그 밖의 방법으로 선거운동을 한 자는 2년 이하의 징역 또는 400만 원 이하의 벌금에 처한다.
제254조 제3항	제2항에 규정된 방법 외의 방법으로 선거운동 기간 전에 선거운동을 하거나 하게 한 자는 1년 이하의 징역 또는 200만 원 이하의 벌금에 처한다.

허용되거나 금지되는 방식 등을 총 65개 조항에 걸쳐 규정하고 있다. 또한 제16장 33개 벌칙 조항의 대부분도 금지된 선거운동을 할 경우에 따르는 제재 조항으로 구성되어 있다. 선거운동의 규제는 특정 정치 활동을 할 수 있거나 할 수 없는 기간을 별도로 규정하는 기간 제한의 원리, 허용되는 선거운동 방식과 그렇지 않은 방식을 나누는 방식 제한의 원리, 각각의 선거운동 방식을 할 수 있는 사람과 할 수 없는 사람으로 나누는 인적 제한의 원리로 구성되어 있다. 그리고 그 각각의 규제들을 총괄하는 심장부에 해당하는 것이 〈표 8-1〉에 적시된 제58조와 제59조, 제254조다.

반면 미국, 독일, 스웨덴 등 대부분의 OECD 국가 선거법에는 선거 캠페인 자금에 대한 규제 조항은 있지만 선거운동 규제를 위해 별도의 장을 할애하거나 규제 조치를 적시하고 있지 않다. 선거운동 과정에서 발생할 수 있는 허위 사실 공표나 비방, 모욕 등에 대해서는 일반적인 규제를 두고 있는 나라도 있고, 이조차도 일반 형법 체계에서 규제하기 때문에 선거법에는 명시하지 않는 나라도 있다. 프랑스는 서구 국가들 가운데서는 비교적 선거운동 규제가 까다로운 편이지만, 선거운동을 할 수 있는 기간 등에 대한 규제는 없으며 선거운동 방식에 대해서는 과도한 포스터 게시나 상업광고, 여론조사에 제한을 두고 있는 정도이다.[3]

한국에는 있는 것이 왜 그들에겐 없을까? 하지만 세계적 상황을 보면, 다른 나라에선 대개 없는 것이 왜 우리에겐 있는지에 관해 묻는 것이 훨씬 자연스럽다. 사실 우리 선거법이 지켜지기 어려운 것도, 선거만 끝나면 대규모 선거사범이 양산되는 것도, 선거가 있거나 없거나 정당과 유권자가 정치 활동을 하면서 항상 불안해하는 이유도, 한국 선거법의 독특한 원리와 구조를 가지고 많은 부분 설명이 가능하다.

현행 법에 따르면, 정당이든 유권자든 "당선되거나 되게 하거나 되지 못하게 하는 행위"는 선거운동 기간에만 가능하고 그 이전에 이 행위를 하면 처벌을 받는다. 그런데 이 행위는 민주주의에서 정당 및 정치인과 유권자가 맺는 관계의 모든 것을 포괄한다. 정치인은 현재 혹은 미래의 당선을 목적으로 정치 활동을 하며, 유권자가 정치인이나 정당과 맺는 관계는 대개 당선이나 낙선에 대한 기대를 핵심 내용으로 한다. 유권자는 자신이 지지하는 정당(후보)의 당선으로 인한 물질적·심리적 이득을 원하거나, 싫어하는 정당(후보)의 당선을 회피하기 위해 상대 당과 관계를 맺기도 한다. 선거가 아닌 시기에 정당과 유권자가 이런 방식의 관계를 지속할 수 없고 선거 때만 일시적으로 가능하다면, 안정적인 정당정치와 정당 민주주의는 불가능하다.

현행 법 체계의 핵심을 드러내 주는 또 다른 문구는 "이 법에 규정된 방법을 제외하고"이다. 이는 할 수 있는 정치 활동의 방법과 내용을 법에 적시

---

[3] 해외 주요국의 선거운동 규제 관련 입법례는 강일호(2010), 제2장 제2절을 참조할 수 있다.

한다는 뜻이며, 법에 명시되지 않은 모든 정치 활동은 불법이라는 것이다. 사회 변화와 매체 환경의 변화, 문화 환경의 변화 등으로 정당과 유권자의 정치 활동 방식과 내용은 시시각각 변한다. 그런데 변화를 사후적으로만 반영할 수 있는 법으로 이 모든 것을 규율하겠다면, 사회 전체적인 정치 활동은 억압되고 위축될 수밖에 없다. 한정된 법조문을 일일이 숙지할 수 없는 유권자의 입장에서는, 차라리 정치로부터 관심을 돌리는 게 불법을 행하지 않을 가능성을 높여 주는 것이다. 유권자가 철수한 공간에서 정치가 제 기능을 다할 수는 없는 일이다.

또한 위 규정은 정치 활동에 대한 관료들의 자의적 규제와 관리의 공간을 확장시킨다. 제한된 법 조항에 모든 것을 담을 수 없기 때문에, 법 집행 관료들은 항상 기존 법 조항으로 새로운 변화를 규제해야 하는 상황에 처한다. 세부적 법 조항은 아직 마련되지 않았지만 "당선되거나 되게 하거나 되지 않게 하는 행위"를 포괄적으로 규제해야 하는 법적 환경은, 법 집행 관료들에게 무한한 자율성을 부여할 수 있다. 관료에게 정당과 정치인, 유권자를 자유롭게 규제할 권한을 맡긴 정치체제에서, 선출된 정부가 관료를 통제해 주기를 기대하기는 어려운 일이다.

19대 국회의원 선거가 끝난 이후 검찰은 1,096명을 선거법 위반으로 입건했고, 39명을 구속했으며, 국회의원 당선자 79명이 입건되었다고 한다. 당선자 79명은 전체 의원 정수의 26.3퍼센트다. 이제 사법부가 재적 국회의원 수를 결정하는 절차가 남았다. 어느 나라나 선거 과정에서 불법이 있을 수 있다. 하지만 전체 의원 정수의 26.3퍼센트는 많아도 너무 많지 않은가? 더 큰 문제는 이들 가운데 누가 국회에 남고, 누가 떠나야 하는지에 대해서 예측하기가 매우 어렵다는 것이다. 사법부의 재량권을 '충분히' 보장하는 선거법 때문이다.

19대 총선 선거사범 발표에 대해 한 언론사 기자는 이렇게 일갈했다. "이번 총선 선거운동이 18대와 비교해 극심한 혼탁 과열 양상을 나타낸 데 따른 결과로 분석된다"(『문화일보』 2012/04/12, 21). 그런데 19대뿐만 아니라 항상 선거가 끝나면 "극심한 혼탁 과열 양상"에 대한 지탄이 있었다. 그 속에서 정당과 정치인, 유권자는 더 위축되어 갔고, 혹시 내가 하고 있는 행위가 불법은 아닌지 하는 자기 검열의 구조는 강화되어 왔다. 대한민국의 정당(정치인)과 유권자가 시간이 갈수록 점점 더 불법과 부패에 물들어 간다는 진단은 과연 올바른 것일까?

더욱 더 이상한 것은, 선거법의 각종 규제에 대한 도전이 있을 때마다 한국의 입법자들이 보인 태도다. 특히 지난 20여 년간 공직선거법의 각종 규제는 수차례 시민 단체, 이익집단, 개인 유권자들의 도전을 받았고, 때때로 법이 잘못되었다는 사법적 판결을 얻어 냈다(음선필 2011). 그때마다 입법자들은 끊임없이 예외 조항들을 신설해서 또 다른 규제 조항과 규제 기관을 만들어 냈다. 새로운 미디어가 등장해 '허용된' 선거운동 방식의 경계를 넘으면, 이를 규제하기 위한 조항을 사후적으로 신설하고 별도의 규제 기관들을 설치하는 식이었다. 기간 제한의 원리가 도전 받으면, 예비 후보자 등록제를 신설하고 그들이 할 수 있는 행위를 법에 적시하거나, 특정 매체'만' 특정 '기간'에 예외적으로 허용된다고 명시해서 또다시 그 활동을 규제할 기관을 설치하거나 인력을 확충했다. 이대로라면 우리 선거법은 무한히 규제 조항을 늘려 가야 하는 상황에 처한다. 290개가 넘는 조항으로도 감당하지 못하는 이 문제를, 독일은 단 55개 조항으로 어떻게 관리하는 것일까?[4]

---

[4] 각국의 법체계가 완전히 동일하지는 않기 때문에 단순 비교에는 어려움이 있으나, 우리나라 공

정당과 유권자가 자유롭게 만날 수 있고, 유권자의 자유로운 정치 활동을 제한하지 않고도 부패를 규제할 방안이 있다면 찾아야 한다. 지금처럼 이상한 선거법 체제에서 정치인과 유권자 모두의 정치 활동을 불안하게 만드는 환경은 근본적인 개편이 필요하다. 이를 위해서는, 수십 년 동안 이를 유지시켜 온 근원적 동인을 파악할 필요가 있다.

3. 기원: 보수 양당 체제의 형성과 선거법 체제의 기원

1958년 제3대 국회에서 제정된 민의원의원선거법과 참의원의원선거법[5]을 현행 선거법 체제의 기원으로 주목하는 이유는, 그 이전과 이후 선거법의 패러다임을 근본적으로 바꾸어 놓았고 이로부터 현행 선거법의 원리와 구조가 형성되었기 때문이다.

송석윤(2005)에 의하면, 당시 제정된 민의원의원선거법은 1925년 제정되고 1934년 개정된 일본 보통선거법[6]을 그대로 모방해 한국 선거법 체계에 들여온 최초의 계기였으며, 선거운동의 기간 제한, 선거운동을 할 수 있

직선거법이 선거에 관한 기본법이라면 연방선거법은 독일의 선거 기본법에 해당한다. 독일 연방선거법의 체계는 이 장의 〈부록 3〉 참조.

[5] 이하에서는 민의원의원선거법으로 한다. 두 법안은 원리에서 동일하며 의석수, 선거구 등에서만 차이를 갖기 때문이다.

[6] 정식 명칭은 일본 중의원선거법이나 통상 '보통선거법'이라고 명명하며, 이 글에서도 '보통선거법'이라 한다.

는 사람의 인적 제한, 선거운동 방식의 제한, 기탁금을 통한 정당 경쟁의 제한 등이 핵심 내용이었다. 실제로 1958년 선거법 제정 당시에도 같은 법안이 일본 선거법을 모방했다는 논의가 공공연하게 있었다.

> 저가 신문지상을 통해서 …… 일본의 공직선거법을 그대로 박혀 온[베껴 온] 것이 이 선거법안이라고 들었는데……(제3대 국회 제26차 본회의 회의록 77쪽, 1957/12/31).[7]

또한 민의원의원선거법이 공포된 직후 당시 진보당 간사장을 역임하고 있었던 윤길중의 발표에서도, 제정 법조항이 군국주의하의 일본 선거법에 있었던 조항임을 지적하는 내용이 발견된다(윤길중 1958, 13; 송석윤 2005, 46 재인용).

그렇다면 제3대 국회는 왜 그 시점에서 군국주의 일본의 선거법을 모방하면서까지 과거와 다른 선거법 체제를 필요로 했던 것일까? 제헌국회 국회의원 선거는 1947년 3월 17일 미군정법령 제175호로 제정된 국회의원선거법에 따라 실시되었고, 제헌국회는 개원 후 이 틀을 유지한 채 1948년 12월 23일 일부를 개정했다. 이때 선거법은 총칙, 선거구역과 의원 수, 선거인명부, 선거위원회, 의원 후보자와 선거운동, 선거 방법과 당선인, 국회의원의 임기와 보궐선거, 선거에 관한 쟁송, 벌칙의 총 9개 장과 55개 조로 구성되어, 선거의 실시와 관리를 위한 최소한의 규정만을 담고 있었다. 이후 제2대 국회의원 선거 직전인 1950년 4월 12일, 기존 선거법이 폐지되고 총 13장

---

[7] 당시 본회의 법안 심의에서 법안 통과에 반대 발언을 했던 민관식 의원의 진술이다. 민관식 의원은 무소속으로 제3대 국회의원과 제4대 민의원을 역임했으며, 제5대 민의원을 거쳐 3공화국에서 제6대 민주공화당 소속 국회의원, 4공화국에서 제10대 민주공화당 국회의원을 역임했다.

119개 조의 새 선거법이 제정되었다. 새 선거법은 공무원, 관변 단체의 선거운동을 금지하는 등의 부분적 제한 규정을 새롭게 추가했지만, 기본적으로 1948년 선거법의 체계화를 목적으로 한 것이었다.

미국과 UN한국위원회의 적극적 개입으로 성안된 제헌국회 선거법은, 한편으로 반공 블럭의 구축에 용이한 단순 다수대표제 등을 채택했지만, 다른 한편으로 평등하고 민주적인 선거의 제도화라는 분명한 목표를 가졌다(박찬표 1995). 1958년 이전 한국의 선거법 체계는 선거공영제나 정치자금 규제 수준 등에 있어서는 차이를 갖지만, 오늘날 미국, 영국, 프랑스, 독일, 스웨덴 등의 선거법 체계와 큰 차이를 갖지 않는 기본 구조를 가졌다.

그런데 1950년대 어느 시점, 전혀 다른 일본의 선거법 체제를 빌려와야 할 이유가 발생했던 것이다. 더 흥미로운 점은, 그 시기에 관한 문제다. 당시 선거법 개정은 1957년 5월 22일 야당 측이 제출한 선거법안과 그해 9월 24일 여당 측이 제출한 선거법안이 '국회의원선거법안 여야 협상 위원회'를 통해 협상되는 모양새로 이루어졌다. 그런데 정부와 여당이 일본식 모델의 선거법 체제의 도입을 시도했던 것은 이때가 처음이 아니었으며, 꽤 오랜 시간 국회가 그 안을 통과시켜 주지 않아 입법화되지 못한 전사前史가 있었다. 그러다 1957년 12월 31일 전격적으로 여야 협상안이 국회 본회의에 제출된 것이다. 그 내막에 대해 살펴보자.

두 번의 개헌과 다섯 번의 선거법 제·개정 시도

사건의 발단은 1952년에 단행된 소위 '발췌 개헌'이었다. 대통령 직선제와 연임 제한을 풀기 위해 폭력적인 개헌을 단행하면서, 당시 야당이 제출했던 내각제 개헌안 내용 가운데 양원제 안을 골라서 받아들인 것이 '발췌 개헌'

표 8-2 | 1952~58년 선거법 개정안의 제출과 처리

	일자	제출자	법안명	처리
2대 국회	1952/10/24	정부	선거법안	미상정, 철회(1953/04/17)
	1953/04/08	정부	국회의원선거법 개정법률안	미상정, 철회(1953/04/17)
	1953/04/22	정부	참의원의원선거법안	본회의 수정 가결(1953/10/17) 정부, 재의 요구(1953/12/18) 본회의, 폐기(1953/12/24)
	1954/03/15	내무위원장 법사위원장	국회의원선거법 개정법률안	본회의, 폐기(1953/03/26)
3대 국회	1955/04/22	정부	국회의원선거법안	본회의, 폐기(1957/05/03)
	1957/05/22	신태권 외 54인(야)	국회의원선거법안	대안 반영 폐기(1958/01/01)
	1957/09/24	곽의영 외 84인(여)	국회의원선거법안	대안 반영 폐기(1958/01/01)
	1957/12/31	내무위원장 법사위원장	민의원의원선거법안 참의원의원선거법안	본회의, 통과(1958/01/01)

자료: 국회 의안정보 시스템(검색일: 2012/11/30)

의 주 내용이다. 정당성이 없는 개헌에 이은 직접선거로 재집권한 이승만 대통령은, 양원제에 맞는 선거법 개정의 필요성을 들어 국회의원선거법 개편에 나섰다. 이승만 정부는 2대 국회와 3대 국회에 걸쳐 총 4회에 걸친 선거법 개정안을 제출했고, 정부 측 안을 반영한 내무위원장·법사위원장 공동으로 한 차례 위원회안을 제출했다. 하지만 모두 입법에는 실패했다.

발췌 개헌을 단행하고 2대 대통령 직접선거를 실시했던 당해 10월 24일, 정부는 2대 국회에 새로운 선거법안 제정안을 제출했지만, 본회의에 상정조차 되지 못한 채 방치되었다가 이듬해 4월 17일 정부 스스로 철회했다. 당시만 해도 의안 심의는 위원회 중심제가 아니라 본회의 독회제로 운영되었으므로, 본회의에 상정이 되어야 제1독회가 진행될 수 있었다. 다음해 4월 8일, 정부는 기존 국회의원선거법을 개정해서 민의원·참의원의 양원제

의원선거법을 만들려고 시도했지만 역시 상정조차 되지 못했다. 기존 선거법 개정안을 철회한 지 일주일 만인 4월 22일, 정부는 다시 참의원의원선거법안만 별도로 제출했다. 이 안은 10월 17일 본회의에서 안이 수정된 채 가결되었고, 이를 송부 받은 정부는 국회의 재의를 요구했는데, 이는 가결된 수정안이 원래 제출된 정부안을 너무 큰 폭으로 수정했기 때문으로 보인다. 2대 국회는 이를 재의하고 폐기해 버렸다. 2대 국회 임기 만료 직전인 1954년 3월 15일, 내무위원장과 법제사법위원장 공동 명의로 기존 선거법 개정안이 다시 제출되었지만, 역시 3월 26일 본회의에서 폐기되었다.

2대 국회는 1950년 5·30 선거로 구성되었고, 당선자는 무소속이 압도적으로 많았다. 총 210명의 정원 가운데 126명이 무소속이었고, 정당으로는 신익희가 위원장으로 있던 민주국민당이 24석, 윤치영이 당수였던 대한국민당이 24석, 대통령 이승만이 총재로 있었던 대한독립촉성국민회가 14석을 차지했다. 정부가 제출했던 선거법 제·개정안이 번번이 상정조차 되지 못하거나 폐기된 이유는 이런 국회 구성에서 찾을 수 있다.

그렇다면 이승만 대통령은 번번이 실패하면서도 왜 그렇게 선거법 제·개정을 시도해야 했을까? 한편으로 1952년 '발췌 개헌'에 명시된 양원제 선거를 시행할 근거를 마련하는 것이 시급했을 것이다. 하지만 2대 국회는 임시 수도에서 경찰과 병력을 동원해 단행된 개헌의 정당성을 뒷받침해야 할 이유가 없었다. 다른 한편으로는, 정부가 제출했던 선거법 개정안 내용에서 제·개정 시도의 이유를 찾아볼 수 있다. 1952년, 개헌 후 처음 제출된 선거법안에는 이전 선거법에는 없었던 선거운동 기간 제한 규정이 최초로 등장한다.

1952년 8월 5일, 대한민국 최초의 대통령·부통령 직접선거가 실시되었고, 선거법 제정안은 그 이후 두 달여가 지나고 나서 제출된 것이다. 이 선

표 8-3 | 1952년 10월 24일, 정부 제출 선거법안(의안번호 020279) 제44조 내용

제1항	선거운동은 다음 기간 중이 아니면 할 수 없도록 함
제2항	대통령·부통령·참의원 의원은 등록을 완료한 날로부터 선거일 전일까지로 함
제3항	민의원의원과 특별시·도의회 의원은 선거일 31일 전부터 선거일 전일까지로 함
제4항	시·읍·면의회 의원은 선거일 21일 전부터 선거일 전일까지로 함.

자료: 국회 의안정보 시스템(검색일: 2012/12/02)

거에서 이승만은 조봉암, 이시영 등과 경쟁했고 74.6퍼센트의 득표율로 당선된 것으로 기록되어 있다. 문제는 부통령이었다. 1951년 12월, 이승만 대통령은 집권당으로 자유당을 창당했고 자유당은 부통령 후보로 이범석을 지명했다. 하지만 이범석의 당내 기반 확장을 우려한 이승만은 함태영 후보의 출마를 권유했고, 결과적으로 함태영 후보가 당선되었다. 하지만 경찰 등 정부 조직을 동원해 이범석의 선거운동을 방해했음에도 이범석은 민족청년당 조직 등을 독자적으로 동원해 25.5퍼센트의 득표를 하게 된다(안희수 1995, 59). 이런 결과는 이승만에게 직접선거제 도입 이후 선거 경쟁을 통제할 제도적 장치의 시급함을 느끼게 했을 것으로 추정된다.

1953년 두 번째 제출된 국회의원선거법 개정안에는 보다 강력한 선거운동 규제 방안이 담겨 있었다. 법안 요지에 따르면, "종래 무제한으로 선거운동을 인정한 까닭에 여러 가지 폐단이 발생한 데 대해, 선거운동 기간의 인정, 선거운동원의 제한, 기타 운동 방법 등을 합리화해 선거운동을 정화"(법안 제37조)하겠다는 의지를 밝히고 있다(국회 의안정보 시스템, 의안번호 020327 제안 이유 및 주요 내용). 이 내용은 기간 제한, 인적 제한, 운동 방식 제한을 포괄적으로 적용하겠다는 것으로, 1958년 통과된 선거법의 원형을 보여 준다. 1954년 3월 15일 제출된 내무위원장·법제사법위원장이 공동 제출한 선거법 개정안 제42조는 "의원후보자 선거사무장 또는 선거운동원이 아니면 선

거운동을 할 수 없으며 이 법에 규정된 이외의 방법으로는 선거운동을 할 수 없다"고 명시되어, 선거운동 방식에 대한 제한이 개별화되는 것이 아니라 포괄적인 수준에서 제한되는 방향으로 나아갔다. 다행히 이런 방식의 선거운동 제한은 1958년 선거법에는 포함되지 않았지만, 1963년 국가재건최고회의가 제정한 선거법에는 문구 그대로 반영되었다. 그리고 이 조항은 1994년, 공직선거및선거부정방지법이 제정될 때까지 지속되었다.

2대 국회에 정부 및 여당 측에서 제출한 선거법 제·개정안들은, 이미 이 시기 이승만 정부와 그의 자유당이 1958년 도입된 민의원의원선거법의 기본 방향을 설정하고 있었다는 사실을 보여 준다. 그리고 선거 경쟁을 제한하고자 했던 시도를 좌절시킨 것은 2대 국회에 포진했던 다수의 무소속 의원들이었다.

1954년 3대 국회의원 선거에서 집권 자유당은 총의석의 과반이 넘는 114석을 얻었다. 하지만 1955년 4월 22일 훨씬 더 정교화되고 강화된 형태로 제출된 정부의 선거법 제정안은 국회를 통과하지 못했다. 1954년 11월, 3선 연임을 위한 '사사오입 개헌'이 단행되었고 그 여파로 자유당이 분열되었기 때문이다. 자유당 이탈파는 원내에 만들어진 '호헌동지회'에 결합했고, 1955년 4월 3대 국회에서 자유당은 과반의 의석을 차지하지 못했다.

한편, 1955년 선거법 제정안은 기존 안에서 한 단계 더 나아간 정교함을 보였다. 선거운동의 인적 제한과 기간, 방식 제한에 더불어 선거운동원의 총수까지도 규제한 것이다. 제정안 제45조에는 "민의원선거에 있어서는 선거구 인구 2,500명당 선거운동원 1명, 참의원선거에서는 인구 12,000명당 1명씩 둘 수 있도록 하되 50명을 초과할 수 없"다는 규정이 새롭게 등장했다(국회 의안정보 시스템, 의안번호 030075 제안 이유 및 주요 내용). 선거 경쟁을 제한하기 위한 이승만, 집권당, 정부의 제도 설계는 점점 더 강도를 높여 갔지만,

이때까지만 해도 3대 국회는 이에 대한 입법을 좌절시키면서 기존 선거법의 원리를 고수할 수 있었다. 결정적 변화는 그 후에 일어났다.

진보당의 위협과 민주당의 선택

1956년 3대 대통령 선거에서 이승만 대 조봉암의 대결 구도가 만들어진 것은, 알려진 바와 같이 우연적 요소가 컸다. 하지만 1955년 9월 창당된 민주당에게 이 사건은 자신의 정체성을 자각시키면서 동시에 한국 정당 체제의 원형을 주조하게 만드는 계기가 되었다. 이 선거에서 민주당이 사실상 야권 단일 후보가 된 조봉암을 지지하지 않았을 뿐 아니라, 조병옥·김준연 등 핵심 인물들이 공공연하게 반反조봉암, 반反진보당 노선을 취했다는 것은 널리 알려진 바다(한배호 2000, 378). 민주당의 창당 과정에서 조봉암의 합류를 둘러싼 논쟁과 조병옥 등 반대파의 격렬한 반응에서부터 1958년의 사태는 예견되었을지 모른다.

　선거 후 진보당은 창당 준비를 지속했고 1956년 11월 10일 창당 대회를 가졌다. 하지만 이때까지만 해도 진보당은 내분과 이탈로 어려움을 겪고 있었고, 민주당의 입장에서 진보당이 얼마나 위협적인 존재가 될 수 있을지는 모호한 면이 있었던 것으로 보인다. 이런 유추의 근거는, 자유당과 민주당의 선거법 협상 개시가 1957년 9월에 가서야 시작되었다는 데 있다. 1957년 5월 22일, 야권은 신태권 외 54인 명의로 국회의원선거법안을 제출했는데, 그 내용은 2~3대 국회에서 이승만과 자유당이 제출해 왔던 내용과는 거리가 먼 것이었다. 그런데 1957년 9월을 기점으로 민주당은 정부와 여당에 대해 전향적인 태도를 취하게 된다.

　1957년 12월 31일 본회의에서 여야 협상안을 설명했던 내무위원회 위원장 하을춘에 따르면, 양당은 9월 초순부터 협상을 위해 수차례 회담을 가졌고, 9월 15일경에 이르러 상호 협의 아래 양당의 안을 절충해 단일안을 작성하도록 노력하자고 합의한 후, 자유당 의원 5명, 민주당 의원 5명으로 국회의원 선거법 여·야 협상위원회를 결성하게 된다(제3대 국회 제26차 본회의 회의록 70쪽, 1957/12/31). 자유당은 9월 24일에야 곽의영 외 84인 명의로 선거법 제정안을 국회에 제출했는데, 이는 이미 시작된 야당과의 협상을 염두에 둔 안으로 보인다. 양당의 협상은 11월 9일에 완료되었고, 전문 14장 180개 조 부칙 5조로 구성된 안을 단일안으로 성안해 12월 31일, 본회의에 곧바로 제출했다.

왜 9월 초에 민주당은 여당의 협상 제안을 받아들였을까? 혹은 스스로 협상에 나섰던 것일까? 12월 31일 본회의에서 발언했던 무소속 민관식 의원의 진술 속에는, '시흥의 3거두 회담'에 대한 언급이 있다.

> 이 협상이 시작될 무렵에 저도 시흥의 3거두 회담에 심부름꾼의 한사람으로서 참석했던 한 사람입니다. 그 당시에 우리의 의장으로 계신 이기붕 의장, 민주당의 대표 최고위원으로 계신 조병옥 의원, 그리고 국민주권수호투쟁위원회 위원장 장택상 의원 세 분이 우리는 앞으로 선거법을 협상하기 위해서 상호간 호의의 정신을 발휘하고 실용의 정신을 발휘해서 선거법을 협상하고 또한 따라서는 우리 잔여 임기나마 국리민복을 위해서 충실해 보겠다고 하는 것을 공동 성명서를 통해서 나갔던 것입니다. 그 공동 성명서를 작성한 사람이 바로 본인이었습니다(제3대 국회 제26차 본회의 회의록 72쪽, 1957/12/31).

당시 진보당의 핵심 간부였던 박기출의 진술에 의하면, 이 만남에서 세 사람은 선거법의 국회 처리에 대해 협조하기로 했고 "진보당에 대해서 어떤 조치를 강구할 필요가 있으며, 최소한 1958년 선거에는 참가하지 못하게 해야 한다"는 합의가 있었다고 한다(박기출 1971, 174; 송석윤 2005, 48 재인용). 당시 진보당에 대해 '어떤 조치'가 필요했던 것은, 1957년 8월의 사건이 주요한 배경이었던 것으로 추정된다. 1956년 3대 대선 이전 진보당 창당 준비를 함께 했던 서상일, 장건상, 김성숙 등은 대선 이후 내분으로 결별했고, 별도로 민주혁신당 창당준비위원회를 추진하고 있었다. 그런데 장건상과 김성숙 등 혁신계 원로 8명이 8월, 진보당에 다시 합류하게 되면서 진보당이 제3세력의 대표적 지위를 갖게 되었던 것이다. 1958년 5월로 예정된 4대 국회의원 선거에서 진보당의 등장은, 이승만 정부와 자유당뿐만 아니라 민주당에게도 위협이 될 수 있었다. 이런 조건에서 민주당은 이승만과의 타협을 선택했고, 그 결과가 1958년 1월 1일 여당안이 고스란히 반영된 선거법 통과와 2월 '진보당 사건'의 발발이었다.

보수 양당 체제 형성과 1958년 선거법

1957년 5월에 제출된 야권의 선거법안과 9월에 제출된 여당의 선거법안, 그리고 최종 통과된 선거법을 비교해 보면, 선거법의 기본 원리와 구성에서 9월 여당안이 상당 부분 그대로 반영되어 있음을 알 수 있다. 그렇다면 민주당은 이 협상 과정에서 무엇을 얻었던 것일까?

최종안은 광범위한 정치 활동 규제 조치와 함께 기탁금제의 도입과 선거공영제의 명문화를 담고 있었다. 사전 선거운동 금지를 통한 정치 활동 기간 제한과 기탁금제는 신규 정치인 및 제3세력의 원내 진입을 가로막는 강력한 진입 장벽의 기능을 한다. 사전 선거운동 금지는 일상적으로 유권자를 만날 수 있는 원내 정당과 의원이 아닌 원외 세력의 정치 활동 기회를 차단해 주며, 기탁금제는 자력으로 재원이 있거나 정당의 재정적 후원을 받지 못하는 신규 정치인의 진입을 차단해 주는 효과를 갖는다. 또한 선거공영제는 제도 설계에 참여한 원내교섭단체들에게 기득 이익을 보장해 주는 장치다. 1957년 12월 31일 본회의에서, 법안 통과에 적극적 반대 의사를 표명했던 자유당 소속 박영종 의원[8]의 진술에는, 민주당이 이 협상에 응함으로써 얻은 이익이 무엇이었는지를 유추할 수 있게 하는 대목이 있다.

> 현행 법으로 충분함에도 불구하고 그것을 개정하려고 하는 그 목적은 어디에 있는가?……
> 공정히 선거한다는 것은 이 의사당 안에 있는 사람이나 의사당 밖에 있는 사람이나 어린 사람이나 늙은 사람이나 할 것 없이 그 선거법에서 허용하는 사람이면 누구든지 25세 이상의 입후보자일 것 같으면 25세 이상의 적극적인 입후보자에게는 공정한 고려가 여기에서 충분히 있어야만 그것이 공정한 것입니다. 함에도 불구하고 이 자리에서 벌써 다수당 소수당 야당 그 분들의 선거에 이익만을 위해 가지고 지금 기타의 선거에 입후보자들이 볼 때……선거법을 너희들 사익 사사 이익을 위해 가지고 만들려고 한다 만들었다 이렇게 지탄할 때 우리는 무엇이라고 그에 대해서 해명을 해야 하겠습니까?(제3대 국회 제26차 본회의 회의록 84-85쪽, 1957/12/31)

---

8 제3대 국회의원이었고 재선에 성공하지 못했던 박영종은 1957년 12월 31일 회기 종료 시간까지 반대 발언을 지속해 회기 연장 결정을 이끌어 냈고, 새벽까지 반대 발언을 하다가 1958년 1월 1일 오후 6시 속개된 본회의에서도 연장 발언을 계속해서 전형적인 필리버스터의 모습을 보여 주었다. 하지만 야당 측 의원들이 거의 참석하지 않은 채 정족수를 채우기 위해 앉아 있던 여당 측 의원들에 의해 반대 발언이 제지당했고, 표결 결과 반대표는 단 두 표였다(이는 앞서 인용한 무소속 민관식 의원과 박영종의 표였던 것으로 보인다).

위 진술은 두 정당의 담합으로 만들어진 1958년 선거법 체제가 무엇을 목적으로 했는지를 정확히 짚고 있다. 사법부에 의해 진보당이 축출되고 새 선거법으로 높은 진입 장벽이 세워진 채 시행된 4대 국회의원 선거는 기대했던 효과를 낳았다. 233석의 의석에 입후보한 사람은 841명으로, 203석의 의석에 1,207명이 입후보했던 3대 총선에 비해 경쟁률은 크게 떨어졌다. 무소속은 67명에서 26명으로 줄어들었으며, 민주당은 79석을 얻어 126석을 얻은 자유당에 이어 명실상부한 제1야당이 될 수 있었다. 3대 총선에서 24석을 얻었던 민주국민당의 성적과 비교하면 괄목할 만한 성장이었다.

민주당의 입장에서 더 큰 성과는, 4대 총선에서 얻은 혜택을 안정적인 제도로 보장받았다는 것이다. 4대 총선만이 아니라 이후에도 정당 체제 외부로부터의 경쟁 압력을 제한해 주는 다양한 진입 장벽은 계속 온존될 것이었다. 민주당에게 이것은 자유당과의 정당 체제 내부 경쟁을 일정 부분 포기하고서라도 얻어야 할 만큼 큰 이권이었음에 틀림없다. 당시 무소속 민관식 의원은 민주당의 선택에 대해 다음과 같이 평가했다.

> 후보자나 선거사무장은 당해 선거구의 인구 매 1,500명에 대해 한 명의 선거운동원을 선임할 수 있다. 이점에 대해서 법안을 만드신 분들이 어떠한 취지로서 이런 제안을 하셨는지 모르지만 특히 야당 대표로 나가신 분의 입법 취지는 저는 찬동할 수 없다고 생각이 됩니다. …… 야당 인사의 운동원이 그야말로 모든 것이 자유스럽지 못하다는 것을 대체로 야당 의원 스스로가 잘 알 것입니다. 이런 때에 있어서 운동원을 1,500명에 하나라고 제한을 한다는 것은 우리 스스로가 운동의 자유를 구속당하고 동시에 득표 공작에 막대한 지장을 초래하는 결과를 가져올 수 있는 것을 명약관화한 사실이라고 보는데 어찌해서 이런 것이 성립되었는지……(제3대 국회 제26차 본회의 회의록 76쪽, 1957/12/31).

그의 평가는 한편으로 권위주의 체제에서 야당의 처지를 명확히 짚고 있지만, 다른 한편으로 민주당의 다른 선택을 설명해 주지 못한다. 민주당은 자유당과의 경쟁적 대중 동원을 통한 집권 전략이 아니라, 경쟁 제한 체제를 제도화함으로써 정당 체제 내 자신의 지위를 지키는 전략을 선택을 했던 것이다. 권위주의하에서 한국의 야당들은 가끔씩 경쟁적 대중 동원에 나서는 모습을 보여 주기도 했지만, 대개 1957년 민주당의 선택을 잊지 않았다. 그리고 그 전통은 민주화 이후에도 깊은 뿌리를 내렸다.

4. 민주화: 경쟁 제한적 선거법 원리의 존속

민주화 이후 13대 국회는 1988년 국회의원선거법을 전문 개정했다. 선거법은 이전 13개 장 187개 조에서 14장 193개 조로 늘어났다. 하지만 당시 선거법 개정 작업은 민주화로 인한 변화, 즉 당선인 결정 방식, 선거구, 선거 관리 체제 등의 변동을 반영해 정비하는 작업이 주된 목적이었기 때문에 정당 경쟁이나 정당-유권자 관계를 직접 규제하는 조항들은 이전 체제를 그대로 답습하고 있었다. 민주화 이후 본격적인 선거법의 정비는 1994년 공직선거및선거부정방지법의 제정 때 이루어졌다.

1994년 선거법은 그 명칭부터 상징적이다. 당시 선거법은 "선거 부정 방지"를 주요한 목적으로 끌어들였다. 1994년 선거법의 제정은 1993년 11월 15일 제출된 민주자유당의 선거법안과 11월 25일 제출된 민주당의 선거법안을 조정해 위원장 대안으로 성안하는 방식으로 진행되었다. 민주당과 민주자유당의 선거법안 제안문의 첫 문장은 이렇게 시작된다.

정치 개혁은 선거 개혁에서 시작된다. 지금까지와 같이 돈으로 표를 사는 금품 선거가 계속될 경우, 선거에 필요한 엄청난 돈 때문에 정치권의 부정과 비리를 막을 길이 없으며……(조세형 외 7명 외 89명, 공직선거법안 의안번호 140540, 1쪽)

선거법이 철저히 지켜지고 돈으로 표를 사려는 풍조를 일소해 금권의 선거 지배를 배제하는 한편 선거공영제를 확대해……이제까지 한국 정치의 환부로 지적되던 선거에서의 "과열과 타락" "금권 지배" "불법과 위법의 횡행"……을 과감히 시정하기 위해……(신상식 외 22명 외 150명, 공직자선거및선거부정방지법안 의안번호 140521, 1쪽)

금권 선거로 인한 정치 부패를 막는 장치를 마련하는 것이 당시 선거법 제정의 주된 목표였음을 알 수 있다. 여야가 모두 공유하고 있던 금권 선거 방지에 대한 강한 목적의식은 수십 년 동안 변화가 없던 선거법 총칙 제1조마저 변경시켰다. 선거법의 목적을 규정한 제1조에 "선거와 관련한 부정을 방지함으로써"라는 구절이 새롭게 삽입된 것이다.

물론 민주화 이후 정치권력과 재계의 오래된 유착 관계는 시급히 청산해야 할 문제였다. 하지만 그 방법에는 정당정치와 정당 체제를 더 경쟁적이고 개방적으로 만들어 유권자들에게 노출시킴으로써 투명성을 확보하는 방안과, 경쟁을 제한하고 정당정치의 공간을 축소함으로써 금권의 유인을 최소화하는 방안이 있을 수 있었다. 그런데 14대 국회는 후자를 선택했다.

14대 국회는 149석으로 출발해 과반을 넘긴 민주자유당과 97석을 차지한 민주당의 양당 체제였다. 당시 민주당은 1992년 대통령 선거에서의 패배로 DJ가 사라진 정당이었고, 호남 외에 독자적인 유권자 기반을 갖지도 못하고 있었다. 대통령이 될 수 있는 유력 정치인은 부재하고 지지 기반마저 약한 제1야당의 입장에서 쉬운 길은 과거의 체제를 깨뜨리는 것보다는 후자의 선택이었을 것이다. 제1야당으로서 최대한 보호를 받되 집권당과의 경쟁을 보다 용이하게 만들기 위한 선택은, 정당 체제 내 경쟁의 구조를 더 제한적으로 만들어 집권당이 그들이 가진 상대적으로 풍부한 자원을 활용하지 못하게 만드는 것이었다.

당시 민주당의 선택을 상징적으로 보여 주는 것이 제93조 제1항의 개정을 둘러싼 태도였다. 현행 공직선거법 93조는 "탈법 방법에 의한 문서·도화의 배부·게시 등 금지"라는 명칭을 갖고 있다. 이 조항은 1958년 선거법 제정 당시에 도입된 것으로, 역시 1934년 일본 중의원선거법에 그 기원을 두고 있다.[9] 당시 규제의 내용은 선거운동 기간 동안 선거법이 허용하는 방식 이외의 문서나 도화를 배부하거나 게시하지 못하게 하는 것이었다.

> 누구든지 선거일 전 180일부터 선거일까지 선거에 영향을 미치게 하기 위해 이 법의 규정에 의하지 아니하고는 정당 또는 후보자를 지지·추천하거나 반대하는 내용이 포함되어 있거나 정당의 명칭 또는 후보자의 성명을 나타내는 광고, 인사장, 벽보, 사진, 문서·도화 인쇄물이나 녹음·녹화 테이프 그 밖에 이와 유사한 것을 배부·첩부·살포·상영 또는 게시할 수 없다(현행 공직선거법 제93조 제1항).

그런데 1994년 선거법 제정 과정에서는 선거운동 기간 이전 시기까지를 포괄해 제한하는 안이 추가됨으로써, 조항의 성격 자체가 바뀌게 된다.

---

[9] 이 조항은 현재 일본 선거법에도 그대로 존속한다. 일본은 1934년 선거법에 명시된 선거운동 기간 제한, 인적 제한, 선거운동 방식 제한 조치들 가운데, 인적 제한 조치를 1945년에 폐지했다. 하지만 기간 제한이나 선거운동 방식 제한은 오늘날 우리 선거법과 유사하게 존속시키고 있다.

선거운동 기간 동안 선거운동 방식을 제약하는 규제에서 선거운동 이전 시기 정치 활동을 제한하는 규제로 변형된 것이다. 시기가 확장됨으로써 이 조항은 선거운동 기간 외에 포괄적으로 선거운동을 금지하고 있는 선거법 체제의 틀과 충돌하게 되었고, 이후 이중 규제 혹은 과잉 규제의 문제로 사법부의 판단을 묻는 일이 빈발했다. 선거운동 기간 전에는 포괄적으로 선거운동에 해당하는 행위를 하지 못하게 되어 있는데, 거기에 더해 특정 방식의 정치 활동을 금지하는 조항이 추가된 꼴이었기 때문이다.

이렇게 된 데에는 이 조항이 갖는 특수성이 있다. 이 조항에 열거되어 있거나 "그 밖에 이와 유사한 것"으로 포괄되는 대상에는, 현존하거나 미래에 등장할 수 있는 모든 매체들이 포함될 수 있다. 더 정확히는 규제 기관에서 그 함의를 무한히 확장해 자의적으로 규제할 수 있는 근거를 제공하는 것이다.

당시 민자당은 선거기간 120일 전부터 이 조항을 적용해 규제하자는 입장이었던 반면, 민주당은 선거기간 1년 전부터 이를 규제하자고 제안했고, 양당의 절충안으로 180일 규정이 도입되어 현재에 이르고 있다. 민주당이 더 완강한 규제 입장에 섰던 것은, 자금과 조직, 정보 등 모든 자원이 상대적으로 부족했던 조건에서 다양한 "문서 및 도화 등"은 위협적인 정치 활동 방식으로 인식되었고 상대방의 자원 활용을 더 강하게 제약하는 전략을 선택한 결과로 이해할 수 있을 것 같다.

물론 1994년 선거법이 과거의 모든 규제를 그대로 온존시킨 것은 아니다. "이 법에서 허용하는 것을 제외한 모든 선거운동 방식을 금지"하던 포괄적 규제 조항은 사라진 대신, 각각의 선거운동 방식별로 허용되거나 금지되는 내용이 별도로 명시되는 체제로 바뀌었다. 또 "누구든지 자유롭게 선거운동을 할 수 있다"는 문구가 삽입되었지만 "이 법 또는 다른 법률의 규정에 의해 금지 또는 제한되는 경우에는 그러하지 아니하다"는 부대조건이 붙었다. 규제 강도가 높을지라도 단순했던 것이 과거의 선거법 체제라면, 현행 선거법은 조항별로 할 수 있는 정치 활동과 그렇지 않은 활동, 각각의 활동별로 할 수 있는 사람과 그렇지 않은 사람을 구분해야 하는 복잡한 체제로 점차 변모해 온 것이다.

1994년 선거법 제정 이후 지금까지 한국의 선거법 변천 과정은, 더 파편화되고 복잡한 구조로의 개정을 반복한 것으로 정리할 수 있다. 예컨대 예비 후보자는 예비 후보자 등록 이후 사전 선거운동 금지규정의 적용을 받지 않지만, 할 수 있는 선거운동이라곤 사무실 내고 명함 돌리는 것뿐이다. 문자 메시지와 SNS를 활용한 선거운동은 선거운동 기간 전에도 할 수 있지만 후보자와 예비 후보자가 컴퓨터를 이용할 경우 횟수는 5회로 제한된다. 대상과 활동 방식, 가능한 사람이 모두 파편화되어 있어 3백 개가 넘는 조항을 일일이 숙지한 사람이 아니라면 선거법 위반을 피해 가기 어려운 선거법 체제는, 정당과 유권자의 자유로운 정치 활동과 경쟁을 위축시키고 있다. 선거가 있건 없건 정당과 정치인, 유권자가 항상 선거관리위원회에 유권해석을 의뢰해야만 정치 활동을 할 수 있고, 기존 유권해석을 찾거나 새로운 것을 의뢰할 열정이 없다면 차라리 정치에서 철수하는 것이 더 나은 체제가, 2012년 선거법이 만든 현실이다.

5. 다른 정당정치를 위한 선거법 개편의 방향

민주화 이전의 정당과 유권자는, 권위주의 정치권력의 위협으로부터 자신을 보호하기 위해 정치 활동을 자제하는 것이 합리적인 선택일 수 있었다. 권위주의 체제 어느 때쯤부터 야당은 여당과 적극적으로 경쟁해 유권자의 지지를 이끌어 냄으로써 집권에 성공하는 것보다, 사전 선거운동 금지와 기탁금제, 선거공영제가 만들어 주는 불안한 보호를 받아들이는 것이 더 유리하다고 판단했을 수 있다.

하지만 민주화 이후 우리 사회는 두 차례 정권 교체를 경험했고 다섯 번의 총선을 거쳤다. 그동안 우리 정치의 정당 경쟁과 정당-유권자 관계에 분명 무언가 문제가 있음을 인식할 기회는 충분했다. 정당 경쟁을 구조적으로 위협했던 권위주의 정권은 사라졌음에도 불구하고, 정당들은 여전히 다음 선거에서의 생존이 불투명하고 불안정하다. 과반이 넘는 유권자들은 아직도 지지할 만한 정당을 찾지 못하고 있고, 평범한 생활인들은 말할 것도 없고 소위 말하는 전문가나 연예인들조차 정치적 의사 표현이나 정치 활동에 따르는 물질적·심리적 부담으로부터 여전히 자유롭지 못하다. 평범한 사람들은 자신의 정치적 행위가 불법과 합법의 경계 어디쯤에 있는지를 끊임없이 불안해하며 누군가에게 물어봐야 하며, 합법과 불법에 구애받지 않고 당당하게 정치 활동을 할 수 있는 사람들은 그들만의 세계에 있는 느낌을 준다.

물론 법 조항을 몇 개 바꾼다고 해서 정치의 세계가 갑자기 변화하지는 않을 것이다. 유권자들로부터 멀리 떨어져 있는 정당들이 갑자기 가까워지지는 않을 것이고, 정치에 관심이 없는 유권자들이 무리 지어 적극적인 정치 활동에 나서지도 않을 것이다. 여전히 정당들은 정당 체제 외부와 내부를 가르고, 정당 체제 안에서는 서로를 가르며 진입 장벽을 쌓고 그 안에서 이점을 누리려 할 것이다. 유권자들을 정치의 공간으로 초대하는 데 무능력한 정당들의 능력이 갑자기 확장되기를 기대할 수도 없다.

하지만 최소한 정당과 유권자가 "당선되거나 되게 하거나 되지 않게 하는 행위"의 의미를 몰라 불안해하며 서로에게 접근하지 못하는 현재와 같은 제도적 환경은 바뀌어야 한다. 선거기간과 아닌 기간을 갈라서 할 수 있는 정치 활동과 할 수 없는 정치 활동을 구획하지 않고, 선거운동이 일상 정치 활동의 자연스러운 연장이 될 수 있게 해야 한다. 정당과 유권자의 관계를 규율하는 법과 제도는 가능한 한 단순해져야 한다. 특히 정치 관련 법령은 고등학교 정도의 학력이라면 읽고 충분히 의미를 이해할 수 있는 단순한 구조와 언어로 구성되어야 한다. 선거법에서 정당이 지켜야 할 것과 유권자가 지켜야 할 것은 구분되어야 한다. 현행 선거법처럼 주어도, 목적어도 모호한 기술은 규제 기관의 재량권만 넓혀 줄 뿐이다.

정당들은 선거법 58조와 59조가 사라지면, 대한민국 정치가 부패의 온상이 될 것 같은 불안감을 조성해서 이점을 취하려는 행태에서 벗어나야 한다. 마치 보통선거권의 확대 요구에 직면한 귀족들이 1인 1표제가 실현되면 영원히 권력에 접근할 수 없을 것 같은 불안감을 가졌던 것처럼, 너무 오랫동안 제한된 경쟁 체제에서 보호받으며 이점을 누리는 데 익숙해져 있는 한국 정당들도 유권자들이 자유롭게 정치로 들어오는 것을 두려워하는 것 같다. 정당 내 다수파들은 소수파가 고삐 풀린 유권자를 동원해 자신의 지위를 위협할 것이라며 불안해하고, 좀 더 나이든 의원들은 좀 더 젊은 의원들이 유권자를 동원해 자신의 재선을 위협할 것이라고 불안해한다. 이들 모두가 유권자를 아직 미숙하고 위험한 존재로 믿거나 믿게 함으로써 자신들의 기득권을 유지하려는 행태에서 벗어날 필요가 있다.

또한 정치자금을 점점 더 국가 곳간에 의지해 가는 행태는 재고되어야 한다. 적정 수준의 선거공영제는 필요하다. 하지만 유권자들에게 더 다가감으로써 유권자들로부터 직접 정치 비용을 조달하려는 노력은 아예 포기한 채, 점점 더 빈약해지는 정당의 곳간을 세금으로만 채우려는 쉬운 접근은 자제되어야 한다. 정치자금 모금과 지출 상한을 분명히 하고 공개하면서, 공직선거법상 정치 활동에 관한 각종 규제를 풀어 유권자들에게 점점 더 의지할 수 있도록 하는 방안을 찾아야 한다. 그 이름이 당비든 후원금이든 기부금이든 간에, 적정한 정치자금은 정당과 유권자를 이어 주는 가장 강력한 채널이 될 수 있기 때문이다.

무엇보다 스스로 실현 불가능하고 정당이 작동할 수 없는 규제들을 법으로 만들어, 결과적으로 정치에 대한 불신을 누적시키고 정당을 무력화시키는 자해적 행태는 중단되어야 한다. 정치를 정상화하기 위한 개혁이 아니라 개혁을 위한 개혁을 반복해 온 과정에서, 정작 개편되어야 할 제도들은 1950~60년대 수준으로 방치된 반면 인기 영합적인 단기 처방들은 정치의 공간을 점점 더 축소시켰다. 모든 정당의 지구당을 없애겠다거나, 특정한 후보 공천 방식을 법제화해서 모든 정당에 획일적으로 적용하겠다는 등의 발상은, 1958년 공직선거법 체제가 만들어 낸 폐해 가운데 하나로 보인다. 정당과 유권자, 정당과 정당, 정당 내부의 관계들까지도 모두 규제의 대상으로 포함하고, 허용되는 행위와 그렇지 않은 행위를 일괄적으로 규제하는 법제도의 전통은, 각자 정체성과 조건에 맞게 운용해야 할 문제들까지도 획일적이고 관료적인 규제로 해결하고자 하는 오래된 권위주의적 정치관을 재생산해 내고 있다.

지금과는 다른 정당정치의 모습이 무엇이 될지는 필자도 정확히 예측할 수 없다. 하지만 1958년 선거법 체제를 근본적으로 재고하고 단순화하며 정치에서 자유와 자율의 공간을 넓혀 나가는 것은, 다른 정당정치로 나아가는 중요한 첫 걸음이 될 수 있을 것이다.

부록 1 | 현행 공직선거법 체계와 구성(2012년 12월 19일 시행, 법률 11551호 기준)

	장의 이름	조항의 개수
제1장	총칙	22
제2장	선거권과 피선거권	5
제3장	선거 구역과 의원정수	13
제4장	선거 기간과 선거일	4
제5장	선거인명부	10
제6장	후보자	11
제7장	선거운동	65
제8장	선거비용	20
제9장	선거와 관련 있는 정당 활동 규제	8
제10장	투표	26
제11장	개표	15
제12장	당선인	8
제13장	재선거와 보궐선거	7
제14장	동시선거에 관한 특례	15
제15장	선거에 관한 쟁송	11
제16장	벌칙	33
제17장	보칙	19
	부칙	-
	합계(부칙 제외)	292

부록 2 | 공직선거법 제7장(선거운동)의 구성(2012년 12월 19일 시행, 법률 11551호 기준)

제58조 정의 등	제59조 선거운동 기간	제60조 선거운동을 할 수 없는 자
제60조의2 예비 후보자 등록	제60조의3 예비 후보자의 선거운동	제61조 선거운동 기구의 설치
제61조의2 정당 선거사무소의 설치	제62조 선거 사무 관계자의 선임	제63조 선거운동 기구 및 선거사무 관계자의 신고
제64조 선거 벽보	제65조 선거공보	제66조 선거공약서
제67조 현수막	제68조 어깨띠 등 소품	제69조 신문광고
제70조 방송 광고	제71조 후보자 등의 방송 연설	제72조 방송 시설 주관 후보자 연설의 방송
제73조 경력 방송	제74조 방송 시설 주관 경력 방송	제75조 합동연설회(삭제)
제76조 합동 연설회장의 질서유지 (삭제)	제77조 정당·후보자 등에 의한 연설회(삭제)	제78조 공공시설 등의 무료 이용 (삭제)
제79조 공개 장소에서의 연설·대담	제80조 연설 금지 장소	제81조 단체의 후보자 등 초청 대담·토론회
제82조 언론기관의 후보자 등 초청 대담·토론회	제82조의2 선거방송토론위원회 주관 대담·토론회	제82조의3 선거방송토론위원회 주관 정책토론회
제82조의4 정보통신망을 이용한 선거운동	제82조의5 선거운동 정보의 전송 제한	제82조의6 인터넷 언론사 게시판·대화방 등의 실명 확인
제83조 교통 편의의 제공	제84조 무소속 후보자의 정당 표방 제한	제85조 지위를 이용한 선거운동 금지
제86조 공무원 등의 선거에 영향을 미치는 행위 금지	제87조 단체의 선거운동 금지	제88조 타후보자를 위한 선거운동 금지
제89조 유사 기관의 설치 금지	제89조의2 사조직 등을 이용한 선거운동의 금지(삭제)	제90조 시설물 설치 등의 금지
제91조 확성장치와 자동차 등의 사용·제한	제92조 영화 등을 이용한 선거운동 금지	제93조 탈법 방법에 의한 문서·도화의 배부·게시 등 금지
제94조 방송·신문에 의한 광고의 금지	제95조 신문·잡지 등의 통상 방법 외의 배부 등 금지	제96조 허위 논평·보도 등 금지
제97조 방송·신문의 불법 이용을 위한 행위 등의 제한	제98조 선거운동을 위한 방송 이용의 제한	제99조 구내방송 등에 의한 선거운동 금지
제100조 녹음기 등의 사용 금지	제101조 타연설회 등의 금지	제102조 야간 연설 등의 제한
제103조 각종 집회 등의 제한	제104조 연설회장에서의 소란 행위 등의 금지	제105조 행렬 등의 금지
제106조 호별 방문의 제한	제107조 서명·날인 운동의 금지	제108조 여론조사의 결과 공표 금지 등
제109조 서신·전보 등에 의한 선거운동의 금지	제110조 후보자 등의 비방 금지	제111조 의정 활동 보고
제112조 기부행위의 정의 등	제113조 후보자 등의 기부행위 제한	제114조 정당 및 후보자의 가족 등의 기부행위 제한
제115조 제3자의 기부행위 제한	제116조 기부의 권유·요구 등의 금지	제117조 기부받는 행위 등의 금지
제117조의2 축의·부의금품 등의 상시 제한(삭제)	제118조 선거일 후 답례 금지	

부록 3 | 독일 연방선거법의 체계와 구성(2012년 7월 개정법 기준)

장의 이름		조항	조항의 이름
제1장	선거 체제	제1조	연방하원의 구성과 선거권의 원리
		제2조	선거 구역의 구획
		제3조	선거구획정위원회와 선거구 획정
		제4조	투표
		제5조	선거구에서의 선거
		제6조	주 명부의 선거
		제7조	(삭제)
제2장	선거관리 위원회	제8조	선거관리의 조직
		제9조	선거관리위원회의 임명
		제10조	선거관리위원회와 기능
		제11조	명예직 규정
제3장	선거권과 피선거권	제12조	선거권 자격
		제13조	선거권 제한
		제14조	투표권 행사
		제15조	피선거권 자격
제4장	선거 준비	제16조	선거일
		제17조	유권자 등록과 투표 카드
		제18조	후보 지명권과 참여 통보
		제19조	지명 승인
		제20조	선거구 후보 지명의 내용과 형식
		제21조	정당 명부 후보자의 지명
		제22조	대변인
		제23조	선거구 후보 지명의 철회
		제24조	선거구 후보 지명의 교체
		제25조	오류의 정정
		제26조	선거구 후보 지명의 승인
		제27조	주 정당 명부
		제28조	주 정당 명부의 승인
		제29조	(삭제)
		제30조	투표용지

		제31조	투표의 공공성
제5장	투표	제32조	허용되지 않는 선거운동과 서명 모음, 선거 조사 결과의 공표
		제33조	비밀투표의 유지
		제34조	투표용지에 의한 투표
		제35조	투표 기구에 의한 투표
		제36조	우편투표
제6장	선거 결과의 확정	제37조	투표구에서 선거 결과의 확정
		제38조	우편 투표 결과의 확정
		제39조	무효투표, 우편 투표 용지의 거부, 무효 판정 규칙
		제40조	선거이사회의 결정
		제41조	선거구에서 선거 결과의 확정
		제42조	주 정당 명부의 선거 결과 확정
제7장	재·보궐 선거 특별 규정	제43조	재선거
		제44조	보궐선거
제8장	연방 하원 의원직의 획득과 상실	제45조	독일 연방하원 의원직의 획득
		제46조	독일 연방하원 의원직의 상실
		제47조	의원직 상실의 결정
		제48조	명부 계승자의 선임과 선거의 대체
제9장	보칙	제49조	쟁송
		제49조a	벌칙
		제49조b	후보자에 대한 비용 반환
		제50조	선거비용
		제51조	(삭제)
		제52조	연방 내무성의 법 집행권
		제53조	(삭제)
		제54조	기간, 형식 규정의 설명
		제55조	(법의 시행)

9장

정당이 아니라 정당 체제가 개방적이어야 하는 이유●

———— 박상훈

1. 지배 담론으로서의 정당 개혁론

한국 정치에서 가장 많이 언급되어 온 주장 내지 논리가 있다면 '정당정치 위기론'이라 할 수 있다. 정당정치가 사회의 요구나 기대에 부응하지 못하고, 정치 엘리트들 내부의 좁은 관심사를 둘러싸고 그들만의 세계를 구축하고 있다는 비판이 그 핵심이라 할 수 있다.

당연히 그 대안은 변화를 강조하는 것에 있는데, 흥미롭게도 대부분의 논의는 정당 체제 차원의 변화 내지 정당 교체가 아니라 정당 내부 차원의 변화 내지 인물 교체에 맞춰져 왔다. 달리 말해 사회의 다양한 요구를 담는 새로운 정당의 충격을 통해 기존 정당정치의 위기를 극복해야 한다는 주장

● 이 글은 『황해문화』 2012년 봄호에 실린 글을 수정한 것이다.

보다는, 의원 정수를 늘이고 줄이는 문제나 새 인물 수혈 내지 의원의 기득권을 줄이는 문제에 과도할 정도로 관심을 집중해 왔다는 것이다. 한마디로 말해, 정당 체제의 민주화가 아니라 개별 정당의 개혁 내지 개방이 지배적인 담론으로서 권력 효과를 독점해 왔다고 할 수 있다.

가끔 시민 정치라는 말이 동원되기도 했는데, 사실 그것이 의미하는 바가 무엇인지는 매우 모호했다. 대의제의 한계를 말하며 직접 민주주의적 요소를 보강하자는 주장의 형태를 띠기도 하고, 때로는 정당정치의 시대는 끝났고 국민 경선제와 같이 일반 시민이 공직 후보자 선정 과정부터 참여해야 한다는 주장으로 나타나기도 하고, 어떤 때는 중앙 정부와 정당 중심의 근대적 정치에서 벗어나 지역에서의 시민 자치가 대안이라고 말하면서 시민 정치라는 말이 사용되기도 했다. 하지만 그런 시민 정치를 통해, 정부를 어떻게 달리 운영하고, 기존 정당정치나 의회의 역할을 어떻게 바꾸고, 궁극적으로 시민의 의사를 어떻게 새롭게 조직하고 제도화할 것인지에 대한 대안적 논의를 찾아보기는 힘들다.

문자 그대로의 의미로만 본다면, 시민 정치란 곧 민주정치이고 민주주의라면 시민 정치가 아닐 수 없다. 더 중요한 것은 오늘날 민주주의라는 이름으로 인류가 실천하고 있는 시민 정치란 정당정치의 형태를 갖고 있다는 점이다. 그렇기에 정당정치를 넘어선 시민 정치라는 말이 성립하려면, 현대 민주주의를 넘어서는 새로운 대안이 있다는 것이어야 할 텐데, 필자가 아는 한 이 문제를 감당할 만한 강한 이론이나 사례는 아직 존재하지 않는다.

그렇다면 시민 정치론이 실제 정치 현실로 나타난 모습은 무엇이었을까? 풀뿌리 시민 자치 운동과 같이 제도권 정치 밖에서 나타난 흐름을 빼고 본다면, 시민 정치론이 현실 정치에 미친 영향은 주로 야당인 민주당에 대해 당 밖의 시민운동 인사들을 대대적으로 수혈하라는 것으로 나타났다. 여론에 밀려 민주당은 이를 수용했는데, 결국 현실의 시민 정치론은 새로운 엘리트들이 기존 정당정치의 틀 안에 진입할 수 있도록 정당을 외부에 개방하라는 요구로 종결되었다.

2011년 서울시장 보궐선거에서 민주당 후보와 박원순 후보 사이에 야권 후보 단일화를 위한 국민 경선을 실시한 것이나, 민주당이 시민운동 세력을 결합해 통합민주당이 되고, 지도부 선출에서 당원이 아닌 국민 선거인단의 비중을 최대로 높였던 시도가 대표적인 사례라 할 수 있다. 엄밀히 말해 이런 형태의 시민 정치는 정당정치를 대체하는 것이 아니라 정당정치에 좀 더 효과적으로 진입하는 하나의 방법 이상은 아니었다고 할 수 있다.

문제는 이런 시도들이 당장은 신선해 보일지 모르나 중장기적으로는 가뜩이나 안 좋은 정당정치의 기반을 더욱 더 나쁘게 만드는 효과를 낳는다는 데 있다. "당원이 아니라 국민이 결정하게 한다"는 취지로 도입된 제도나 절차들이, 당원이 되고자 하는 유인 체계를 약화시킴으로써 당의 하부 기반을 심각하게 해체시키는 결과로 나타났기 때문이다. 이런 경향은 정당들이 공직 후보 선출 과정에서 여론조사와 국민 경선, 모바일 투표, 인터넷 투표를 과도하게 불러들임으로써 이미 심화된 바 있기도 하다.

사실, 여론조사로 정당의 공직 후보를 결정한다는 발상은 민주주의자의 관점에서는 상상하기 어려운 일이다. 그렇게 할 수 있다면 공신력 있는 여론조사 기관에 후보 선출을 맡기면 되지 굳이 정당이 존재할 이유가 없기 때문이다. 국민 경선제의 효과 역시 결코 긍정적이지만은 않았다. 정당 내 계파 내지 정파 간 갈등은 더 심화되었고, 돈과 인맥을 통한 투표 동원은 보이지 않는 방법으로 광범하게 나타났기 때문이다.

결국 정당 개혁과 국민 개방이라는 이름으로 '당원 없는 정당의 정치'라는 형용 모순적인 현상이 한국 정치를 지배하기에 이르렀는데, 필자가 볼 때 그것의 다른 모습은 '국민 참여 정치'가 아니라 '여론 동원 정치'이다. 민주주의란 국민을 몇 개의 정당으로 나누어 대표하게 하고 경쟁하게 하는 데 있는데, 개별 정당들이 다 국민 모두를 대표해야 한다면 그건 정당이 필요 없는 정치를 말하는 것일 수밖에 없다.

혹자는 그것이 여론 동원의 정치이든 아니든, 그래도 그런 개혁·개방의 과정을 거쳐야 정당정치를 지배해 온 구세력을 교체할 수 있지 않느냐고 반론할지 모르겠다. 하지만 정치가 새로운 인물과 세력으로 교체되어야 달라진다는 논리는 이미 오래된 주장이고 지난 시간 동안 그 결과를 충분히 경험한 바 있다. 2000년 총선시민연대의 낙천 낙선 운동은 그 결정판이었고 이후에도 이른바 "물갈이론"은 선거 때마다 계속되었다. 그렇다면 그간 무엇이 달라지고 무엇이 변화되었을까?

앞서도 지적했듯이, 정치가 달라져야 하고 이를 위해서는 새로운 인물로 교체가 이루어져야 하며 그러기 위해서는 정당이 외부에 개방적이어야 한다는 주장은, 그간 언론과 학계 그리고 시민운동 세력이 주도해 온 우리 사회의 지배적 정치 담론이었다. 이런 주장에 따르면 민주화 이후 한국 정치가 겪게 된 문제는 기존 정당이 강한 기득권 구조를 갖고 있어서 변화가 되지 않았거나 구인물의 교체가 부족한 데 기인하는 것이어야 하는데, 이는 민주정치에 대한 잘못된 이해일 뿐더러, 실제의 사실과도 잘 맞지 않는다.

1987년 민주화 이후 2012년 현재까지 선관위에 등록했던 정당은 110개가 넘고 그 가운데 의원을 보유했던 정당만도 40개가 넘는다. 이 사실만으로도 놀라운 일이다. 집권당과 제1야당만 두고 볼 때도, 정당 이름만 열 번 이상이 바뀌었다. 민주정의당은 민주자유당, 신한국당을 거쳐 한나라당이 되었고, 2012년에 이르러서는 새누리당으로 바뀌었다. 1987년 대선에서 2위를 한 김영삼의 통일민주당은 민주자유당이 되었고, 1988년 총선에서 제1야당이 된 평화민주당은 신민주연합과 합당해 신민당이 되었으며 이후 민주당으로 바뀌고, 다시 새천년국민회의와 통합민주당으로 갈라선 뒤 새천년민주당으로 또 이름을 바꾸고, 노무현 정부에서는 열린우리당이 되고 다시 분당한 뒤 대통합민주신당과 통합민주당을 거쳐 민주당이 되었다가 이제는 민주통합당이 되었다.

그간 이들 정당의 이름이 어떻게 바뀌었는지를 제대로 알고 있는 사람은 아마도 시민의 1퍼센트도 되지 않을 것이다. 정당의 이름이 바뀔 때마다 내세워졌던 것은 "국민의 여망에 부응하기 위한 재창당 수준의 변화"였고, "백 년 가는 정당"을 만들겠다는 약속도 했다. "구태 정치인 퇴출과 새 인물 수혈"도 계속되었다. 총선 때마다 거의 절반 가까운 현직 국회의원이 탈락했는데, 의원 교체율에 있어서는 단연 세계 최고 수준이다. 이른바 '운동권' 출신들의 충원이 두드러진 것이나, 뒤이어 변호사와 판사, 검사 출신 등 법률 전문가들의 대대적 참여가 이어진 것도 이 과정에서였다. 대통령 선거 때면 어김없이 정치 밖으로부터 구원자를 찾고자 하는 이른바 '아웃사이더 현상'도 주기적으로 나타났다.

이런 사실들이 말해 주는 것은 기존의 지배적인 주장들이 가정하는 것과는 정반대이다. 즉, 민주화 이후 한국 정당들은 계속 바뀌고, 3선 이상의 의원을 찾아보기 쉽지 않을 만큼 인물 교체는 계속되어 재야인사들이 들어오고, 학생운동 출신들이 들어오고, 각 분야 전문가들이 들어오고, 교수가 들어오고, 언론인이 들어오고, 기업 엘리트·고급 관료·의사·약사·건축가·배우들이 들어왔는데, 그에 비례에 정당정치가 좋아지기는커녕 늘 위기론의 대상이 되었기 때문이다. 정당 차원의 변화는 계속되고 인물 교체도 계속되었지만 계속 위기라고 하면서 또 새 인물로 바뀌어야 한다는 주장이 여전한 것, 오히려 이런 현상이야말로 설명되지 않으면 안 되는 기이한 일이 아닐 수 없다.

　필자가 볼 때 민주화 이후 정당 공천 외부 개방론의 진원은 늘 엘리트 사회였다. 이는 특히 학계와 언론, 시민운동 진영 엘리트들의 단골 논리였다. 그래서 필자에게 그런 인물 교체론 내지 개방론은, 정치 시장에 진입하고자 하는 당 밖 엘리트들의 욕구를 정당화해 주는, 일종의 '엘리트 순환론' 이상이 아닌 것으로 보인다. 정치가라는 직업이 소명 의식과 그에 기반을 둔 훈련의 과정 없이 그야말로 아무나 들어와 할 수 있는 일이라는 생각과, 정치와는 무관한 경력을 가진 것이 자랑이 될 수 있는 현실이 어떻게 가능한지, 오히려 그것이 더 신기하다. 정당 안에서 훈련되고 경력을 쌓고 지방자치 선거에서부터 성장해 온 직업 정치가의 인재 풀이 풍부해지지 않고 정치가 좋아질 수 있을까? 좋은 대학의 교수라는 허명과 법률 전문가로서의 자격증, 유명 기업의 CEO, 그리고 민주정치의 기능을 통해 견제되어야 할 고급 관료 출신이 전문가라는 이름으로 우대받아 공천 받는 정치가 과연 민주적 이상에 맞는 일일까?

　오늘의 한국 정치에서 진짜 문제는 무엇이고, 어떻게 접근해야 좀 더 현실적인 전망을 생각해 볼 수 있을까? 이는 근본적으로 현대 민주주의가 어떻게 작동하는가 하는 문제와 맞닿아 있는데, 이제 이 문제를 이야기해 보기로 하자.

2. 갈등과 정당 그리고 민주주의

민주주의란 한마디로 말해 갈등에 기반을 둔 갈등의 체제라고 할 수 있다.

갈등의 매개 없이 인간의 사회적 정체성은 형성될 수 없다. 계층 갈등, 인종 갈등, 지역 갈등이 없다면 누군가가 자신을 노동자로서, 흑인으로서, 호남으로서 인식하고 의사 표출을 극대화하기 위해 그런 정체성을 동원하고 조직화에 나서지 않을 것이다.

물론 갈등이 계층이나 인종처럼 꼭 그렇게 고정된 집단적 정체성으로서만 구획되어 있는 것도 아니다. 특정의 이념을 지향하면서 서로 갈등할 수 있고, 한미 FTA 문제처럼 특정 이슈에 대한 찬성자 내지 반대자로 갈등할 수도 있으며, 교육정책이나 높은 등록금에 대한 항의자로서 투표할 수 있고, 복지 논쟁을 둘러싼 갈등을 매개로 자신의 견해를 논쟁적으로 만들어 갈 수도 있다.

갈등이 없다면 이런 현실에서 자신의 사회적 존재를 형성해 갈 수 없다. 갈등이 없다면 한미 FTA 반대자로, 보편적 복지의 찬성자로, 세금 정책에 대한 불만자로 행동할 수가 없다. 갈등이 있고 이를 대표하는 정당 대안이 있을 때 비로소 시민은 개인이 아닌 집단으로 투표할 수 있게 된다.

갈등의 표출과 조직화를 권리로 인정하고, 그렇게 해서 형성된 복수의 갈등 조직자들이 합법적으로 갈등할 수 있게 함으로써 갈등이 갖는 분열적 효과를 제어하려는 것, 그것이 민주주의이다. 따라서 어느 민주주의국가의 헌법이든 최고의 기본권은 자율적 결사와 의사 표출의 자유에 있고, 그에 기초해서 선거법과 정당법 같은 법률을 통해 제도적 뒷받침을 해주는 것이다.

갈등의 표출이 억압되는 체제를 권위주의라고 부를 수는 있어도 민주주의라고 하지는 않는다. 그렇기에 어떤 민주주의든 언제나 갈등에서 오는 차이와 대립의 요소를 동반하며, 그 기초 위에서 체제를 지탱해 가게 된다. 그런 갈등이 정당이나 이익집단과 같이 자율적 결사체들의 상호작용을 통해 잘 관리·조정·통합되면 민주주의는 안정될 수 있으나 그런 균형이 흔들리면 그 어떤 선진 민주주의도 불안정과 쇠퇴를 반복할 수밖에 없다.

근대 이전까지 갈등은 비이성적 열정에 의한 것이자 공동체의 분열과 다툼을 가져오는 것으로 이해되었다. 공익이 우선시되었고 공동체에 헌신하는 것이 시민의 의무가 되었다. 개인적인 것, 집단적인 것을 앞세우는 것은 부정적으로 인식되었고 그런 갈등이 일어나지 않도록 하는 것이 정치의 역할 가운데 하나였다. 한마디로 말해 갈등을 없애기 위한 정치였다고 할 수 있는데, 역설적이게도 그때의 정치는 자주 폭력을 동반한 정변의 형태를 띠곤 했다. 한국의 경우 갈등을 극복하고 없애자는 말을 많이 하는데, 사실 갈등은 극복되고 없어지는 것이 아니라 조정·관리·협상·타협되는 것이다. 이런 생각이 들어오지 않는 한 민주주의가 심화, 발전되기는 어렵다.

현대 민주주의로의 전환을 여러 차원에서 설명할 수 있겠지만, 가장 중요한 것 가운데 하나는 갈등의 존재를 인정하고 받아들이는 것에서 찾을 수 있다. 개인적 차이, 집단적 차이가 사회조직의 중심 원리가 되었고, 정치는 그런 부분적 이익과 열정을 대표하고 경쟁하는 것으로 이해되었다. 한마디로 말해 갈등을 통해 갈등을 완화하는 것, 열정을 통해 열정을 완화하는 것, 야심을 통해 야심을 완화하는 접근으로의 대전환이라고 할 수 있다. 그리고 그것의 귀결은 정당이 중심이 되는 민주주의였다.

오래전에 헤겔은 인간의 역사라는 것이 "피로 물든 도살장" 같다는 말을 한 적이 있다. 권력을 둘러싼 갈등은 자주 내전과 전쟁을 불러 일으켰는데, 그런 의미에서 정당 간 평화적 권력 교체를 제도화할 수 있었던 현대 민주주의의 성취는 결코 작은 것이 아니다. 폴란드 출신 정치학자 애덤 셰보르스키가 민주주의를 가리켜, 선거가 "우리 동네의 유일한 게임"이 되는 체제, 그래서 "오늘의 야당이 내일의 여당이 되고 오늘의 여당이 내일의 야당이 되는 체제", 그런 식으로 권력을 두고 경쟁함에 있어 "서로 죽고 죽이지 않는 체제"라고 한 것은 무척이나 재미있는 정의라 할 수 있다.

정당이 중심이 되는 민주주의란, 투표권을 갖게 된 여성과 노동자들이 대중정당을 조직해 귀족과 부르주아 중심의 '의회주의'를 붕괴시키면서 만들어졌다. 물론 부분part이라는 말에서 유래한 정당party이 처음부터 수용된 것은 아니다. 봉사와 공익을 앞세운 귀족정을 신봉하던 사람들이나 교육받은 중산층에게까지만 시민권을 한정하고자 했던 사람들은 정당에 대해 지극히 부정적이었다. 그래서 그들은 초기 정당의 출현을, 하층민들을 동원하는 천박한 조직이라는 의미를 담아 머신 혹은 코커스caucus라고 경멸했다.

그럼에도 불구하고 정당이 중심이 되는 민주주의의 길이 계속 넓어질 수 있었던 것은 보통선거권이 확대됨에 따라 하층민의 표가 중요해졌기 때문이고, 정당이라는 조직을 갖지 않고는 이들을 동원하기가 어렵다는 것을 모두가 경험했기 때문이다.

현대 민주주의를 이끈 중심 동력 혹은 초기 정당의 모델을 보여 준 것은 노동운동에 기반을 둔 진보 정당들이었고, 이들이 지지 세력을 늘려 감에 따라 다른 정당들도 대중 정당이 되고자 노력하기 시작했다. 정당 간 경쟁이 공동체를 분열시킨다는 우려가 있었지만, 시간이 지남에 따라 오히려 사회 통합에 기여한다는 것도 경험하게 되었다.

노동조합을 확대하고 새로운 매체를 만들고 지역에서 다양한 상호 부조 조합을 이끈 것도 정당 활동가 내지 조직원들이었다. 이들이 시민들 사이에서 정치적 선호를 형성하는 데 중추적 역할을 담당했고, 향후 어떤 정당의 정부가 되었으면 한다는 '전망적 투표'를 조직했다. 이렇게 해서 선거는 시민들의 집합적 의지를 표출하는 민중적 장이 될 수 있었고, 정당이 정부가 되는 일이 제도화될 수 있었다. 이때부터 민주주의는 정당이 정부가 되는 체제, 즉 '정당정부'로 정의하게 되었는데, 우리도 이명박 정부나 노무현 정부처럼 사인화된 명칭이 아닌 한나라당 정부나 민주당 정부라는 표현이 자연스러울 때가 되어야 민주정치가 제자리를 찾았다고 할 수 있을 것이다.

정당은 있어도 좋고 없어도 좋은 민주주의의 액세서리가 아니다. 현대 민주주의를 만든 것은 정당이고, 앞으로도 제대로 된 정당이 없다면 민주주의는 없다 라고 말할 수밖에 없는, 그야말로 민주주의의 중심적 존재이다. 한마디로 말해 민주주의가 좋아지길 바란다면, 정당이 아닌 다른 어떤 것을 먼저 생각할 일이 아니라 정당정치가 어떻게 좋아질 수 있을까를 충분히 생각하는 것이 우선되어야 하는 것이다.

3. 어떤 민주주의가 우월한가

정당정치가 갈등을 관리해 사회를 안정적으로 통합해 내는 비결은, '갈등의 범위'를 확대함으로써 '갈등의 강도'를 약화시키는 데 있다. 예컨대 노사 갈등이 기업 내 노사문제로 한정된다면 갈등의 범위는 최소화되는 것인데, 이 경우 갈등의 표출은 강렬해질 수밖에 없다. 극심한 기업별 체제하에서 과도할 정도의 노동 배제적 정책을 지속할 때, 약한 노조의 입장에서는 격렬한 대응을 할 수밖에 없는 한국이 대표적인 사례이다.

그렇지 않고 노사문제가 유럽처럼 산별 체제로 확대해 다뤄지거나, 집권을 두고 경쟁하는 정당들이 다루는 경제정책 내지 노동시장 정책의 문제로 확대되는 나라일수록 갈등의 강도는 약해져 산업 평화가 유지된다. 사실 어떤 경제체제를 갖든 가장 크고 중요한 갈등은 노동문제이다. 노동문제가 정당 체제 안으로 들어오지 않는 한 갈등의 범위는 넓어질 수가 없고, 그런

나라일수록 갈등은 평화적으로 해결되기 어려워진다. 이 문제를 좀 더 살펴보자. 사회 갈등과 정당정치가 어떻게 조응할 때 민주적 가치는 좋은 성과를 거둘 수 있게 될까?

어느 민주주의국가의 헌법이든 생명·자유·평등·행복 추구의 가치가 기본권으로 적시되어 있다. 그런 점에서 민주주의의 이상이란 좀 더 건강하고 좀 더 평등하고 좀 더 자유롭고 좀 더 평화로운 사회를 만드는 데 있다고 할 수 있겠다. 그렇다면 민주정치가 어떻게 작동해야 그런 이상에 가까워질 수 있을까?

현재 민주주의국가로 분류되는 1백 개가 조금 넘는 나라의 절대 다수는 자본주의 경제체제를 선택하고 있다. 이들 가운데 좀 더 자유롭고 평등하고 건강하고 평화로운 사회의 특징을 통계적으로 다루기 위해 이렇게 질문해 보자. 민주주의국가들 가운데 빈곤 인구의 비율이 낮고, 계층 간 불평등 정도도 낮으며, 비정규직의 규모도 작은 나라는 어디일까? 투표율은 높고, 인권 및 자유화 지표도 좋으며, 소수자 및 이주민에 대한 권리 부여 정도도 높고, 여성 장관의 비율이 높은 나라는 어디일까? 기대 수명은 높고, 불법 약물 복용, 10대 임신, 10대 자살, 저체중아 출산율, 정신 질환 발병률, 영양실조, 비만율이 낮은 나라는 어디일까? 후천적으로 계층 상승이 가능한 사회적 유동성이 높은 나라, 즉 기회의 평등이 높은 나라는 어디일까? 강력 범죄율과 재소자 비율이 낮은 안전한 나라는 어디일까?

국가 간 민주주의의 성취를 통계적으로 조사 연구한 결과들에 따르면, 결론은 두 가지이다. 하나는 진보 정당의 경쟁력이 큰 나라의 성과가 좋다. 다른 하나는 노동조합의 힘이 강한 나라들의 결과가 좋다. 한마디로 말해 사회 갈등이 정치적으로 넓게 대표되는 나라일수록, 그래서 노동을 배제하는 정도가 덜하고 오히려 노동의 시민권이 강한 나라일수록, 나아가 진보적인 정당들이 상당한 득표를 하고 집권 전망도 있는 나라들일수록 좀 더 자유롭고 평등하고 건강하고 평화롭게 살 가능성이 높다는 것이다. 진보 정당과 노동운동이 강한 북유럽의 복지국가들이 대표적인데, 그 반대 사례는 미국이나 최근의 일본에서 볼 수 있다.

진보 정당도 없고 노동의 힘도 취약한 미국 민주주의의 경우, 세계에서 가장 강한 군사 대국이자 경제대국이 되었지만 동시에 세계에서 가장 불평등한 사회가 되었다. 유색인 등 약자 집단들의 자유권이 가장 취약하고, 재소자율과 범죄율이 높으며, 투표율은 낮고 10대 임신과 약물 복용이 심각한 사회가 미국이기도 하다.

일본도 생각해 볼 점이 많다. 1997년 사회당이 '반자민당 연합'에 참여함으로써 정권 교체를 이룬 일본은 그 덕분에 오랜 자민당 일당 우위 체제를 종식시킬 수 있었지만, 결과적으로 사회당의 독자적 역할은 약해지기 시작했고 급기야 정당으로서의 존재도 소멸되었다. 그러는 사이 비정규직은 늘었고 빈곤 문제가 새로 등장하고 다양한 사회 해체 위기를 겪기 시작했다. 전후 일본은 고용과 실업, 사회보장의 차원에서 강한 사민주의 정당이 있는 유럽의 국가들과 대등한 성취를 보여 준 바 있었는데, 그것이 서서히 위협받고 있는 것이다.

이념적·계층적 대표의 범위가 충분히 넓은 사회일수록 그 사회를 구성하는 다양한 집단들의 관심과 이익이 평등하게 고려될 수 있다. 진보 정당의 경쟁력이 낮아 집권의 가능성이 없는 민주주의를 보수 독점적 정당 체제라 할 수 있는데, 이럴 경우 그 사회의 하층이나 약자 집단의 이해는 대표되기 어렵다.

현대 민주주의는 자본주의라는 경제적 조건 위에서 실천되고 있는데, 이때 그 사회의 민주적 성취는 노동이라고 하는 가장 중요한 생산자 집단의 이익과 열정이 기업 운영과 노사 관계, 나아가 정당 체제의 차원에서 어느 정도 평등한 권리를 향유하느냐에 달려 있게 된다. 노동의 시민권이 사회적으로 어떻게 받아들여지느냐에 따라 그 나라 민주주의의 내용과 질은 크게 달라진다는 것이다. 이 점을 생각하지 않고 지금과 같은 정당 체제 위에서 그저 정권만 교체되고 세력과 인물만 바뀐다고 사회가 좋아진다고 말하는 것은 그야말로 한가한 이야기가 아닐 수 없다.

우리 사회에서는 많은 사람들이 정당들의 체계, 즉 경쟁하는 정당들이 어떻게 구성되어 있는지에 대한 문제보다, 정당이라는 하나의 단위 안에서 사람을 교체하는 데 지나치게 관심이 많다. 하지만 기본적으로 정당은 특정의 이념과 당원, 지지자를 가진 자율적 결사체이다. 그들을 결집시키는 그런 이념과 열정, 이해관계가 우선적으로 중요하다.

따라서 그들 스스로의 판단에 의해 강한 리더 중심의 위계 구조를 가질 수도 있고 집단지도체제를 가질 수도 있고 평당원 중심의 수평적 결정구조를 발전시킬 수도 있다. 정당 체제는 다르다. 민주주의라면 무조건 복수의 정당이 있어야 하고, 그들이 사회 갈등의 다원적 구조에 상응해 넓은 대표성을 갖도록 이념적·계층적·대중적으로 넓게 포진해 있어야 한다.

민주주의의 문제는 정당이라는 단위의 차원에 있는 것이 아니라, 정당 체제라고 하는 복수의 정당들이 사회를 얼마나 넓게 대표하는가에 있다. 민주주의가 갈등의 체계라고 한다면 갈등을 조직하는 정당들이 몇 개인지, 그들이 대표하는 사회 갈등의 폭은 얼마나 넓은지, 정당들 사이의 이념적 거리는 어떤지 등의 문제를 생각하지 않으면 안 되는 것이다.

개방적이어야 하는 것은 정당이 아니라 정당 체제이고, 기존 정당 체제가 사회 갈등을 대표하지 못하는 협애성을 갖고 있다면 새로운 정당이 만들어지고, 이들의 정당 체제 진입이 용이해져야 하고 그래서 기존 정당들의 행위 양식에 변화를 줄 수 있어야 하는 것이다.

민주주의의 기준으로 볼 때, 정당정치가 위기라면 바로 이 차원의 문제를 먼저 짚어야 하지, 단위 차원의 정당에 외부자들의 참여를 확대해야 한다는 주장을 반복해서만 될 일이 아니다. 정당들에게 개방만 강요하는 것은 마치 경제에서 신자유주의와 유사한 효과를 낳을 때가 많다는 점을 생각해야 한다. 외부 평가 기관이 주도하는 기업 개혁이 인수 합병과 매각으로 이어져 결국 기업의 존재나 정체성을 사라지게 만드는 것처럼 말이다.

정당이 스스로 내부를 튼튼히 하는 개혁의 성과에 비례해 참여와 개방을 늘려 가는, 기존과는 정반대의 접근을 하지 않는 한 계속해서 정당이 나빠지고 정당 간 경쟁이 나빠지고 정치가 나빠지고 사회가 나빠지는 악순환은 피할 수 없을 것이다. 이상과 같은 관점을 염두에 두고 민주화 이후 한국 정당정치의 문제를 살펴보자.

4. 한국 정당 체제, 무엇이 문제인가

1970년대 이후 불어 닥친 민주화 물결을 비교 연구한 연구자들이 발견한 것 가운데 흥미로운 게 하나 있다. 민주화 이행 직후 최초에 치러지는 정초 선거의 대부분이, 과거 그 나라가 권위주의 체제로 넘어가기 직전에 존재했던 정당 대안들의 경합으로 치러진다는 사실이다. 권위주의와의 투쟁에서 노동운동이나 학생운동의 역할이 컸고 그렇게 해서 민주화가 되었다 하더라도, 민주주의 체제를 새롭게 건설하는 데 참여할 정치 세력을 결정하는 정초 선거를 자세히 들여다보니, 대부분 권위주의 이전의 정당 대안들이 주도하더라는 말이다. 달리 말하면, 이들 나라에서 '정치의 시간'political time은 권위주의 시기 동안 멈춰 있었다는 것이고, 민주화에도 불구하고 새로운 정치의 시간을 시작하는 것이 아니라 권위주의 이전의 과거 시간을 복원해 이어 간다는 것이다. 우리의 경우는 어떨까.

1987년 12월 대선과 이듬해 4월 총선에서 경쟁했던 네 가지 대안은 사실상 유신 체제로 전환되기 직전인 3공화국 시대에 그 기원을 두고 있다. 김종필 후보의 민주공화당은 1960년대에 기원을 둔 세력이고, 김영삼 후보의 통일민주당과 김대중 후보의 평화민주당 역시 1960년대 말 신민당 내에 있었던 '40대 기수론'의 두 경쟁 세력이었다. 나머지 하나인 노태우 후보의 민정당 역시 유신 체제를 이끈 공화당의 후신이라 할 수 있다. 따라서 우리의 경우 역시 민주화 이행기의 정초 선거를 지배한 것은, 학생운동도 아니고 노동운동도 아닌, 20년 이전의 정당 대안들이었던 것이다.

문제는 그 사이, 즉 1970~80년대의 권위주의 통치 기간 동안 우리 사회는 엄청나게 변했다는 데 있다. 권위주의 시기 동안 대부분의 후후발 국가들은 산업화가 심화되고 계층 분화가 고도화되는 경험을 했다. 우리 역시 독점적 영향력을 가진 재벌 중심의 경제구조가 완성되었고 대기업 중심의 노동조합운동이 등장했으며 (경제·법·상비군이 중심이 되는) 국가 관료 체제 역시 완성되었다. 게다가 1980년대 말의 세계적인 탈냉전의 충격과 1997년 IMF 사태를 정점으로 하는 신자유주의 세계화의 강력한 충격을 받았고, 그 결과 기존의 노동시장 구조 및 금융 질서에서도 엄청난 변화를 경험하게 되었다. 이와 같이 갈등 구조가 크게 변화한 상황에서 이를 대변하고 조정해 가야 할 정치의 구조는 1960년대 말의 정당 체제에 의해 주도되었을 때, 어떤 일이 벌어지게 되었을까.

사회적 갈등 구조와 조응하지 못하는 낡은 정당정치는 많은 부작용과 혼란을 만들어 냈다. 그 가운데 대표적인 것이 지역 갈등이다. 우리처럼 인종적·혈연적·종교적·문화적 차이가 적은 동질적 사회가 없음에도 불구하고 선거에서 지역 간 투표 행태의 차이가 매우 극단적으로 달리 나타날 수 있었던 가장 큰 원인은 바로 이 문제로부터 기인한다. 즉, 민주화 이후 정당 간 경쟁이 1970년대 이후 누적된 계층이나 이념적 갈등을 반영할 수 없는 구조의 문제를 빼고, 한국의 지역 갈등을 이해할 수는 없다는 말이다.

민주화로 인해 국가권력을 둘러싼 강렬한 선거 투쟁이 가능해졌을 때 이념이나 계층적 기반의 차이가 거의 없는 기존 정당들이 동원할 수 있는 갈등은 무엇이었을까. 야당과 운동 세력을 어떻게든 분열시켜야 하는 권위주의 집권 세력은 어떤 갈등을 의도적으로 확대시키고자 했을까. 이런 차원에서의 접근 없이 지역 갈등이 심해 지역주의 투표가 지배했다고 말하는 것은, 그야말로 이데올로기화된 지역주의적 설명 내지는 인과적으로 전도된 설명을 강요하는 일이다. 지역 갈등을 완화하고 해결하려는 합리적 접근 역시, 지역 간 화해와 교류, 지역감정 의식 개혁과 같은 차원에서가 아니라, 정당 체제의 이념·계층적 기반을 넓히는 방향에서 찾아야 할 것이다. 그리고 이는 한국 민주주의의 발전 과제와 양립하는 방향이기도 하다.

급격히 변해 온 사회 갈등 구조와 낡은 정당 체제 사이의 괴리 때문에 만들어진 또 다른 문제는 정치 밖으로부터 해결자를 찾고자 하는 대중적 욕구를 끊임없이 확대시켰다는 점이다. 안철수 현상처럼 '무슨무슨 현상'이 일상화되고, 아무도 예기치 못했던 대규모 촛불 집회가 터져 나오고, '희망버스 운동'이 하나의 문화적 현상으로 나타날 수 있는 것도 이런 정치와 사회 갈등이 부조응하는 조건에서 가능했던 일이다.

투표율의 급격한 하락 역시 같은 원인에서 기인하는 현상이다. 민주화 이후 20년 동안 대선과 총선 모두 30퍼센트 안팎의 하락률을 보였는데, 전 세계적으로 이렇게 짧은 기간 동안 이렇게 빨리 투표율이 떨어진 사례는 없다. 한국처럼 선거일이 공휴일인 경우는 별로 없으며, 선거관리위원회 조직이 우리처럼 크고 많은 예산을 갖는 나라도 없는데 이렇게 투표율이 낮아졌다는 것은 놀라운 일이다. 투표율 하락의 계층적 편향성도 문제이다. 부자 동네의 투표율에 비해 가난한 동네의 투표율이 훨씬 낮다는 것은, 우리 사회의 하층 시민이 평등한 시민권을 향유하고 있지 못하다는 것을 의미하기 때문이다.

민주화 이후 한국 정치의 전형적 양상으로 자리 잡은 이른바 '열망과 실망의 사이클'도 마찬가지이다. 그것은 특정 국면에서는 모든 것이 가능할 것처럼 변화의 에너지가 다양한 형태로 분출하지만, 그 국면이 지나 먼지가 가라앉고 나면 기존의 구조나 체제는 바뀐 것 없이 건재하게 유지·작동하고 있음을 발견하게 되는 현상을 말한다. 기존 정당들 사이에서 정권이 교체된다고 해서 이런 악순환의 구조가 종결될 수 있을까? 정치 밖에서 새로운 인물이 여론의 주목을 받아 대통령이 된다면, 그럴 수 있을까? 지금까지 살펴보았던 논의의 연장선에서 문제를 본다면, 긍정적으로 답하기 어려울 것이다. 적어도 사회 갈등과 부조응하는 정당 체제의 구조가 달라지지 않는 한 말이다.

『한국의 1948년 체제』(2010)에서 박찬표는 민주화 이후 한국 국회에서 노동과 관련한 의제가 어떻게 다뤄졌는가를 분석한 적이 있다. 민주화 이전까지 의회에서 야당 대표자 연설에는 "노동자, 농민……"을 호명하는 경우가 많았으며 그만큼 이들의 문제는 의제 구성에서 상당한 비중을 차지했다. 민주화만 되면 노동법을 개혁하고, 분배를 개선하기 위해 노력하겠다는 등의 약속도 많이 했다. 그런데 민주화 이후 오히려 그런 의제들에 대한 관심이 점차 줄어들기 시작했다는 것이다.

김대중 대통령은 "민주 정부가 들어선 만큼 야만적인 노동 탄압은 옛이야기가 되었고, 이제부터는 외국자본과 국내 기업이 투자하기 좋은 환경을 위해 노사가 화합해야 한다"고 역설했다. 뒤이은 노무현 대통령도 같은 생각이었다. 그는 후보 수락 연설에서 노동문제에 대해 단 한 번 다음과 같이 언급했다. "독재 정권이 노동자의 기본권을 탄압하던 시절에 저는 노동자의 편에서 현장을 뛰었습니다. 그러나 민주화와 더불어 노동자의 권익이 신장된 후에는 노사 화합의 중재자로 현장을 뛰었습니다. 기업이 존망의 기로에 서있을 때에는 노동자들한테 계란 세례를 받으면서까지 기업을 살리자고 설득했습니다. …… 기업하기 좋은 나라, 투자하고 싶은 나라로 만들고자 합니다." 그 뒤 집권당의 교섭 단체장 연설에서 노동이라는 단어는 언급되지 않았다.

필자의 개인적인 경험이지만, 김대중 정부 시절 청와대 인사들 가운데, 정부에 대한 노동계의 항의와 비판을 못마땅해 하는 사람을 많이 보았다. 노동운동 지도부에 영남 출신이 많아서 그런 것 같다는 전도된 지역감정을 드러내는 사람도 있었다. 내심으로야 어떻게 생각해도 상관없겠지만, 그걸 드러내 말하고 또 그런 주장에 동조하는 그 주변의 청와대 인사들을 보면서 정권 교체에도 불구하고 해결되지 않는 문제들에 대해 생각해 보게 되었다. 노무현 정부 시절에도 유사한 일이 많았는데, 대표적으로 정부의 노동 억압적인 정책에 항의하는 비판에 대해 '노사모' 대표가 나서서 "우리는 노동자 정권이 아니다"라고 반격을 한 적이 있었다.

역설적이지만, 민주주의는 절차적으로 정당성을 갖추는 순간 민중적이어야 한다는 압박에서 자유로워진다. 민중적인 의제를 다룰 정당이 약하거나 없다면 더욱 그렇게 된다. 반면 절차적으로 정당한 권력 기반을 갖지 못한 권위주의에서는 집권 세력조차 사회 하층에 물질적 급부를 제공하고 과도한 불평등을 제어해 '사후적 정당성'을 얻고자 하는 유인 체계가 작동한다. 민주화 이후의 민주주의가 권위주의보다 더 나은 사회경제적 성취를 낳지 못할 때, 권위주의에 대한 향수가 만들어지는 것도 바로 이 때문이다.

민주화가 이루어진다고 해서 곧바로 경제성장, 분배, 복지, 평등이 실현되는 것은 아니다. 민주화가 그런 변화로 이어지려면 그것을 요구하고 주장하는 세력들도 정치적으로 대표될 수 있어야 하고, 정당정치에 독립적이고 자율적인 존재로 참여할 수 있어야 한다.

한국 정치가 갖는 구조의 문제점 내지 그것의 변화 가능성을 시사할 만한 사례를 꼽으라고 한다면, 필자는 2004년 민주노동당의 원내 진입이 가져다 준 효과를 들고 싶다. 노동 의제가 사라지고 민중적인 의제보다 신자유주의 의제가 더 강해진 상황에서 열 석의 진보 정당의 역할은, 필자가 볼 때 '작지만 구조적인 효과'를 발휘했기 때문이다. 이들에 의해 비정규직과 양극화 문제가 본격적으로 제기되었고, 무상 급식 등 이른바 서민 의제가 제기되기 시작했다. 이들이 제기한 의제에 다른 정당들의 개혁적 의원들도 참여하기 시작했고, 이는 언론의 의제 구조에 영향을 미쳤다. 이때 제기되었던 것 가운데 '무상' 관련 의제의 효과는 지속적이고 장기적이었다.

그때 그들의 역할이 없었다면, 2011년 당시 오세훈 서울시장이 무상 급식을 반대하며 주민 투표를 하고 결국 원하는 결과를 얻지 못해 사퇴하고, 뒤이어 정국을 뒤흔드는 보궐선거를 할 일도 없었을 것이다. 마찬가지로 갑자기 비판 언론뿐만 아니라 주류 언론도, 진보 정당이나 민주당뿐만 아니라 한나라당도 모두 복지와 비정규직 문제를 말하는 이상한 일은 없었을 것이다.

복잡하게 이야기했지만, 말하려는 핵심은 간단하다. 진보 정당이 없을 때에는 개혁적인 정부조차 노동문제나 서민 의제를 제기하지 않았다. 자신들의 집권은 노동과 관계없이 정당하게 이루어졌다고 생각하면서 그런 문제에 대한 책임감을 벗어 버렸다. 그런데 비록 작은 정당이지만 진보 정당이 원내에 들어간 것이 끼친 효과는 컸다. 사회적 갈등 구조와 괴리된 허약한 정당 체제에 군소 정당이 가한 작은 충격만으로도, 정치적 의제 구조에서 큰 변화가 일어날 수 있음을 보여 줬기 때문이다. 열 석의 의석만으로도 진보 정당이 있는 정당 체제와 그렇지 않은 정당 체제가 얼마나 다른 결과를 낳는지를 보여 주었다는 점, 필자는 이것이야말로 한국 정당정치가 안고 있는 문제와 동시에 변화 가능성을 보여 주는 좋은 사례라고 생각한다.

불행하게도 그 뒤 민주노동당이 분열하고, 뒤이은 선거에서 진보 정당들의 영향력이 줄어들면서 한국 정당정치의 보수 독점적이고 노동 배제적인 특징을 제어할 정치적 힘은 다시 약화되었다.

민주주의를 정의하는 방법은 여러 가지가 있지만, 그 가운데 하나는 시민 스스로 만든 법과 제도에 시민 스스로 복종하는 체제라는 것이다. 아무리 좋은 법이나 제도가 만들어진다 해도 시민이 입법자가 아니라면 그 사회는 민주주의가 아니다. 마찬가지로 노동자도 비정규직도 여성도 농민도 자영업자도, 권력의 향방에 영향을 미칠 수 있는 집단적 힘을 갖고 있지 못하다면 그들은 시민권이 없는 것이나 다름없다. 그들을 대표해야 할 진보 정당이 성장하고 있지 못한 지금의 한국 정치가 바로 그런 형국이다.

희망버스 운동이 보여 주었듯이, 비정규직 문제의 심각성은 더 이상 관용할 수 없는 지경에 이르렀는데, 사실 가장 좋은 해결책은 이들을 대표할 정치 세력을 갖는 것이다. 브라질 룰라 대통령의 사례가 보여 주듯이 가난한 노동자도 정당을 만들고, 정당의 리더가 되고, 대통령도 될 수 있어야 이들의 시민권도 튼튼해진다.

그런 정당, 대통령이 등장한다고 해서 노동문제가 모두 금방 해결되는 것은 아닐지 모르나, 노동운동에 기반을 둔 정당이나 후보가 집권할 수 있는 나라와 그렇지 않은 나라 사이에는 근본적인 차이가 있다. 노동을 대표하는 정당이나 후보가 집권할 수 없다면, 절규에 가까운 문제 제기는 끊이지 않지만 그 해결은 늘 지배적 위치에 있는 세력들의 각성과 온정주의에서 구하게 된다.

자신들이 지지하는 정당이 집권할 수 있을 때, 사회적 약자 집단도 무시당하지 않고 다른 사람의 온정에 의존하지 않는 주체적 시민 권력을 행사할 수 있으며 공동체에 대한 책임감도 커진다는 점을 생각하지 않으면 안 된다. 사회적으로는 중요한 갈등 집단들의 요구와 열정이 배제되어 있는 상태가 지속되어서는, 민주주의의 발전도 어렵고 체제 안정도 어려울 것이다. 그들도 정치적으로 대표될 수 있도록 하는 일, 사회의 갈등 구조에 상응하는 정당 체제를 갖는 일은 다른 무엇보다도 한국 정치의 중심 문제가 아닐 수 없다.

5. 민주주의냐 아니냐에서 어떤 민주주의냐로

민주화는 크게 두 단계로 이루어진다. 첫째는 권위주의로부터 벗어나 민주 정치의 절차적 기반을 공고하게 하는 것이다. 학계에서는 이를 '민주주의의 공고화'라고 부른다. 권위주의 세력이 쿠데타를 포기하고 민주화를 위해 투쟁하는 세력이 혁명을 포기하는 것, 그래서 선거 경쟁을 통해 국가권력의 향방을 결정하는 것에 모두가 순응하는 것이 그 핵심이라 할 수 있다.

우리의 경우는 1987년 직선제 개헌이 그 전환점이었고, 1997년 야당도 집권할 수 있게 됨으로써 이 공고화 단계를 지나게 되었다고 할 수 있다. 적어도 이 단계까지는 민주냐 독재냐의 문제가 중요했고, 그 점에서 민주 대연합론은 일정 부분 정당성을 가졌다고 생각한다.

두 번째 단계는 '어떤 민주주의'를 갖게 될 것인가의 문제이다. 민주주의라고 해서 다 같은 것이 아니다. 미국과 영국도, 그리고 독일, 일본, 이탈리아, 북유럽 민주주의도 다 다르다. 우리는 어떤 민주주의를 갖게 될 것인가? 이 단계에서 가장 중요한 문제는 '노동 있는 민주주의' 혹은 '진보 정당 있는 민주주의'의 길을 가게 될 것인지의 여부에 있다고, 필자는 생각한다.

앞서 살펴보았듯이 민주주의의 질을 결정하는 것은 사회의 갈등 구조가 정당들의 배열 구조에 얼마나 비례적으로 대표되는가에 달려 있고, 그때의 핵심은 노동의 열정이 정당이 되는 계층적 기반의 문제와, 진보의 열정이 정당이 되는 이념적 기반의 문제가 좋아지는 데 있다.

진보 정당 있는 민주주의를 과거 우리는 "노동의 정치 세력화" 과제라고 표현했다. 그런데 점점 그 표현의 가치가 평가 절하되고 있는 느낌이다. 노동문제가 많이 개선되어서 그럴까? 진보 정당이 필요 없을 만큼 정치나 사회가 좋아져서 그럴까? 오히려 그 반대다. 그런데도 노동의 정치 세력화 혹은 진보 정당 있는 민주주의의 길은 멀어져 가고 있는 것으로 보인다. 그리고 그 자리를 대신하고 있는 것이 '민주 대연합론'이었다.

한때 민주 연합론이 영향력을 가졌을 때가 있었다. 그러나 김대중·노무현 정부의 등장과 함께 그 주장은 사라졌다. 필자는 민주 연합론의 정당성은 두 정부의 집권으로 종식되었다고 생각한다. 그다음 중요한 과제는 어떤 민주주의를 갖게 될 것인가에 있고, 그때의 핵심은 기존 정당들과 '종류가 다른 정당'이 들어오는 데 있다. 일단 그 과업은 민주노동당의 분열을 기점으로 실패하게 되었는데, 그러면서 민주 대연합론의 영향력은 다시 커졌다.

민주 대연합론은 집권 세력의 악정에 대한 반대와 항의의 열정을 담고 있지만, 냉정하게 말하면 정치적으로는 민주당이 중심이 되는 것이고, 기존 정당 체제의 변화가 아니라 기존 정당 체제 안에서의 변화로 귀결될 수밖에 없다. 그 주장의 정당성을 무비판적으로 받아들인다면, 진보 정당 있는 민주주의의 길을 굳이 어렵게 개척할 이유가 없다. 민주당의 범위 안에 있는 후보를 지지하는 것이 더 효과적이라고 생각될 수도 있다. 말 많고 탈도 많은 진보 정당의 세계 안에서 지지부진한 모습을 보느니, 민주 대연합에 참여해 반한나라당 투표의 효과를 극대화하는 것이 합리적일 수도 있다.

하지만 경제적으로 세계 12, 13위를 다투는 나라가, 지난 25년간 민주주의가 중단 없이 지속되고 다섯 정권을 경험한 마당에, 여전히 민주주의냐 아니냐의 문제로 고통을 받고 있다는 식으로 말하는 것은 남들 보기에도 우스운 일이다. 더 큰 문제는 낡은 정치관으로의 퇴행이다. 필자가 볼 때 한국 민주주의의 발전 수준은, 여야 간 정권 교체가 가능한 정도는 이미 넘어서 있다. 어느 정당도 안정적 장기 집권을 할 수 없으며 잘못된 통치를 견제할 수 있는 사회적 힘도 있다. 필요하면 촛불을 들 수도 있고 다양한 방법으로 집권 세력에 항의하고 저항할 수 있다.

정권을 바꾸는 일은 불가능하지 않다. 하지만 오로지 그 문제에 매몰되면서 다른 가치들이 희생되거나 사회 갈등 구조와 조응하지 않는 낡은 정당 체제가 지속된다면 한국 민주주의의 발전 수준은 크게 달라지기 어렵다는 것이 필자의 생각이다. 현대 정당론을 체계화한 아일랜드 출신 정치학자 피터 메이어 역시 권위주의로의 퇴행을 과도하게 두려워하는 민주화 이행론에 비판적이었다. 그의 결론은 단호하고 분명했다. "민주주의의 발전은 보수적인 정당 간의 교체를 넘어 그 밖에 있는 진보적인 정당도 집권할 수 있을 정도가 될 때 완성된다"는 것이다(Mair 2001).

이런 관점을 가지지 않는다면, 한국 정치는 늘 시끄럽고 늘 변화하고 세로운 인물이 들어오고 뭔가 크게 달라질 것 같은 기대만 풍기다 다시금 실망과 위기를 반복하는 악순환을 피할 수 없을 것이다. 지금과 같은 중산층 위주의 정치이자 노동 배제적 양당 체제에 만족한다면 모를까, 한국 정치가 민주주의의 가치에 맞게 더 발전하길 바란다면 이념과 계층적 기반에 있어서 '종류가 다른 정당' 하나가 더 들어와 기존 정당정치의 구조와 행위 양식이 달라지도록 해야 할 것이다.

새로운 정당의 충격을 통해 기존 정당 체제가 바뀌지 않는 한, 제아무리 인물이 바뀌고 시민 정치, 운동 정치, 직접민주주의, 풀뿌리 민주주의, 탈근대적 민주주의 등과 같이 화려한 말의 성찬을 늘어놓아도 달라질 것은 하나도 없다는 것, 필자로서는 이 점을 강조하고 또 강조하고 싶다.

4부
한국 민주주의, 어디로 가야 하나

최장집

10장

책임 있는 정당정부를 위해*
_____최장집

1. 두 진보 노선

그간 민주당에는 두 개의 진보 노선이 존재해 왔다. 하나가 '민주 대 반민주'의 싸움에서 승리해야 한다는 '진영 간 대립의 노선'이라면 다른 하나는 어떤 정부를 만들 것인지를 준비하는 '대안 정부 노선'이라 할 수 있다.

'민주 대 반민주'라는 진영 간 대립 노선은 반권위주의, 반부패, 반권력과 같이 도덕적 가치나 이념적 담론에 기초를 두고 있다. 이상주의적 열정과 정조를 불러일으키고 '운동의 정치'를 되살리고자 하는 경향도 강한데, 그러다 보니 이 노선은 자주 반정치적인 태도를 동반한다. 또한 반엠비, 반

---

* 이 글은 2012년 6월부터 9월 사이에 『경향신문』에 실린 최장집의 칼럼 가운데, 한국 정치의 문제를 비판적으로 지적하면서 대안을 말한 내용을 모았다.

박근혜, 반새누리당의 슬로건에서 볼 수 있듯이 두 블록 간의 적대적 대립을 상정한다. 격렬한 언사를 동원해 상대를 공격하고 사람들을 흥분시키는 경우도 많다. '독재 회귀', '신공안 정국' 등을 외치면서 보수 정부가 권위주의화하는 것에 대한 두려움을 동원하는 경우도 있다. 이런 노선은 상대에 대한 혐오의 감정이 얼마나 강하냐가 진정한 진보를 가늠하는 척도인 것처럼 인식되는 현상을 만든다.

그러나 내가 볼 때 현재 민주당은, 그런 종류의 공격에 시간과 당의 에너지를 소모할 때가 아니다. 그런 노선을 지속하는 한, 당 체질을 정비하고 대안 정부로서 실력을 쌓는 일을 등한시할 수밖에 없기 때문이다. 중요한 것은 민주당이 집권하게 되었을 때, 무엇을 할 것인가에 관심을 집중하고 당력을 기울이는 데 있다. 이를 통해 국민으로부터 능력을 인정받고 신뢰를 얻는 것이, 우리 사회의 공익에도 기여할 뿐만 아니라 선거 전략으로서도 더 효과적이다.

안타깝게도 2012년 4월 총선 이후 민주당은 총선 전략이 왜 잘못되었나를 평가하고, 대선에서는 어떤 전략으로 임할 것인가에 대해 진지한 토론의 기회를 갖지 못했다. 오히려 총선 패배를 하루라도 빨리 잊고 싶어서였는지, 공격적 노선을 더 강화했다. 추상화되고 도덕화된 반대 담론이 강해질수록, 정치의 방법으로 일을 성사시키는 '진지한 정치'는 설 곳을 잃게 된다. 뜨거운 열정의 동원에 몰두하는 정치는 실제 사회 현실과 괴리될 수밖에 없는데, 당연히 내용적으로도 더 얄팍해질 수밖에 없다. 2012년 4월 총선의 가장 큰 특징은, 민주 대 반민주의 대립 축을 불러들여 야권 연합을 성사시켰지만 기대했던 승리는 이루지도 못했을 뿐만 아니라, 사회경제적 소외 세력의 소리도 대표되지 못했고, 노동문제 역시 주요 이슈에서 배제되었다는 데 있다. 한미 FTA 폐기, 재벌 개혁, 보편적 복지 등 개혁적인 것을 넘어 급진적이기까지 했던 주장과 수사들이 그 어느 때보다 난무했던 것을 생각하면 커다란 패러독스가 아닐 수 없다. 그런 진보적 슬로건들은 무엇을 의미하는지조차 제대로 정의되지 않았고, 구체적인 정책 대안을 통해 실천 가능한 의제로 설정되지도 못했다. 유권자들은 이제 정치 슬로건을 단순히 선악으로만 판단하지는 않으며 그런 개혁 사안들을 야당이 정말로 실천에 옮길 의지와 능력이 있는지를 점점 더 중시하기 시작했다. 지난 2012년 총선은 민주당이 집권당이 될 수 있는지에 대해 다수 시민들이 강한 의구심을 보여 준 대표적인 사례였다. 대선에서도 시민들이 제기하는 핵심 질문은 '민주당은 정부가 될 수 있는가?'에 있다. 민주당이 책임 있게 응답해야 하는 지점은 바로 여기에 있다.

열린우리당 이후로 민주당은 작동 가능한 당내 권력 구조를 제도화하고 리더십을 창출하는 데 지속적으로 실패했다. 그 결과 현재 민주당은 일정한 정치적 자원을 가진 여러 명의 개인과 세력이 각각 독립적으로 활동하는 파당들의 느슨한 집합체에 불과한 구조를 갖게 됐다. 선거 때 그것은 '캠프'가 된다. 이 캠프에 정당 안팎의 정치인, 정치 지망자, 지식인, 전문가 그룹들이 참여해 대선을 치르는 것이 오늘의 한국 정치가 됐다. 정당의 공적 조직이 아니라, 캠프가 대통령을 만들고 청와대를 지배하고 정부를 주도한다. 이는 선거 이후 정부들이 한결같이 실망스러운 실적을 보이게 되는 것과 필연적인 인과관계를 맺고 있다. 캠프 혹은 캠프 내 특정 팀이 구성한 청와대, 정부가 제대로 된 것일까? 나아가 그런 정부가 진보적인 성취를 이룰 수 있을까?

정당정치의 허약함은 지금도 계속해서 나쁜 문제들을 만들어 낸다. 그 가운데 하나는 대선 후보 선출이 계속해서 늦어지고 있다는 것이다. 그러다 보니 누가 어떤 정부를 만들게 될지의 문제는 지극히 짧은 기간 동안에 판단되고 결정될 수밖에 없다. 여론조사, 개방형 국민 경선, 모바일 투표로 이어지는 후보 선출 방식의 변화 역시 문제가 많다. 무엇보다도 정당의 역할을 유명무실하게 만들기 때문이다. 당원이 아니라 정당의 역사와 이념, 노선과 무관한 일반 투표자들이 당의 공식 후보를 결정한다는 발상은, 부정적인 의미로 가히 혁명적이다. 이처럼 대통령 선거 과정에서 민주주의의 결핍 현상은 점점 더 심각한 수준으로 치닫고 있다. 시민-투표자들은 좋은 대통령을 판단할 수 있는 정보의 기회를 충분히 향유하지 못한다. 엄청난 권력, 권한을 갖는 대통령을 우리는 너무나 즉흥적으로 선출한다. 게다가 선출된 이후 합당한 책임을 물을 수 있는 정당의 기반 또한 약하다. 정당이 정부가 되는 것이 아니라 정당과 무관한 대통령, 정당과 무관한 정부가 되는 길이 급진적으로 넓어지고 있는 현상은 한국 민주주의의 적신호가 아닐 수 없다.

결론적으로 말해, 기존의 진영 간 대립 구도에 기초한 전투적 대결 노선이 아니라 좋은 정당정부를 준비하는 노선이 강해져야 한다. 이를 위해 다음과 같은 몇 가지 제안을 해볼 수 있다.

첫째, 의제 설정에서 변화가 필요하다. 한국 정당정치의 가장 중요한 문제는 정당이 사회경제적 문제를 다룰 능력이 없다는 것이다. 야당이 특히 그러하다. 그런 점에서 어떤 정부가 될 것인지를 준비한다는 것은 경제 운용에 대한 대안을 갖고자 노력한다는 것을 뜻한다. 야당도 유능하고 실력 있는 정부를 만들고 실천할 수 있어야 한다. 이는 여야 간 정치경쟁의 중심축을 이동시키는 것의 중요성을 강조하는 말이기도 하다. 가치와 열정이 격렬하게 충돌하고 타협이 어려워 대결의 정치를 불러오는 민족문제 내지 이념문제를 둘러싼 갈등으로부터, 협상과 타협이 가능한 부의 분배를 둘러싼 사회경제적 문제로 갈등 축을 이동하는 것이 필요하다.

둘째, 집권 능력을 제고하기 위해 투입과 산출 측면에서 각각 당의 능력을 강화할 필요가 있다. 민주당은 누구를 대표하나? 민주당이 허약한 가장 큰 이유는 사회경제적 기반에 구체적으로 뿌리내리지 못했다는 데 있다. 당이 개혁적이고 진보적인 정당이 되기 위해서는 그에 상응하는 사회경제적 힘이 당으로 들어오지 않으면 안 될 것이다. 이해 당사자 집단의 참여를 가능케 하는 투입 측면이 강화될 수 있도록 다양한 직능 대표 채널을 확대하는 것은 그래서 중요하다. 그와 동시에 당의 산출 측면의 능력이 또한 제고되지 않으면 안 된다. 정당의 선출직 대표와 비선출직 전문가 그룹이 함께 정책을 구체적으로 다룰 수 있는 실력을 조직화하고 집단화하는 노력을 기울여야 한다.

셋째, 당 리더십과 대선 후보 선출 제도의 개선이 필요하다. 민주당은 그동안 권력의 분산을 통해 당의 중심성과 리더십의 해체를 목표로 한 제도 개혁을 추진해 왔다. 일종의 자해적 정당 개혁이라 할 수 있는데, 이는 민주주의와 정당의 역할을 잘못 이해한 결과이다. 민주주의에서 정당 조직이 약해지면, 정치적으로 도움이 필요한 사회경제적 약자 집단들의 참여와 대표성이 약해진다. 그리고 이에 따라 행정 권력과 경제 권력을 견제할 힘도 약해진다. 당 대표를 중심으로 일할 수 있는 정당 조직으로의 변화가 무엇보다 필요하다. 모바일 투표를 포함해 완전 개방형 경선제를 도입하고자 하는 맹목적 주장들에 대해서도 견제가 필요하다. 그것은 지금도 약해서 문제인 정당의 정체성과 리더십을 더욱 해체시킬 것이기 때문이다. 모바일 기제에 친숙한 그룹이 과다 대표되는 문제도 있다. 그렇게 되면 민주당이 대표하고 뿌리를 내려야 할 사회경제적 기반으로서 중산층과 서민 내지 소외 계층과의 괴리를 더욱 심화시킬 것이기 때문이다.

2. 민주당의 결선투표제

대통령 임기 말이 되면 으레 헌법 개정 논의가 제기되곤 한다. 여기에는 두 가지 동인이 있는 것으로 보인다. 하나는 헌법을 바꾸면 정치가 지금보다 훨씬 좋아질 것이라는 가정, 말하자면 헌법을 바로 세우는 것이 정치를 바로잡을 수 있는 방법이라고 이해하는 법적·제도적 접근이고, 다른 하나는 기존의 권력관계를 흔들어 뭔가 자신에게 유리한 정치적 자원이나 전략적 지위를 확보하고자 하는 단기적인 동기이다. 그러다 보니 초점은 언제나 대통령 임기를 늘리는 문제 아니면 대통령제냐 내각제냐 하는 권력관계에 맞춰져 있다. 이는 민주주의의 법적 근간이 되는 헌법을 이해하는 방법이 극히 협애하다는 뜻이기도 하다.

개헌 논의가 자주 제기된다는 것은, 민주정치의 실천이 그만큼 불안정한 기초 위에 서있다는 뜻이다. 특히나 있는 헌법, 있는 제도 안에서 최선을 다해야 하는 정치인들이 헌법을 바꾸자는 주장을 자주 하는 것은 더더욱 큰 문제다. 굳이 제도나 규칙을 바꿔 사태를 좋게 만들고자 한다면, 대통령 임기를 단임제에서 중임제로 바꿀 것이냐 아니냐 혹은 대통령 중심제를 의회 중심제로 바꿀 것이냐 아니냐를 말하기 이전에, 대통령과 국회의원 등 국민의 대표를 뽑는 제도를 개선하는 문제를 먼저 생각하는 것이 책임 있는 접근이다. 이 점에서 민주당이 대선 후보 경선 과정에서 결선투표제에 합의한 것은 많은 것을 생각하게 해준다. 물론 민주당의 결선투표제는 아직 한 정당의 선거제도 이상은 아니다. 그렇지만 민주당의 결선투표제는 앞으로 대통령 선거, 국회의원 총선, 지방자치단체장 선거제도를 개선할 수 있는 하나의 모델이 될 수 있다는 점에서 주목할 만하다.

제도 그 자체가 좋은 결과를 가져온다고 말하는 것은 정치학 이론에서

나 다른 나라의 경험적 사례에 비추어 볼 때 이치에 맞지 않는다. 대표적인 선거제도만 놓고 보더라도 단순 다수제와 비례대표제는 각각 장단점이 있다. 그렇기 때문에 나라마다 그에 적합하다고 생각하는 제도를 선택하고 있으며 개선해야 할 과제가 무엇이냐에 따라 다양한 혼합형을 발전시켰다. 단순 다수제의 변형이라 할 프랑스식 결선투표제와 비례대표제의 변형이라 할 독일식 정당 명부제가 대표적인 예이다.

1위 득표자를 곧바로 대표로 결정하는 단순 다수제 대신 결선투표제로 바꾸는 것이 바람직하다고 말하는 데는 그럴 만한 중요한 이유가 있다. 무엇보다도 그것은 대통령 중심제와 제도적 상보성이 좋기 때문인데, 개헌과 같이 감당하기 어려운 변화보다는 선거제도를 개선하는 것만으로도 정치를 좋게 만들 수 있다면 이를 마다할 이유가 없다. 결선투표제의 모델이 될 수 있는 나라는, 우리와 같이 대통령 중심제 헌법을 채택하고 있으면서 대선과 하원 의원을 결선투표제를 통해 선출하는 프랑스이다.

우리 현실에서 특정의 선거제도에 대해 말하는 것은, 오늘의 한국 정치를 어떻게 생각하고 한국 민주주의 발전을 위해 무엇이 우선적으로 필요한가에 대한 판단과 직접적으로 관련이 있다. 오늘날 한국 정치의 최대 문제는 여야 간 극단적인 적대감 내지 정치적 양극화를 부추기는 현상이다. 그것은 민주주의의 근간이라 할 합리적인 경쟁과 토론을 어렵게 하고, 특정 정당이나 세력에 대한 지지 강도가 강한 소수가 정치를 지배하게 만든다. 이로부터 소외된 사람들이 정치 밖에서 제3의 대안을 찾아 나서게 되는 것은 자연스러운 귀결이라 할 수 있는데, 그로 인해 정치 안에서는 극단적인 양극화 현상이, 사회적으로는 기존 정치에 오염되지 않은 구원자를 갈망하는 현상이 심화되었다. 어렵게 쟁취한 민주주의를 유지하고자 한다면, 정치적 양극화를 완화하는 제도적 대안을 찾는 것이 매우 중요하다.

단순 다수제 방식으로 한 선거구에서 한 명의 대표를 뽑는 현행의 소선거구제는 양극화된 경쟁을 제어하지 못하고 오히려 부추기는 결과를 낳고 있다. 이 제도가 한국의 정치 현실에서 문제가 되는 것은, 그것이 양당제를 발전시키는 데 기여하기보다는 이른바 '진영 간 대립'을 강화하고 있기 때문이다. 기존 정당 내지 정당 체제가 제도화되지 못한 상태에서 이런 현상이 가져오는 정치적 압력은 부정적이다. 한편으로 그것은 정당의 정체성을 상대에 대한 적대감에서 찾게 만들고, 다른 한편으로는 이념·가치·열정·전통이 서로 다른 소수 정당과 정치 세력들의 존립을 가능케 하는 다원주의의 발전을 억압하는 효과를 갖는다. 그 결과는 양당제의 제도화도 아니고, 그렇다고 다당제의 발전도 아닌 (사르토리가 말하는) "양극화된 다원주의"polarized pluralism의 심화로 나타나고 있다.

이와는 달리 결선투표제의 경우 유권자들은 적어도 1차 투표에서 자신이 지지하는 후보나 정당의 당선 가능성을 고려하지 않아도 된다. 유권자들의 다양한 선호가 자유롭게 표출될 수 있는 조건이 만들어짐에 따라 작은 정당들도 대표될 수 있는 온건한 다당제 내지 정치적 다원주의가 허용될 수 있는 여지는 커진다. 이 점에서 세 명의 이탈리아 경제학자들이 내놓은 이탈리아 지방자치단체장 선거에 대한 연구(Bordignon, Nannicini and Tabellini 2010)를 참조할 만하다. 그들은 인구 1만 5천 명 이하에서 시행되는 단순 다수제와 그 이상 선거구에서 시행되는 결선투표제를 비교 분석해, 단순 다수제에 비해 결선투표제가 정치적 극단주의를 완화하는 데 효과적이라는 사실을 발견했다. 그들의 발견은 한국에서도 유효하다고 생각한다. 결선투표제는 약한 정당들이 그들의 정체성을 유지하는 것을 도와준다. 동시에 2차 투표에서 자신들의 정책 대안을 큰 정당들과 협상을 통해 정치 연합 내지 정책 연합으로 실현할 수 있는 기회를 부여한다. 그렇게 해서 형성된 정책 내용은, 이념적 슬로건에 그치지 않고 현실에 보다 가까운 정책 대안이 될 가능성이 훨씬 더 클 것이다.

또한 결선투표제는 최고 통치자 선발 과정에서 공적 심의의 부실 현상을 개선하는 데 기여할 수 있을 것이다. 이 문제는 오늘날 한국 정치가 안고 있는 또 다른 고질병으로 민주주의의 결핍을 보여 주는 사례이다. 대통령이 국가기구를 관장하고 그가 행사할 수 있는 권력이 엄청나게 크고 광범한 것에 비해, 통치자를 선출하는 과정과 방법이 너무나 허술하다. 정당이 리더십을 훈련하고 양성하는 역할은 좋아지지 않고 있다. 정당 내부의 후보 검증과 평가 과정도 발전이 전혀 없다. 당 내에서 후보가 선출되는 과정뿐만 아니라 그 이후 선거법이 허용하는 공식적인 선거운동 기간도 이해할 수 없을 정도로 짧다. 정치적 리더십의 형성과 평가 및 결정 과정이 이토록 짧은 극렬 드라마를 통해 이루어질 때의 위험성은 말할 수 없이 크다. 여기에 인터넷 투표, 모바일 투표, 여론조사와 같은 방식이 결합될 때 그 위험성은 배가된다.

정치가 순간의 열정과 급변하는 여론에 휘둘리는 현상은 이미 걷잡을 수 없을 정도로 심각해졌다. 이성적 논의를 위한 공적 공간을 이제 찾아보기가 어렵다. 이런 조건이라면 최고 통치자를 잘못 뽑고 사후에 촛불을 들어야 하는 악순환은 계속될 수 있다. 앞서도 말했듯이, 결선투표제는 1차 선거 결과를 통해 시민의 다양한 선호를 확인할 수 있게 하며, 이를 기초로 모두가 다시 생각할 기회를 갖게 되고 보다 더 신중한 전략적 선택을 할 수 있는 기회를 부여한다. 이렇게 해서라도 한 번의 결정이 갖는 위험을 줄이는 효과를 갖는다면 무한히 경박해진 "인스턴트 정치"를 보다 사려 깊게 만들 수 있을 것이다. 따라서 이런 선거제도를 도입하고 확대하지 않아야 할 이유는 없어 보인다. 최소한 헌법을 바꾸는 무책임한 거대 도박판을 벌이는 일보다는, 훨씬 안전하고 효과적이며 게다가 민주적이다.

3. 책임정치를 위해

대통령의 책임성 부재는 한국 정치의 가장 큰 문제이다. 민주정치는 대표의 선출과 함께 선출된 대표가 그를 선출해 준 투표자들에게 책임지는 두 가지 과정으로 이루어진다. 대표적인 민주주의 이론가인 로버트 달은 선거 때만이 아니라 선거와 선거 사이, 즉 평상시에도 선출된 통치자가 시민들에게 지속적으로 책임지는 것이 민주주의라는 점을 강조했다. 선거 때만 민주주의가 있고 평상시에 없다면, 그것은 왕을 선출하는 것이나 다를 바 없기 때문이다.

그렇다면 평상시에도 책임정치가 구현되는 좋은 정부를 만드는 방법은 무엇인가? 어떤 사람은 4년 중임제로 개헌하자고 하고, 또 어떤 사람은 선거제도를 바꾸자고 한다. 또 다른 사람은 정부 형태를 아예 의회가 중심이 되는 내각제로 바꾸자고 한다. 제도는 언제든 바꿀 수 있을 것이다. 하지만 지금 우리에게 보다 더 시급한 과제는 권력을 민주적으로 운영하는 방법을 익히고 실천하며 이를 주도할 민주적 리더십을 발전시키는 일이다.

개헌은 그 자체로서도 넓은 사회적 합의를 필요로 하거니와, 제도를 바꾸어 정치를 좋게 만들려는 접근은, 그것이 어떤 것이든 민주주의의 규범과 원리를 실천하면서 '통치의 기예'art of government를 훈련하고 축적하는 것의 중요성을 경시하게 만들기 쉽기 때문이다. 그간 제도 개혁은 숱하게 이루어졌지만 정치가 좋아졌다고 말할 수는 없다. 제도 변화가 없어서가 아니라 제도 변화에도 불구하고 정치가 좋아지지 않았다면 근본적으로 접근을 달리 해야 할 것이다. 책임 있는 정치적 실천을 통해 긍정적 변화를 만들고 그 결과를 제도화하는 접근이 훨씬 더 바람직하고 현실적이라는 말이다.

민주화 이후 현재에 이르기까지 한국 정치의 가장 큰 특징을 든다면 "정당정치의 해체"를 이야기할 수 있을 것이다. 선거를 주도하는 것은 정당이라기보다는 정당 내 여러 캠프들이고, 결국 정부가 되는 것도 승자가 된 특정 캠프의 인적 집단일 뿐이다. 이런 환경에서 집권당을 열린우리당 정부나 한나라당 정부가 아니라 노무현 정부나 이명박 정부로 부르는 것은 당연한 일이다. 또한 집권에 성공했다 하더라도 이 캠프 정부가 선거 과정에서 공약했던 정책 대안을 실현하기까지는 수많은 난관이 존재하며 동시에 임기를 마친 정부의 권력 행사와 정부 운영 결과를 누가 책임지는가의 문제도 모호해진다.

지난 대선에서 시민들은 이명박 정부에 대한 평가를 토대로 박근혜 후보에 대한 지지 여부를 결정할 수 없었다. 한나라당은 새누리당으로 바뀌었고, 당 지도부와 후보는 현 대통령이 마치 다른 당 출신인 것처럼 말했다. 그것은 새누리당만의 현상이 아니라 5년 전 민주당의 경우에도 크게 다를 바 없었다. 선거를 통해 책임을 묻는다는 것은, 기본적으로 현임 정부에 대한 "회고적 평가"를 핵심으로 한다. 그러나 당의 연속성이 끊임없이 은폐되는 가운데 책임을 누구에게 어떻게 물어야 하는지는 계속해서 애매한 문제가 되고 있다.

당정 관계의 문제도 크다. 캠프 정부에서는 자신의 인적 집단을 공직에 충원해야 할 필요와 압력 때문에 당정 분리를 지향한다. 새로이 선출된 대통령은 당의 영향으로부터 자유로운 청와대를 만들고 당을 자신의 통제 아래 두고자 하기 때문에, 기존의 당 리더십을 해체하고 당의 역학 관계를 과격하게 재편성하려는 태도를 보여 왔다.

이런 변화가 당을 허약하고 왜소하게 만들게 되는 것은 당연하다. 그렇기 때문에 집권 후의 정당은 그 이전의 야당 때보다 오히려 허약해지고 청와대와 지리멸렬한 대치 상황에 빠지게 되는 경향을 보였다. 당정 간의 정책 조율과 원활한 소통의 필요성은 청와대가 아니라 주로 집권당에 의해 제기되었는데, 대통령의 소극성 때문에 실제로는 잘 진행되지 않았다. 이런 당정 관계는 최고 권력을 향유하는 대통령의 자만심의 발로이자 대통령이 압도적 우위에 있는 현실적 권력관계의 반영일 수 있다.

한때는 견제되지 않는 강력한 대통령 권력을 가리켜 '제왕적 대통령'이라는 말이 나오기도 했다. 자신의 정당으로부터 전혀 구속받지 않고 그 위에 군림하는 대통령의 막강한 권력으로 인해 제왕적 이미지는 더 강화되기도 했다. 그러나 정당의 기반이 약한 대통령이 갖는 패러독스는, 제왕적이라 할 만큼 강력한 대통령에서 허수아비와 같은 대통령으로 전락할 수 있다는 사실이다.

자신의 정당과 거리를 둘수록 자신의 정치적·사회적 기반이나 자신을 지지했던 세력과의 관계는 소원해지기 마련이다. 그동안 대통령들은 임기 중반도 지나지 못하고 사회로부터 고립된 무력한 자신을 발견하곤 했다. 임기 후반에 이르러서는 측근들이 줄줄이 사법 처리되는 상황이 빚어지는데, 그때마다 그가 소속된 정당은 도움을 주기는커녕 거리를 두었다. 임기 전반에 대통령은 "집권당 없는 대통령"이고자 여러 가지 방법을 동원해 당의 영향력을 제어했다. 그러나 임기 후반에 이르러 그의 권력이 현저히 약화될 때 당정 관계는 완전히 역전되어 당이 오히려 멀어지고자 한다. 대통령은 대선에 가까워 오면서 오히려 당에 부담이 되고, 이제 당이 나서서 "대통령 없는 집권당"이 되기를 원한다. 이런 청와대와 집권당의 관계는 대통령을 유능하고 좋게 만드는 데 있어서나, 정당을 강화하는 데 있어서나 실패의 원천임이 분명하다.

그렇다면 정당이 중심이 되는 책임 정부를 실천하기 위해 대통령이 해야 할 일은 무엇일까. 그것은 새로 정부를 구성할 때부터 정당의 적극적인 역할을 수용하는 책임 내각을 만드는 것으로 시작된다. 국무총리와 내각 인사를 당과의 협의를 통해 결정하거나 집권당의 주도권 속에서 선출할 수도 있을 것이다. 그럴 때 당정 협의는 단순히 당정 간에 의사소통 채널을 유지하는 수준을 넘어 정부의 구성과 운영을 담보하는 기본 원리가 될 것이다.

그리고 당을 대표하는 내각은, 특정 정책의 책임 소재를 분명히 하면서 선거 공약을 이행할 정책 수행의 책임을 지게 될 것이다. 대통령과 더불어 당이 직접 정부를 운영하는 역할을 맡게 된다면 그것 자체가 정당을 강화하는 것이 될 것이고, 정당은 정부를 운영할 능력을 갖춘 리더십을 훈련하고 양성하는 장場으로 기능할 수 있다. 이 과정에서 정당은 일반 당원의 참여를 확장하고 신규 당원을 늘리면서 지역적·계층적 기반을 튼튼히 할 수 있고, 수많은 정당 활동가들로 하여금 공익에 봉사할 수 있는 기회를 갖게 하면서 그들이 정치 경력을 일궈 갈 수 있는 직업 훈련의 장을 제공할 수 있을 것이다.

이런 방향에서의 정당 발전은 '대표' 개념의 변화와 함께 이루어질 수 있다. 그동안 정당들은 여성, 노동, 청년, 시민운동 대표를 개별적으로 배려하는, 일종의 "추상적이고 상징적인 대표"의 수준에서 벗어나지 못했다. 그런 대표를 뽑았다는 것과 그들을 대표하는 정당이 되는 것과는 아무 상관이 없었다. 그러나 실제로 정당의 기반을 강화하기 위해서는 특정 사회계층이나 집단, 직업, 기능적 분야에 속한 사회집단과 실제로 연계되어야 한다. 그런 식으로 당이 바로 설 때 당 밖의 관료나 정치 지망생들 역시 신념은 제쳐 둔 채 이쪽저쪽 눈치 보고 줄서기를 하며 흩어지지 않고, 하나의 정당 안에서 자신이 지향하는 가치와 과업에 충실할 수 있게 된다. 이런 변화가 연쇄적으로 전개된다면, 대통령은 쇼윈도식의 거대 프로젝트를 졸속으로 추진할 필요도 없고, 임기 말에 이르러 자신의 정당으로부터 버림받는 일도 없을 것이다. 그렇게 되면 정당 간의 경쟁 역시 상대를 모욕하고 상처를 주는 데서 벗어나 구체적이고 실현 가능한 정책 대안을 중심으로 전개될 수 있을 것이다.

지금 우리는 문제의 근본으로 돌아가 생각해 볼 필요가 있다. 그것은 정당을 바로 세우는 것을 통해 책임정치를 구현하는 일이다. 대통령 개인의 사인화된 정부가 아니라 정당의 정부를 만드는 일은, 오늘의 한국 사회가 절실히 필요로 하는 민주적 리더십의 요체이기 때문이다.

참고문헌

가상준. 2012. "18대 국회와 정부: 당정 협의의 문제점과 해결방안," 한국정당학회 춘계 학술회의 정당정치의 변화와 19대 총선(2012/02/28).

강원택. 2003.『한국의 선거 정치』. 푸른 길.

_____. 2004. "인터넷 정치집단의 형성과 참여: 노사모를 중심으로,"『한국과 국제정치』. 20권 3호.

_____. 2009a. "당내 공직 후보 선출 과정에서 여론조사 활용의 문제점,"『동북아연구』 14권.

_____. 2009b. "한국 정당 연구에 대한 비판적 검토,"『한국정당학회보』8권 2호.

_____. 2011. "참여 민주주의와 정당정치 : 제도화의 실패와 정당 재편의 좌절," 강원택·장덕진 엮음.『노무현 정부의 실험』. 한울.

강일호. 2010. "선거운동의 자유에 관한 연구," 안동대학교 법학대학원 박사학위 논문.

강태수. 2008. "선거운동의 자유에 대한 제한의 문제점과 개선방향,"『세계헌법연구』14권 2호.

권찬호 2011. "고위당정회의 의제 변화에 관한 연구,"『한국공공관리학보』25권 3호.

김내영. 2005. "개정 선거법의 문제점과 개선 방안: 사전 선거운동 금지 규정을 중심으로,"『공법연구』제33집 제5호.

김영태. 2004. "17대 국회의원 선거의 공천 제도와 공천 과정,"『한국정당학회보』3권 2호

_____. 2005. "대통령 지지와 정당 지지,"『한국정당학회보』4권 2호.

김현태. 2007. "선거운동의 자유와 공정에 관한 연구" 경기대학교 정치외교학과 대학원 박사학위 논문.

노무현. 2005. "당원 동지 여러분께 드리는 글 : 지역구도 등 정치 구조 개혁을 위한 제안"(2005/07/28).

노무현. 2007. "노무현 대통령 원광대 명예 박사학위 수여식 특강 전문". http://www.ohmynews.com/NWS_Web/View/at_pg.aspx?CNTN_CD=A0000415297

달, 로버트. 2010. 『정치적 평등에 관하여』. 김순영 옮김. 후마니타스.

달톤, 러셀 J. 2010. 『시민정치론: 선진 산업민주주의 국가의 여론과 정당』. 아르케.

마넹, 버나드. 2011. 『선거는 민주적인가』. 곽준혁 옮김. 후마니타스.

마키아벨리, 니콜로. 2003. 『로마사 논고』. 강정인 옮김. 한길사.

메이어, 피터. 2011. 『정당과 정당 체계의 변화: 접근과 해석』. 김일영·이정진·함규진 옮김. 오름.

문우진. 2011. "여론조사 공천이 정당정치에 미치는 영향: 위임 문제와 파급효과를 중심으로." 『사회과학연구』 50집 1호.

박경미. 2008. "정당이합집산의 조건: 열린우리당의 변화(2003-2007)," 『한국과 국제정치』 제24권 제3호. 29-55.

_____. 2012. "한국정당모델에 대한 탐색적 연구," 『한국정당학회보』 11권 1호.

박기출. 1971. 『한국정치사』. 민족통일연구원.

박상훈. 2004. "지배담론화된 정치 개혁과 민주주의," 『이론과 실천』 2-3월호.

_____. 2006. "한국의 '87년 체제': 민주화 이후 한국 정당 체제의 구조와 변화," 『아세아 연구』 여름호.

_____. 2009. 『만들어진 현실』. 후마니타스.

박성현. 2003. "코드 맞는 사람들끼리 새 집 짓는다," 『뉴스위크』 579호(05/14)

박찬표. 1995. "제헌국회 선거법과 한국의 국가형성," 『한국정치학회보』 제29권 제3호.

_____. 2000. 『한국의 1948년 체제』. 후마니타스.

_____. 2003. "한국 정당민주화론의 반성적 성찰: '정당민주화'인가 '탈정당'인가?," 『사회과학연구』 11집.

_____. 2007. "전문가 정당정치론 대 대중 정당정치론," 최장집·박찬표·박상훈. 『어떤 민주주의인가』. 후마니타스.

베버, 막스. 2011. 『막스 베버, 소명으로서의 정치』. 최장집 엮음, 박상훈 옮김. 폴리테이아.

새천년민주당. 2002. '당 발전과 쇄신을 위한 특별대책위원회' 활동 백서.

서복경. 2003. "정당 개혁과 한국 민주주의의 미래: 원내 정당화 논의의 재고," 『동향과 전망』 60호.

세보르스키, 애덤·호세 마라발(엮음). 2008. 『민주주의와 법의 지배』. 후마니타스.

손낙구. 2010. 『대한민국정치사회지도: 수도권편』. 후마니타스.

손호철. 1999. "IMF 위기와 정치 개혁," 『사회과학연구』 8집.

송석윤. 2005. "선거운동 규제입법의 연원: 1925년 일본 보통선거법의 성립과 한국 분단 체제에의 유입," 서울대학교 『법학』 제46권 제4호. 28~53.

신승근. 2004. "사로잡아라, 오 마이 기간 당원," 『한겨레 21』 540호(12/22).

_____. 2005. "당내 당 국민 참여연대 : 장외 훈수론 한계, 당 접수해 노짱 친위한다," 『월간중앙』 31권 3호(3월).

안희수(엮음). 1995. 『한국정당정치론』 나남.

알레시나, 알베르토·에드워드 글레이저. 2012. 『복지국가의 정치학』. 전용범 옮김. 생각의 힘.

양건. 1992. "선거 과정에서의 국민 참여 확대: 선거운동의 자유와 그 한계를 중심으로," 『공법연구』 제20집.

열린우리당. 2003. 『강령 및 기본 정책 당헌·당규』.

_____. 2004. 『원내 정책 정당 건설을 위한 여섯 달의 기록』. 열린우리당 원내기획행정실.

오승용. 2007. "정치관계법 개혁의 성격과 내용: 2004년 개정 정치관계법을 중심으로," 『21세기 정치학회보』 15권 1호.

유진숙. 2007. "세계화와 한국 정당-정당 개혁에서 세계 모델 확산과 탈동조화," 『한국과 국제정치』 23권 2호.

유현종. 2011. "선거운동 규제의 제도적 변화와 지속성: 국회의원 선거운동 관련 제도를 중심으로," 『한국정치학회보』 제45집 제1호.

윤길중. 1958. "협상선거법을 비판함: 언론 제한 조항을 중심으로 선거권·기탁금 문제," 『인물계』 2월호.

윤종빈. 2007. "2007년 대선과 정당의 후보 선출," 한국선거학회 연례학술회의 〈제17대 대통령 선거와 정치 지형의 변화〉 발표 논문집.

음선필. 2011. "선거 과정과 헌법재판소 : 선거운동 관련 판례의 분석," 『홍익법학』 제12권 제1호.

이동윤. 2008. "정당의 후보 선출 제도와 정당정치의 문제점," 『한국정당학회보』 제7권 제1호.

이부하. 2009. "공직 선거 시 낙선 운동에 대한 헌법적 평가." 『세계헌법연구』 제15권 1호.

이상묵. 2006. "한국의 국회의원 선거제도 변화의 원인 분석: 박정희 정부를 중심으로." 『한국정치학회보』 제40권 제5호.

이정진·이현우. 2007. "미국 대통령 예비선거 변천 과정과 운영의 문제." 『미국학논집』 39권 2호.

이필재 2003. "정계 개편 '태풍의 눈' 유시민 개혁국민정당 위원." 『월간중앙』 6월호.

이현출. 2005. "정당 개혁과 지구당 폐지." 『한국정당학회보』 4권 1호.

임성호. 2003. "원내 정당화와 정치 개혁." 『의정연구』 제9권 제1호.

_____. 2006. "당내 경선에서의 전략 투표와 대통령 선거의 이념적 비편향성." 『선거관리』 52호.

임종훈. 2001. "선거운동의 자유와 현행 선거법상 규제의 문제점." 『공법연구』 제29권 제4호.

장훈. 2010. "보이는 목표와 보이지 않는 결과: 대통령 후보 경선제의 역설." 『20년의 실험: 한국 정치 개혁의 이론과 역사』. 나남.

전용주. 2010. "한국 정당 후보 공천제도 개혁의 쟁점과 대안." 『현대 정치 연구』 3권 1호.

정대화. 2002. 『포스트 양김 시대의 한국 정치』. 개마고원.

정진민. 1998. "후보 선출과 정당정치의 발전." 『후기 산업사회 정당정치와 한국의 정당 발전』. 한울.

_____. 2003. "정당 개혁의 방향: 정당 구조의 변화를 중심으로." 『한국정당학회보』 제2권 제2호.

_____. 2004. "17대 국회의원 선거에서의 상향식 공천 제도와 예비 후보 등록제." 『한국정당학회보』 3권 2호

_____. 2011. "정당의 후보 선출과 공정성: 유권자 정당 모델을 중심으로." 『의정연구』 17권 3호.

주인석. 2009. "한국 정당 발전의 유형화에 대한 비판적 고찰." 『한국정당학회보』 8권 1호.

최장집. 1996. "한국 정치에서의 변형주의." 『한국 민주주의의 조건과 전망』. 나남.

_____. 2005. 『민주화 이후의 민주주의』. 후마니타스.

_____. 2006. 『민주주의의 민주화: 한국 민주주의의 변형과 헤게모니』. 후마니타스.

_____. 2007. "원내 정당론과 국민 경선제가 민주주의 발전에 기여하기 어려운 이유," 최장집·박찬표·박상훈. 『어떤 민주주의인가』. 후마니타스.

_____. 2008. "한국어판 서문," 셰보르스키·마라발 엮음, 『민주주의와 법의 지배』. 후마니타스.

최항순. 2007. "당정 협조 관계의 영향 요인에 관한 연구," 『한국공공관리학보』 21권 4호.

한배호. 2000. 『한국현대정치론 1』. 오름.

해밀턴, 알렉산더, 제임스 매디슨, 존 제이. 1995. 『페더랄리스트 페이퍼』. 김동영 옮김. 한울아카데미.

헬드, 데이비드. 2010. 『민주주의의 모델들』. 박찬표 옮김. 후마니타스.

모슬러, 한스(Hannes Mosler). 2011. "담론 분석 접근으로 고찰해 본 제도 개혁의 정책 결정 과정에 대한 연구 : 한국 지구당 폐지 사례를 중심으로," 서울대 대학원 정치학 박사학위 논문.

Aldrich, John. 1995. *Why Parties? The Origin and Transformation of Political Parties in America*. Chicago: University of Chicago Press.

_____. 2011. *Why Parties?: A Second Look*. University of Chicago Press.

Alexander, Jefferey C.(ed.). 1998. *Real Civil Societies: Dilemmas of Institutionalization*. Thousand Oaks, Calif.: Sage Publications.

Andeweg, Rudy B. 1992. "Executive-Legislative Relations in the Netherlands: Consequences and Coexisting Patterns," *Legislative Studies Quarterly*. 17, 2.

Andeweg, Rudy B. and Lia Mijzink. 1995. "Beyond the Two-body Image: Relations between Ministers and MPs," Herbert Döring(ed.), *Parliaments and Majority Rule in Western Europe*. New York: St. Martin's Press.

APSA Committee on Political Parties. 1950. *Toward a More Responsible Two-Party System*. New York: Holt, Rinehart.

Banfield, Edward C. and James Q. Wilson. 1963. *City Politics*. Vintage.

Bartels, Larry M. 2008. *Unequal Democracy: The Political Economy of the New*

Gilded Age. Princeton University Press[『불평등 민주주의: 자유에 가려진 진실』. 위선주 옮김. 21세기북스. 2012].

Beck, Paul Allen and Frank J. Sorauf. 1992. *Party Politics in America*. New York: Harper-Collins Publishers.

Bibby, John F. and Brian F. Schaffner. 2008. *Politics, Parties and Elections in America*. 6th edition. Thomson Wadsworth.

Bordignon, Massimo, Tommaso Nannicini and Guido Tabellini. 2010. "Moderating Political Extremism: Single Round vs Runoff Elections under Plurality Rule," http://didattica.unibocconi.it/mypage/upload/48805_20101029_015423_BNT_OCTOBER_2010_FINAL.PDF

Campbell, Angus, Philip Converse, Warren Miller and Donald Stokes. 1960. *The American Voter*. New York: Wiley.

Clark, Peter B. and James Q. Wilson. 1961. "Incentive Systems: A Theory of Organizations," *Administrative Science Quarterly*, Vol. 6, No. 2.

Cook, Rohdes. 2004. *The Presidential Nominating Process: A Place for Us?*. Rowman & Littlefield.

Cox, G. and M. McCubbins 1993. *Legislative Leviathan: Party Government in the House*. Berkeley: University of California Press.

Crenson, Mathew A. and Benjamin Ginsberg. 2002. *Downsizing Democracy : How America Sidelined Its Citizens and Privatized Its Public*. Baltimore: Johns Hopkins University Press[『다운사이징 데모크라시』. 서복경 옮김. 후마니타스. 2013].

Crotty, William J. 1978. *Decisions for the Democrats*. Johns Hopkins University Press.

Dahl, Robert. 1956. *A Preface to Democratic Theory*. University of Chicago Press.

_____. 1977. "On Removing Certain Impediments to Democracy in the United States," *Political Science Quarterly*, Vol. 92, No. 1.

_____. 1985. *A Preface to Economic Democracy*. Berkeley: University of California Press.

_____. 1986. *Democracy, Liberty and Equality*. Norwegian University Press.

_____. 1990/1973. *After the Revolution?: Authority in a Good Society*. Yale University Press[『현대 위기와 민주혁명』. 한완상·이재호 옮김. 탐구당. 1981].

_____. 1998. *On Democracy*. Yale University Press.

_____. 2001. *How Democratic is the American Constitution?*. Yale University Press[『미국 헌법과 민주주의』. 박상훈·박수형 옮김. 후마니타스. 2004].

Dalton, Russell J. and Martin P. Wattenberg. 2000. "Unthinkable Democracy," Russell J. Dalton and Martin P. Wattenberg. *Parties without Partisans*. Oxford: Oxford University Press.

Di Clerico, Robert E. and James W. Davis. 2000. *Choosing Our Choices: Debating the Presidential Nominating Process*. Rowman & Littlefield.

Diamond, Larry. 2010. "The Democratic Rollback," Patrick H. O'Neil and Ronald Rogowski(eds.), *Essential Readings in Comparative Politics*. W.W. Norton & Company.

Downs, Anthony. 1957. *An Economic Theory of Democracy*. New York: Wiley.

Dunn, John. 2000. *The Cunning of Unreason: Making Sense of Politics*. Harper Collins.

Duverger, Maurice. 1964/1951. *Political Parties: Their Organization and Activity in the Modern State*. Methuen[『정당론』. 박희선·장을병 옮김. 문명사. 1976].

Eldersveld, Samuel J. and Hanes Walton, Jr. 2000. *Political Parties in American Society*. 2nd edition. Bedford/St. Martin's.

Elster, Jon. 1988. "Introduction" in Jon Elster and Rune Slagstad(eds.), *Constitutionalism and Democracy*. Cambridge University Press.

Epstein, Leon. 1986. *Political Parties in American Mold*. University of Winsconsin Press.

Fiorina, Morris. 1980. "The Decline of Collective Responsibility in American Politics," *Daedalus*, vol. 109, no. 3.

_____. 1987. "Party Government in the United States - Diagnosis and Prognosis," R. Katz(ed.), *Party Governments: European and American Experiences*. New York: Walter de Gruyyter.

Freeman, Samuel(ed.). 1999. *John Rawls: Collected Papers*. Harvard University

Press.

Frognier, A. P. 2000. "The Normative Foundation of Party Government," Jena Blondel and Maurizio Cotta(eds.), *The Nature of Party Government*. New York: Palgrave.

Geuss, Raymond. 2001. *History and Illusion in Politics*. Cambridge University Press.

Henderson, Gregory. 1968. *Korea: The Politics of the Vortex*. Harvard University Press[『소용돌이의 한국 정치』. 박행웅·이종삼 옮김. 한울. 2012].

Hershey, Marjorie R. 2009. *Party Politics in America*. 13th edition. Longman.

Judd, Dennis R. and Todd Swanstrom. 2006. *City Politics: The Political Economy of Urban America*. 5th edition. Pearson Longman.

Katz, Richard S. 1987. "Party Government and its Alternatives," R. Katz(ed.), *Party Governments: European and American Experiences*. New York: Walter de Gruyyter.

Key, V. O. 1949. *Southern Politics in State and Nation*. Harvard.

_____. 1964/1942. *Politics, Parties and Pressure Groups*. New York: Crowell.

Kim, Dongno. 1990. "The Transformation of Familism in Modern Korean Society: From Cooperation to Competition," *International Sociology*, Vol. 5, no. 4, Dec.

King, Anthony. 1976. "Modes of Executive-Legislative Relations," *Legislative Studies Quarterly* 1,1.

_____. 1997. *Running Scared : Why America's Politicians Campaign Too Much and Govern Too Little*. New York: The Free Press.

Kirchheimer, Otto. 1969. "The Transformation of the Western European Party System," *Politics, Law and Social Change: Selected Essays of Otto Kirchheimer*, edited by Frederic S. Burin and Kurt L. Shell, Columbia University Press.

Kornhauser, William. 1959. *The Politics of Mass Society*. The Free Press.

Lijphart, Arend, Ronald Rogowski and R. Kent Weaver. 1993. "Separation of Powers and Cleavage Management," R. Kent Weaver and Bert A.

Rockman(eds.), *Do Institutions Matter?: Government Capabilities in the United States and Abroad*. Brookings Institution

Lilley, James. 2004. *China Hands: nine decades of adventure, espionage and diplomacy in Asia*. Perseus Books Group.

Linz, Juan. 1994. "Presidential or Parliamentary Democracy: Does It Make a Difference?" Linz and Valenzuela(eds.), *The Failure of Presidential Democracy: Comparative Perspectives*.

_____. 2002. "Parties in Contemporary Democracies: Problems and Paradoxes," Richard Gunther, José Ramón Montero and Juan J. Linz(eds.), *Political Parties: Old Concepts and New Challenges*. Oxford University Press.

Linz Juan and Arturo Valenzuela(eds.). 1994. *The Failure of Presidential Democracy: Comparative Perspectives*. Johns Hopkins University Press.

Lowi, Theodore J., Benjamin Ginsberg and Kenneth A. Shepsle. 2005. *American Government*. New York: W.W.Norton & Company. 8th Edition.

Machiavelli, Niccolo. 1970. *The Discourses*. Penguine[『로마사논고』. 강정인 옮김. 한길사. 2005].

Machiavelli, Niccolo and Francesco Guicciardini. 2002. *The Sweetness of Power: Machiavelli's Discourses & Guicciardini's Considerations*, edited by James Atkinson and David Sices. Northern Illinois University Press.

Maier, Charles S. 1992. "Democracy since the French Revolution," John Dunn(ed.), *Democracy: The Unfinished Journey 508BC to AD 1993*. Oxford University Press.

Mair, Peter. 2001. "The Freezing Hypothesis: An Evaluation," L. Karvonen and S. Kuhnle(eds.), *Party Systems and Voter Alignments Revisited*. Routledge.

Manin, Bernard. 1997. *The Principles of Representative Government*. Cambridge University Press[『선거는 민주적인가』. 곽준혁 옮김. 후마니타스. 2004].

Manin, Bernard Adam Przeworski and Susan C. Stokes. 1999. *Democracy, Accountability and Representation*. Cambridge University Press.

Manza, Jeff. 2009 "The Right to Vote and Unequal Participation in American Politics," Jeff Manza and Michael Sauder(eds.), *Inequality and Society:*

        Social Science Perspectives on Social Stratification. W.W. Norton & Company.

Maravall, José María. 2008. "The Political Consequences of Internal Party Democracy," José María Maravall and Ignacio Sánchez-Cuenca(eds.), *Controlling Governments: Voters, Institutions and Accountability*. Cambridge University Press.

Nagel, Jack H. 1987. *Participation*. Prentice Hall.

Nettl, J. P. 1968. "The State as a Conceptual Variable," *World Politics*, 20/4.

Nino, Carlos Santiago. 1996. *The Constitution of Deliberative Democracy*. Yale University Press.

Norrander, Barbara. 2010. *The Imperfect Primary: Oddities, Biases and Strengths of U. S. Presidential Nomination Politics*. Routledge.

Norris, Pippa. 2004. *Building Political Parties: Reforming Legal Regulations and Internal Rules*. Report Commissioned by International IDEA.

O'Donnell Guillermo and Philippe C. Schmitter. 1986. *Transition from Authoritarian Rule: Tentative Conclusions about Uncertain Democracies*. The Johns Hopkins University Press.

Polsby, Nelson W. 1983. *Consequences of Party Reform*. Oxford University Press.

Polsby, Nelson W. et al. 2012. *Presidential Elections: Strategies and Structures of American Politics* 13rd edition. Rowman & Littlefield Publishers.

Prasad, Monica. 2006. *The Politics Of Free Markets: The Rise of Neoliberal Economic Policies in Britain, France, Germany and the United States*. The University of Chicago Press.

Przeworski, Adam. 1991. *Democracy and the Market: Political and Economic Reforms in Eastern Europe and Latin America*. Cambridge University Press[『민주주의와 시장』. 임혁백·윤성학 옮김. 한울. 2010].

Rahat, Gideon and Reuven Y. Hazan. 2010. *Democracy within Parties: Candidate Selection Methods and their Political Consequences*. Cambridge University Press.

Rahat, Gideon, Reuven Y. Hazan and Richard S. Katz. 2008. "Democracy and

Political Party," *Party Politics*. 14, 6.

Ranney, Austin. 1962. *The Doctrine of Responsible Party Government : Its Origin and Present State*. Urbana: The University of Illinois Press.

Rosenstone, Steven and John Mark Hansen. 2002/1993. *Mobilization, Participation and Democracy in America*. Longman.

Saalfeld, Thomas. 1990. "The West German Bundestag after 40 years: The Role of a Parliamentarian in a 'Party Democracy'," *West European Politics* 13.

Sartori, Giovanni. 1987. *The Theory of Democracy Revisited*. Chatham House Publishers[『민주주의 이론의 재조명』. 이행 옮김. 인간사랑. 1990].

_____. 1994a. "Neither Presidentialism nor Parliamentarism," Linz and Valenzuela(eds.), *The Failure of Presidential Democracy: Comparative Perspectives*. The Johns Hopkins University Press.

_____. 1994b. *Comparative Constitutional Engineering: An Inquiry into Structures, Incentives and Outcomes*. New York University Press.

_____. 2005/1976. *Parties and Party Systems: A Framework for Analysis*. ECPR Press.

Schattschneider, E. E. 1975/1960. *The Semisovereignty People: A Realist's View of Democracy in America*. Hinsdale. Illinois: The Dryden Press 현재호·박수형 역. 2008. 『절반의 인민주권』. 후마니타스.

_____. 2003/1942. *Party Government*. Transaction Publishers.

Schmitter, Philippe C. and Terry Lynn Karl. 1996. "What Democracy is … and is Not," Larry Diamond and Mark F. Plattner(eds.), *The Global Resurgence of Democracy*. Johns Hopkins University Press.

Sen, Amartya. 2009. *The Idea of Justice*. Harvard University Press.

Shapiro, Ian. 2004. "Power and Democracy," Frederik Engelstad and Oyvind Osterud(eds.), *Power and Democracy: Critical Interventions*. Ashgate.

Strøm, Kaare. 2000. "Parties at the Core of Government," Russell J. Dalton and Martin P. Wattenberg. *Parties without Partisans*. Oxford: Oxford University Press.

Thies, Michael F. 2000. "On the Primacy of Party in Government," Russell J.

Dalton and Martin P. Wattenberg. *Parties without Partisans*. Oxford: Oxford University Press.

Tocqueville, Alexis de. 2004. *Democracy in America*, translated by Arthur Goldhammer. The Library of America[『미국의 민주주의 1, 2』. 임효선 옮김. 한길사. 2009].

_____. 1998. *The Old Regime and the French Revolution*, translated by Alan S. Kahan. University of Chicago Press[『앙시앵 레짐과 프랑스혁명』. 이용재 옮김. 지식을만드는지식. 2013].

Verba, Sidney Kay Lehman Schlozman and Henry E. Brady. 1995. *Voice and Equality: Civic Voluntarism in American Politics*. Harvard University Press.

Walzer, Michael. 2004/1981. "Democracy vs. Elections," Emmett H. Buell Jr. and William G. Mayer(eds.), *Enduring Controversies in Presidential Nominating Politics*. University of Pittsburgh Press.

Ware, Alan. 1979. *The Logic of Party Democracy*. ST. Martin's Press.

_____. 2002. *The American Direct Primary: Party Institutionalization and Transformation in the North*. Cambridge University Press.

Weber, Max. 1946/1918. "Science as a Vocation," H. H. Gerth and C. Wright Mills(eds.), *From Max Weber: Essays in Sociology*. Oxford University Press.

_____. 1946/1919. "Politics as a Vocation," H. H. Gerth and C. Wright Mills(eds.), *From Max Weber: Essays in Sociology*. Oxford University Press[『소명으로서의 정치』. 최장집 엮음, 박상훈 옮김. 후마니타스. 2011].

White, Theodore H. 1961. *The Making of the President, 1960*. Atheneum.

Wilson, James Q. 1960. *Negro Politics: The Search for Leadership*. Free Press.

_____. 1962. *The Amateur Democrat Club Politics in Three Cities-New York, Chicago, Los Angeles*. The University Of Chicago Press.

찾아보기

ㄱ

가부장적 권위주의 79
갈등 축 88, 108, 163, 348
갈등의 상호 교차 75
강력한 대통령(제) 36, 37, 45, 46, 50, 84, 178, 181, 185, 186, 356
강한 국가 33, 34, 45, 50, 158
개발주의 71
개방형 후보 선출 제도 257, 258, 260, 261, 347, 349
개인 민주주의 245
개헌론 172, 176, 182, 296-298, 339, 350, 351, 354
개혁국민정당(개혁당) 207, 210, 211, 214, 227
개혁파 12, 35, 195, 205, 207-210, 212-215, 217-222, 231, 233, 234, 238, 239, 241, 243, 244, 249-252
거대 건설 프로젝트 44, 50, 110, 118-122, 124
거대한 부정의(great injustice) 44, 119
견제되지 않는 대통령 61, 83, 356
견제와 균형 47, 85, 115, 117, 120, 156, 238
결빙(freezing) 30
결선투표제 179, 350, 351-353
경제 관료 기구 41
계몽된 이해 105, 107
고대 민주주의 8, 9, 37

고이스, 레이먼드(Raymond Geuss) 37
공고화 20, 24-26, 30, 38, 40, 45, 54, 136, 176, 339
공공선 157, 158, 174
공공재 232
공론장 45, 46, 141, 152, 165, 186
공리주의 161
공산주의 78
공적 이성 103, 165
공직 후보 209, 212, 214, 218, 250, 259, 263, 266, 269, 320, 321
공직선거및선거부정방지법 306
공직선거법 269, 287-289, 293, 295, 308, 313-315
과대 성장 국가 33, 122
과두제 276
과두제의 철칙 276
관료제 9, 37, 172
관료제 국가 9
광주항쟁 22, 80
구속(적) 위임 236
구체제 21, 23, 24, 26, 28, 29, 31, 32, 60, 182, 185, 186
국가 관료 기구 27
국가 관료 체제 170, 333
국가 중심성 60, 77
국가 코포라티즘 41
국가 프로젝트 59, 156, 157
국가-재벌 연합 58, 61, 83, 84, 110, 117
국가로부터의 자율성 61, 158

찾아보기 **371**

국가성(stateness) 34
국가의 실패 35
국가주의 34, 35, 155, 156, 191
국민 경선제 12, 218, 255, 257-261, 263, 265-276, 278-280, 283, 284, 320, 321
국민 참여 경선 206, 209, 211-214, 216-220, 233, 250
군부 권위주의 22, 23, 186
군사주의 23
권력분립 237, 238, 240-242, 249, 252
권위주의 22, 23, 30-32, 34, 36, 38, 39, 41, 43, 46, 47, 51, 52, 54, 55, 63, 68, 71, 74, 76-79, 81, 83, 84, 90, 91, 98-102, 113, 117, 132, 136, 153, 156, 158, 165, 173, 174, 185, 186, 189, 191-193, 200, 221, 238, 278, 306, 310, 311, 313, 325, 332-334, 336, 337, 339, 341, 346
권위주의적 산업화 21, 23, 24, 35, 60, 70
그람시, 안토니오(Antonio Gramsci) 161
근본주의 100, 163
금융 세계화 35
급진파 23, 69
기간 당원 211-217
기탁금 295, 303, 311
김대중 33, 39, 42, 99-101, 103, 114, 126, 152, 176, 183, 206-208, 222, 223, 259, 273, 333, 336, 340
김동노 43
김영삼 183, 223, 259, 273, 322, 333
김종필 259, 333
김준연 301
깨어 있는 시민 106, 107, 118

ㄴ

냉전 반공주의 21, 24, 26, 70, 73, 155
네틀, J. P.(J. P. Nettl) 34
노동시장 42, 59, 84, 328, 333
노동운동 31-33, 39, 41, 42, 54, 57, 60, 66, 72-74, 155, 327, 330, 332, 333, 336, 338
노동의 정치 세력화 31, 340
노무현 33, 39, 40, 42, 50, 51, 99-101, 103, 112, 126, 135, 151, 152, 178, 181-183, 206, 209, 210, 222, 223,229, 231, 274, 323, 327, 336, 340, 355
노사모 210, 218, 336
노학 연대 72

ㄷ

다당제 116, 352
다수 지배 48
다수결의 원칙 165, 241
다수결주의 29
다수의 전제 164, 194, 197, 242
다원주의 41, 61, 157, 196, 198, 247, 352
다원주의적 민주주의 241
단순 다수제 97, 179, 296, 351, 352
단임제 181, 182, 193, 350
달, 로버트(Robert Dahl) 31, 105, 107, 121, 190, 193, 194, 247, 276, 278, 354
당내 민주주의 208, 219, 250, 251, 276, 277
당의장 211, 221, 224, 227

당정 관계 209, 222-224, 226, 231, 355, 356
당정 분리 192, 209, 212, 214, 221-226, 228, 230, 231, 233, 238, 250, 355
당정 협의 222, 223, 226, 229, 357
대연정 225, 226, 229
대의제 민주주의 12, 32, 37, 86, 91, 113, 149, 153, 167, 189, 190, 200, 237, 238, 240-242, 244, 253, 270
대중사회 이론 197
대중정당 27, 206, 211, 242, 327
대처, 마거릿(Margaret Thatcher) 102
대통령 중심제 97, 350, 351
대통령 중임제 176, 181, 182, 193, 350, 354
대통령제 36, 172, 176-178, 179, 181, 184, 193, 225, 229, 236, 239, 269, 350
대통령중심제 120, 177, 178, 185
대표-책임 47, 163, 165, 182
대표성 9, 41, 48, 178, 217-219, 237, 244, 250, 259, 331, 349
대표의 직접성 54
대행적 대표(proxy representation) 55
던, 존(John Dunn) 285
데마고그 162
도덕적 지도력 63, 116
도덕주의 107, 174, 279
도시 중산층 23, 32, 66, 72, 74, 113, 116
독일식 정당 명부제 351
동료 평가(peer review) 280, 281, 283
뒤베르제, 모리스(Maurice Duverger) 277

ㄹ

라이커, 윌리엄(William Riker) 190
레이건, 로널드(Ronald Reagan) 22, 102
레이프하르트, 아렌트(Arend Lijphart) 176, 269
레임덕 178, 182
로칸, 스테인(Stein Rokkan) 30
롤스, 존(John Rawls) 142, 157, 161
루소, 장 자크(Jean-Jacques Rousseau) 186
리더십 12, 20, 27, 50, 79, 98, 102, 108, 115, 117, 172, 181, 183, 189, 190, 192, 214, 222-224, 227, 228, 232, 237, 247, 250, 262, 264, 266, 277, 278, 347, 349, 353-355, 357, 358
린츠, 후안(Juan Linz) 176-178
립셋, 세이무어(Seymour M. Lipset) 30, 75

ㅁ

마라발, 호세 마리아(José María Maravall) 49, 277
마르크스주의 73, 155, 160
마키아벨리, 니콜로(Niccolò Machiavelli) 48, 115, 157, 230
매디슨, 제임스(James Madison) 156, 230
머신(machine) 243, 244, 277, 327
메르켈, 앙겔라(Angela Merkel) 125
모바일 투표 260, 321, 347, 349, 353
목적 윤리 19, 161-163, 165
무당파 111

무도덕적 가족주의(amoral familism) 43
무소속 295, 298, 300, 302, 304, 305
문화 이론 161
미헬스, 로베르트(Robert Michels) 276
민족문제 26, 67, 79, 80, 88, 89, 117, 126, 159, 160, 348
민족주의 34, 35, 67, 69, 73, 77, 154-156, 159, 191
민주 대 반민주 88, 89, 91, 97, 100, 107, 163, 345, 346
민주 대연합(론) 97, 99, 107, 115, 340, 341
민주국민당(민국당) 298, 305
민주노동당 337, 338, 340
민주자유당(민자당) 183, 273, 306, 307, 309, 322
민주적 리더십 354, 358
민주적 책임성 103, 189, 193
민주적 통제 36, 42, 252
민주정의당(민정당) 322, 333
민주주의의 선결 조건 194
민주주의의 질 20, 170, 340
민주파 173, 175, 187
민주화 운동 12, 22-24, 32, 36, 38, 39, 54, 62, 65, 71, 72, 80, 81, 96, 98, 113, 132, 134-136, 154, 155, 159, 171, 173-175, 182, 185, 187, 188, 199, 200, 208, 287
민주화 이후의 민주주의 83, 98, 175, 199, 337
민중 권력 173, 184, 186, 200
민중운동 28, 39, 54
민중적 민주주의(populistic democracy) 172
민청학련 세대 74

ㅂ

바텔스, 래리(Larry M. Bartels) 56
박근혜 114, 115, 124, 275, 345, 355
박기출 302, 303
박원순 269, 321
박정희 22, 23, 58, 63, 71, 83, 185
반(反)MB 97
반(反)정당 147, 148
반(反)정치 147, 148, 198, 200, 201, 345
발전 국가 23, 33, 34, 83, 84, 110
발전주의 23, 24, 35, 71, 73, 84
발췌 개헌 296-298
밴필드, 에드워드(Edward Banfield) 20, 43
벌린, 이사야(Isaiah Berlin) 157
법에 의한 지배 49
법의 지배 48, 49, 63, 85, 102, 119, 156, 158
베를루스코니, 실비오(Silvio Berlusconi) 164
베버, 막스(Max Weber) 19, 162, 163, 191, 223, 277
벤담, 제러미(Jeremy Bentham) 161
변혁적 민주주의 149, 155, 159
변형주의(trasformismo) 75, 76
보수 양당 체제 287, 294, 303, 307, 342
보수주의 60
보수파 51, 63, 100, 101, 114, 127
분단국가 21, 33, 60, 66, 77, 79, 88
분배 효과 55, 57, 96

분할 정부 178, 180
비례대표제 29, 282, 351
비제도권 62, 75, 76, 111, 132, 133
비트겐슈타인, 루드비히(Ludwig Wittgenstein) 161, 166

ㅅ

사르코지, 니콜라(Nicolas Sarkozy) 125
사르토리, 지오반니(Giovanni Sartori) 176, 181, 189, 278, 352
사민주의 67, 125, 155, 160, 242, 330
사법부 47, 85, 193, 288, 292, 305, 309
사사오입 개헌 300
(개혁의) 사업화 146, 152
사인화된 대통령 37, 50, 358
사적 이익 46, 64, 113, 118, 198
사전 선거운동 금지 290, 303, 310, 311
사회 기획(social engineering) 157, 164
사회경제적 이익 25, 27, 29, 30, 55, 111, 148
사회적 선택 이론 160
사회주의 38, 67, 155, 160, 242, 249
산술적 평등 248
산티아고 카리요 89
삼권분립 47, 68, 85, 221
새누리당 111, 258, 259, 322, 346, 355
새천년민주당(민주당) 99, 110, 120, 183, 206-208, 257, 258, 323
샤츠슈나이더, E. E.(E. E. Schattschneider) 25, 108, 246, 247, 264, 265, 274, 278, 279
선거 경쟁 25, 33, 55, 101, 105, 147, 271, 276, 299, 300, 339
선거 연합 97
선거공영제 296, 303, 304, 307, 311, 312
선거법안 295-299, 303, 306
선거운동 기간 제한 284, 288, 290, 291, 298, 299, 308-310, 353
선거제도 97, 268, 269, 284, 350, 351, 353, 354
선출직 대표 349
성장주의/성장 지상주의 24, 35, 58, 61, 73, 84, 105, 110, 126, 156
센, 아마르티아(Amartya Kumar Sen) 160
셰보르스키, 애덤(Adam Przeworski) 49, 101, 153, 176, 326
소수 이익 보호 241
소용돌이의 정치 170, 171, 185
손낙구 86, 109
수직적 책임성 47, 240, 252
수평적 책임성 47, 193, 238, 239
슈미터, 필립(Philippe C. Schmitter) 176, 189
슘페터, 조지프(Joseph Schumpeter) 105
스미스, 애덤(Adam Smith) 160
승자 독식 117, 177, 179, 181
시민 정치 247, 248, 320, 321, 342
시민권 8, 9, 44, 327, 329, 331, 335, 338
시민사회 25, 33, 34, 36-42, 44-47, 52, 53, 61, 71, 83, 85, 87, 102, 112, 122, 132, 133, 135, 136, 139, 146, 147, 150-152, 157, 158, 170, 180, 195-197, 217, 220, 230, 232, 241, 247, 248
시민운동 28, 32, 39, 87, 114, 139, 146, 147, 150-152, 156, 157, 195, 201,

269, 320-322, 324, 357
시민적 덕 38, 157
시장 경쟁 35, 63, 138, 145
시카고학파 20
신념 윤리 191
신자유주의 35, 42, 56-58, 61, 84, 102, 125, 126, 138, 146, 195-198, 206, 332, 333, 337
신자유주의 세계화 35, 62, 145, 160, 333
실질적 민주주의 105, 106
실질적 정당성 149

ㅇ

아데나워, 콘라트(Konrad Adenauer) 79
아웃사이더 현상 323
양극화된 다원주의 352
엘리트주의 107, 113, 148, 234, 236
여론 동원 46, 322
여론조사 9, 216, 217, 257, 260, 280, 282, 291, 321, 347, 353
여소야대 178, 180, 222
열린우리당 12, 40, 183, 205-207, 210-213, 215, 216, 218, 220-224, 226-228, 232-234, 238, 239, 249, 250, 252, 323, 347, 355
열망과 실망 104, 113, 335
예비선거 218-220, 243, 244, 257, 261, 262, 269, 274, 276, 279
예산 분배 정치(pork-barrel politics) 122, 181
오바마, 버락(Barack Obama) 44, 45
완전 개방형 경선제 212, 257, 258, 349

왈저, 마이클(Michael Walzer) 279
요시다 시게루(吉田茂) 79
운동권 11, 39, 82, 88, 112, 115, 119, 135, 176, 198, 323
운동에 의한 민주화 65, 81, 173, 186, 188, 189, 199
운동의 탈동원화 38, 40, 73, 173, 176
운동의 힘 24, 61, 65, 72
원내 대표 211, 212, 221, 227, 228
원내 정당(화) 206, 209, 211, 214, 221, 228, 233, 238, 250, 256, 303
원내 정당론 207, 211, 233
위원회 정부 51, 231
위임 민주주의 84
유권자 속의 정당 213, 214, 218-220, 232, 233, 249, 250
윤길중 295
의제 설정 27, 225, 348
의제에 대한 시민의 최종적 통제권 105, 121
의회 중심제 176-178, 181, 350
이기붕 302
이명박 39, 40, 42, 50, 59, 84, 96, 97, 99-103, 114, 115, 118, 124, 125, 152, 165, 182, 183, 274, 275, 327, 355
이범석 299
이승만 65-68, 76-79, 185, 297-301, 303
이익 결사체 41, 53, 113
이익 정치 240
이익집단 41, 50, 53, 114, 121, 145, 146, 148, 152, 244-248, 263, 272, 293, 325
이중 대표성 181
이중적 정당성 177

인민 지배 235, 236, 242
인민주권 37, 69, 74, 86, 104, 106, 241, 242
인위적 다수 181
인터넷 투표 321, 353
인텔리겐치아 134
일반의지 186, 187, 189, 200, 237
임기 경직성 178

ㅈ

자민당 116, 117, 330
자본주의 시장경제 7, 9, 55, 130, 138, 154
자유 위임 236, 237, 242
자유당 65, 67, 68, 70, 73, 89, 185, 299-306
자유민주주의 21, 78
자유주의 22, 34, 35, 63, 70, 142, 155-159, 167, 174, 198, 238, 241, 242, 244, 252
자율적 결사체 9, 38, 41-44, 52, 53, 55, 102, 196, 325, 331
자율적 시장 35, 125, 126
자해적 정당 개혁 313, 349
작은 국가론 35
잠정적 정부 189
잠정적 타협(modus vivendi) 158
장택상 302
재권위주의화 100
재벌 중심 체제 9, 122, 333
저발전된 정당 117
적극적 권력(positive power) 252
적극적 시민 38, 53, 106

적극적 자유 242
전망적 투표 183, 327
전문가주의 231
전자 민주주의 211
전체주의 82, 156, 192, 197
절차적 민주주의 106, 194
절차적 정당성 82, 149
정당 간 경쟁 29, 45, 56, 59, 250, 268, 274, 276, 327, 332, 334
정당 개혁 205-207, 210-213, 233, 238, 240, 241, 243-245, 247, 249, 251, 252, 319, 321, 349
정당 대안 110, 325, 332, 333
정당 리더십 12, 27, 222, 228, 250, 262
정당 민주주의 148, 291
정당 민주화(당내 민주화) 211, 257, 260, 261, 275, 278
정당 체제 13, 24-26, 28-31, 56, 61, 62, 88, 90, 105, 110, 117, 155, 172, 180, 181, 183, 186, 187, 197, 200, 223, 238, 270, 287, 289, 301, 305-308, 311, 319, 320, 328, 330-335, 338, 339, 341, 342, 352
정당의 제도화 59, 183
정당이 중심이 되는 민주주의 10, 13, 199, 200, 234, 235, 326, 327, 356
정당정부 12, 13, 207, 231, 233-244, 249, 251, 252, 327, 345, 348
정당정치 12, 26, 50, 57, 62, 150, 173, 201, 208, 210, 225, 226, 233, 235, 237, 238, 242, 249, 252, 257, 259, 261, 262, 265, 267, 269, 276, 279, 284, 287, 291, 307, 310, 313, 319, 320-323, 328, 329, 332, 333, 337,

338, 342, 347, 348, 354
정무 수석 222
정무장관 222, 223
정부 속의 정당 213, 214, 220, 221, 223, 228, 229, 232, 233
정신적 헤게모니 173
정책 결정 과정 41, 46, 51, 87, 96, 102, 103, 112, 121, 135, 138, 139, 148, 153, 161, 163, 165, 166, 172, 178, 180, 188, 226, 236, 247, 249, 260
정책 연합 352
정책 정당(화) 151, 256
정초 선거 30, 332, 333
정치 개혁 12, 150, 151, 206, 210, 211, 224, 227, 234, 243, 249, 255-259, 261, 262, 264, 271, 275, 276, 279, 284, 285, 307
정치 경쟁 98, 123, 126, 188, 199
정치 연합 352
정치자금(법) 150, 255, 260, 278, 284, 288, 289, 296, 312, 313
정치적 극단주의 352
정치적 대표 체계 25, 62, 123
정치적 민주주의 12, 243, 253
정치적 민주화 89
정치적 자유주의 195, 198
정치적 평등 8, 33, 37, 52, 55, 63, 104, 106, 245, 246
정치체제 22, 23, 42, 69, 70, 74, 89, 98, 102, 116, 120, 127, 176, 181, 185, 189, 197, 219, 243, 247, 249, 251, 263, 278, 292
제3당 267, 268, 269, 271, 283
제도 개혁 150, 156, 172, 176, 179, 180, 182, 192, 193, 200, 201, 279, 349, 354
제도권 27, 30, 32, 52, 75, 110-112, 132-135, 140, 320
제도적 메커니즘으로서의 정당 172, 192
제도적 실천으로서의 민주주의 172, 188, 189, 191, 199, 200, 234, 253
제왕적 대통령 205, 221, 356
조병옥 301, 302
조봉암 299, 301
조직으로서의 정당 213, 214, 220, 221, 227, 228, 232, 233, 250, 284
종류가 다른 정당 340, 342
주류 언론 27, 28, 30, 337
주민 투표 337
주인-대리인 문제 234
준(準)대통령제 178
중간 집단 170, 171, 196, 197
중산층 급진주의 11, 81, 82
중앙 집중화 59, 169, 170, 178, 185, 196
즉응(卽應)의 정치(instant/instantaneous politics) 45-47, 50, 51, 61, 120, 188
지구당 폐지 206, 212-215, 233, 313
지배적 이데올로기 24
지식인 21, 38, 39, 51, 54, 56, 66, 71, 74, 76, 87, 90, 97, 100, 106, 108, 112, 113, 115, 118, 124, 129, 130-135, 137-140, 143, 144, 146-154, 156, 159, 161, 162, 164-167, 272, 347
지역 정당 체제 26, 28, 29
지역적 투표 패턴 28, 29
지위재로서의 보수 124
지위재로서의 진보 124
직접민주주의 37, 211, 236, 342

진보 정당 있는 민주주의 340, 341
진보당(진보당 사건) 295, 301-303, 305
진보적 지식인 공동체 130-135, 145, 146, 166, 167
진보파 11, 56, 63, 100, 101, 113-115, 118, 119, 124, 127, 246
진성 당원 211, 212, 215
집권 능력 348
집권당 없는 대통령 356
집단 이기주의 33
집단적 책임성 234
집단지도체제 209, 211, 214, 221, 227, 228, 250, 331
집합적 책임성 235
집합행동 228, 232, 250

총체적 부정의 논리 98
최대 정의적 민주주의 70, 104
최소 정의적 민주주의 104, 105
최소주의자(minimalist) 68

ㅋ

카리스마적 지도자 208, 214
캠프 정부 355
코커스 220, 327
콘하우저, 윌리엄(William Kornhauser) 197
키, V. O.(V. O. Key) 111, 213, 232
키르히하이머, 오토(Otto Kirchheimer) 27
킹, 앤서니(Anthony King) 243-245

ㅊ

참여 민주주의 210, 214, 276
참여의 위기 51, 83, 86-88, 109
참여의 평등 54, 55, 63, 86, 91, 98, 106
참여정부 51, 112, 206, 212, 221, 223, 229, 233, 239
책임 윤리(Verantwortungsethik) 161-163, 165, 191
책임성 37, 61, 85, 103, 120, 135, 177, 183, 189-192, 214, 221, 230, 231, 235, 238, 239, 270-272, 354
책임정치 13, 61, 85, 226, 283, 354, 358
초대통령제(hyper-presidentialism) 85, 120
촛불 시위 40, 74, 96, 115, 152, 153, 334, 341, 353

ㅌ

탈냉전 333
탈물질주의 252
탈물질주의(postmaterialism) 252
토건 국가 118
토크빌, 알렉시스 드(Alexis de Tocqueville) 157, 169-171, 196, 197
통일민주당 322, 333
통치 능력 100, 116, 127, 222, 225
통치 스타일 102
통치 체제 37, 70, 102, 103, 189, 199
통치의 기예(art of government) 354
투표율 52-54, 86, 109, 245, 259, 329, 330, 334, 335

투표의 평등 105
특수주의 50

ㅍ

평화민주당 323, 333
포괄 정당 26, 27, 116, 117
포퓰리즘 46, 197
폴스비, 넬슨(Nelson Polsby) 279
풀뿌리 민주주의 342
풀뿌리 시민 자치 운동 44, 320
프라사드, 모니카(Monica Prasad) 56
(운동과 학문의) 프로젝트화 146, 151, 152

ㅎ

학문의 정치화 141
학생운동 66, 67, 71-73, 323, 332, 333
학출 66
한나라당 110, 111, 114, 115, 118, 124, 183, 210, 212, 222, 227, 257, 258, 273, 322, 328, 337, 341, 355
한미 자유무역협정(한미 FTA) 50, 165, 325, 346
함태영 299
해방의 철학 104
행동하는 양심 107, 114
행정 관료 체제 34, 37
행정 수도 120
허약한 대통령 50
헌법재판소 47
헤게모니 26, 28, 32, 38, 40, 42, 46, 57, 61, 62, 71, 99, 115, 116, 136, 173, 175, 187, 195, 196, 198
헨더슨, 그레고리(Gregory Henderson) 170, 171, 185, 196
혁명적 민족주의 73, 154, 159
혁명적 이상주의 174
현대 민주주의 8-10, 37, 55, 105, 106, 113, 200, 241, 320, 324, 326-328, 330
현실 정치(Realpolitics) 159
협치(協治; governance) 139, 152
형식적(제도적·절차적) 민주주의 104
호헌동지회 300
회고적 투표 183
효율성 35, 145, 150, 156, 196
후보 선출 12, 209, 217-219, 257, 258, 260-265, 267, 270-274, 278-284, 321, 347, 348, 349

기타

1958년 선거법 체제 12, 287, 288, 305, 308, 313
1위 대표 선거제도 268, 269
386세대 74
48년 체제 28, 335
4·19 11, 65-71, 73, 74, 76-78, 80, 81, 89
6월 항쟁 23, 32, 72, 73, 77, 78, 80, 81
6·3세대 74
7~8월 노동자 대투쟁 23, 72
87년 체제 26, 28-30, 186
IMF 개혁 패키지 57
SNS 9, 310